KB271122

고구려제국사

이 저서는 1995년도 대진대학교 교내학술연구비 지원에 의한 것임.

고구려 제국사

서 병 국 지음

도서출판 혜안

머리말

　우리의 생활터전이 둘로 갈라진 지 반세기가 된다. 짧은 생애로 보면 긴 기간이다. 원치 않은 분단이라면 민족사관은 다름이 있어서는 안 된다. 그런데 실상은 어떠한가. 사관의 양립으로 상호 연구실적을 이해하려 하지 않고 덮어두고만 있지 않은가. 고대사 분야는 더욱 그러하다.

　남한은 고구려가 원시사회에서 출발했다 하고 북한에서는 처음부터 고대국가였다고 하는 등 다른 관점에서 고구려 역사를 연구해 왔다. 또한 남한은 고구려의 역사 기간을 하향시키고 있는 반면 북한에서는 상향시키고 있다. 고구려의 출발점도 다르다. 마치 두 개의 고구려가 있었던 착각이 들 정도이다. 이렇게 된 것은 남북한 모두 각기 이유가 있다.

　남한의 경우 역사학계 전체가 크게 보아 일제 식민사가의 견해에서 벗어나지 못하고 있다. 이는 고구려 역사의 연구경향에도 그대로 적용된다. 이러할진대 고구려 역사 연구에서 주체적 사관이 있다고 할 수 있을지 의심스럽다.

　북한의 경우 주체사관이라는 큰 틀 속에서 역사연구가 진행되어 왔고 고구려 역사 연구도 그 일맥선상에 있다고 할 수 있다. 따라서 남한과는 일정한 차이를 보일 수밖에 없다. 우선 기존 학설에 구애받음이 없이 고구려 관련 제1차 자료들을 주체적 입장에서 다시 해석하였고 이는 비교적 합리적으로 처리된 것으로 평해도 좋을 것이다. 거기에 북한은 집권적 차원에서 일찍이 북방사 연구에 착수하여 발해사 연구처럼 고구려사 연구에서도 남한을 앞서 있다. 아직 제대로 된 고구려 관련 역사책 하나 나와 있지 않은 남한과는 크게 대조적이다.

그러나 정권유지에 과민한 북한 사가들이 고구려 지배층에 대해 '반동적'이란 표현을 사용하는 등 비뚤어진 인식에 바탕하고 있는 부분은 반드시 짚고 넘어가야 할 것이다.

지금까지 북방사라면 중국의 장성 밖에서 이루어진 이민족의 역사를 의미하는 말로 이해되었는데, 우리 입장에서 북방사의 개념을 재정립할 필요가 있다. 그렇다면 바로세워야 할 북방사란 무엇일까. 바로 만주땅에 건국된 발해국이 멸망한 이후 한반도로 고정되어 버린 우리의 역사무대를 만주땅의 회복이라는 민족적 염원을 반영하여 시야를 넓히는 것이다.

되돌아보건대, 고구려 역사는 중국인과 일본인에 의해 심한 상처를 받았다. 고대 중국인은 고구려에 대한 승전국으로서 중화사관을 동원하여 고구려를 중원정권의 지방정부로 둔갑시키는 등 고구려의 영광을 축소시켰다. 일본인들은 만주 지배와 관련하여 역사를 다시 짓밟아 만주사의 한 부분으로 급조하였다. 특히 만주땅을 청나라의 중국 지배에 대한 응분의 배상으로 고집하고 있는 오늘의 중국인들은, 그 조상들과 마찬가지로 고구려를 중국의 지방정부 또는 제후국가라고 자리매김하는 등 만주에서 부침했던 여러 이민족국가의 문명사적 뿌리였던 고구려를 최대한 비하시키고 있으니 안타까운 일이다.

그러나 고구려의 역사가 이처럼 축소된 것을 외부 탓만으로 돌릴 것이 아니다. 시기를 거슬러 올라가 일찍이 고려시대에는 중화사관을 맹종하여 이 중화사관 아래 쓰여진 고구려 관련 중국의 고대사서를 비판없이 수용함으로써 고구려 역사의 축소에 한몫했던 것이다.

가깝게는 현재 분단으로 인해 고구려 역사에 대한 상이한 파악이 계속되고 있으니 이 또한 민족적 비애가 아닐 수 없다. 고구려 역사의 복원은 한시도 늦춰서는 안 되는 일이다. 필자가 고구려 역사를 쓰게 된 것은 바로 고구려 역사의 비애가 이대로 지속되어서는 안 되며 천 년에 가까운 고구려의 역사를 정리해야 한다고 생각했기 때문이다.

지금까지 국내외에서 이뤄진 그릇된 연구결과와 달리 고구려는 중국의 한(漢)나라 이래 역대왕조가 부침했던 천 년 동안 맥족의 영광과 생존권을 지키려는 숭고한 민족적 일념에서 역사를 창조하였다. 고구려의 존립 기간에 부침을 거듭한 중국의 역대왕조는 특유의 자존적인 중화사관을 동원하여 무조건 주변국가를 봉건 제후국가로 몰아붙이는 편법을 그대로 적용함으로써 고구려를 봉건 제후국가로 축소·격하시켰던 것이다.

그러나 고구려는 중국의 역대왕조 가운데 대제국으로 통용되는 한(漢)·수(隋)·당(唐)에 맞서 강고하게 자주성을 견지했을 뿐만 아니라 나아가 그 세력을 광대한 북방으로 확대시켜 나가며 천 년의 역사를 창출한 국가였다. 말 그대로 대제국을 건설한 것이다.

고구려인들은 자신들의 조국이 이처럼 중국의 역대제국과 대등하다는 것을 확신하고 있었다. 중국에의 신속과 조공이라는 한족 중심의 정치틀을 단호히 거절하고 그들의 침략을 물리친 데는 이러한 자신감이 뒷받침되어 있었다.

따라서 고구려의 역사는 중국의 제국이나 서양의 고대 로마제국과 같은 위치에 이미 올라섰어야 한다. 아다시피 로마제국의 문명은 게르만족에 의해 계승되었으나, 고구려의 문명은 중국인들에 의해 고의적으로 파괴 내지 축소되어 한때 만주땅에 세워졌던 보잘것 없는 나라이며 그 문명은 미개한 수준이었던 것으로 더 많이 알려지게 되었다. 그러나 로마문명이 미개한 게르만족의 문명개화에 직접 큰 영향을 준 것과 마찬가지로 고구려 문화는 그 후 만주땅에서 부침한 여러 미개한 이민족의 문명개화에 큰 영향을 주었다.

고구려의 역사와 문명은 새로운 각도에서 여러 가지 연구가 이루어지고 있고 실제로 많은 역사적 사실이 새로 밝혀지고 있어 이를 한 권의 분량으로 묶어 내는 것은 벅찬 작업이다. 따라서 이번에는 정치·외교·국방과 관련된 연구결과만을 담았다. 그 밖의 것은 후일 엮어 볼 생각이다.

현재는 바야흐로 동서간의 화해로 닫혔던 북방지역의 문이 활짝 열려 고구려사에 대한 관심이 크게 높아지고 있다. 주체적인 고구려 역사를 갈망하는 사람들에게 이 연구결과를 바치려는 것이 필자의 소박한 심정이다.

지금까지 본연의 고구려 역사가 가려지거나 덮여져 있다 보니 본래의 국호마저 잘못 전해져 남북한 모두 '고구려'라고 하고 있지만 본래 국호는 '고구리'이다. 틀린 국호라도 이미 사용한 지 오래 되었으므로 본연의 국호를 되찾는 것이 무의미하다고 여길 수도 있다. 그러나 고구려의 바른 역사를 갈구하는 많은 뜻있는 사람들에게 본래의 국호를 찾아주는 것은 뜻깊은 일이라 생각되어 여기에서 잠깐 국호문제를 언급하고 넘어가고자 한다.

역사상 한국과 중국은 그 국호를 정하는 데 특징을 갖고 있다. 중국의 경우는 대개 왕조의 발상지 이름을 따서 국호를 정하는데, 우리는 국가의 발전과 족속의 번영을 염원하는 뜻을 담은 국호를 써 왔다. 삼국시대에 신라가 전자의 대표적인 경우라면 고[구]려는 후자를 대표한다.

중국의『후한서』를 보면 '구려(句驪)'는 속칭 고[구]려를 세운 족속의 원래 이름이며 이후 '고구려'는 현(縣)과 국가의 이름으로 쓰여 왔다.『수서』와『당서』·『신당서』는 '高句麗'를 아예 '高麗'라고 표현하고 있는데, '고려'는 '구려(句驪)'와 상통한다. 다시 말해 '구려'라는 족속의 이름이 '고[구]려'를 달리 말하는 '고려'라는 국가의 이름으로 쓰여진 것이다.

그렇다면 '구려'가 고구려 사람들의 족속 이름이고 따라서 분명 고유한 명칭이다. 고대 중국인들이 이 '句驪'를 '句麗'라고도 쓴 것은 발음만 같으면 다른 글자를 쓰는 속성을 가지고 있기 때문이다. 그런데 이 '麗'자는 우리 입장에서는 어떻게 발음해야 하는 것일까. '려'와 '리'의 두 가지가 있으나 현재 남북한의 역사책은 모두 '려'로 읽고 있다.

그런데 중국 북송시대의 역사가 사마광이 쓴『자치통감 資治通鑑』에는 '高麗'의 '麗'자는 '리(離)'자 음으로 읽어야 한다는 호삼성(胡三省)의 주석이 달려 있다. 즉 '고리'라고 해야 한다는 것이다. 호삼성은 그 근거를 제시하지 않았으나, 후에 최남선이 편찬한 『신자전 新字典』에는 그 근거가 명시되어 있다. 즉 나라 이름으로 읽을 때는 '리'로 발음해야 한다는 것이다.

이 견해에 따르면 '고려'(918~1392)의 발음은 '고리'라고 해야 맞는다. 그렇다면 '고[구]려'도 '고[구]리'라고 발음해야 하는가. '고[구]려'에 관한 중국의 가장 오랜 기록은 『삼국지』인데 여기서는 '高句麗'로 표기되어 있으나, 뒤의 『후한서』에서는 '高句驪'로 되어 있다. 이후의 역사책들은 이 두 가지 표기법을 따르다가 『남제서 南齊書』는 '高麗'라고 했다. 『수서』와 『당서』·『신당서』 모두 이 『남제서』를 그대로 따랐을 따름이다.

「중원고구려비 中原高句麗碑」에도 '高麗'라는 국명이 나온다. 그렇다면 고[구]려 사람들은 스스로 자신들의 국가이름을 '高麗'라고 한 것이 분명하다. 그리고 이는 '고리'로 발음하였을 것이다. 원 이름이 고건(高建)이었던 왕건(王建)의 고리(高麗) 왕실이 혈통상 高[句]麗 왕실과 같은 점을 고려한다면 더욱이 '고[구]리'로 발음하는 것이 마땅할 것이다. 왕건이 자신이 세운 국가를 '고리'로 정한 것은 고[구]리 왕실의 후예로서 직계 조상들의 나라를 다시 세웠기 때문이다.

일본의 경우에는 '高[句]麗'를 '고[우구]리'로 발음하고 있다. 이는 '高句麗'의 본래 음이 '고구리'임을 명확히 입증해 주는 것이다. 이미 '고구려'라는 발음이 워낙 일반화되어 있어 이 책 또한 관행을 따랐으나 머지않아 본래의 발음이 복원되기를 바라는 마음 간절하다.

저자

목 차

제3장 고구려의 토지형태

제4장 고구려 통치형태의 변화

제1장 고구려의 기원 및 건국

우리의 고대종족은 예·맥·한의 셋으로 전해지고 있다. 예족은 기원전 7~8세기에 고조선을 세웠으며 맥족은 이보다 조금 뒤에 부여와 고구려를 세웠는데, 그 일부는 고조선의 구성원이 되기도 했다.

아다시피 예족과 맥족은 혈연적으로나 지역적으로 밀접한 관계를 이루고 살다 보니 오래 된 역사서에서는 이 둘을 합쳐 아예 예맥(濊貊)이라 기록하기도 했다. 이렇듯 원래 별개의 생활문화권을 이루고 살았던 예족과 맥족은 기원 전후 무렵부터 가려내기 힘들게 되었다.

그러면 우리의 선인들은 이 예족과 맥족을 어떤 시각으로 보았는가. 오늘날에는 맥족이 부여와 고구려의 직접적인 조상이라고 보는 데 다른 의견이 없으나 삼국의 역사를 처음 정리한 고려시대 중기 이후의 역사가들은 예족과 맥족을 달리 보았다.

유교적 사대사관의 틀이 잡힌 고려 중기 이후의 역사가들은 현실적으로 고려의 영토가 압록강 이남으로 한정되다 보니 예족과 맥족의 생활터전을 압록강 이남으로 국한시켰다. 이에 따라 사실상 압록강 이북에서 줄기차게 살아온 맥족은 우리 고대종족이 아닌 북방의 미개한 다른 종족으로 둔갑되기도 하였다.

그 후 민족의 자주성이 어느 시기보다 강조되었던 실학시대에조차도 소수라고는 하나 맥족을 우리의 고대종족에서 빼버리려는 의견까지 나타났던 것이다.

일제시대의 어용 역사가들은 일부 실학자의 이 같은 의견을 그대로 받아들여 맥족을 우리의 고대종족에서 떼내어 북방 야만족에 집어넣음으로써 맥족이 세운 고구려를 우리의 역사에서 분리하려고 하였다. 여기에서 한 걸음 더 나아가 고구려는 원시사회를 배경으로 세워졌다는 허구적 이론을 내세워 건국시기를 기원후 수백 년이나 밑으로 내려잡고 심지어는 기원 45년경(모본왕 6)까지 원시사회에 머물러 있다가 중국 한(漢)나라 식민지문화의 영향으로 세워진 것처럼 왜곡하기까지 했던 것이다.

지나간 일제시대는 그렇다 치고 오늘날 일제의 식민사관에서 벗어나지 못하고 있는 일본의 역사가를 비롯하여 국내 사가들 가운데도『삼국사기 三國史記』고구려본기에 실려 있는 동명왕으로부터 모본왕에 이르는 다섯 왕의 실존을 믿을 수 없다고 주장하는 사람도 있다. 이렇듯 왜곡된 고구려의 기원이나 건국 문제는 하루빨리 바로잡혀야 할 것이다.

제1절 건국설화에 나타난 고구려의 기원

고구려의 건국기원 문제는 건국 이전에 살았던 고구려족의 생활모습을 전해주고 있는 관련기록과 기원에 관한 건국설화를 다각도로 살펴봄으로써 밝혀질 수 있다. 이 문제와 관련하여 현재까지 나타난 큰 흐름을 보면, 대표적인 건국설 하나에만 매달리거나 일부 편중된 자료에 의존하는 경향이 강해 여러 자료에 대한 만족할 만한 종합적인 검토작업이 이루어지지 못한 상태이다. 여기에서는 고구려의 기원 문제에서 절대적 가치를 지닌 건국설화를 먼저 검토해 보기로 한다.

1. 고구려의 건국설화 검토

고구려의 건국설화는 한국과 중국의 여러 역사책에 실려 있어 누구나 언제든지 접해 볼 수 있다. 한국의 역사문헌으로는 『삼국사기』를 비롯하여 『삼국유사 三國遺事』, 『동명왕편』 등이 있으며 『동명왕편』의 주석에 실려 있는 『구삼국사 舊三國史』에도 고구려 건국설화가 나타나 있음을 볼 수 있다.

중국의 역사문헌으로는 『위서 魏書』(권100, 고구려전), 『양서 梁書』(권54, 고려전), 『주서 周書』(권49, 고구려전), 『수서 隋書』(권81, 고구려전), 『북사 北史』(권94, 고구려전) 등을 들 수 있다.

이들 역사책에서 우선 눈에 띄는 것은 고구려의 기원을 각기 달리 설명하고 있는 점이다. 이를테면 고구려의 기원을 부여·북부여·동부여 등 세 갈래에서 찾고 있는 점이 그것이다. 이들 여러 자료 가운데 고구려의 기원을 볼 때 가장 많이 참고하는 것이 『삼국사기』인데, 여기에 실린 고구려 건국설화의 줄거리는 다음과 같다.

고구려의 시조 주몽은 아버지가 없으나 어머니는 하백의 딸 유화이다. 부여에서 동부여의 우발수로 귀양을 간 유화는 동부여의 왕 금와의 왕궁으로 들어와 알을 낳았는데 주몽은 이 알을 깨고 나왔다. 주몽은 동부여 왕실에서 7명의 왕자와 함께 성장했다. 동부여의 왕태자 대소(帶素)는 주몽의 비범함을 두려워하여 왕에게 주몽을 죽일 것을 권유했으나 왕이 이를 듣지 않고 주몽에게 말 사육을 맡겼다. 주몽의 어머니는 이를 눈치채고 주몽에게 동부여 왕궁에서 즉시 떠날 것을 권했다. 주몽은 어머니의 권고에 따라 신하 세 사람을 거느리고 왕궁을 도망쳐 나와 엄사수를 건너 모둔곡에 이르렀다. 여기에서 주몽은 세 사람을 만나 이들을 신하로 삼고 졸본천에 이르러 비류수가에 고구려를 세웠다. 나라를 세울 때 주몽의 나이 22세로, 한나라 건소 2년(기원전 37, 신라의 시조 박혁거세 21)이었다.

위의 건국설화는 『동명왕편』 주석에 인용된 『구삼국사』의 건국설화와 내용면에서 일치한다. 따라서 『삼국사기』 등 한국의 문헌에 실린 고구려 건국설화는 『구삼국사』나 이와 같은 옛 문헌을 기본으로 했다고 하겠다.

『삼국사기』는 고구려의 시조 주몽이 동부여 왕실과 성장인연을 맺어 그 자신의 정치적 배경이 동부여의 왕실에 있었음을 밝히고 있다. 그러나 『구삼국사』보다 앞선 자료인 414년에 세워진 「광개토왕릉비문 廣開土王陵碑文」을 비롯한 『위서』 등의 기록은 이것과 차이를 보여준다.[1]

우선 「광개토왕릉비」 비문에는 북부여의 천제(하느님)의 아들인 주몽[추모]은 북부여 왕실에서 쫓겨난 것이 아니라 수레를 타고 남으로 내려와 부여의 엄리대수(奄利大水)를 건너 비류국의 홀본(忽本) 서쪽 산위에 성을 쌓고 도읍을 정했다고 되어 있다.

아무래도 이 비문은 광개토왕의 위대한 업적을 기록하는 데 비중을 두다 보니 주몽의 건국설화를 간단히 처리한 듯하다. 어쨌든 이 비문은 주몽이 건넜다는 강이름과 도착한 땅이름만은 『구삼국사』와 일치하나 주몽을 북부여 출신이라고 말하고 있어 동부여 출신이라고 한 『구삼국사』와는 차이를 보여준다. 『위서』에는 부여왕실 출신인 주몽이 쫓겨나서 동남쪽으로 달아나 큰 강을 건너 흘승골성에 이르러 고구려를 세운 것으로 되어 있다.

『위서』와 「광개토왕릉비문」의 설화는 얼마간 공통점을 갖고 있으나 기원 문제에서는 큰 차이점을 드러내고 있다. 우선 『위서』의 설화는 「광개토왕릉비문」의 그것보다 훨씬 복잡하다. 아마 『위서』(550~557)가 414년 이후 다시 전해들은 것을 가필했거나 그 전부터 알고 있던 고구려의 건국설화를 저자가 주관적 이유에서 달리 썼기 때문일 것이다.

---

1) 태백산·압록 등의 지명이 나타나는 『구삼국사』는 그러한 지명이 나타나지 않는 「광개토왕릉비문」이나 『위서』보다 늦은 시기의 자료이다. 그러므로 이런 지명은 「광개토왕릉비문」과 『위서』에서 보이지 않는 것이 당연하다. 그렇다고 해서 『구삼국사』에 실린 고구려의 건국설화가 『위서』에 실려 있는 고구려 건국설화를 옮겨 놓았다고는 말할 수 없다.

『양서』·『주서』·『북사』·『수서』 등에 실린 건국설화 역시 『위서』의 내용을 그대로 반영한 것이고, 『삼국사기』 역시 마찬가지였음을 염두에 둔다면 『삼국사기』의 건국설화가 「광개토왕릉비문」쪽보다 자료적 가치면에서 앞선다고는 할 수 없다.

고구려의 기원 문제와 관련하여 「광개토왕릉비문」은 관련된 여러 자료보다 시대적으로 가장 빠를 뿐 아니라 고구려 사람들이 직접 써서 남긴 것이어서 가장 믿을 만한 자료가 아닐 수 없다. 그러나 여기에서 분명히 지적해 두어야 할 것은 건국설화의 내용 그 자체를 완전히 역사적 사실로 믿어서는 안 되며, 믿을 수 있는 것은 어디까지나 고구려의 기원 문제로 국한시켜야 한다는 것 등이다. 고구려의 기원 문제에 한해 왕실이 가장 정확히 알고 있었다는 것은 누구도 부인할 수 없기 때문이다.

이러한 근거에서 「광개토왕릉비문」에 전해지듯이 고구려의 기원은 북부여로 보는 것이 여러 모로 온당할 것이다.

2. 북부여 출신의 주몽

주몽이 부여계통의 왕실출신이라면 부여는 어느 계통에 속하는 것일까. 이 문제는 고구려의 기원을 밝히는 데도 필수적이므로 반드시 알아볼 필요성이 있다. 이와 관련하여 주몽을 동부여의 왕자로 전하고 있는 『삼국사기』의 고구려본기를 먼저 검토하고 넘어가야 한다. 왜냐하면 다른 문헌 기록에서 동부여를 국가로 인정할 만한 기록이 보이지 않기 때문이다. 『삼국사기』에서도 동부여에 관한 기록은 고구려본기 전편의 건국설화 기록과 제32권, 잡지 제1 제사조의 동명과 관련된 기록에서만 보인다.[2] 이는 무엇을 말하는가. 동부여가 나라로서 역사에 존재하지 않아 그 역사

---

2) 『삼국사기』 권32, 잡지1 제사조, "고기(古記)에 이르기를, '고구려 동명왕 14년 8월에 왕모 유화가 동부여에서 돌아가므로 부여의 금와왕은 태후의 예로써 장사 지내고 신묘를 세웠다'……".

자체가 전해지지 않았음을 의미하는 것이라 하겠다.

「광개토왕릉비문」에는 광개토왕이 410년(영락 20) 동부여를 정벌했는데 동부여는 옛날 추모왕의 속민이었으나 배반하여 조공을 바치지 않았다는 기록이 보인다. 그러나 여기에서도 주몽이 태어난 나라가 동부여임을 인정할 만한 근거는 보이지 않는다.

이렇게 보면 동부여는 독자성을 지닌 나라로서의 면모를 갖춘 것이 아니고 고구려가 건국된 초부터 고구려에 예속된 어떤 지역을 말할 수도 있고, 동부여가 옛날 추모왕의 속민이었다고 한 것을 보면 추모가 동부여를 정복한 것이 아닌가도 생각된다. 그렇다면 기록상에 나오는 동부여란 대략 부여의 동쪽지역이라는 뜻으로 쓰인 것으로 보는 것이 합리적일 듯싶다.

그러면 무엇 때문에 『구삼국사』와 이를 근거로 한 『삼국사기』는 주몽을 동부여 왕자라고 했을까. 사실 고구려 왕실은 「광개토왕릉비문」에 적힌 대로 시조인 주몽을 북부여의 왕자로 믿고 있었다고 보아야 할 것이다. 아마 동부여설은 고구려 왕실과는 상관 없이 고구려가 멸망한 후 다른 사람들에 의해 가필되었을 것이다.

다음에는 주몽을 북부여 출신이라고 전한 기사에 주목하여 북부여가 어떤 나라였는가에 대해 살펴보려 한다. 이와 관련하여 북부여를 부여와 같은 나라로 보는 견해도 있는데, 특히 주몽을 부여의 왕자라고 한 『위서』가 근거로 되고 있다. 여기에서는 북부여와 부여의 관계가 밝혀져야 할 것인데, 그 해명은 고구려의 건국기원을 밝혀 주는 또 하나의 단서가 될 것이다.

그런데 「광개토왕릉비문」을 보면 북부여는 부여의 다른 나라로 되어 있다. 즉 북부여 천제의 아들인 추모가 수레를 타고 남으로 내려와 부여의 엄리대수(현재의 遼河)를 건너 비류수(현재의 동가강) 홀본(졸본)의 서쪽 산 위에 성을 쌓고 도읍을 정했다고 한다. 북부여에서 부여로 남하했다는 점으로 미루어 북부여는 부여의 북쪽에 자리잡은 나라가 분명하며 어느 시기까지 부여와 함께 존재하였던 듯하다.

그러면 무엇 때문에 『위서』는 주몽을 북부여의 왕자라고 하지 않고 부여의 왕자라고 했을까. 앞서 지적했듯이 『위서』의 고구려 건국설화는 고구려 사람들이 알고 있었던 그 건국설화를 바탕으로 했었다. 그렇다면 『위서』는 주몽을 북부여 출신이라고 했어야 함에도 부여 출신이라 한 데에는 어떤 이유가 있었을 것이다.

기원 1세기의 후한 사람 왕충(王充)이 지은 『논형 論衡』이란 역사책에는 부여의 건국설화가 나오는데, 줄거리가 주몽의 건국설화와 거의 유사하다. 여기서는 부여의 시조 동명이 북이(北夷)의 나라인 탁리국(橐離國) 출신으로 되어 있는데 탁리국은 부여의 북쪽에 자리잡고 있었던, 말하자면 북부여이다. 『위서』의 편찬자는 고구려를 통해 고구려의 건국설화를 전해 들어 알고는 있었으나, 『논형』의 부여 건국설화와 『후한서 後漢書』의 고구려전에 실려 있는 "고구려는 부여의 별종"이라는 기록을 의식하여 주몽을 부여 출신이라고 바꾼 것이 아닌가 한다.

주몽을 부여 출신자라고 한 문헌 가운데 가장 초기의 것은 『위서』이나 여기에 실린 고구려 건국설화는 내용상 「광개토왕릉비문」과 다르다. 「광개토왕릉비문」의 고구려 건국설화는 고구려 사람들이 직접 남겼다는 점에서 가장 믿을 만하다고 이미 지적한 바 있다. 그러므로 주몽을 부여 출신이라 한 『위서』의 내용보다는 북부여 출신이라고 한 기사가 더 신빙성이 있다고 할 수 있을 것이다.

3. 북부여의 국가 실체

고구려의 시조 주몽이 부여 출신으로 전해진 것도 있고 해서 북부여는 학계의 주목을 받지 못한 것이 사실이다. 이 북부여의 실체를 해명하는 것은 단순히 고구려의 기원이나 맥족의 역사성을 밝히는 것에만 그치지 않고, 한 걸음 더 나아가 우리 고대종족의 유구한 역사를 밝히는 데 있어

서도 중요한 단서가 된다.

우리의 고대종족 가운데 하나였던 예족(濊族)의 유구한 역사는 고조선이 세워진 상대적 연대가 밝혀짐으로써 대개 알 수 있게 되었으나 맥족(貊族)의 경우는 그렇지 못하다. 예족이 기원전 7~8세기에 고조선을 이루었듯이 예족과 밀접했던 맥족도 고조선 건국 후 나라를 이루었다고 보아야 할 것이다.

고구려와 부여의 기원을 밝히는 일은 곧 이 맥족의 유구한 역사를 밝히는 데도 중요한 단서가 된다. 이와 관련하여 희미하게 전해지고 있는 북부여 또는 북이의 탁리국이 존재했는지에 대해 살펴보고자 한다. 『삼국유사』(권1, 북부여조)를 보면 「고기 古記」를 인용하여 주몽의 출신국과 관련 있는 북부여 기사가 나오는데 이를 정리하면 다음과 같다.

천제(하느님)인 해모수가 흘승골성에 내려와 도읍을 정하고 나라 이름을 북부여라 하고 동명황제는 북부여를 계승하여 졸본을 도읍으로 삼고 졸본부여를 이루었는데 이것이 고구려의 시초이다.

여기에서는 동명황제와 북부여 왕실의 관계는 언급하지 않고 다만 북부여의 왕인 해부루(해모수의 아들)가 천제의 명령에 따라 동부여로 도읍을 옮긴 후 동명황제가 북부여를 계승하여 고구려를 세운 경위만 말하고 있다. 아무튼 고구려가 처음 도읍한 졸본땅이 북부여임을 알 수 있다.[3]

『삼국유사』에 전해지는 북부여는 고구려의 발상지인 졸본땅을 말하는 것이지 부여의 북쪽에 있던 나라가 결코 아니다. 『삼국유사』는 북부여와 고구려, 부여와 고구려, 동부여와 고구려의 관계를 밝히지 않음으로써 북부여의 정체를 모호하게 만들어 놓았다. 뿐만 아니라 고구려조에서 고구려의 건국설화를 전하는 가운데 고구려를 졸본부여라고 하면서도 『삼국사기』 고구려본기의 건국설화를 끌어대었다. 그러다 보니 『삼국사기』 고구려본기의 건국설화는 해부루를 부여왕이라고 했는데도 『삼국유사』는 해부루를 북부여의 왕이라고 전하는 오류를 범하게 된 것이다.

---

3) 졸본땅인 흘승골성은 고구려의 건국지로서 지금의 환인지방을 말한다.

이렇듯 일연(一然)이 『삼국유사』의 고구려조에서 『삼국사기』의 고구려 건국설화를 인용한 사실을 분명히 밝혔으면서도 해부루를 북부여의 왕이라고 쓴 것은 그가 북부여의 정체를 몰랐기 때문일 것이다. 아무튼 일연이 『삼국유사』를 편찬한 12세기까지만 해도 해부루가 북부여의 왕이며 해부루의 아들 금와의 왕실(동부여)에서 성장한 주몽이 북부여를 계승한 세력이었음을 전해 주는 「고기」가 있었던 듯하다.

『삼국사기』와 『삼국유사』의 고구려 건국설화에서 보듯이 북부여와 동부여는 각기 다른 나라로 기술되고 있으며 동부여가 부여의 동쪽 바닷가에 위치한 나라로 되어 있는 것으로 미루어 북부여는 부여의 북쪽에 있었던 나라로 보아도 무리는 아닐 듯하다. 여기에서 북부여의 정체가 밝혀져야 하거니와 이런 면에서 『논형』 길험편에 실린 부여의 건국설화는 살펴볼 만한 가치가 있는 자료이다. 그 전문은 이러하다.

……옛날 북이(北夷)의 탁리국왕이 임신한 몸종을 죽이려 하자 종이 변명하기를, 닭알만한 기운이 하늘에서 나한테 내려와 임신하게 되었다고 했다. 종이 후에 아들을 낳아 이를 돼지우리에 버렸으나 돼지가 입김으로 불어 덥게 해주어서 죽지 않았다. 또 이를 마구에 넣었으나 말이 또 입김으로 불어 주어서 죽지 않았다. 왕은 이것을 하늘의 아들인 걸로 알고 그 어머니가 기르게 했다. 그의 이름을 동명이라 했고 왕은 그가 활을 잘 쏘아 왕위를 빼앗을까 근심하여 그를 죽이려 했다. 동명은 이를 눈치채고 남으로 달아나 엄사수에 이르러 활을 가지고 물을 치자 고기와 자라들이 떠올라 다리를 놓아서 동명이 건너갈 수 있었다. 동명이 건넌 후 고기와 자라들이 흩어져서 뒤쫓아 오던 군대가 건너지 못했다. 동명이 큰 수도를 건설하고 부여왕이 되었으므로 북이족이 부여국을 가지게 되었다.

이 설화 가운데서 몇 가지 역사적 사실을 짚어보면 다음과 같다.

○ 북이족은 부여를 세운 종족, 다시 말해 맥족이라는 점.

ㅇ 맥족은 부여의 북쪽에 부여가 세워지기 전에 이미 탁리국이란 나라를 세웠다는 점.

ㅇ 부여를 세운 동명은 탁리국 왕실 출신이라는 점.

이 설화를 「광개토왕릉비문」에 실린 고구려의 건국설화와 비교하면 두 설화는 다소 표현이 다르긴 하지만 기원을 같이하고 있음을 알 수 있다. 두 건국설화의 관련 여부는 뒤에서 보기로 하고 우선 부여의 북쪽에 있었다고 하는 북이[맥]족의 나라인 탁리국에 대해 살펴보자.

3세기 중엽 위나라의 어환이란 학자가 쓴『위략 魏略』이라는 역사책에 보면,『논형』에 나오는 부여의 건국설화와 같은 건국설화가 나온다. 다른 점은 탁리국을 고리국(橐離國)이라 하고 엄사수(掩滮水)를 시엄수(施掩水)라고 한 것뿐이다.『후한서』부여전에도 같은 줄거리의 부여 건국설화가 있다. 여기서는 북이의 나라가 색리국(索離國), 동명이 건넜다는 강이 엄사수로 되어 있다.

이처럼 북이는 그 나라 이름이 탁리국·고리국·색리국 등 한 가지로 통일되어 있지 않다. 그런데 발음은 모두 다르지만 잘 보면 첫 글자가 '槀'·'索'·'橐'로서 그 모양이 비슷함을 알 수 있다. 그렇다면 다시 옮겨 쓰는 과정에서 두 글자가 잘못 쓰여졌을 가능성이 있다.4)

여러 문헌을 통해 살펴보건대, 맥족은 나라를 세웠으며 그 나라는 부여보다 앞선 나라라고 할 수 있다. 「광개토왕릉비문」에 실린 북부여와 중국의 문헌에서 보이는 탁리국·고리국·색리국 등이 이를 말해 준다고 할 것이다. 이러한 견해를 받아들이기 어려울 수도 있겠으나 적어도 북부여[고리국]가 존재했다는 사실만은 분명하다. 그리고 북부여를 고구려와 관련지어 본다면 부여와 고구려는 북부여에서 갈라져 나왔으며 따라서 북부여는 부여와 고구려의 모체가 되는 나라였다고 보인다.

---

4) 리지린·강인숙, 1976,『고구려역사』, 북한사회과학출판사, 28쪽.

4. 북부여와 고구려의 건국설화 유사성

부여와 고구려의 건국설화는 표현상 다소 다르긴 하나 줄거리가 같아 두 설화는 어떤 관련이 있는 듯하다. 상식적으로 부여의 건국설화가 있고 난 다음에 고구려 건국설화가 만들어진 것으로 보이나, 두 설화는 따로 만들어진 것이라기보다 부여의 건국설화가 변형된 것이 고구려의 건국설화라고 보아야 할 것이다.

그러면 부여의 동명과 고구려의 주몽은 다른 사람이었을까. 지금까지는 두 이름이 같은 뜻, 즉 동명과 주몽이 모두 활을 잘 쏘는 사람이라는 의미로 보았다. 주몽이란 활 잘 쏘는 사람으로 밝혀졌으니 만큼 문제 될 것이 없다 하겠으나 동명을 주몽과 같은 의미로 보는 것은 무리인 듯하다. 특히 고구려에서 건국자의 이름이 동명으로 불린 적이 없었던 데서 더욱 그러하다.

「광개토왕릉비문」을 보면 고구려 건국자는 추모로 되어 있고『삼국사기』신라본기 문무왕 10년조는 중모(中牟)라 했고 중국의 역사문헌은 주몽 또는 추모라고 했다. 관련된 기록을 더 보면,『당서 唐書』고구려전에 실린 정관 19년(645) 태종의 고구려 침공 기사에서는 요동성에 주몽의 사당이 있다는 내용이 나온다.

일본의『신찬성씨록 新撰姓氏錄』도 고구려의 시조를 추모라고 했다. 고구려전을 가지고 있는『위서』·『주서』·『수서』등 중국의 역사책도 모두 주몽을 고구려 시조라고 말하고 있다.

이는 무엇을 말하는가. 고구려 사람들이 시조의 이름을 주몽 혹은 추모와 비슷한 음으로 불렀지 동명이라고 부르지는 않았음을 말한다고 보아야 한다. 그런데도『삼국사기』고구려본기 동명왕 즉위년조를 보면 주몽의 휘(죽은 사람의 이름)가 동명으로 되어 있다. 고구려의 건국 초부터 산 사람과 죽은 사람의 이름을 다르게 불렀다면 「광개토왕릉비문」도 시조의 휘를 썼어야 하는데 쓰지 않았다. 따라서『삼국사기』의 기록을 다른 각도에서 검토할 필요가 있다.

사실 동명이란 이름은 고구려 왕실을 포함하여 부여와 백제의 시조에서도 사용된 흔적이 보인다. 부여의 시조를 동명이라고 불렀음은 부여의 건국설화에서 이미 확인한 바 있으며, 백제에서 시조를 동명이라 불렀던 것은 『삼국사기』 백제본기에 백제의 시조묘를 동명묘라고 했다는 데서 알 수 있다.

그렇다면 동명이란 말은 사람 이름을 나타내는 고유명사가 아니라 '신성한 존재'를 뜻하는 보통명사로 풀이하는 것이 온당하다. 특히 고구려 사람들이 주몽을 계통상 하느님의 아들로서 신성시한 사실로 보아, 주몽이 동명이라는 칭호를 받은 것이 당연하고 부여와 백제 또한 마찬가지였을 것이다.[5]

동명과 관련하여 『삼국지 三國志』 위지 고구려전을 보면 10월에 하늘에 제사를 지내는 국중대회를 동맹(東盟)이라 불렀다고 하는데, 『양서』 고구려전은 동명으로 전하고 있다. 동명은 동맹을 잘못 쓴 것이 아니라 동맹과 동명이 같은 뜻을 가진 말임을 보여주는 것이다.

그렇다면 '동명'이란 말은 국왕이 하늘에 제사를 지내는 그 자체를 뜻하면서 동시에 제사를 지내는 주재자를 말하는 것이 아닌가 한다. 부여와 고구려의 경우에서와 같이 각 시조는 천제(하느님)의 아들로 인식되었으니 만큼 천제가 주재하는 하늘에 지내는 제사는 시조가 주재했다고 할 수 있다. 거기에서 동명은 제사의 주재자로 통용되게 되고, 각 시조는 똑같이 동명이란 칭호를 갖게 된 듯하다. 특히 백제의 경우, 같은 맥족 계통이므로 그 시조 온조를 신성시하여 동명[왕]으로 불렀을 것이다.

그런데 부여와 고구려의 시조는 건국설화에서 보듯이 같은 사람이 아니었으므로 두 나라의 건국설화는 차이가 나야 한다. 그럼에도 그 내용상 줄거리가 같은 것은 왜일까. 이는 부여와 고구려가 똑같이 맥족에 의해 세워진 고리국에서 갈라져 나왔기 때문일 것이다.[6]

---

5) 『고구려역사』, 30쪽.

이런 면에서 건국설화와 관련지어 고구려의 기원 문제를 밝히고자 한다면 맥족의 고대국가인 고리국에서 찾는 것이 가장 빠르고 정확한 길이 될 것이다.

제2절 맥국과 고구려의 관계

고리국은 중국의 고대문헌에 나오는 맥국(貊國)으로 볼 수 있다. 그러므로 고구려의 기원을 맥국과 관련지어 찾아보려 한다.

잘 알려져 있듯이 부여와 마찬가지로 고구려를 세운 종족은 맥족이란 이름으로 불렸다. 『후한서』 고구려전의 "고려는 맥(貊)이라고도 부른다"는 기사가 이를 잘 보여준다.

그러나 이것이 고구려가 부여에서 갈라져 나왔다는 말은 아니다. 『후한서』 고구려전의 관련기록에는 동이(東夷 : 고구려 사람)가 스스로 말하기를, 고구려는 부여의 별종이므로 그 언어와 법속이 부여의 그것과 같은 점이 많다고 되어 있다.

언어와 법속이 완전히 같은 것이 아니라 같은 점이 많다는 이야기는 시사하는 바가 크다. 뒤집어 보면 언어와 법속 중 다른 것도 있다는 말이

---

6) 고구려 건국설화는 부여의 그것과 내용상 같으나 후자에서 보이지 않는 것도 있다. 즉 주몽이 남으로 내려갈 때 뒤쫓는 군사가 있었으나 수행자가 없고 도피처인 홀승골(紇升骨)에 이르자 세 사람(麻衣・衲衣・水藻衣)을 만나 이들과 함께 행동을 같이했다는 것이 그것이다. 이나바 이와키치(稻葉岩吉)는 주몽이 만난 세 사람의 '삼(3)'이란 숫자에 주목하여 이 부분은 부여계보다 숙신계에 속하는 것으로 보고 있다. 특히 고려의 이규보가 지은 동명왕편에는 세 사람이 세 여자(柳花・葦花・萱花)로 되어 있고 청나라의 개국설화에도 세 천녀(天女)로 나타나고 있음을 근거로 제시하고 있다(稻葉岩吉, 1942, 『滿洲國史通論』, 日本評論社, 72쪽).

기 때문이다. 사회면에서 볼 때 부여와 고구려를 세운 족속은 원래 같은 종족에서 갈라져 나왔으나 사는 지역을 달리하여 다른 사회를 형성한 지 오래 되어 생활 자체가 많이 달라졌던 것이다.

별종이란 말은 바로 이를 뒷받침해 주는 것이리라. 즉 별종이란 우선 혈연적으로 다른 종족을 뜻하는 것이 아니라 종족은 같으나 사는 지역이 달라 서로 다른 언어·풍속 등을 갖게 된 종족이라는 의미로 풀이하면 거의 틀림이 없을 듯하다.

고구려 건국설화에서처럼 기원전 37년에 고구려를 세운 주체세력이 바로 같은 해 부여에서 갈라져 내려왔다면 당시 고구려의 언어와 풍속 등은 부여의 그것과 완전히 일치해야 하는 것이 아닌가. 그런데도 차이점이 있다는 것은 고구려와 부여를 세운 종족이 갈라져 생활한 지 오래 되었음을 말해 주는 자료라고 보면 좋을 것이다.

그렇다면 고구려를 세운 맥족은 고구려의 건국 이전에 어떤 생활을 하였을까.

1. 고구려를 세운 맥족

고구려가 세워지기 이전 맥족에 관한 문헌기록은 둘로 나누어 볼 수 있다. 그 분수령이 되는 것은 기원전 3세기로, 이전의 자료에 보이는 맥족과 이후의 자료에 보이는 맥족은 일반적으로 다른 종족으로 간주되었다.

기원전 3세기 이전의 자료라면 『시경 詩經』 대아(大雅)의 한혁(韓奕), 노송(魯頌)의 비궁(閟宮) (기원전 9세기 말~8세기 초), 『관자 管子』 소광편(기원전 7세기), 『묵자 墨子』 겸애편, 『전국책 戰國策』 등을 들 수 있다. 이들 문헌은 한결같이 맥족이 중국의 북방과 동북방에 걸쳐 가장 강성하여 중국을 위압한 종족이었다고 전하고 있다.[7] 이와 관련하여 당나

---

7) 리지린, 1963, 『고조선 연구』 제3장, 북한과학원출판사.

라의 공영달(孔穎達)은 『시경』 정의에서 "맥이란 동이종족이다"라고 풀이했다.

기원전 3세기 이후의 문헌에도 맥족에 관한 기록은 많이 보인다. 여기에서 분명히 해 두어야 할 것은 맥족의 거주지역이 기원전 3세기 이전의 맥족이 살던 지역과 같다는 것이다. 바로 고조선의 서북방이며, 그 가운데 중국의 북방까지 진출하여 흔적을 남긴 맥족의 자료도 보인다.

같은 지역에 살고 같은 맥족이라는 이름으로 불렀다면 그 시기가 다르더라도 역시 같은 종족이라고 보아야 할 것이다.

결국 기원전 3세기 이전의 여러 문헌에 나타나는 맥족과 『후한서』, 『삼국지』에 부여·고구려족이라는 말로 표현된 맥족은 같은 종족이다. 말을 바꾸면 고구려를 세운 맥족은 고조선 서북방에 살았던 여러 고대종족 가운데 기원전 9세기부터 왕성한 활동상을 보이며 중국의 고대문헌에 흔적을 아로새긴 대표적인 종족이라고 보면 좋을 것이다.

2. 맥족의 나라 맥국

중국의 동북지방에 살면서 왕성하게 활동한 맥족은 기원전 5세기경에 이르러 맥국이라는 나라를 세웠다고 판단된다. 『맹자 孟子』 권12 고자 장구(告子章句) 하(下)를 보면, 맥국에서 20분의 1에 해당하는 조세를 걷는 제도가 있었다는 기사가 있는데, 이 기사가 이를 뒷받침해 준다.

그런데 이 기록에는 맥국에서는 오곡이 생산되지 않고 다만 기장만 나며 성곽과 궁실이 없는데다 여러 관료기구마저 없다 보니 이 정도의 조세를 받게 되었다는 이야기가 나온다. 이런 기록에 주목하여 맥국이라는 나라의 존재 그 자체까지 부인하는 경향이 강한 것도 사실이다.

그러나 『맹자』가 맥국이라 부르면서도 궁실과 성곽이 없다거나 여러 관료기구가 없다고 한 것은 그대로 믿기 어려운 점이 많다. 맥국에서 조세제도가 실시되었다면 반드시 관료기구가 있고 통치제도가 있었다는 이야기가 되고 따라서 백성을 다스리는 통치국가였다고 보는 것이 상식이다. 따라서『맹자』의 글은 사실을 그대로 전한 것이라고 보기 어렵다.

맥국에 관한 면모를 밝혀 주는 기록은『맹자』외에도『산해경 山海經』이라는 중국에서 가장 오래 된 지리책 가운데서도 찾아볼 수 있다.『산해경』의 해내서경을 보면, 동호(東胡)의 동쪽에 이족(夷族)이 있으며 맥국은 한수의 동북방에 있는데 그 지역은 연나라 가까이에 위치하며 연나라에 의해 멸망되었다는 것이 그것이다.[8]

우선 이 자료는 맥국의 위치를 짐작하는 데 유력한 단서가 된다. 아다시피 동호족은 흉노의 동쪽, 대개 오늘날의 열하지방에서 내몽골지역에 걸친 지역으로 이동했다고 인정받고 있으니 만큼 맥국은 열하지방에서 내몽골지역에 걸친 지역의 동쪽에 있었다는 얘기가 된다.

맥국의 땅과 가까이 있었다는 연나라는 일찍이 기원전 3세기 이전에 고조선 서부지역을 침공하여 그 동쪽끝은 오늘날 대능하까지 이르렀다.

이 점을 염두에 둔다면 역시 맥국은 열하지방에서 내몽골지역에 걸치는 지역의 동쪽지방에 위치한 것으로 여겨진다. 그러므로 연나라와 가깝다는 말과 동호의 동쪽에 있었다는 말은 아무 모순이 없다.

다음에 맥국이 한수의 동북에 있었다는 말이 위의 두 기록과 어울리는지 검토해 보자. 먼저 한수가 어디에 위치했는지부터 알아보자.『수경주 水經注』권14의 유수조를 보면, 유수의 지류 중에 한수(汗水)라는 강이 있다. 연나라의 동쪽을 유수(현재의 난하)로 보고 있으므로 한수는 연나라의 동쪽끝이라고 할 수 있다.

아다시피 한문에서는 발음이 같으면 다른 글자를 쓰고 있기 때문에, 한(汗)자는 한(漢)자와 발음이 같으니 만큼『산해경』의 한수(漢水)는『수경주』의 한수(汗水)라고 볼 수 있다. 그렇게 보면 맥국이 한수의 동북쪽에

---

8) 문제의 이족(夷族)은 우리의 고대종족을 말하며 옛 문헌을 보면 맥족을 북이(北夷)라고 부른 사실도 있는 점으로 미루어 맥국은 이족의 나라로 인정을 받았다고 보아도 좋을 듯하다.

있었다는 말은 동호의 동쪽에 있었다거나 연나라와 가깝다는 말과 잘 맞는다고 할 수 있다.

따라서 맥국은 열하에서 내몽골에 걸치는 동쪽지역, 다시 말해 대능하 중류지방에 자리잡고 있는 조양(朝陽) 지방의 동쪽을 차지했으며, 그 곳은 고조선 서부지역의 북쪽이다.

이로써 맥국은 고조선의 서부지역에서 고조선과 남북으로 땅을 접했다고 보아도 큰 무리는 없을 듯하다.

다음에 풀어야 할 것은 맥국이 존재한 시기 문제이다. 맥국이 연나라에 의해 멸망되었다는 『산해경』의 막연한 말만으로는 멸망 시기를 알기 힘들다. 눈을 연나라의 역사로 돌려 연나라가 맥국을 멸망시켰다고 여겨지는 시기를 가지고 짐작해 볼 수밖에 없다.

연나라는 기원전 3세기 초 이전만 해도 중국의 여러 봉건국가 가운데서 가장 약해 다른 나라를 멸망시킬 만한 힘이 없었고, 실제로 다른 나라를 멸망시킨 일도 없었다. 그러다가 기원전 3세기 초 소왕 때에 와서 처음으로 제(齊)나라를 치고 더 나아가 동북으로 고조선을 침략했다. 이어서 동호를 쳐서 천여 리 밖으로 내몰았다. 연나라가 동북지방을 침략한 것은 이때 말고는 없었다. 그런데 이처럼 연나라가 고조선과 동호를 침략했다는 사실을 전하는 『사기 史記』 흉노열전과 조선열전에는 맥국을 쳤다는 기사는 보이지 않는다.9)

여기에서 맥족은 동호라는 광범위한 명칭에도 포함될 수 있음을 염두에 두어야 한다. 그렇다면 연나라가 맥국을 멸망시켰다는 『산해경』의 기사는 연나라가 동호를 쳐서 천여 리 밖으로 내몰았다는 『사기』 흉노열전

---

9) 동호는 종족의 명칭이 아니다. 대체적으로 동호는 흉노 동쪽에 있었던 여러 종족의 총칭으로 보고 있다. 그러므로 맥국도 동호 안에 포함시켜 좋을 것이다. 그런데도 중국의 고대사가들, 특히 『사기』를 지은 사마천도 동호를 특정적인 종족처럼 다루었다. 『사기』에는 연나라가 맥국을 멸망시킨 기사가 없으나 『산해경』에 연나라가 맥국을 멸망시켰다는 기사는 사실로 보아도 좋을 것이다(『고구려역사』, 37쪽).

의 기사와 내용상 같은 것이 된다.

이러한 근거에 따라 맥국이 연나라에게 멸망된 시기는 기원전 3세기 초로 잡아야 할 것이다.

다음으로 이 맥국이 부여와 고구려를 세운 맥족의 세력집단이 갈라져 나온 것으로 보이는 고리국과 어떤 관계를 가지고 있었는가에 대해 살펴보자.

맥족의 부여와 고구려를 세운 세력집단이 고리국에서 갈라져 나왔다면 고리국은 바로 맥족의 나라이며 맥국이란 바로 맥족이 세운 나라라고 풀이할 수 있다. 즉 고리국은 맥족이 세운 나라의 정식 국호이며 맥국은 맥족의 나라라는 뜻으로서 고대 중국인들은 맥국을 고리국의 별칭으로서 즐겨 사용한 것으로 생각된다.

그런데 맥국과 고리국의 역사는 문헌에 따로 전해지고 있지 않다. 맥국의 예를 들면, 연나라에게 망한 맥족의 백성만 해도 이들이 연나라에 예속되었음을 말해 주는 자료가 따로 없다. 그렇다면 맥족은 기원전 3세기 무렵 고조선의 영토 안으로 들어왔다고밖에 볼 수 없다. 그러므로 맥국은 망했으나 그 유민들은 고조선의 땅에서 살다가 고구려를 세우게 되었다고 할 수 있다.

그러면 다음에 생각하게 되는 것은 고구려가 갈라져 나왔다는 북부여가 맥국과 어떤 관계를 가지고 있었는가에 대한 문제이다. 이와 관련하여 북부여를 고리국으로 보아야 한다고 말한 바 있거니와 북부여는 고리국의 별칭으로 볼 수 있다.

여기서 풀어야 할 문제가 하나 있다. 과연 맥국이 부여의 북쪽에 있었다는 북부여와 위치상 일치하느냐 하는 것이다. 맥국은 부여의 위치를 중심으로 보면 그 서쪽에 있었다고 하겠으나 그 중심지는 알 수 없다. 이처럼 맥국의 중심지가 밝혀져 있지 않은 만큼, 맥국과 북부여[고리국]의 지리적 위치 문제를 따지는 것은 별로 중요한 문제가 아닐 것이다.

이제 여기서 맥국과 고리국의 관계를 중심으로 둘의 실체를 정리하면,

북부여는 고리국(그 별칭은 맥국)이며 고구려는 바로 여기서 갈라져 나온 세력집단이 고조선의 졸본땅에 세운 나라라고 하겠다. 그러면 고구려를 세운 맥족이 맥국에서 갈라져 나온 시기는 언제인가. 건국설화를 보면, 기원전 37년으로 되어 있으나 맥국이 망한 기원전 3세기 초로 잡아야 마땅할 것이다. 이와 관련하여 고구려족은 졸본이라는 좁은 땅에서만 살고 있었던 것이 아니고 고조선의 넓은 지역에 퍼져 살았다고 보아야 할 것이다. 이 점은 뒤에서 다루기로 한다.

제3절 고구려의 건국과 대화합

 고구려의 건국설화에서 나타나는 건국연대를 비롯하여 건국과정 등은 재검토를 요하는 문제이다. 구체적으로 말하면, 고구려는 기원전 37년에 부여에서 갈라져 나온 세력에 의해 단시일 안에 졸본이라는 좁은 땅에 세워졌다는 것이 그것이다.

1. 건국과정

 고구려를 세운 맥족이 북부여[고리국=맥국]에서 나왔음을 살펴보았는데 이들은 언제, 어디서 이동했던 것일까. 고구려의 건국자가 북부여의 왕자 출신이라는 기록과 관련지어 그 시기를 보면, 북부여[맥국]가 하나의 자주국가로서 존재했다가 멸망하여 맥족의 집단적인 종족이동이 있었던 기원전 3세기 초로 보아야 할 것이다.

 그러면 이들 맥족 집단은 어디로 이동했을까. 다음 자료는 간략하기는 하나 이 문제를 풀어나가는 단서가 될 듯하다. 중국 후한시대의 학사 응소(應劭)는 『사기』 조선열전에 대한 주석에서 "현도는 본래 진반국10)이었다"고 썼으며, 『한서 漢書』 지리지 현도군 고구려현에 대한 주석에서는 "고구려현은 옛 고구려 오랑캐(胡)이다"라는 응소의 말을 인용했다. 이는 무엇을 말하는가. 현도군이 예전에는 고구려 사람들이 살았던 거주지역이었음을 말해 주는 것이다.

이로써 보면 후한시대 현도군 지역은 고구려족의 거주지11)이며 본래 고조선의 진반국이었음을 알 수 있다. 그러면 진반국은 어느 곳에 자리잡고 있었을까.

먼저 『사기』 조선전을 보면, 기원전 3세기 초에 고조선을 침략한 연나라가 점령한 진반땅에 그들의 관리를 두고 현지인을 다스렸다는 기사가 나온다. 또한 이 기록에 따르면 진반국은 고조선의 서쪽 변경에 자리잡고 있었음이 확실하다는 것을 알 수 있다. 관련내용을 더듬어 보면, 연나라 사람 위만은 국경선 패수를 건너 조선땅에 들어와 전에 연나라가 침략하여 관리를 두고 지배했다가 그 후 진나라 때 빈터로 되었던 고조선의 서쪽 변경지방에 살면서 진반·조선 사람들을 다스리고 이들의 힘을 이용하여 고조선의 준왕조를 뒤집어엎는 등 정변을 일으켰다고 한다.

진반국은 제2 현도군, 즉 오늘날 혼하 상류지방에 있었다. 그렇다면 고조선시대 진반국은 혼하 상류에서 고조선의 서변, 즉 대능하 유역에 이르

---

10) '番'자는 번·반·파로 읽히는데, 지명으로 쓸 때는 '반'이라고 발음한다. 따라서 한 4군의 하나인 '眞番郡'은 일반적으로 진번군이라고 읽히고 있으나 '진반군'이 맞는다. 진반군은 고조선시대의 진반국에서 유래된 것으로 고조선의 여러 후국(侯國) 가운데 하나였다.

11) 고구려란 이름은 현도군의 속현 이름으로 알려져 있다. 맥족은 고구려라는 새 나라를 세움에 있어 편의상 이 이름을 그대로 사용했다. 고구려현이란 이름은 중국의 이름이 아니고 고구려어로 보는 것이 옳다. 고구려는 高와 句麗의 복합어가 아니고 고을(忽, 洞, 城, Khor)의 한자음이며 현도군의 군치(郡治)는 고을[고구려]에 설치되어 지방명과 국가명이 되었다(『만주국사통론』, 71쪽). 따라서 현도군 지역은 고구려족[맥족]의 거주지였음이 분명하다.

는 넓은 지역을 관할했다고 볼 수 있다.

이를 고구려족의 송양국과 관련지어 본다면, 고구려족은 혼강[동가강] 상류에서 진반국의 드넓은 지역을 차지했다고 단언할 수 있다. 따라서 맥국은 이 지역의 서북쪽에 자리잡고 있었으며 맥국이 멸망하자 그 유민이 맥국과 남쪽으로 인접한 고조선의 진반땅으로 내려오게 되었다고 풀이할 수 있다.

위의 관련자료로 알 수 있듯이 고조선의 여러 후국(侯國) 가운데 그 이름이 가장 잘 알려져 있는 것은 진반국이다. 후국이란 북한의 고대사 연구에서 정해진 것으로서 "그 지배자가 고조선 왕에게 신하로 종속되어 있으나 일정한 독자성을 가진 하나의 정치단위이며 고조선의 일개 지방 소국을 말한다." 그러나 남한에서는 고조선의 후국체제를 말하고 있지 않다.

『사기』 등 중국의 관련문헌은 진반국이 고조선의 전 지역을 통해 볼 때 정치적으로나 경제적으로 모든 것이 발전했음을 느낄 수 있게 표현하고 있다.

먼저 정치면에서 보면, 위만은 진반 사람의 도움을 받아 고조선의 준왕조를 뒤집어엎고 정권을 빼앗았다. 진반 사람이 위만의 고조선 왕권 탈취에 가담한 원인이 무엇인지 알 수 없으나 북한의 고대사가는 진반 사람이 고조선의 낡은 노예소유자 귀족계급의 통치를 반대하고 있었다는 데서 그 원인을 찾고 있다. 그러나 시대적 상황으로 보아 이는 설득력이 없다.

그런데 위만이 진반 사람의 힘을 빌어 준왕조를 넘어뜨렸다는 사실로 미루어 진반국이 고조선의 후국 가운데 정치적으로 앞서 있었던 것만은 분명하다. 한편 『사기』 화식전과 『한서』 식화지를 보면, 한나라의 상인들이 진반지역에 자주 드나들면서 장사를 하여 이득을 많이 보았음을 알 수 있다. 이는 이 지방의 경제발전이 다른 지역보다 앞서 있었음을 말해 준다.

진반지역에 살고 있던 맥족[고구려족]이 자의건 타의건 위만에 도움을 주었으며 또한 경제발전을 이룬 점으로 미루어 언젠가 새로운 세력을 이룰 힘을 갖고 있었을 것으로 추측할 수 있다. 진반국의 핵심 세력을 이룬 고구려족은 고조선이 기원전 108년에 망하고 새로 나타난 한나라의 침략세력을 몰아내는 투쟁에 앞장을 섰다.

고조선의 진반국 어느 지역엔가 설치된 한나라의 진반군은 25년 만에 망했으나 『후한서』 예전에는 한나라 소제(昭帝) 시원(始元) 5년(기원전 82) 임둔·진반군을 폐지하고 낙랑·현도군에 합쳤다고 적혀 있다.12) 무엇이 잘못되었는가.

아다시피 고구려족[맥족]은 기원전 108년 한나라가 고조선을 멸망시키고 그 땅에 설치한 4군 중에 진반·임둔 2군을 기원전 82년에 쫓아낸 데 이어 기원전 75년경에는 현도군을 서북쪽으로 몰아냄으로써 혼하 상류 동쪽에서 압록강 중류지방에 이르는 땅을 차지했다.

이는 고구려족이 기원전 1세기경부터 강력한 정치적 조직력을 가지고 급격하게 성장하였음을 말하며, 진반군을 몰아낸 후에는 더욱 강대해졌다. 이는 한나라의 또 다른 침략세력의 거점인 현도군을 내쫓고 그 땅을 되찾은 사실에서 입증된다.

이렇듯 고구려족이 한나라의 침략세력과 맞서 싸운 것이 분명한데도 중국의 고대 역사문헌은 고구려족의 철저한 투쟁의식을 의도적으로 축소시키고 있다. 이는 『삼국지』 위지 동옥저전에 "한나라가 고조선을 치고 그 땅을 나누어 4개 군으로 만들었는데……현도군은 후에 이맥[고구려]

---

12) 이 기사에 근거하여 임둔은 낙랑군에, 진반은 현도군에 합쳤다는 견해도 있다. 그러나 진반군이 현도군에 합쳐졌다면 제2 현도군은 전보다 넓어져야 하는데 실제는 전보다 훨씬 작아졌다. 그러므로 그 같은 견해는 인정하기 힘들다. 현도군은 기원전 75년경에 고구려의 서북쪽으로 쫓겨났다. 이때 현도군은 3개 현만 가지고 있었다. 이는 진반군이 현도군에 합쳐지지 않았음을 말해 주는 것이다. 참고로 압록강 중류지역에서 쫓겨간 고구려의 서북쪽은 지금의 혼하 상류지방이다. 이 곳은 고조선 진반국 영토의 일부였다(『고구려역사』, 42~43쪽).

의 침략을 받아 구려의 서북으로 옮겨갔다”고 한 기록이나,『후한서』옥저전이 같은 사실을 전하고 있으면서도 현도군이 고구려의 서북으로 옮겨갔다고 적고 있는 데서도 보인다. 정확히 말하면 고구려에 의해 쫓겨간 것이다.

그런데 이 자료들은 그 의도와 상관 없이 현도군이 압록강 중류지방에서 쫓겨난 기원전 75년경에 고구려가 이미 하나의 국가 형태로서 태동하고 있었음을 암시해 주고 있다. 한나라의 침략세력에 맞서 이길 수 있을 정도라면 국가조직을 갖춘 존재가 아니고서는 불가능하기 때문이다.

물론 국가적 조직이 없다 해도 전혀 반침략투쟁을 벌일 수는 있다 하겠으나 이럴 경우 실패만 맛보기 일쑤이다. 아무튼 고구려족은 현도군을 몰아냄으로써 그 영토와 주민을 되찾을 수 있었고, 이는 국가라는 강력한 추진 세력을 가지고 있었기 때문에 가능했음을 알아야 할 것이다.

2. 세워진 연대

이미 보았듯이『삼국사기』에 실린 고구려의 건국설화에 의하면, 고구려의 건국연대는 한나라 효원제 건소 2년(기원전 37)으로 되어 있다. 이 연대가 설화에서 나왔기 때문에 그대로 받아들이기 어려운 점이 있다 하여 건국연대를 내려잡는 경향도 있다. 그래서 일찍이 일제 식민사가들은 그 역사성을 부정하고 건국연대를 설화에서보다 100여 년, 심지어 수백 년까지 내려잡았다. 남한의 사가들까지 이를 맹종하거나 의견을 같이하는 경우가 있으니 한심하지 않을 수 없다.

반면 신화나 설화 가운데는 반드시 역사성, 다시 말해 주인공인 실존 인물이 있기 마련이고 따라서 고구려의 건국설화에 나오는 주몽이 실존 인물임이 분명하다 하여 그 건국연대를 움직일 수 없는 절대연대로 단정 짓는 경우도 있다. 그런데『삼국사기』에 밝혀져 있는 기원전 37년이라는 연대에도 의심이 가는 이유는 같은 해에 이미 고구려족의 소국인 송양국이 있었다는 기록이 같은 『삼국사기』에서 보이기 때문이다.

고구려 건국설화에서 찾아내야 할 역사적 사실이 또 있다면, 주몽의 남하는 개별적 이동이 아니라 고구려족의 집단적 이동이라는 점이다. 그리고 그 집단적 이동은 이미 기원전 3세기 초를 전후한 시기에 이루어졌다.

그렇다면 건국설화에서 전하는 기원전 37년의 건국연대는 고구려 사람들이 전한 것이라고 믿기 어렵다.

「광개토왕릉비문」을 보면, 주몽이 북부여에서 남으로 내려와 건국한 연대를 정확히 꼬집어 말하지 않고 단지 옛날이라고만 했다. 고구려 사람들이 자국의 건국연대를 건소 2년으로 믿고 있었다면 「광개토왕릉비문」도 그 연대를 밝혔을 것이다.

이와 관련하여 『삼국사기』 신라본기 문무왕 15년(670)조를 보면, 문무왕이 고구려 사람 안승에게 준 책명문에 고구려가 800년 동안 유지되어 오다가 망했다는 기사를 만나게 된다. 고구려가 망한 668년에서 800년을 거슬러 올라가면 기원전 132년이 되는데 이는 고조선이 망하기 이전이다.

이 '고구려 800년설'은 신라의 도참설을 바탕으로 한 것으로 일고의 가치도 없다고 묵살되어 왔으나 분명 재고해 볼 필요가 있다고 본다. 문무왕의 책명문에 적혀 있는 고구려 800년설은, 670년 당시 문무왕을 비롯한 신라 사람들이 고구려의 건국연대를 그렇게 알고 있었다는 사실을 나타낸 것이다. 그러면 신라 사람들은 무엇을 근거로 한 것일까. 고구려 사람들로부터 전해 듣는 것 이외에 더 정확한 것은 있을 수 없다. 그렇다면 설화상의 건국연대를 기원전 37년으로 잡은 것은 고구려 사람도 아니고 670년 당시의 신라 사람도 아니다. 670년 이후의 사람들이 만들어 낸 것이라고 볼 수밖에 없다.

『당서』 고려전을 보면, 이보다 더 거슬러 올라가 '고구려 900년설'을 만나게 된다. 당나라 때의 시어사인 가언충(賈言忠)은 당 태종에게 이런 말을 보고하고 있다. 즉 고구려는 900년이 되기 전에 80살 먹은 대장이 나타나 멸망될 것인데, 고씨가 한나라 때부터 나라를 세워 지금 900년이 되었고 이적의 나이는 80살이라는 것이다. 그 근거가 된 것은 『고려비기 高麗祕記』였다.

『고려비기』라는 책은 일종의 참위서이다. 그러므로 이를 통해 고구려의 건국연대를 추정하기는 어렵다 하겠으나 당나라 사람들조차 고구려의 건국연대를 건소 2년보다 훨씬 올려 잡았던 것만은 분명하다.

그러면 고구려의 건국연대를 건소 2년으로 잡은 김부식의 설은 완전히 정확성을 결여하고 있다고 보아야 하는가. 꼭 그렇지만은 않다. 중국 낙양에서 발견된 고구려 사람 고자(高慈)의 묘지명을 보면, 고구려가 708년 동안 유지되었다고 하는 기사가 눈에 띈다.13)

이 묘지명에 따르면 고자의 조상은 주몽의 건국 대열에 가담하여 공을 세워 그 자손들이 대대로 공후재상이 되었다. 건국연대의 경우, 고구려가 망한 668년에서 708년을 거슬러 올라가면 기원전 40년이 되는데 『삼국사기』에 나오는 기원전 37년과는 3년밖에 차이가 나지 않는다.

그러면 이 금석문 자료를 절대적으로 믿어도 좋을까. 이 묘지명은 고구려가 망한 지 32년이 지난 700년에 당나라땅인 낙주(洛州) 합궁현(合宮縣) 평락향(平樂鄕)에서 만들어진데다가 묘지명을 쓴 사람의 이름조차 나와 있지 않다.

그러나 문장체로 미루어 당나라 사람이 지은 듯하다. 묘지명에서 고자의 행적을 보면, 그는 고구려 멸망 후 당나라땅으로 들어가 여러 장군직을 거쳐 '유성군 개국공'이란 작위에다 400호의 식읍을 받았으며 696년 거란 침공 전쟁에 가담하여 공을 세워 조정의 신임까지 받았다. 그가 33살의 나이로 사망하자 측천무후는 그를 애도하여 좌금오위대장군 유주도독(左金吾衛大將軍幽州都督)이란 벼슬을 추서했다.

고자의 묘지명을 쓴 사람은 이름이 나와 있지 않아 알 수 없으나 묘지명에서 고구려를 '구려(句麗)'라고 쓴 것으로 보아 당나라 사람임에 틀림없다. 고구려 사람들은 자신들을 구려라고 부르거나 쓰지도 않았다. 구려

---

13) 『고구려역사』, 46쪽.

라는 말이 처음 나오는 중국의 역사책은『후한서』인데 여기서는 고구려전과 구려전을 따로 두었다.

그러므로 중국 사람들은 일찍이 고구려를 구려라고 불렀다고 할 수 있다.『당서』와『신당서 新唐書』에서는 고구려를 '고려'라고 했다. 고자가 당나라 사람이므로 그의 출신국은 '고려'라고 써야 마땅한데도 '구려'라고 쓴 것은 한나라 시대의 표현을 따른 것이라고 할 수 있다.

다음으로는 고구려가 망한 지 32년이 지난 후 당나라 사람이 쓴 묘지명에 적힌 고구려의 건국연대를 추산한 것이 정확하겠느냐에 관한 것이다.「광개토왕릉비문」에조차 건국연대가 나와 있지 않은 점으로 보아 고구려 왕실도 이를 정확하게는 알고 있지 못한 것이 분명하다.

그러므로 당나라에서 성장한 고자가 고구려의 건국연대를 명확히 안다는 것은 얼른 납득이 가지 않는다. 더군다나 가언충이『고려비기』를 들추어 고구려가 900년이나 나라를 유지해 왔다고 태종에게 말한 것 등을 보건대 고구려의 멸망시까지 당나라 사람들은 고구려의 정확한 건국연대를 모르고 있었던 것이 틀림없다.

그렇다면『삼국사기』의 고구려 건국설화에 나온 건국연대와 고자의 묘지명에 기록된 건국연대가 거의 일치하는 것은 왜일까. 이는 같은 자료를 인용했기 때문이다. 구체적으로 말하면, 고구려 멸망 후에 신라 사람들이 만들어 낸 연대를 당나라 사람들이 그대로 받아들였기 때문인 것으로 풀이할 수 있다.

다음에는『삼국사기』고구려본기를 중심으로 고구려의 건국연대를 언제로 잡는 것이 정확하겠느냐라는 문제에 접근해 보자. 이와 관련하여『삼국사기』고구려본기를 보면, 기원전 37년 이전에 5부의 소국가를 비롯하여 다른 소국가들이 있었음을 전해 주는 기사를 만날 수 있다.

고구려본기 동명왕 즉위년조와 2년조를 보면, 동명왕이 송양국왕을 처음 만나는 기사가 나온다. 이를 보면, 주몽이 기원전 37년 비류수가에 고구려를 세웠는데 이미 비류수의 상류지역에는 송양국이 자리잡고 있었다고 한다.

주몽은 송양국[비류국]을 찾아가 그 나라 왕을 만났는데 송양국 왕은 주몽에게 다음과 같이 말했다.

"우리는 여러 대 왕이 되었고 땅이 작아 두 임금을 용납할 수 없으며 그대는 도읍을 정한 지 얼마 안 되니 나의 속국이 되는 것이 어떤가."

이 말에 분개한 주몽은 말다툼을 벌이다 결국 활재주를 겨루게 되었으며 송양국왕은 주몽에게 져 더 이상 대항하지 못했다.

이 설화 속에서 분명해진 것은 송양국이 기원전 37년 이전에 이미 여러 대를 이어 내려왔으며 주몽은 그런 송양국을 무력으로 통합하기에 이르렀다는 사실이다. 송양국왕이 활재주를 겨루다 이기지 못했다는 것은 주몽이 무력을 동원하여 송양국왕을 굴복시켜 송양국을 통합했음을 뜻하는 것이라고 볼 수 있다.

송양국을 세운 종족이 고구려를 세운 같은 맥족이 아니었다면, 고구려의 건국연대와 관련하여 송양국을 주목할 필요는 없다. 송양국을 세운 종족이 맥족이 아니라는 기사도 없고 보니 고구려의 건국연대를 밝힘에 있어 송양국의 실체를 파헤치지 않을 수 없다. 더군다나 송양국이 고구려족을 먼저 다스려 온 나라였다면 고구려의 건국은 바로 송양국의 건국연대에서 찾아야 할 것이 아닌가.

이야기를 돌려『후한서』고구려전을 보면, 소노부가 본래 절노부·순노부·관노부·계루부 등 5부의 왕노릇을 해오다가 계루부가 소노부를 대신하여 왕노릇을 하게 되었다는 기사를 만날 수가 있다.

이 자료는 우선 계루부가 왕권을 차지하기 전에 소노부가 왕권을 쥐고 있었음을 말해 준다. 다시 말해 계루부가 왕권을 쥐기 전에 이미 소노부가 왕권을 장악한 고구려족 전체의 통합국가가 있었음을 보여 주는 것으로 풀이할 수 있다.

『후한서』보다 먼저 편찬된『삼국지』고구려전은 같은 사실을 놓고 달리 말하고 있다. 즉,

고구려에는……본래 5족이 있어 연노부·절노부·순노부·관노부·계루부가 있다. 본래 연노부가 왕이 되었는데 점차 미약하여 지금은 계루부가 이를 대신하고 있다.

위 인용문에서 연노부는 소노부를 잘못 쓴 것이 분명하여 문제될 것이 없다. 그런데 위『삼국지』기사는『후한서』의 기사와 다른 점을 보여주고 있다. 즉『후한서』에서는 "후에 계루부가 이를 대신하고 있다"고 했는데 『삼국지』는 "지금은 계루부가 이를 대신하고 있다"로 되어 있는 것이다.

얼핏 보면 둘다 문제 될 것이 없는 듯하나 그렇지 않다. 두 역사책의 기사가 문제 될 것이 없다면 종래 이 분야의 연구자들이 하필『삼국지』 기사에만 매달려 고구려의 건국연대를 추정하려고 하지는 않았을 것이다.

과거 일제 사가들이『삼국지』의 "지금은 계루부가 이를 대신하고 있다"라는 기사에 매력을 느낀 까닭은 무엇이었을까. 이들은『삼국지』의 '지금'이란 시간을『삼국지』고구려전을 쓴 진수(陳壽)가 살았던 3세기로 잡아야 한다고 보았다. 그렇게 되면 고구려 왕실이 속한 계루부가 왕권을 잡은 것은『삼국지』의 기사대로 3세기가 되고 따라서 주몽이 시조로 되어 있는 고구려는 3세기부터 시작되었다는 주장을 할 수 있게 된다.『삼국지』의 기사를 즐긴 것은 이 때문이었다.

'지금'이란 시간이 3세기가 틀림없다면 주몽을 시조로 하는 고구려 왕실의 시초는 3세기로 잡아야 할 것이나, 시간적 개념은 얼마든지 다르게 해석할 여지가 많다는 것을 지적해 두고자 한다.『후한서』는 1세기에서 3세기 초에 걸친 후한의 역사를 위주로 한 것이므로, 고구려전의 기사는 1~3세기 초와 그 이전의 고구려 역사를 다루었고 따라서 3세기 이후의 역사까지 다루었다고는 볼 수 없다.

그러면『후한서』고구려전에 계루부가 소노부를 대신하여 왕권을 쥔 시기를 '후에'라고 한 시간은 어느 때로 보아야 할 것인가. 이는 1~3세기 초 후한의 역사를 쓰는 입장에서 쓴 말이다. 그러므로 '후에'라는 시간은 후한시대 이후, 즉 3세기 초 이후라고 할 수 없다.'

짐작할 수 있듯이 '후에'라는 말은 '본래 소노부가 왕노릇을 했다'는 기사의 '본래'라는 말과 대칭되는 말임이 분명하다. 그러면 '본래'라는 말은 어떻게 풀이해야 할 것인가. 후한을 중심으로 보면 후한시대 이전, 즉 기원전이거나 기원 1~3세기, 즉 후한시대의 이른 시기일 것이다.

시대적으로 후한시대가 삼국시대보다 앞섰으나『후한서』를 지은 범엽(范曄)은 남조 때 사람이므로 먼저 지어진『삼국지』고구려전을 참작하여 고구려전을 썼다. 그는『삼국지』고구려전의 '지금'이란 시간을 3세기로 보지 않았기에 '후에'라는 표현을 썼던 것이다.

그가 만약 '후에'라는 말을 3세기로 보았다면『후한서』는 뒤에 나오는 삼국시대의 역사까지 다루었다는 얘기가 된다. 이런 역사서술은 있을 수 없다. 이로써 보면『삼국지』고구려전의 '지금'은,『삼국지』저자가 살았던 3세기가 아니라 3세기 당시에도 계루부가 왕권을 쥐고 있었다는 뜻으로 보는 것이 합리적이다. 다시 말해 본래 소노부가 왕권을 쥐고 있었으나 3세기 당시에는 계루부가 계속 왕권을 쥐고 있었다는 뜻으로 보아야 한다는 것이다.

결국 '지금'을 뜻하는 3세기는 계루부가 왕권을 쥐게 된 그 처음을 나타낸 것이 아니라 계속 왕권을 쥐고 있는 상태를 말한 것이다. 그러므로『삼국지』고구려전의 기사만을 앞세워 고구려의 건국연대를 3세기로 잡는 것은 설득력이 없다.

한편『후한서』와『삼국지』의 고구려전이 말하고 있듯이 계루부가 소노부를 대신하여 왕권을 잡았다는 것은 어떤 정치적 상황 변화가 있었음을 암시하는 것이 아닌가 생각된다. 이에 3세기의 정치적 변혁의 흔적을 찾아『삼국사기』고구려본기와「광개토왕릉비문」을 면밀히 검토해 보았으나 주몽을 시조로 하는 고구려의 건국 이후 고구려 왕실에서 변혁이 있었음을 보여 주는 기록은 찾아내지 못했다. 그러므로 계루부가 소노부를 대신하여 왕권을 잡았다는 것은 주몽이 송양국을 무력으로 정복하고 왕권을 빼앗은 사건 말고 달리 생각할 수 있는 것은 없다.

그러면 주몽은 언제 고구려의 왕권을 잡았을까.『삼국사기』에 적힌 고구려의 건국 시기보다 앞선 시기, 즉 기원전 시기에 고구려 국가가 존재하고 있었다는 사실을 전해 주는 기사가 있는 것에 주목할 필요가 있다. 즉『후한서』고구려전을 보면, 전한 무제가 고조선을 멸망시키고 나서 고구려를 현으로 만들어 현도군에 속하게 했다는 이야기가 나온다.

『후한서』에 고구려전이 있다는 것은 나라로서 고구려가 존재했음을 뜻하며 그 종족의 이름은 '맥'으로 통했다. 이런 면에서『후한서』는 고조선의 멸망 이전에 이미 고구려가 나라로서 존재했음을 보여 주었다고 하겠다. 이 고구려가 고조선 멸망 후 전한의 영토로 된 현도군의 한 현이 되었다는 것이다.

여기에서 고구려가 현도군의 하나의 현이 되었다는 것은 독립국가로서의 면모를 잃고 전한의 영토가 되었음을 뜻한다. 고구려족이 넓은 땅을 가지고 있었던 고조선의 진반국을 생활터전으로 삼았었음을 상기한다면 이는 아무래도 이상하다.

현도군은 처음 설치될 당시 압록강 유역에 위치하였다. 그렇다면 고구려족이 거주한 넓은 땅이 압록강 유역에 설치된 현도군의 한 개 현으로 되었다는 말이 되는데 납득이 가지 않는 것이다.

그럼에도『후한서』고구려전이 전하는 기사가 맞다고 하면, 여기에 걸맞는 의견이 나올 수도 있다. 즉 무제에 의해 설치된 고구려현의 고구려는 기원전 108년 고조선이 망할 당시의 고구려가 아니고 후한 당시 고구려 지역을 말한다고 주장할 수도 있는 것이다. 풀어 말하면 후한 시대의 고구려[압록강] 지역이 무제에 의해 설치된 현도군의 한 개 현이 되었다는 말이다.

이와 관련하여 명확히 해 둘 것은『한서』지리지와『후한서』군국지의 현도군조를 보면, 후한 시대는 물론이고 전한 시대에도 현도군에 고구려현이 있었음을 알 수 있다. 그러므로 무제가 현도군을 설치할 당시에도 현도군에 고구려현이 있었다고 보아야 할 것이다.

그러면 고구려현의 고구려는 무엇을 나타내는 말인가. 흔히 고대 중국 사람들은 행정구역을 바꿀 때 옛 지명을 새로운 행정구역 이름으로 사용하였는데, 마찬가지로 현도군을 고구려의 서북지방으로 옮긴 기원전 75년경에 그 전의 현 이름이었던 고구려라는 명칭을 그대로 쓴 사실이 있다. 이러한 근거에서 무제가 현도군을 설치할 당시 고구려가 분명히 존재했다고 할 수 있다.

기원전 37년 이전에 고구려가 국가로서 존재한 사실을 입증할 수 있는 자료는 그 외에 더 없을까.

고조선의 진반국에 설치된 것으로 보이는 전한의 진반군은 기원전 82년에 고구려족에 의해 쫓겨났다. 이는 고구려족의 활동을 새롭게 평가할 수 있는 하나의 단서가 아닐 수 없다. 고구려 사람들이 한나라의 지배를 받고 있는 예속상태에서는 진반군을 내몰 힘을 가지고 있었다고 볼 수 없다.

즉 고구려라는 국가적 배경이 없었다면 한나라의 식민세력인 진반군을 몰아내기란 힘든 일이다. 진반군이 쫓겨났다는 것은 기원전 82년 이전에 고구려족이 국가적 활동을 이미 해 왔음을 보여 주는 것이라고 보아도 좋을 것이다.

이 같은 역사적 사실을 『후한서』와 『삼국지』에 나오는, 본래 소노부가 왕권을 잡고 내려오다가 후에 계루부가 이를 대신하여 왕노릇을 했다는 사실과 연결시켜 보자. 위에서 밝혀진 사실을 토대로 해서 본다면 '본래'라고 표현된 시기는 기원전 108년 이전으로 끌어올려야 하며, '후에'라고 표현된 시기는 고구려의 건국설화가 전해 주는 기원전 37년을 전후한 시기라고 보아야 할 것이 아닌가.

결론적으로 고구려를 세운 맥족이 한 걸음 앞서 맥국을 유지해 온 사실을 부정할 만한 확증을 제시할 수 없다면 고구려의 건국시기는 기원전

37년 이전으로 올려잡는다 해도 무리는 없을 것이다.

『삼국사기』 고구려본기에 따르면 고구려 초기에『유기 留記』(100권)라는 역사책이 있었다고 하나 그 내용은 밝혀져 있지 않다. 고구려의 건국 시기를 기원전 37년 이전으로 잡는다면 이 역사책은 주몽의 고구려가 나오기 이전에 있었던 고구려의 역사, 즉 소노부의 귀족집단에 의해 세워진 고구려 역사를 엮은 것이라고 보아야 할 것이다.

그러면 고구려는 주몽에 의해 처음 세워진 것이 아니라, 기원전 37년 이전부터 소노부 집단에 의해 존재하였고 기원전 37년에 정권교체가 이루어졌다고 보는 것이 옳을 것이다. 전왕조의 역사를 다음 왕조에서 엮는 것이 역사편찬의 기본정신임을 생각해 보더라도 주몽의 고구려가 국초에 소노부 중심의 고구려 역사를 엮은 것은 지극히 당연하다.

따라서『삼국사기』 신라본기 문무왕 15년조에서 고구려가 800년 동안 유지되었다고 한 말이나 당나라의 가언충이『고려비기』를 들어 고구려가 나라를 세운 지 900년이나 되었다고 한 말은 근거 없다고 잘라 말하기 힘들 것이다.

참고로 고구려가 망한 668년에서 800년을 거슬러 올라가면 기원전 132년이 되며, 900년을 거슬러 올라가면 기원전 232년이 된다. 이 기원전 232～132년이란 연대는, 기원전 108년 전한 무제가 고조선을 멸하고 고구려를 현도군의 고구려현으로 만들었다고 전하는『후한서』 고구려전의 기록과도 그다지 동떨어지지 않음을 알 수 있다.

결국 고구려의 건국은 두 시기로 나누어 보아야 한다. 즉 이전의 고구려는 기원전 108년 이전 소노부 귀족집단에 의해 세워졌으며, 이후의 고구려는 계루부 출신의 주몽이 소노부의 왕권을 차지하여 왕권을 교체한 다음의 고씨 신왕조인 것이다.

그런데도『삼국사기』 고구려본기에 고구려의 건국연대가 기원전 37년으로 나와 있는 것은 김부식이 주몽의 신고구려 등장 사실에만 초점을 맞춘 데서 비롯되었다고 보면 될 것이다.

이 같은 입장에 선다면 김부식조차도 주몽의 정권을 뜻하는 고구려가 등장하기 이전에 소노부 귀족이 정권을 쥐고 내려온 유구한 역사와 전통을 가진 고구려가 본래 있었다는 사실을 모르고 있었던 것이 아닌가 생각된다.

3. 고구려의 5부 문제

주몽에 의한 고구려가 등장하기 이전에 본래 유구한 역사를 가진 고구려가 있었다는 역사적 사실이 드러나지 않았듯이 고구려의 5부도 그 정체가 분명하게 드러나 있지 않은 실정이다.

5부의 본래 모습이 밝혀지게 되면 주몽의 고구려 건국 기원을 이해하거나 고구려 역사의 전반적 특성을 살피는 데 중요한 단서가 될 것이다. 지금까지는 고구려의 5부를 다섯 개의 혈연집단이라고 해석했다. 그리하여 주몽 초기의 고구려는 원시사회에 머물러 있었던 다섯 부족의 연합체라고 주장하는 견해가 정설처럼 되어 있다.

실제로 고구려의 5부에 대한 기사가 처음 등장하는『삼국지』를 비롯하여『후한서』의 고구려전을 보면 다섯 개의 혈연적인 부족으로 해석할 수 있게 되어 있다.『삼국지』위지 고구려전에,

> 고구려는 본래 다섯 개의 족이 있는데 연노부 · 절노부 · 순노부 · 관노부 · 계루부이다.

라고 했고『후한서』고구려전에는,

> 고구려는……무릇 다섯 개의 족이 있다.……소노부 · 절노부 · 순노부 · 관노부 · 계루부이다.

라고 되어 있다.

사람들은 이 두 자료에 근거하여 5부를 다섯 개의 '부족'이라고 해석했다. 이는 5족과 5부를 한데 합쳐 다섯 개 부족이라고 자의적으로 해석한 데서 나온 것이다.

신경을 집중해서 보지 않으면 얼마든지 이러한 해석이 나올 수 있다. 5부를 다섯 개의 부족이라고 해석하는 사람들의 주장에 잘못이 있음을 납득시키려면 5부가 다섯 개의 부족이 아니라는 근거를 보여 주어야 하는데 그러기 위해서는 먼저 5부의 명칭을 올바르게 해석해야 한다.

『삼국사기』를 보면, 우선 '노(奴)'자 대신 '나(那)'자를 쓰고 있는 것이 눈에 띈다. 예컨대 '환나부·연나부·관나부·조나부·주나부·비류나부·제나부'가 그것이다. 중국의 두 역사책은 5부 가운데 계루부만 '노'자를 쓰지 않았고 『삼국사기』는 '나'자를 쓰지 않았다.

5부 이름을 적으면서 중국의 역사책은 '노'자를 쓰고 『삼국사기』가 '나'자를 쓴 것은 무슨 연유일까. 본래 고구려 말은 '나'자인데 발음상 중국어의 '노'와 비슷하여 중국의 역사책은 5부의 이름에 '노'자를 쓰게 된 것이 그 까닭일 것이다.

그렇다면 『삼국사기』 고구려본기에 나와 있는 '나'자가 어떤 뜻을 가지고 있는지를 사례별로 살펴보자.

(1) 지역을 단위로 하는 정치적 세력을 나타낸 경우

① 부여왕의 사촌아우가 무리 1만 명을 이끌고 고구려에 투항해 왔는데 대무신왕은 그를 왕에 봉하고 연나부에서 살게 했다(『삼국사기』 권14, 고구려본기 대무신왕 5년 7월조).

이는 부여왕의 사촌아우가 연나부 지방의 왕에 봉해짐으로써 이 곳의 토착민과 새로 들어온 1만 명의 부여 사람들이 부여 출신의 새로운 왕의 통치를 받게 되었음을 의미한다. 이러한 근거에서 연나부의 '나'자는 하나의 지역단위이거나 지역적 정치단위라고 보아야 한다. 따라서 혈연적 집단을 뜻하는 것이 아니다.

② 비류부(沸流部 : 沸流那部)의 부장이었던 대신 구도(仇都)·일구(逸苟)·분구(焚求) 등 세 사람이 남의 부인과 재물 등을 마음대로 약탈하다 쫓겨나고 남부의 '사자' 벼슬을 가진 추발소(鄒勃素)라는 사람이 비류부장이 되었다(『삼국사기』 권14, 고구려본기 대무신왕 15년 3월조).

이로 보아 추발소는 비류나 출신이 아니었음을 알 수 있다. 그러므로 비류나부 또한 혈연적인 부족이라고 할 수 없다.

③ 태조왕은 관나부(貫那部)의 패자라는 벼슬을 가진 달가(達賈)를 시켜 조나(藻那)를 정벌하여 그 왕을 사로잡았고, 22년조를 보면 환나부(桓那部)의 패자 벼슬을 가진 설유(薛儒)로 하여금 주나(朱那)를 통합하고 그 왕과 왕자를 포로로 했다(『삼국사기』 권15, 고구려본기 태조왕 20년조).

이는 '나'자가 지역적 정치단위 외에 '나라'란 의미로도 쓰인 사례이다. 즉 조나와 주나에 각기 왕이 있었다는 것을 보면 이 둘은 왕이 다스린 작은 규모의 나라임이 분명하다. 이렇듯이 작은 나라가 일단 고구려에 의해 멸망된 후 지역적 정치단위로 개편된 것이 예컨대 관나부·환나부인 듯하다. 여기서도 알 수 있듯이 '나'자는 혈연적 부족을 나타내는 의미가 아니라 규모는 작으나 독립된 나라를 의미하는 것이 분명하다.

(2) 사람의 이름 위에 쓴 경우
① '나'자만 쓴 예 : 관나패자(貫那沛者) 미유(彌儒), 환나우태(桓那于台) 어지류(菸支留), 비류나(沸流那) 양신(陽神), 연나조의(椽那皂衣) 명림답부(明臨答夫) 등.
② '나'자 밑에 '부(部)'자가 덧붙여진 예 : 관나부패자 달가, 환나부패자

설유, 제나부(提那部) 우소(于素) 등.
③ '나'자도 '부'자도 쓰지 않은 예 : 비류패자 음우(陰友).

위에서 본 '나'자는 작은 왕국을 의미하는 것으로 봄이 합리적일 듯하다. 이를테면 '관나패자 미유'는 '미유'라는 사람이 '관나'라는 국가의 출신이라고 보아야 된다는 것이다.

따라서 '관나부패자 달가'의 경우 '관나'라는 나라가 고구려에 의해 통합됨으로써 지역적 정치단위로 개편된 관나부 출신의 사람을 말하는 것이라고 보면 될 것이다. '나'자와 '부'자도 쓰지 않은 예로 든 '비류패자 음우'는 '음우'라는 사람이 비류나 또는 비류부 출신이라는 것을 줄여서 말한 것이라고 본다.

이렇게 보면 '나'자나 '부'자가 있건 없건 간에 '나'는 혈연적 집단을 나타내는 것이 아니라고 할 수 있다. 더군다나 우태·조의 등 고구려의 벼슬 이름 위에 붙여진 관나·환나·연나·비류나 등을 혈연적 부족집단이라고 해석해서는 안 될 것이다.

이와 관련하여 한 마디만 더 하면 혈연적 부족집단에서는 다양하게 발전된 이 같은 벼슬이 있었다고 여겨지지 않는다. 이러한 근거에 따라 '나(那)'는 독립된 작은 왕국을, '나부(那部)'는 왕국이 통합되어 개편된 지역적 정치단위를 의미하는 것이라고 보아야 자연스럽다.

(3) '나'자를 땅이름으로 쓴 예

고구려의 지명으로 많이 사용된 글자로 '나(那)'와 '양(壤)'이 있다. 그런데 이 두 글자를 대신하여 '천(川)'자와 '매(買)'자가 사용되기도 했음을 볼 수 있다. 그 대표적인 예를 『삼국사기』 고구려본기에서 들면, 송양국(松壤國)이 소나국(消那國=消奴國)과 통하며 중천왕(中川王)이 중양왕(中壤王)으로도 불렸다는 것이 그것이다.14)

---

14) 나(那)와 양(壤)자 대신에 천(川)자가 쓰인 예는 이 외에도 『삼국사기』 고구려본

나(那)·노(奴)·천(川)·양(壤)·매(買) 등은 고구려 사람들의 발음상 '나' 또는 '내'음을 내며 흔히 지명으로 많이 사용되었다. 먼저 '천'자와 '매'자의 실례를 『삼국사기』 지리지에서 찾아보면 다음과 같다.

南川縣 一云 南買, 述川郡 一云 省知買, 買忽 一云 水城, 水谷城郡 一云 買旦忽, 橫川縣 一云 於斯買, 深川縣 一云 伏斯買, 狌川郡 一云 也日買, 水入縣 一云 買伊縣, 淸川縣 一云 薩買縣

이처럼 '매'자와 '천'자가 같이 사용되고 있었으며 '매'자는 또한 '수(水)'자와 함께 사용되었음도 확인할 수 있다.

다음에 '노(奴)'자와 '양(壤)'자가 지명으로 쓰인 예를 『삼국사기』 지리지를 통해 보면 다음과 같다.

黑壤郡 本高句麗今勿奴郡, 穀壤縣 本高句麗仍伐奴縣, 荒壤縣 本高句麗骨衣奴縣

흑양(黑壤)·곡양(穀壤)·황양(荒壤)은 통일신라 시대에 새로이 붙여진 군과 현의 이름으로, 본래 고구려 시대에 '노(奴)'자가 든 군과 현의 이름을 살린다는 뜻에서 바뀐 것임을 생각하면 통일신라 초까지만 해도

기에서 더 볼 수 있다. 13대 서천왕(西川王 : 西壤王), 15대 미천왕(美川王 : 好壤王)이 그것이다. 이처럼 산릉(山陵)의 소재지 이름이 그대로 시호로 정해진 왕은 반이 넘는다. 백제의 경우에는 차이가 있어 처음에는 온조왕·다루왕·가루왕·개루왕이라고 했다가 말기에는 급격히 변하여 성왕(聖王)·위덕왕(威德王)·혜왕(惠王)·법왕(法王)·무왕(武王)이라고 했다. 신라도 마찬가지이다. 중대 이후 지증왕·법흥왕·무열왕·문무왕·신문왕·효소왕이라고 하였다. 이는 아무것도 아닌 듯하나 고구려의 경우 백제·신라와는 달리 국어를 존중하여 이를 상실하지 않으려는 강한 민족의식을 갖고 있었던 결과라 하겠다. 이렇듯이 고구려족은 고유한 민족정신을 지키는 데 온갖 노력을 기울였다고 할 수 있으며 중국문화에 끝까지 저항한 것이 바로 고구려 발전의 원동력이 되었다고 하겠다(『만주국사통론』, 112~114쪽).

'노'자와 '양'자가 같은 음으로 사용되고 있었음을 분명히 알 수 있다.

이 외에 「광개토왕릉비문」에도 '노'자가 든 지명을 볼 수 있다. 두노성(豆奴城), 윤노성(潤奴城), 관노성(貫奴城), 파노성(巴奴城), 산나성(散那城) 등이 그것이다.

위에서 살펴보았듯이 '나'자와 '노'자는 고구려 시대에 지명으로 많이 사용되었음이 확실하다. 그러므로 고구려의 5부는 다섯 개의 혈연적 부족이 아니라 지역적인 정치세력을 뜻하는 다섯 개의 정치적 집단을 말한다고 보는 것이 옳을 듯하다. 기원전 37년 이전에 고구려족은 수를 알 수 없는 작은 규모의 왕국들을 세웠다. 그 가운데 가장 큰 세력을 형성한 것은 5부를 중심으로 한 고구려라는 국가였으며 왕권은 소노부의 귀족집단이 쥐고 있었다. 여러 작은 왕국 가운데는 이 고구려 국가에 예속된 나라도 더러 있었던 것으로 보인다.

그런데 고구려족에 의해 세워진 이 작은 국가들은 고조선 시대에 진반국땅에서 일어났으며 5부는 이미 고조선 말기에 고구려라는 국가를 세운 것으로 보인다. 이러한 고구려가 고조선의 멸망 후 한나라(전한) 세력과 당당히 맞서기 위해 무엇보다 시급히 해결해야 할 것은 흩어진 고구려족의 통합이었을 것이다.

5부 중심의 고구려가 영토를 확장시켜 나가는 과정에서 5부의 정치집단은 세력을 넓히게 되고 마침내 왕권을 다투기에 이르렀다. 그 결과 기원전 37년 무렵에 계루부가 소노부로부터 왕권을 빼앗아 권력의 중심에 서는 정권을 세우게 되었던 것이다.

『삼국사기』에 나타나는 주몽의 건국설화는 바로 계루부가 소노부로부터 왕권을 빼앗은 이 사건을 신비롭게 꾸미려는 정권적 차원에서 만든 것이다. 그러므로 주몽은 고구려라는 국가를 처음 세운 인물이라고 할 수 없다.

그런데도 『삼국사기』는 주몽이 정권을 잡기 이전의 고구려 왕실을 묻어버리고 마치 주몽이 고구려를 처음 세운 것처럼 틀을 잡아 놓은 것이다.15) 고구려 건국 초기에 나온『유기』라는 역사책은 주몽이 왕권을 잡기 이전까지 유지되어 온 고구려의 역사를 엮어 놓았을 것이라고 이미 지적한 바 있다. 그렇다면 주몽 이후의 고구려 왕실이 기원전 37년 이전까지 유지되어 온 고구려 역사를 완전히 무시했다는 지적은 지나친 표현이 아닌가 한다.

4. 계루부와 소노부의 구국적 대화합

『삼국사기』고구려본기 고국천왕 즉위년조에는 발기(拔奇)가 왕이 되지 못한 것을 원망하여 소노가(消奴加)와 더불어 각기 하호 3만여 명을 거느리고 공손강에게 가서 항복했다는 기사가 있다.

소노가는 소노부가 계루부에게 정권을 빼앗긴 후 소노부의 관할 주민들을 통치하려는 계루부의 통치방침에 따라 소노부의 최고 통치권자에게 내려 준 품계이다. 소노가가 누구였는지는 알 수 없으나 그를 따라 공손강(공손도의 오류)에게 망명했다는 하호 3만여 명은 소노부 계통의 사람들이었을 것이다. 이토록 많은 소노부 계통의 사람들이 망명대열에 가담한 것은 단순히 소노가를 맹종해서라기보다 소노부 계통 전체 사람들의 정치적 문제와 깊은 관련이 있는 듯하다.

발기는 동생인 고국천왕에게 왕위를 빼앗겼으나 계루부 사람이다. 그러므로 발기가 평소 소노부와 정치적으로 관련을 맺고 있었다고 보기는 어렵다. 당연히 맏아들로서 차지했어야 할 왕위를 되찾고자 고국천왕과 왕위다툼을 벌였던 발기는 많은 추종세력을 거느리고 있었음에도 승산이 없자 정치적 망명처를 찾기 위해 공손도에게 찾아갔던 것이다. 여기까지의 사실에는 별 의문점이 없으나 소노가가 어떤 정치적 상황하에 망명대열에 가담할 수밖에 없었는지 의문이 생길 수밖에 없다.

---

15)『고구려역사』, 58쪽.

소노부는 5부의 위치상 서쪽에 자리하고 있어 일명 서부라고도 했다. 발기가 요동태수에게 망명하려면 반드시 서부지방을 거쳐야 한다. 따라서 소노부 계통의 사람들이 발기의 망명대열에 쉽게 끼어든 것이 아닌가 하고 추측할 수도 있겠으나 그렇다 하더라도 가담하기로 결정하기까지는 그만한 이유가 분명히 있었을 것이다. 이는 아무래도 소노부 전체 사람들의 정치적 문제와 관련하여 실마리를 찾아 풀어나가야 할 것이다.

앞서 지적했듯이 소노부는 계루부에게 정권을 빼앗기고 소노부에 속한 사람들은 농노와 그 신분이 거의 같은 하호로 떨어진 듯하다. 그렇게 되면 정권을 빼앗긴 후 소노부에서 나타나는 불만은 소수의 소노부 지배자만이 아니라 바로 소노부 전체의 불만으로 될 수밖에 없다.

그런데 계루부의 고구려 왕실이 단결된 모습을 보여 주고 있는 한 소노부 사람들은 그 불만을 겉으로 나타내기 힘들었을 것이다. 그러나 발기와 고국천왕 사이에 일어난 대규모적인 왕위다툼에 의한 고구려 왕실의 내분과 혼란은 소노부 사람들로 하여금 평소 억제된 불만을 터뜨리게 하는 도화선이 되었을 것이다.

이를 구체적으로 확인할 소노부 사람들의 반란사건 등은 기록에 나오지 않으나, 소노가와 그 추종세력이 발기의 망명대열에 가담했다는 것은 중요한 시사점을 준다고 본다. 즉 전 소노부 사람들은 고구려 왕실의 내분을 기회로 모종의 반란사건을 일으켜 정권을 회복하려고 했으나 뜻대로 되지 않자 망명길에 오른 발기의 망명대열에 가담했을 수 있는 것이다.

즉 소노부 사람들은 이미 고구려 왕실을 적대세력으로 단정지었기 때문에 고국천왕 집권시의 고구려 왕실을 똑같이 적대세력 집단이라고 본 발기를 따라 망명처를 구하게 된 것이다.

이렇게 보면 고국천왕 즉위년에는 발기의 반란만이 아니라 소노부 사람들의 반란도 일어났을 것이다. 그렇다면 당시 고구려는 이루 형용하기 힘들 정도의 국가적 위기를 두 차례나 맞이했다 하겠다. 그런데도 고국천왕조에는 이에 대해서는 한 마디도 언급되어 있지 않다. 고국천왕 집권의 계루부 고구려 왕실에서 사건을 의도적으로 감추었기 때문일 것이다.

그런데 고국천왕의 동생 발기(發歧)가 공손도에게 망명한 후 한(漢)나라군의 도움을 받아 계수(罽須 : 發歧의 동생)가 이끄는 고구려군과 무력 대결을 가졌음이 『삼국사기』 고구려본기 산상왕 즉위년조에서 구체적으로 밝혀져 있어 앞의 발기(拔奇)의 예와는 대조를 보여준다.

즉 발기(發歧)는 추종세력을 이끌고 산상왕의 궁성을 포위, 공격까지 했으나 결국 수를 알 수 없는 추종세력은 발기에게 승산이 없음을 알고 그에게 등을 돌려버렸고 이에 발기는 처자만 거느리고 망명했다는 것이다. 이처럼 내용이 자세한 것은 그의 반란 전모를 숨길 필요가 없었기 때문이다.

실제로 발기(拔奇)의 반란이 일어난 즈음에 정권을 회복하기 위한 소노부 사람들의 반항이 없었다면 고국천왕 즉위년조에 발기의 반란은 아주 상세히 다루어졌을 것이라는 생각이 든다. 그러나 계루부 집권층에 두고두고 정신적 부담으로 남게 될 소노부 사람들의 고구려 왕실에 대한 반항을 감추려다 보니 묘하게 그들의 반란과 얽힌 셈이 된 발기(拔奇)의 반란까지 숨기게 된 것이다. 그러나 『삼국지』 위지 고구려전 고국천왕 즉위년조에 반란 기록이 나와 완전히 감추는 것은 불가능하였고, 그 기록을 『삼국사기』가 그대로 옮겨 적게 되었다고 풀이할 수 있다. 그러다 보니 발기와 소노부 사람들이 찾아간 요동태수의 이름을 『삼국지』 고구려전대로 공손강이라고 썼던 것이다.

이런 논법대로라면 만약 발기(發歧)의 반란에 즈음하여 소노부 사람들이 어떤 행태로든 가담했다면 그 또한 대폭적으로 축소 기록되었을지도 모른다. 이런 면에서 발기(拔奇)의 반란이 발기(發歧)의 반란보다 고구려 왕실에 더 치명적 타격을 주었다고 본다.

그 타격의 정도는 『삼국사기』에 보이지 않지만 『삼국지』 위지 고구려전에는 분명히 나타나 있다. 즉 이이모(伊夷模 : 고국천왕)가 다시 새 나

라를 만들어 오늘날 고구려가 존재하게 되었다(伊夷模 更作新國 今日所
在是也)는 것이 그것이다.

이이모는 남무(男武)로 알려져 있는 고국천왕의 다른 이름인데, 남무
가 중국식 이름이라면 이이모는 고구려식 이름인 듯하다. 고국천왕이 다
시 일으켜 세웠다는 의미의 새 나라[新國]는 옛 나라[舊國]의 대칭되는
말이다. 여기에서 옛 나라란 동명왕의 계루부가 소노부로부터 정권을 빼
앗은 고구려 정권을 말한다. 이 동명왕의 고구려는 고국천왕 즉위년에 일
어난 두 차례의 반란으로 멸망되다시피 하였음을 위 기록은 말해 주고
있는 것이다.

특히 이 두 차례 반란 중 더욱 치명적이었던 것은 소노부 사람들의 반
란이 아닌가 한다. 발기(拔奇)의 경우야 왕위를 찾기 위한 것이 주된 목
적이지만 소노부 사람들의 반란은 빼앗긴 정권을 다시 찾는 데 그 목적
을 둔 만큼 심각성이 훨씬 더 했을 것이기 때문이다.

고국천왕이 새로운 고구려, 즉 옛 고구려를 되살린 것은 반란을 극복하
고서의 일이었고, 이는 고국천왕 12년의 또 다른 반란사건이 기록된『삼
국사기』고구려본기의 기사로 확실하다. 즉 중외대부(中畏大夫)라는 국
상 다음의 벼슬에 패자(沛者)라는 품계를 가진 어비류(於畀留)와 평자
(評者)라는 품계를 가지고 있는 좌가려(左可慮)가 모반을 일으켰다. 이
두 사람은 왕후 우씨(于氏)의 친척에다 국상 다음의 요직에 있음을 기회
로 그 자제들이 남의 자녀와 밭, 집 등을 약탈하였기 때문에 고국천왕이
당사자들을 죽이려하자 먼저 모반을 일으킨 것이다. 4연나(四椽那)가 가
담하고 수도까지 침공한 이 반란세력은 다음 해 고국천왕의 지휘하에 무
력으로 평정되었다.

고국천왕이 "다시 새 나라를 만들었다"고 한 것은 좌가려 등의 모반 사
건까지 완전히 진압한 이후 기울어진 옛 고구려의 국운을 다시 붙잡아
일으켰음을 뜻하는 말로 본다. 이 좌가려의 모반은 왕후 우씨가 제나부
(提那部) 우소(于素)의 딸이란 점으로 보아 계루부 고구려 왕실의 내분

이 아니라 제나부의 계루부에 대한 일종의 반항이라 할 수 있다.

그렇다면 같은 계루부에 대한 반항임에도 소노부의 반항은 누락되어 있고 제나부의 반항이 기록되어 있다는 것은 두 사건의 성격이 다르기 때문인 듯하다. 즉 제나부의 경우는 소노부의 저항과 달리 제나부 출신의 고급관리가 권력을 이용하여 백성을 착취, 약탈한 범죄행동을 고구려 왕실이 엄하게 다스리려 했던 데서 비롯된 것이다. 그러므로 제나부의 저항은 소노부와 달리 명분이 없었고 따라서 계루부 입장에서야 기록에 올리지 못할 까닭이 없었다 하겠다.

그렇다면 이 반항사건에 4연나는 무엇 때문에 가담했을까.『삼국사기』 대무신왕 5년조에 연나부라는 이름이 있는 것으로 보면 4연나는 이 연나부가 넷으로 나뉜 것으로 여겨지는데, 명확치는 않으나 가담 사실이 기록에 남아 있는 것을 보아 연나부 또한 별 대의명분을 갖지 않았던 것으로 판단된다.

그런데 이 반란은 사실 고국천왕 즉위년의 소노부 반란과 전혀 무관하지 않다. 발기와 소노가를 따르는 많은 추종세력이 다시 고구려로 되돌아와 조용히 살긴 했으나 고국천왕은 소노부의 국권회복이라는 명분을 내건 반란 같은 국가적 위기를 다시 보지 않으려는 데서 계루부 이외 각 부의 지도급 인물들을 국상 다음의 중요한 벼슬인 중외대부에 기용하기까지 했다. 일종의 회유책인 셈이다. 그런데 좌가려 등의 반란을 진압한 이후 고국천왕도 솔직히 자인했듯이 다른 부의 지도급 인물에게 능력이나 덕에 상관없이 마구 벼슬을 주고 품계를 올려 준 것이 문제였다. 좌가려 등의 예로 알 수 있듯이 관료적 자질이 없던 이들이 탐관오리가 되어 재물을 약탈하는 등 백성들에게 큰 피해를 끼쳤기 때문이다. 게다가 중앙의 정치무대에 고급관료로 진출한 이들은 대개 자신이 본래 속한 각 부와 연결되어 있었으므로 여차해서 반란을 일으킬 시 그 부의 주민이 가담할 가능성이 컸다.

어쨌든『삼국지』위지 고구려전은 고국천왕의 재위시에 일어난 몇 차례의 반란을 진압한 후 재건이 이루어졌다고 전하고 있으나 어떤 방법으로 재건되었는지는 구체적으로 언급하고 있지 않다. 따라서 일부 관련자료를 살펴보며 이를 대체적으로 살펴보고자 한다.

먼저 재건의 실마리는 좌가려의 반란을 치른 직후부터 보이기 시작한다. 고국천왕이 고구려의 4부(계루부 제외)를 향해 "재건을 주도적으로 이끌어 나갈 추진력을 가진 인물을 발굴·기용하겠다"고 한 것이 그것이다.

현량한 인물을 4부에서 추천하라는 고국천왕의 명에 따라 추천된 인물은 동부사람 안류(晏留)인데, 그는 자신이 적임자가 아니라 하며 국정에 나서기를 사양하고 대신 을파소(乙巴素)를 추천했다.

이에 따라 압록강 하류의 좌물촌(左勿村)에서 농사를 지으며 생계를 꾸려나가고 있던 을파소는 갑자기 국상에 발탁, 기용되었다. 표면상으로 드러난 을파소의 기용 이유는 강건한 성품에 지혜가 남달랐기 때문이라고 되어 있는데, 유리왕대의 대신 을소(乙素)의 손자로서 가문이 매우 좋았던 점까지 염두에 둔다면 오히려 그 때에야 정치에 기용된 것이 선뜻 이해가 가지 않는다. 따라서 이 때의 기용에는 다른 이유가 있었지 않을까 생각된다.

이와 관련하여 떠오르는 것이 바로 유리왕 33년(서기 14) 양맥(梁貊)을 정벌하여 그들을 멸망시켰다는 기록이다. 을소가 유리왕 몇 년에 대신이 되었는지 알 수 없다. 을파소가 을소의 손자였는데도 그에게 벼슬길이 열리지 않았음을 미루어 을소는 고구려에 의해 멸망된 양맥계의 사람이 아닐까 한다. 그래서 을소에게 대신의 벼슬을 주긴 하였으나 이러한 배려는 을소대로만 그쳤을 가능성이 있다.

그러한 고구려가 을파소를 기용했다는 것은 양맥 사람을 기용하지 않는다는 방침을 풀 수밖에 없었던 어떤 이유가 분명히 있었을 것이다. 그리고 이를 단순히 양맥 사람만의 문제로 보기보다 고구려 전체의 차원에서 보면, 발기와 소노가를 따라 공손도에게 망명한 소노부 사람에 대한 정책을 바꾸었던 것과 관련되어 있는 듯하다.

고국천왕 즉위년조에는 공손도에게 망명한 발기가 비류수로 되돌아왔다고 적혀 있는데, 당시 소노부 사람들은 전원 비류수로 되돌아온 것으로는 보이지 않는다. 왜냐하면 『삼국지』 위지 고구려전을 보면 발기는 비류수로 돌아왔다가 다시 요동으로 갔다고 되어 있기 때문이다.

발기의 거취로 미루어 소노부 사람 하호 3만여 명 가운데 상당수가 요동으로 들어갈 때 고구려의 별종인 양맥[소수맥]의 땅에 눌러앉았을 가능성이 매우 크다. 더군다나 발기와 행동을 같이한 소노가가 비류수로 되돌아오지 않았다는 것은 이를 강력하게 뒷받침해 준다.

그렇다면 소노부 사람들과 양맥 사람들은 같은 땅에 한데 어울려 살면서 고구려에 대해 강력히 저항을 했을 것이고, 이에 고구려 왕실은 양맥 가운데 지도급 인물을 정권에서 제외시켰다고 하겠다. 이러한 사정으로 양맥땅에서 살고 있었던 을파소가 정치에 등용되지 못한 것으로 보인다. 그런데 양맥과 소노부 사람들에 대한 차별정책을 견지한 채로는 전체 고구려의 재건은 뒷걸음칠 수밖에 없을 것이라는 인식하에 을파소를 등용한 것이라 할 수 있다.

그러므로 을파소 기용은 고구려 재건의 핵심적 요소라고 할 소노부 사람과 양맥 사람들에 대한 화합의 첫 신호라고 보아야 할 것이다. 그리고 그 주체가 고국천왕이었다는 것은, 고국천왕의 친척과 대신들이 을파소 기용을 반대했음에도 국상인 을파소에게 복종하지 않는 자는 귀천을 가리지 않고 멸족하리라는 고국천왕의 단호한 말로도 알 수 있다. 을파소는 이 고국천왕의 든든한 지원에 지난날의 은거생활을 가슴 아파하지 않았으며 지성으로 국정에 임해 백성을 평안케 하는 데 진력하였다.

여기에서 평안케 해 주려던 백성은 계루부 중심의 왕실과 그 친척들을 말하는 것이 아니고 이들에게 심한 차별대우를 받아 온 소노부 등 각 부의 사람들을 말한다. 그러다 보니 기존 관료와 고국천왕의 친척들이 이에 불만을 품고 방해를 하는 일이 있었으나 고국천왕은 을파소를 적극적으로 밀어 주었다.

이처럼 고국천왕의 적극적인 지원하에 을파소가 추진한 정책들이 성공을 거두었다는 것은 그가 사망했을 때 온 나라 사람들이 통곡했다는 사실만으로도 분명하다 하겠다. 사실 구체적인 산상왕 즉위년의 반란 때 요동으로 달아난 발기(發歧)를 따라간 사람이 한 명도 없었던 것도 소노부와 양맥 사람들의 사회적 신분을 향상시킴으로써 불화의 씨앗을 일정하게 해결한 덕으로 보인다.

이러한 을파소에 대해 고국천왕이 크게 만족하여, 그를 기용한 지 여섯 달째 되는 11월에 을파소를 추천한 안류에게 "을파소를 추천하지 않았다면 지금 같은 업적[나라 재건]을 이루지 못했을 것이다"라고 하며 그를 대사자로 삼았던 것이다.

그런데 을파소의 업적과 관련하여 많은 사람들이 언급하고 있는 것이 바로 진대법(賑貸法)의 실시이다. 고구려에서 진대법이 실시된 기사가 처음 실린 것은 『삼국사기』 고구려본기의 민중왕 2년(45)이고, 두번째 기록은 고국천왕 16년(194) 7월조에 보인다. 이 두 기록에서 나타나는 공통점은 홍수가 나거나 기상이변으로 때아닌 서리가 내려 곡식이 상해 굶주리게 된 농민을 구제했다는 것이다.

그렇다면 당시의 진대는 지역적으로 나타난 천재지변으로 빚어진 굶주린 농민에게 나라에 비축된 곡식을 즉각 풀어 구제하는 것이 주목적이므로 꾸어먹은 곡식을 다시 갚지 않아도 되었을 것이다. 그러나 고국천왕 16년 10월부터 실시된 진대법은 앞의 두 진대와 내용을 많이 달리하고 있다.

앞의 진대가 부정기적이었던 데 비해, 이번 진대법은 해마다 3월부터 7월까지 가구의 많고 적음에 따라 관청의 곡식을 풀어 주었다가 같은 해 10월에 갚도록 하고 이를 연례적으로 실시한다는 것을 골자로 하였던 것이다. 그러나 여전히 이자를 낸다는 말이 없는 것으로 미루어 과거 진대 실시 때와 마찬가지로 꾸어먹은 곡식만 갚으면 되었던 듯하다. 진대법의 실시에 대해 백성들이 매우 기뻐했다고 한 것도 이자를 내지 않아도 좋다는 점 때문이 아닌가 생각된다. 그리고 이 진대법의 실시로 누구보다 많이 혜택을 본 것은 차별대우를 받았던 소노부 사람일 것이다.

아무튼 진대법은 고국천왕 때 나라를 재건하는 데 새로운 촉진제 역할을 충분히 했었을 것이다. 이 진대법에 대한 북한의 부정적인 평가는 뒤에서 자세히 언급하기로 한다.

그런데 지역적·부정기적이 아니라 전국에 걸쳐 정기적으로 진대법을 실시하려면 매우 많은 곡식을 창고에 비축해 두었다는 말이 되는데 과연 그토록 많은 양을 어떻게 확보할 수 있었을까. 진대법 실시가 을파소가 국상에 오른 지 3년째 되는 해임을 고려하면 이는 을파소의 중앙정계 진출과 관련이 있는 듯하다.

위에서 말했듯이 을파소는 계루부 중심의 고구려 왕실에 대해 저항심이 강했던 소노부 사람과 양맥[소수맥]이 합류한 집단을 대표하면서 그들 구성원의 정신적 지주로서 인정받고 있었던 그런 인물이었다. 이러한 을파소를 고구려 왕실이 파격적으로 국상으로 기용했음은, 을파소 자신의 신분변화만이 아니라 동시에 이 집단 구성원 전체도 신분상의 변화가 있었음을 의미한다.

이 같은 변화는 고구려 왕실에 대한 적대심을 누그러뜨려 을파소와 더불어 정치적으로 협조하는 태도를 갖게 하였으리라는 것은 상상하기 어렵지 않다. 나아가 경제적 공조관계까지 이뤄지지 않았을까 한다. 즉 이들 구성원이 생산한 풍부한 산물이 피폐해진 고구려의 경제를 다시 살리는 데 큰 도움을 주었을 것이라는 애기이다. 그 구체적인 예가 진대법의 실시일 것이다.

그렇다면 이들이 살았던 지역은 어디이고 과연 경제적으로 풍요로웠는지 알아보기로 하겠다. 앞에서도 언급했듯이 양맥이 세운 나라는 유리왕 33년(서기 14) 계루부의 고구려에 의해 멸망을 당했고 그 이래 오랫동안 고구려에 대해 강력히 저항하는 태도를 취해 왔다. 이 태도가 일정하게 누그러진 것은 을파소를 국상에 기용한 고국천왕 13년(191)부터이지만 소노부와는 달리 3세기 말 이후까지도 고구려에 대한 저항적 기질을 완전히 포기하지는 않았다.

이처럼 양맥의 저항기질이 일관되게 유지되었다면 고구려 역사와 관련된 중국의 역사책에도 당연히 그에 대한 기록이 실려 있을 것이다. 먼저 『후한서』보다 먼저 엮어진 『삼국지』 위지 고구려전에 그 첫 기록이 보이는데 이를 보면 다음과 같다.

> ……또 소수맥이 있다. 구려(句麗)는 나라를 세웠는데 대수(大水)에 의존해 살았다. 서안평현(西安平縣) 북쪽에는 소수가 있는데 남쪽으로 흘러 바다로 들어간다. 구려의 별종이 소수에 의존하여 나라를 세웠기에 이를 소수맥이라 한다. 좋은 활을 생산하는데 이른바 맥족(貊族)이 이것이다.

고구려 외에 그 별종인 소수맥[양맥]이 나름대로 나라를 세웠다는 것은 고구려 역사에서 흘려버릴 수 없다. 그래서인지 『후한서』 고구려전에도 『삼국지』 위지 고구려전보다는 소략하나 다음과 같은 기사가 나온다.

> 구려(句麗)는 일명 맥(貊)이라 한다. 별종이 있는데 소수에 의존하여 살고 있어 소수맥이라 하며 좋은 활이 나오는데 이른바 맥궁이 이것이다.

『삼국지』 위지 고구려전에 보이는 위 기사는 자료상 두 가지 면에서 큰 가치를 갖고 있다. 우선 ① 구려의 별종인 소수맥이 살고 있었던 소수의 위치를 밝히고 있다. 요동군 서안평현 북쪽에 자리잡고 있는 소수는 남쪽으로 흘러 바다(발해)로 흘러 들어간다는 것이 그것이다. 그리고 ② 소수맥은 이 소수에 나라를 세워 소수맥이라는 이름이 붙여졌다는 것이다.

구려가 대수에 세웠다는 나라는 고구려이고 대수는 압록강을 말하므로 문제 될 것이 없으나 소수맥이 세웠다는 나라에 대해서는 더 이상 기사가 나오지 않아 고구려와 어떤 관계였는지 알 수 없다. 그러나『삼국사기』고구려본기에 실린 양맥에 관한 기록들은 소수맥에 대해 중국측의 기록만으로 풀 수 없는 문제들에 해답을 줄 수 있는 듯하다.

한(漢)·위(魏)나라 시기의 요동군 서안평현에 대한『한서』지리지 현도군 서개마현(西蓋馬縣)의 주석에 "마자수(馬訾水)가 서남으로 서안평에 이르러 바다로 들어간다"라고 했듯이 서안평은 마자수가 바다로 흘러 들어가는 곳에서 가까운 거리에 있었다. 현재 요녕 단동시(丹東市) 구련성공사(九連城公社) 첨고성(尖古城)이 서안평 자리라고 인정되고 있는데 소수로 보이는 강은 두 개가 있다. 하나는 단동시 북쪽에서 동남쪽으로 흘러 압록강으로 들어간 후 남으로 바다로 흘러 들어가는 애하(愛河)이고, 다른 하나는 서남으로 흐르는 태자하(太子河)이다.16)

『삼국사기』고구려본기 유리왕 33년조의 양맥에 관한 기록을 보면 이 두 강 중 소수는 현재의 태자하임을 밝혀 주고 있어 주목된다. 즉 "가을 8월 왕이 도이(島伊)·마리(摩離)에게 명해 군사 2만을 거느리고 서쪽으로 양맥을 정벌하여 그 나라를 멸망시키고 계속 진격하여 한나라의 고구려현을 빼앗았다"라는 것이 그것이다.

유리왕 33년 집안 일대에 중심을 두고 있었던 고구려는 집안에서 정벌군을 일으켜 서쪽으로 양맥을 쳐서 멸망시킨 다음 현재 신빈현에 해당하는 고구려현을 빼앗았다고 풀이할 수 있는데, 이는 양맥이 현재 환인현(桓仁縣) 서쪽의 태자하 부근에 있었음을 말한다.17)

이를 확인시켜 주는 두번째 기록은 고구려본기 동천왕 20년(248)조의 다음과 같은 양맥 관련기사이다.

가을 8월에 위(魏)나라는 유주자사(幽州刺史) 관구검(毌丘儉)을 파견하

---

16) 楊保隆, 1991,「各史 高句麗傳의 몇 가지 문제에 대한 분석」『중국학계의 고구려사 인식』, 대륙연구소, 154쪽.

17) 위의 논문, 155쪽.

여 군사 2만을 거느리고 현도로 나와 침범해 왔다. 왕은 보(步)·기(騎) 2만을 거느리고 비류수(沸流水)에서 맞받아 싸워 이를 격퇴했는데 3천여 명을 죽이고 또 군사를 이끌고 양맥 골짜기[梁貊谷]에서 다시 싸워 격퇴하여 3천여 명을 죽였다.

고구려군이 위나라 침략군을 물리친 이 비류수를 사람들은 지금의 혼강(渾江)이라 보고 있는데, 이 기록 역시 양맥이 현재 태자하 유역에 있었음을 보여 준다. 더군다나 당시 위나라 군대가 물러선 방향은 현재 심양과 무순 사이로 옮겨간 현도군의 소재지와 일치하여 문제될 것이 없다.

양맥이라는 이름도 이들이 태자하의 옛 이름인 양수에서 살았기 때문에 붙여진 것이 분명하다. 고구려 군대가 서쪽으로 양맥을 멸망시킨 다음 서안평현을 점령하지 않고 한나라의 고구려현을 점령한 것으로 미루어 소수는 애하가 아니고 태자하임을 다시 확인할 수 있다.[18]

양맥이 살았던 지역은 양수[태자하]이고 이 양수는 고구려가 중심을 두었던 압록강보다 작은 강이므로 고대 중국 사람들은 이를 소수, 즉 작은 강이라 불렀고 이보다 큰 압록강을 대수, 즉 큰 강이라고 불렀던 것이다. 그렇다면 양수[소수]에 살았던 양맥[소수맥]이 세웠다는 나라도 규모 면에서 고구려보다 작았을 것이 분명하다.

소수맥이 세운 이 나라가 얼마 동안 유지되었는지는 관련자료가 없어 도무지 알 수 없으나 망한 후 고구려에 대해 오랫동안 저항적인 태도를 지켜왔음은 고구려본기에서 확인된다. 그 첫 기사는 신대왕 2년(166)조에 보인다.

정월 왕은 명림답부(明臨答夫)를 국상으로 삼고 작위를 더 올려 주어 패자(沛者)로 삼고 내외병마를 맡아보게 하고 양맥 부락을 아울러 다스리게 했다.

---

[18] 위의 논문, 154쪽.

위 자료에서 보듯이 국상에 임명된 명림답부가 양맥 부락의 통치를 직접 맡았다고 풀이할 수 있는데, 이는 양맥[소수맥]이 세운 나라가 망한 후에도 쉽게 고구려에 융화하지 않고 저항을 계속하였기 때문일 것이다.

3세기 말에 이르도록 소수맥의 이 반항적 기질은 여전하여 서천왕 11년(280)에도 양맥은 특별관리 대상이 되었다. 즉 10월 왕은 숙신(肅愼) 부락을 격파하여 안국공(安國公)이란 작위를 내려 주고 내외병마권까지 준 동생 달가(達賈)에게 숙신과 양맥 등 여러 부락을 특별히 다스리게 했다.

그렇다면 양맥이 특별관리 대상에서 제외될 때, 비로소 고구려에 대한 저항적 기질을 버렸다고 할 수 있을 것이다. 그러나 3세기 말까지도 이를 확인할 자료는 보이지 않으며 오히려 3세기 말 이후에도 저항적 기질이 유지되었음을 보여 주는 기록만 나타나고 있다.

즉 봉상왕 원년(292) 3월 왕은 백성들의 존경을 받고 있는 숙부 달가를 도전세력으로 단정하고 죽이자 백성들은 "양맥과 숙신의 재난을 면하지 못하게 되어 장차 누구를 의지하겠는가"라고 염려했다는 것이다.

이처럼 양맥[소수맥]이 그들의 나라를 잃어버린 서기 14년 이래 292년까지 고구려에 대한 저항을 계속했다 함은 무엇을 의미하는가. 우선 이들이 정치적으로 작은 나라였긴 하지만 고구려보다 훨씬 먼저 세워져 나름대로의 전통과 자부심을 지켜왔을 것임을 느끼게 해 준다. 군사적으로도 강한 나라였을 것임은 고대 중국인들에게까지 널리 알려진 맥궁(貊弓)이 생산되었다는 것을 통해 추측된다.

소수맥이 이러하였던 관계로 고구려는 국상이라는 가장 높은 벼슬을 가진 인물에게 그 부락을 직접 특별 관리하게 했던 것이며 고구려 백성들도 양맥 부락에 두려움을 갖고 있었던 것이다. 또한 고구려에 멸망당해 역사 속으로 자취도 없이 사라져 버린 수많은 부락들과는 달리『삼국지』와『후한서』고구려전에 짤막하나마 특별히 소수맥이 소개된 것도 이 때문일 것이다.

이로써 보건대 소수맥은 어엿한 나라를 토대로 어떤 형태의 경제구조를 가졌을 것이 분명하다. 이 경제구조가 고구려의 특별관리 대상이 됨으로써 고구려의 경제발전에 큰 도움이 되었을 것이고, 진대법 실시도 이것과 연관되어 있었을 것임은 충분히 추측되는 일이다.

제2장 고구려의 영토

　한 나라의 힘은 강해진 시기가 있는가 하면 약해진 시기도 있다. 이 힘
의 강약은 여러 모습으로 나타나는데, 가장 뚜렷한 모습은 바로 영토의
확장과 축소일 것이다.

　고구려는 지금까지 알려진 바와는 달리 900년의 유구한 전통과 역사를
가진 국가였음이 밝혀진 만큼, 이처럼 장구한 역사 기간에 영토의 확장과
축소가 있었을 것은 두말할 필요가 없다. 그러므로 고구려의 영토를 정확
히 알아보는 것은 고구려의 역사를 바르게 살펴보는 데 흘려버릴 수 없
는 중요한 요소가 아닐 수 없다.

제1절 초기의 영토

1. 기존 소국 통합

　역사를 통해 나라가 세워지는 과정을 보면 대내외적으로 억압을 가하
고 있는 강한 세력과의 투쟁이 있었음을 알 수 있다. 주몽의 고구려는 건

국 초기 전한이라는 강한 세력과 싸워야 하는 어려운 환경에 처해 있었다. 따라서 고구려는 처음부터 중국이라는 외래 침략세력을 몰아내고 고조선의 넓은 옛 땅을 회복하는 것을 최우선적인 국가정책으로 삼았다.

이러한 과업을 성공적으로 이끌기 위해서는 국력의 신장이 절대적으로 필요하였고, 이에 고구려는 건국 직후 100여 년(기원전 36 ~기원 74)에

고구려의 소국 통합과정표

1	동명왕 2년	기원전 36년	비류국왕 송양이 나라를 바치며 항복하므로 그 지방을 다물도(多勿都)로 개칭하고 송양을 우두머리로 삼았다.
2	동명왕 6년	기원전 32년	왕이 오이와 부분노를 시켜 태백산 동남방에 있는 행인국(荇人國)을 치고 그 땅을 빼앗아 성읍으로 만들었다.
3	동명왕 10년	기원전 28년	왕이 부위염을 시켜 북옥저를 쳐서 없애고 그 지역을 성읍으로 만들었다.
4	유리왕 11년	기원전 9년	선비를 쳐서 항복시키고 속국으로 삼았다.
5	유리왕 33년	기원 14년	왕이 오이와 마리를 시켜 군사 2만을 거느리고 서쪽으로 양맥(梁貊)을 쳐서 그 나라를 없앴다.
6	대무신왕 9년	기원 26년	왕이 개마국(蓋馬國)을 정복하고 그 지역을 군현으로 만들었다.
7	대무신왕 9년	기원 26년	구다국(句茶國) 왕은 개마가 멸망하였다는 말을 듣고 나라를 바치고 항복하였다.
8	대무신왕 20년	기원 37년	왕이 낙랑국을 습격하여 이를 멸망시켰다.
9	태조왕 4년	기원 56년	동옥저를 쳐서 그 땅을 빼앗아 성읍으로 만들고 동으로 바다까지, 남으로 살수에 이르기까지 국경을 확장하였다.
10	태조왕 16년	기원 68년	갈사왕(曷思王)의 손자 도두(都頭)가 나라를 바치고 항복하였다.
11	태조왕 20년	기원 72년	관나부패자 달가(達賈)를 보내어 조나(藻那)를 쳐서 그 나라 왕을 사로잡았다.
12	태조왕 22년	기원 74년	환나부패자 설유(薛儒)를 보내어 주나(朱那)를 쳐서 항복시켰다.

걸쳐 주변의 소왕국들을 통합하기 위한 정벌을 꾸준히 벌여 나갔다.『삼국사기』고구려본기에는 고구려가 이 주변의 소국가를 통합하는 과정이 상세히 나와 있다. 이해를 돕기 위해 통합과정을 표로 작성해 보았다.

이 표에서 보듯이 고구려는 동명왕에서 태조왕에 이르는 110년(기원전 36~기원 74) 동안 5부 이외에 여러 소왕국들을 통합하기 위한 싸움을 벌여 비류(沸流)·행인(荇人)·북옥저·선비·양맥(梁貊)·개마(蓋馬)·구다(句茶)·낙랑·동옥저·갈사(曷思)·조나(藻那)·주나(朱那) 등을 통합, 지배하기에 이르렀다.

작은 나라들을 통합함으로써 고구려 국토가 얼마나 넓어졌는가를 살펴보려면 이 나라들의 위치를 알아보는 것이 가장 빠를 것이다.

동명왕은 즉위 2년(기원전 36) 비류수 상류에 자리잡고 있던 비류국[송양국]의 송양왕과 무력대결을 벌인 끝에 이를 다물부(多勿部) 또는 소노부로 개편하였고, 이에 비류국은 고구려 초기 5부의 하나가 되고 송양왕은 이의 실제적 통치자가 되었다.

동명왕이 먼저 비류국을 정복한 것은 주변 소국에 대해 심리적 압박을 가하기 위한 것이었던 만큼 비류국의 정벌에 성공을 거둔 이후 고구려의 다른 소국에 대한 정벌은 즉시 나오게 되어 있다.『삼국사기』에 의하면 동명왕은 즉위 6년(기원전 32) 오이(烏伊)와 부분노(扶芬奴)로 하여금 태백산 동남쪽에 있던 행인국을 정벌케 하여 그 땅을 성읍(城邑)으로 개편했다.

행인국이 위치해 있었다는 태백산 ‘동남’쪽은 ‘서남’쪽을 잘못 적은 듯하다는 견해도 있다. 동명왕이 나라를 세운 지 6년밖에 안 되는 시기로 그 활동범위가 압록강 이북에 머물고 있었던 만큼 그처럼 먼 지역까지 원정할 만한 힘은 갖추지 못했을 것이라고 보기 때문이다.[1]

고구려의 초기 5부와 관련하여 순노부를 달리 말하는 동부는 행인국이

---

1) 李殿福·孫玉良 共著, 姜仁求·金瑛洙 共譯, 1990,『高句麗簡史』, 삼성출판사, 61쪽.

개편된 것이라고 본다.[2] 그러므로 행인국의 위치는 압록강 이북, 오늘의 임강현(臨江縣) 일대이지 태백산 동남의 옥저부락이 아니다.[3]

동명왕은 즉위 10년(기원전 28) 부위염(扶尉猒)에게 명해 군사를 이끌고 북옥저를 정복하여 그 땅을 고구려의 성읍으로 개편했다는 기사가 『삼국사기』에서 보이는데 사실상 맞지 않다는 견해가 있다. 북옥저와 태조왕이 정복한 동옥저는 그 후 오랫동안 고구려에 융합된 적이 없고 자체의 독립을 유지해 왔다는 이유를 들어 다만 명분상 고구려에 예속되었을 따름이라고 보는 것이다.[4]

동명왕의 사망 후에도 소왕국을 통합하려는 과업은 계속 이어졌다. 유리왕은 즉위 11년(기원전 9) 행인국 정벌 때 공을 세운 부분노에게 명해 기병을 이끌고 선비(鮮卑)를 정벌하여 속국으로 만들었다. 왕이 부분노에게 식읍을 내려 줄 정도였던 것으로 보아 선비 정벌은 고구려의 영토확장과 관련하여 상징적 의미가 크다 하겠다.

선비 정복이 있고 나서 10년째 되는 서기 2년에 유리왕은 건의에 따라 '국내(國內)' 일대의 지세를 살피는 과정에서 현지 주민의 정세를 파악한 후 다음 해 이 곳에 도읍을 정했다. '국내' 천도와 관련하여 천도를 관나부의 통일로 보려는 견해도 있는 것 같다.

그 근거는 '국내'가 발음상 '관나'와 비슷하다는 것으로서, '국내'를 관나부의 소재지로 본다. 이 견해대로라면 관나부는 흘승골성(紇升骨城)의 남쪽에 자리잡아야 한다. 그러나 국내성은 흘승골성의 동쪽에 있었던 만큼 관나부로 볼 수는 없다.[5]

　(1) 양맥

---

2) 孫進己, 1987, 『東北民族源流』, 黑龍江人民出版社, 139쪽.
3) 『고구려간사』, 61쪽.
4) 위의 책, 62쪽.
5) 위의 책, 62쪽.

국내 천도는 이후 영토확장 등 고구려의 발전에 획기적 전기를 마련하였는데 처음부터 순조로웠던 것은 아니었다. 천도 이후 영토확장에 방해가 되었던 것은 황룡국(黃龍國)과 부여였다. 유리왕 즉위 32년(서기 13) 부여는 먼저 군사력을 동원하여 고구려를 침공해 왔다. 결과적으로는 부여군의 쇠퇴를 촉진하였지만 이는 유리왕 재위시 고구려의 영토확장이 힘들었음을 보여준다.

선비를 속국으로 만든 것 외에 이렇다 할 정복사건이 없는 가운데 즉위 33년(서기 14) 유리왕은 행인국 정복 때 공을 세운 오이 등에 명해 서쪽의 양맥국(梁貊國)을 정벌케 하여 멸망시켰다. 양맥국 통합과 관련하여 살펴보아야 할 중요한 문제는 양맥국의 위치이다.

"고구려군이 서쪽으로 양맥을 쳤다"는 기사는 양맥이 고구려군의 출발지점에서 서쪽에 있었다는 것을 말해 준다. 고구려군이 정벌하기 위해 출발한 지점은 수도 국내성[집안] 말고 다른 곳은 있을 수 없다. 그렇다면 양맥이 국내성 서쪽에 있었다는『삼국사기』고구려본기의 기사는 맞는다 하겠으나 양맥의 정확한 위치가 밝혀진 것은 아니다. 이런 면에서『삼국사기』고구려본기에 전해지고 있는 다음 기사를 주목해야 할 것이다.

[동천왕 20년] 가을 8월에 위나라가 유주자사 관구검을 보내 1만여 명을 이끌고 현도로 나와서 침입했다. 왕은 보병·기병 등 2만 명을 거느리고 비류수 강가에서 맞받아 싸워 이를 쳐부수고 다시 군사를 이끌고 양맥 골짜기에서 싸워 또한 적을 쳐부수고 3천여 명을 죽이고 붙잡았다.

현도군을 거쳐 고구려의 수도 국내성으로 쳐들어오는 위나라 관구검의 군대를 고구려 군사가 비류수 강가에서 받아치고 여세를 몰아 양맥 골짜기에서 물러가는 적군을 쳐부수었다는 것은 양맥이 비류수와 현도군 사이에 있었음을 분명히 보여 주는 것이다.

그러면 비류수는 오늘날 어느 지방을 흐르는 강인가.『삼국사기』고구려본기에서 자주 보듯이 비류수는 고구려가 유리왕 때 도읍을 국내성으로 옮긴 이후 북방의 부여, 서북방의 한(漢)·위(魏)나라와 통하는 길목에 위치한 강이었다. 246년 관구검이 침략군을 이끌고 국내성으로 침략해 오다가 비류수 강가에서 고구려 군사의 강한 반격을 받은 것도 그 때문이라 하겠다.『삼국사기』는 비류수와 관련하여 다음과 같은 기록을 전해 주고 있다.

[고구려본기 동명왕 원년조에] 동명왕이 비류수 가에 초막을 짓고 고구려를 세웠는데 왕은 비류수 중류에 채소잎이 떠내려오는 것을 보고 그 상류 지방에 사람이 살고 있는 줄로 알고 사냥을 하면서 찾아 올라가 비류국에 이르렀다.

위 기사에서 알 수 있듯이 비류수는 고구려의 초기 수도인 졸본이 끼고 있던 강이며 상류에 비류국이 있었던 사실로 보면 상류까지 비류수라고 불린 듯하다. 졸본(현재 환인)은 동가강[혼강]의 중류지방에 있었던 것으로 보고 있어 비류수를 동가강으로 여기고 있다.

그런데 246년 당시 현도군은 현재 무순(撫順) 서쪽의 혼하와 요하 사이에 있었다. 그러면 양맥은 동쪽의 비류수[동가강]와 서쪽의 혼하 중류 사이에 있었다고 할 수 있다. 지금까지 살펴본 것은 비류수와 현도군의 지리적 위치 문제였다. 그러면 다음에는 이를 근거로 하여 양맥의 위치를 구체적으로 알아보기로 하자.

『삼국지』위지 고구려전을 보면, "고구려가 큰 강에 의지하여 나라를 세우고 살았다. ……고구려의 별종이 작은 강에 의거하여 나라를 세웠으므로 소수맥(小水貊)이라고 불렀다"는 기사가 있다. 이 기사의 소수맥처럼 양맥도 '양수(梁水)'라는 강에 의지하여 나라를 세운 맥족의 이름이라고 보아도 좋을 것이다. 다만 비류수와 혼하 사이에 양수라는 강이 반드시 있어야만 한다.

이와 관련하여『한서』지리지 요양현(遼陽縣)에 대한 주석을 보면, 대양수(大梁水)라는 강이 나온다. 이 강은 혼하로 흘러드는 오늘의 태자하

(太子河)로 알려져 있다. 서기 14년경 대양수 하구에는 한나라의 군·현이 있었으므로 양맥은 그 상류지역에 있었다고 할 수 있다.

소수맥이란 이름이 소수에서 나왔듯이 양맥이 양수에서 나온 것만은 이상의 고찰로 분명해졌다고 하겠으나 양맥과 소수맥의 실체를 둘러싸고는 의견이 두 가지로 갈려 있다. 하나는 이 둘을 다른 것으로 보는 의견이고 다른 하나는 같은 것으로 보는 의견이다. 전자가 북한의 견해를 대표하는 『고구려역사』이고,6) 후자는 중국학계이다.

소수맥 문제를 최초로 다룬 중국의 역사책은 『후한서』 동이열전이다. 이 『후한서』는 여러 다른 역사책과는 달리 고구려를 '고구려전'과 '구려전(句麗傳)'의 두 항목으로 나누어 다루고 있어 이채를 띠는데, 아마도 소수맥이 고구려의 '별종'이 세운 나라로서 동명왕의 고구려와 따로 행동해 왔음에 주목했기 때문인 듯하다.

'고구려전'의 경우에는 고구려의 위치를 비롯하여 주변의 사정, 의식주, 언어, 5부, 벼슬이름, 제사, 혼인, 장례, 성품 등 별종까지 포함된 전체 고구려 사람들의 모든 면모에 관해 중국 사람들에게 알려진 것들을 다루고 있다.7) 한편 이 책에서는 구려족을 일명 '맥족'이라고도 했는데, 맥족의 별종을 요동군의 서안평현 북쪽에서 발해로 흘러 들어가는 소수를 터전으로 생활했다 하여 소수맥이라고 불렀다.8) 그러므로 고씨의 구려를 비롯하여 구려족의 모든 면모는 이 소수맥을 통해 중국 사람들에게 알려진 것으로 보인다.

이 소수맥이 중국인들에게 알려진 것은, 『후한서』 구려전에 소수맥이 왕망의 신(新)나라와 접촉했다는 기사가 나오는 것으로 보아 아마 이 때부터가 아니었나 싶다. 즉 서기 12년(유리왕 31), 신나라가 흉노정벌에 이들 소수맥을 전위대로 이용하려고 한 것은 양자 간에 처음으로 접촉이

---

6) 『고구려역사』, 63쪽.
7) 『후한서』 권85, 동이열전 고구려전 및 구려전.
8) 『후한서』 권85, 동이열전 고구려전 및 구려전.

있었음을 의미한다. 소수맥은 자주적인 국가를 세웠으니 만큼 정벌 가담 문제를 놓고 왕망과 어떤 협상을 거쳤을 것으로 여겨지나 그 경위는 알 수 없다.

그런데 소수맥이 자신과는 하등 이해관계가 없는 이 흉노정벌 전쟁에서 이탈해 버림으로써, 전통적인 중화의식에 기초하여 소수맥 통치자를 제후 정도로 여기고 있던 왕망은 그 보복으로 추(騶)라는 이름의 소수맥 통치자를 처형시켰다. 동시에 이 흉노정벌사건과는 관계 없으나 고구려가 소수맥과 같은 종족이라는 이유에서 나라 이름을 하구려(下句麗)로 바꾸고 그 왕의 격을 후(侯)로 떨어뜨려 고구려의 국가적 지위를 자의적으로 한 단계 격하시켰다.9)『삼국사기』고구려본기는 고구려군이 정벌에 가담한 것처럼 말하고 있으나 이는 소수맥의 실체를 제대로 이해하지 못하고 고구려와 혼동한 데서 온 것일 것이다.

소수맥은 왕망의 이 보복조치에 대항하여 신나라 변경을 자주 침공했다. 한편 국가적 지위를 격하당한 고구려와 신나라 사이에는 기록상으로는 아무 일도 일어나지 않았고, 신나라가 멸망하고 후한이 들어서면서 고구려와 중국 관계는 정상을 되찾았다. 즉 서기 32년(대무신왕 15) 고구려와 후한은 외교관계를 맺게 되고 이에 따라 '하구려후'라는 불만 섞인 칭호는 '고구려왕'이라는 본래 명칭으로 회복되었다.10) 고구려는 이미 후한이 세워지기 11년 전인 서기 14년(유리왕 33)에 2만의 병력을 동원하여 소수맥을 쳐서 멸망시킨 상태였다.

이처럼 중국의 역사책이 소수맥을 이례적으로 다루고 있는 것은 소수맥을 고구려 역사의 연장선상에 두어서가 아니라 소수맥이 고구려에 의해 통합된 여러 소국들보다 남다른 면모가 있었음을 알고 있었기 때문이라 하겠다. 즉 소수맥은 맥족의 한 부락이 아니라 하나의 독립된 국가였던 것이다. 사실 고구려의 별종이 세운 나라는 이 소수맥만이 아니었다.

---

9)『후한서』권85, 동이열전 고구려전 및 구려전.
10)『후한서』권85, 동이열전 고구려전 및 구려전.

예컨대『삼국사기』고구려본기에서 볼 수 있는 황룡국(黃龍國)·개마국(蓋馬國)·구다국(句茶國)·해두국(海頭國) 등이 모두 거기에 해당한다고 보면 될 것이다. 이들 나라는 고구려보다 먼저 세워졌다는 공통점을 갖고 있으나 중국 사람들에게 알려지지 않은 관계로 중국의 역사책에 그 이름이 나오지 않았을 뿐이다.

어찌됐든 이 소수맥은 양맥과 어떤 관계에 있는 것일까. 실제로『삼국지』와『후한서』고구려전에는 소수맥이란 이름만 보이지 양맥이란 이름은 볼 수 없다. 다른 한편『삼국사기』고구려본기에는 양맥이라는 이름만 나올 뿐 소수맥이란 이름은 나타나지 않는다. 따라서 아직도 양자에 대해서는 논란이 있는 것이 사실이다.

그런데 중국의 양보륭(楊保隆)은 이 소수맥을 바로 양맥으로 단정하고 소수를 태자라고 주장하고 있다.11)

사실 '소수'라는 강 이름은 정식 명칭이 아니고 압록강을 뜻하는 큰 강[大水]과 대칭되는 말이다. 주몽이 중심체가 된 고구려는 압록강이란 큰 강을 토대로 세워졌으나 양맥이 나라를 세운 양수라는 강은 규모면에서 압록강보다 작은 강이므로 그 대칭적 표현으로 '소수'라고 기록한 것이다. 이러한 근거에서 본다면 양맥은 공식적인 명칭이고, 소수맥은 대칭적인 별칭이라고 풀이할 수 있다. 결국 소수맥과 양맥은 동일한 것이다.

이처럼 독립국가를 세워 존속해온 소수맥, 즉 양맥은 유리왕 33년(서기 14)에 고구려에게 멸망당해 통합되었다. 고구려는 같은 맥족의 통합이 앞으로 중국과의 대결에 시급하다고 판단하고 양맥을 멸망시킨 여세를 몰아 한나라 현도군의 고구려현까지 습격하였다.

그런데 멸망당한 양맥에 관한 기사가 계속『삼국사기』에 실리게 된 것은 그럴 만한 사정이 있었다. 한 마디로 말해 멸망한 양맥국 사람들이 3세기 말에 이르도록 고구려 왕조에 계속 반항을 하였던 것이다.

---

11) 楊保隆, 1991,「各史 高句麗傳의 몇가지 문제에 대한 분석」『중국학계의 고구려사 인식』(대륙총서 3), 대륙연구소, 155쪽.

양맥이 세운 나라가 얼마 동안 유지되었는지는 관련자료가 없어 알 수 없으나 망한 후 고구려에 대해 오랫동안 저항적 태도를 견지하였음을 『삼국사기』 고구려본기에서 찾아볼 수 있다. 그 첫 기사는 신대왕 2년 (166)조에 보인다. 이를 보면 다음과 같다.

> 정월 왕은 명림답부(明臨쏨夫)를 국상으로 삼고 작위를 더 올려주어 패자로 하고 내외병마를 맡아보게 했는데 양맥부락을 아울러 다스리게 했다.

이는 국상에 임명된 명림답부가 양맥부락의 통치를 직접 맡았음을 전하는 기사로서 양맥이 멸망한 후에도 고구려에 융화하려 하지 않았으므로 특별 관리대상이 되어 있었음을 추측케 한다.

양맥의 이러한 반항적 기질은 누그러지지 않고 계속되어 서천왕 11년 (280)에도 고구려의 특별 관리를 받고 있었다. 고구려본기에 보면 서천왕은 숙신부락을 격파하여 안국공(安國公)이란 작위에 내외병마권까지 준 동생 달가(達賈)에게 숙신과 양맥 등 피정복 부락들을 특별히 다스리게 했다.

따라서 양맥이 특별 관리대상에서 제외될 때에야 비로소 양맥이 고구려에 대한 저항을 포기했다고 볼 수 있다. 3세기 말에도 양맥이 특별 관리대상에서 벗어났다고 짐작할 만한 기사는 보이지 않는다. 오히려 그 후에도 저항적 기질을 계속 유지하고 있었음을 보여 주는 기사만 보인다. 즉 봉상왕 원년(292) 3월 왕은 백성들의 존경을 받고 있는 숙부 달가를 도전 세력으로 단정하고 죽였는데 백성들이 양맥과 숙신이 알으킬 반항을 피할 수 없게 될 것을 무척 걱정한 것이 그 예이다.

이처럼 양맥이 자신들의 나라를 잃은 서기 14년 이래 292년까지 270여 년 동안 고구려에 대해 반항을 계속했다는 것은 무엇을 의미하는가. 정치적으로 양맥은 작은 나라였지만 고구려보다 훨씬 먼저 세워져 나름대로의 전통과 자부심을 지켜왔음을 말하는 것이 아닐까.

  또한 양맥국은 군사적으로도 강한 나라였음을 알 수 있는데, 중국 사람들에게까지 잘 알려진 맥궁이 이들에 의해 만들어졌다는 사실이 잘 말해 준다.

  이렇게 보건대 유리왕 33년 고구려는 양맥[소수맥]의 나라를 멸망시켰지만 그것은 양맥국 정권을 통합한 선에 그친 것이라고 할 수 있다.

  (2) 개마국

  대무신왕은 부여와 힘을 겨루다가 쓴 맛을 본 후 주변 소국들을 통합하는 데 힘을 기울여 서기 26년 친히 군사를 이끌고 개마국(蓋馬國)을 정벌하여 고구려의 군·현으로 만들었다.

  '개마'국은 그 명칭상 한나라 현도군의 서개마현과 고구려의 큰 산인 개마대산과 어떤 관련이 있는 듯하여 개마국의 위치를 이런 지명들과 연관시켜 보려고 한다.

  우선 개마국과 서개마현의 '개마'라는 이름은 개마대산에서 유래된 듯하다. 그러면 이 개마대산은 지금 어떤 산을 말하는가. 일부에서는 낭림산(狼林山)으로 보기도 하는데, 최근에는 개마고원으로 보는 견해도 있다.[12] 낭림산과 개마고원은 백두산의 지맥인데 오늘날처럼 세분되지 않고 개략적으로 불렸을 것이다. 그러므로 낭림산과 개마고원을 개마대산이라고 하는 견해는 이해를 구하기 힘들 것이다.

  『후한서』 동옥저전을 보면 고구려의 개마대산 동쪽에 동옥저가 있다는 기사가 있다. 말을 바꾸면 동옥저 서쪽에 개마대산이 있었다는 이야기이다. 지금까지 사람들은 동옥저가 함경도 해안지대에 있었다고 보고 동옥저 서쪽에 있었던 개마대산은 백두산이라고 비정하였다. 함경도 해안일대에서 서쪽으로 가장 큰 산을 개마대산으로 보았으며 여기에 걸맞는 산은 백두산 외에 다른 산이 없기 때문이다.

  정약용은 개마대산이 백두산이라는 주장을 펴기 위하여 어원학적인 방

---

12) 李强, 1986,「沃沮 東沃沮考略」『北方文物』1986 - 1.

법을 동원했다. 이를테면 개마의 '개(蓋)'자는 발음상 '해(奚)'와 같은데 '희다[白]'를 '해(奚)'라 하며 '마(馬)'는 '마니(摩尼)'라고 하는데 '머리[頭]'를 역시 '마니'라고 하므로 '개마'는 '해마니(奚馬尼)'와 통하며 '해마니'는 곧 '백두(白頭)'라고 풀이했다.13)

이러한 견해는 한나라 현도군의 서개마현과 개마국을 같은 것으로 보았기 때문이다. 그러나 서개마현은 개마국과는 다른 것이다. 서개마는 개마의 서쪽에 있는 또 하나의 개마를 말하는 것으로 현도군의 한 속현이었다.

그러므로 개마국은 서개마현의 동쪽에서 찾는 것이 마땅하다. 이와 관련하여 개마국이 평양 서쪽에 있었다고 주장하는 사람도 있었다. 당나라의 이현(李玄)은 『후한서』 동옥저전에 나오는 개마대산 주석에서 "개마는 현의 이름이며 현도군에 속했다. 그 산은 지금 평양성 서쪽에 있다"고 했다.

이현의 주석은 『대명일통지 大明一統志』에 반영되어 개마대산이 평양성 서쪽에 있으며 그 동쪽에 동옥저가 있었던 것으로 기록되었다. 『대명일통지』의 견해는 『신증동국여지승람 新增東國輿地勝覽』에도 영향을 주어 여기서도 개마대산을 평양성 서쪽으로 잡았다. 이러한 견해에 따른다면 오늘의 평양지방 등 동쪽지역이 동옥저의 땅이 되어야 한다. 그러므로 살펴본 견해는 맞지 않음을 알 수 있다.

개마대산의 위치와 관련하여 지금까지 나온 여러 견해 가운데 가장 유력한 것은 백두산설이다. 이를 근거로 개마대산에서 그 이름이 나온 듯한 개마국은 개마대산[백두산]을 품고 있는 양강도와 그 이북지역에 있었다고 보고 있다.14)

개마국이 망한 같은 해 12월에 고구려는 구다국을 병합했다. 이에 대해

---

13) 『我邦疆域考』 玄菟郡條.
14) 중국인들은 개마의 음이 관나와 비슷하여 관나부와 인접한 것으로 보고 있다. 이런 조건에 맞는 곳은 자강도 북부이므로 개마국은 개마대산[백두산]의 서쪽에 자리잡았을 것이라고 보고 있다(『고구려간사』, 64쪽).

『삼국사기』 고구려본기는,

> 구다왕은 개마국이 멸망했음을 듣고 피해가 자신에게 미칠까 두려워하여 나라를 들어 항복했다. 이로 인해 땅이 크게 넓어졌다.

고 전하고 있다.

이 기사로 보아 구다국 역시 압록강 남쪽의 개마국과 인접한 것이 거의 분명하다.15) 대무신왕 때 고구려는 이 개마국과 구다국을 통합하여 후일 압록강 남쪽으로 깊숙히 세력을 확장해 나가는 데 전략적 거점을 확보하게 되었다.

이후 고구려의 남진은 순탄하게 진행되어 대무신왕 20년(37) 낙랑군을 쳐서 멸망시키고 압록강 남안에서 살수[청천강]까지 영토를 넓혔다. 고구려의 이 같은 군사행동은 후한의 국익을 침해한 것이었으므로 대무신왕 27년(44) 후한은 빼앗긴 낙랑을 회복하기 위한 군사작전을 펼쳤다.

여기에서 주목해야 할 것은 낙랑으로 병력을 파견할 때 고구려가 점령하고 있던 육로를 피해 바다를 이용한 것이다. 후한은 빼앗긴 낙랑땅을 수복하여 자국의 군·현으로 만들었으나 살수를 경계로 하여 이남은 후한에서 관할하고 이북은 고구려의 영토임을 공식적으로 인정했다.

이로써 고구려는 국내성을 중심으로 반경 200~300리 이내에 걸쳐 살았던 맥족을 통합하는 데 성공하고, 대무신왕 때는 압록강 남쪽으로 내려가 청천강 이북까지 영토를 넓혔던 것이다.16)

(3) 동옥저

---

15) 중국인들은 관나·개마·구다가 음이 비슷하다고 보아 구다국도 압록강 남쪽의 개마국과 인접한 것으로 보고 있으며 이 셋은 압록강 양안에 서로 인접한 예맥부락으로 여기고 있다(위의 책, 64쪽).
16) 대무신왕 때 고구려가 압록강을 넘어 개마국과 구다국을 정복하여 한반도로 세력을 확장한 사실에 대해 중국인들은 다른 의견을 갖고 있지 않다(위의 책, 64쪽).

고구려의 영토확장은 제6대 태조대왕대에 이르러 더욱 활기를 띠어 서기 56년(태조대왕 4) 동옥저를 병합했다.『삼국사기』는 이에 대해,

> 가을 7월에 동옥저를 정벌하여 그 땅을 취해 성읍으로 만들었으며 지경(地境)을 개척하여 동쪽으로 바다에 이르고 남쪽으로 살수[청천강]에 이르렀다.

고 전하고 있다.

위 자료에서 주목할 점은 같은 해 고구려가 동해와 살수로 영토를 넓혔다는 사실이다. 그런데 동옥저가 끼고 있는 동해는 살수와 지리적으로 떨어져 있으므로 동옥저를 정벌한 여세를 몰아 다시 서쪽으로 살수까지 미쳤다고 보기는 어렵다. 따라서 고구려가 동옥저를 정벌하여 동해안까지 영토를 넓힌 같은 해에 남쪽으로 영토를 넓히는 과업을 동시에 벌여 살수까지 영토를 흡수했다고 보아야 할 것이다.

따라서 이 자료는 고구려가 동옥저 병합과 살수 개척이라는 두 가지 사업을 같은 해에 병행하였음을 보여주는 것이 된다.[17]

살수 개척이 동옥저 정벌과는 별도로 이루어졌을 가능성이 많음은 서기 44년 고구려가 살수 이북의 땅을 차지하도록 후한에서 공식 인정한 바가 있었다는 데서도 확인된다. 고구려는 살수를 영토로 흡수하기 12년 전에 이미 살수 이북의 땅을 차지하고 있었고, 때문에 이를 발판으로 살수까지 땅을 넓힐 수 있었을 것이다. 만약 고구려가 살수로 내려올 수 있는 거점을 확보하지 못했다면 동옥저를 정벌하면서 동시에 서쪽으로 진출하여 살수까지 땅을 넓혔다고 볼 수 없다.

동옥저의 위치를 다루고 있는 중국의 역사책은『후한서』동옥저전과『삼국지』동옥저전인데『후한서』동옥저전은 다음과 같이 전하고 있다.

---

17)『고구려역사』, 66쪽.

　동옥저는 고구려 개마대산의 동쪽에 있다. 동으로 바다에 면했으며 북으
로는 읍루·부여와 접하고 남으로는 예맥과 접했다. 그 땅은 동서가 좁고
남북이 길며……산을 등지고 바다를 향해 있다.

　위 자료에 보이는 개마대산은 바로 백두산이며 그 동쪽에서 바다에 면
해 있으면서 동서가 좁고 남북이 긴 지역은 함경남북도에 걸쳐 있는 동
해안 지역이다. 이 지역은 험준한 함경산맥을 등지고 바다로 향해 있어
자료가 전하는 동옥저의 위치와 들어맞는다.
　그런데『삼국지』동옥저전에서는 동옥저의 지형을『후한서』동옥저전
과 달리 표현하고 있다. 즉 옥저의 지형은 동북이 좁고 서남이 길다고 했
는데 이는 현재 함경남북도가 걸쳐 있는 해안지대의 지형과 맞지 않는다.
　또한 위 자료에서 동옥저는 남쪽으로 예맥과 접했다고 하는데『후한
서』예전을 보면 이 예맥은 고구려의 남쪽, 진한의 북쪽, 조선의 동쪽에
해당하는 강원도의 북부 해안지대에 자리잡고 있었다. 그러므로 동옥저
와 예맥은 대개 함경남도의 영흥만에서 경계를 이루고 있었던 것 같다.
　위 자료에서 동옥저는 북으로 읍루·부여와 접했다고 하는데 같은『후
한서』읍루전을 보면 읍루는 남으로 북옥저와 접했다고 한다. 동옥저전에
서 "북으로 읍루·부여와 접했다"고 한 것은 동옥저의 북변을 말하는 것
이 아니고 북옥저의 북변을 말한 것이라고 보아야 한다. 동옥저와 북옥저
의 경계는 알 수 없으나 동옥저가 함경남도의 동해안 지대를 낀 지역을
차지한 것만은 분명하다. 서기 56년 고구려는 동옥저의 땅을 차지함으로
써 그 동쪽 경계가 동해까지 이르게 되었다.
　태조대왕 16년(68) 고구려는 갈사국(曷思國)을 병합했다. 이에 대해
『삼국사기』고구려본기는 다음과 같이 전하고 있다.

　갈사왕(曷思王) 손도두(孫都頭)가 나라를 들고 와서 항복하므로 도두를
우태(于台)로 삼았다.

여기에서의 갈사국은 대무신왕 5년(22) 부여왕 대소(帶素)의 아우인 갈사가 부여의 멸망을 예견하고 100여 명의 무리를 이끌고 남쪽으로 내려와 압록강의 한 지류인 갈사수(曷思水)에 세운 나라이다. 갈사국이 46년간(22~68) 유지될 수 있었던 것은 기존의 해두국(海頭國)을 멸망시키고 그 백성들을 흡수했기 때문이다.

그 후 4년이 지난 72년(태조대왕 20) 고구려는 조나국을 흡수했는데 『삼국사기』 고구려본기는 다음과 같이 전하고 있다.

2월에 왕은 관나부(貫那部)의 패자인 달가를 파견하여 조나국을 정벌하고 그 왕을 사로잡았다.

위 기사로 보아 관나부와 조나국은 서로 인접했을 것으로 보이며, 관나부는 개마국의 개마라는 음과 비슷한 것으로 보아 인접했을 가능성이 크다고 본다면[18] 조나국 역시 압록강 이남지역에 자리잡고 있었던 듯하다.

다시 2년이 지난 74년(태조대왕 22) 고구려는 주나국을 정벌하여 병합했다. 이때 환나부(桓那部)의 설유(薛儒)가 정벌군을 이끌었다는 『삼국사기』 고구려본기의 기사로 보아 환나부와 주나국은 인접해 있었다고 생각된다. 비슷한 시기에 조나국과 주나국이 고구려에 병합되었다는 것을 보건대 주나국 역시 압록강 남쪽에 있었을 것이다.

주나국이 마지막으로 고구려에 병합됨으로써 고구려는 100년 동안 주변의 같은 맥족을 거의 통합하고 영토를 넓혔다. 확장된 영토는 살펴본 소국들의 위치를 통해 알 수 있듯이 동쪽으로 동해, 서쪽으로 태자하 상류[양맥], 남쪽으로 청천강[살수], 그리고 동북쪽으로 연해주 일대[북옥저]에 이르는 넓은 땅이었다.

그러면 고구려는 이처럼 넓은 땅을 차지하여 여기서 얻은 많은 종족과 물량을 어떻게 사용했는가.

---

18) 『고구려간사』, 64쪽.

중국의 역사책과 『삼국사기』가 전해 주고 있듯이 고구려는 이. 둘을 한 나라의 침략세력을 막는 데 효과적으로 이용했다.19)

이처럼 태조대왕 때 고구려는 병합되지 않은 주변의 나머지 소국들을 모두 통합하여 소국간의 분쟁을 말끔히 마무리짓고 맥족을 하나로 묶는 등 큰 업적을 남겨 역사상 태조대왕이란 특이한 시호를 갖게 되었다.

고구려에 의해 통합된 이러한 소국은 지역적 정치단위가 되고, 소국을 통치해 온 왕은 고추가(古鄒加)·우태(于台)·조의(皂衣)·패자(沛者) 등의 벼슬을 받고 고구려의 통치자만 왕이란 시호를 독차지하게 되었다. 이런 면에서도 고구려는 맥족의 명실상부한 통합국가로서 확고한 위치를 차지했던 것이다.

2. 초기의 서부변경

고구려는 이 시기에 고조선의 옛 땅을 되찾아 영토를 넓혀나가는 과정에 서쪽에서 밀어닥치는 후한·위·진(晉)·선비 등의 침략에 맞서 싸우지 않으면 안 되었다. 고구려가 이들 침략국과 치른 전쟁에 대해서는 『삼국사기』 고구려본기에 나와 있는 내용을 간추려 표로 만들면 다음과 같다.

이 시기에 고구려가 서쪽으로 넓힌 영토가 어디까지였는지를 밝히려면 위 표의 맨 앞에서 보듯이 새로 개척한 현도군(제2 현도군)의 위치부터 살펴야 할 것이다.

---

19) 초기 고구려는 소금 등 식량이 부족했으나 옥저와 동예를 흡수함으로써 소금 등 식량의 수급이 원활해졌다는 『삼국지』 위지의 기사로 보아 통합된 이 지역의 인구와 산물이 한나라의 침략세력을 막는 데 효과적으로 이용되었을 것은 분명하다. 특히 고구려가 이 지역을 중시하여 대가(大加)라는 높은 벼슬의 관리를 두어 부세(賦稅)를 관장케 했다는 것은 이를 말해 주는 것이다(『만주국사통론』, 81~82쪽).

1~3세기 고구려와 중국의 전쟁표

1	14년	유리왕 33년	8월 한나라 현도군의 고구려현을 습격하여 탈취
2	49년	모본왕 2년	봄에 한나라의 우북평·어양·상곡·태원 등 4군을 습격
3	55년	태조대왕 3년	2월에 요수 서쪽에 10개 성을 쌓아 한나라 침략군을 방비
4	105년	태조대왕 53년	요동군의 6개 현을 공격
5	118년	태조대왕 66년	6월 한나라 현도군을 습격하고 화려성을 공격
6	121년	태조대왕 69년	봄에 한나라 유주 군사들이 침공, 고구려는 침략군을 막는 한편 군사 3천 명을 보내어 요동군·현도군을 공격
7			4월에 선비 군사 8천 명을 거느리고 한나라 요동군 요수현을 공격, 신창에서 요동 태수군을 전멸
8			12월 마한, 예맥의 기병 1만여 기를 거느리고 현도성을 포위
9	122년	태조대왕 70년	마한, 예맥의 군사를 거느리고 요동군을 공격
10	146년	태조대왕 94년	8월 한나라 요동군 서안평현을 습격하고 대방령을 살해, 낙랑군 태수의 처자를 생포
11	168년	신대왕 4년	현도군 태수가 군사를 거느리고 고구려를 침략
12	172년	신대왕 8년	한나라 침략대군이 국내성까지 침공, 고구려군은 퇴각하는 적을 좌원에서 크게 격파
13	184년	고국천왕 6년	한나라 요동태수의 침략군을 좌원에서 격파
14	242년	동천왕 16년	요동군 서안평을 공격
15	246년	동천왕 20년	유주자사 관구검의 침략군이 수도 환도성을 함락
16	259년	중천왕 12년	위나라 침략군을 양맥 골짜기에서 크게 격파
17	293년	봉상왕 2년	모용선비군이 고구려를 침공
18	296년	봉상왕 5년	모용선비군이 고구려를 침공

아다시피 한나라 무제가 고조선의 땅을 무력으로 강점하여 이 곳에 설치한 4군의 하나인 현도군은 낙랑·진반·임둔군보다 한 해 뒤에 옥저땅에 설치되었다(기원전 107). 그 후 현도군은 고조선의 유민 또는 고구려에 의해 쫓겨났다. 먼저 고조선의 유민에 의해 쫓긴 현도군은 기원전 75

년경 고구려의 서북쪽으로 밀려났다. 역사상 이를 제2 현도군이라 부른다.

『한서』 지리지 현도군조를 보면, 이 군에는 중심지역에 설치된 고구려현 이외에 상은태(上殷台)·서개마(西蓋馬)의 세 현이 있었다. 『후한서』 군국지 현도군조에 의하면 제2 현도군을 말하는 현도군에는 종전대로 같은 이름의 세 현이 있었다. 쫓겨난 제2 현도군에 속한 고구려현의 위치가 혼하 상류였다는 것은 학계에서 인정하고 있다. 그런데 고구려가 이 제2 현도군의 고구려현을 서기 14년에 습격하여 점령했다는 것은 이미 본 대로이다.

제2 현도군의 중심부였던 고구려현이 고구려에 의해 점령당했으니 만큼 이 현도군이 더 이상 같은 자리에서 유지되기는 어려웠을 것이다. 결국 현도군은 같은 해 다시 고구려에 의해 서쪽으로 쫓겨났는데 이것이 제3 현도군이다. 고구려가 제2 현도군의 고구려현을 차지함으로써 그 서북 변경은 1세기 초에 혼하 상류까지 이르렀다.

그 후 3세기에 들어와 고구려의 서북 변경은 제2 현도군에서 서쪽으로 더 멀리 자리잡게 되었는데 이는 신성(新城)의 위치를 밝혀 봄으로써 알 수 있을 것이다.

『삼국사기』 고구려본기를 보면, 신성이란 이름의 성이 하나가 아니었던 것만은 명백하다. 우선, 고구려의 동북지방과 서북지방에도 신성이 있었다. 여기서 중점적으로 알아보려고 하는 것은 고구려의 서북지방에 있었다는 신성이다. 단순히 서변이 어디까지 이르렀느냐 하는 것보다 고구려가 제2 현도군 서쪽으로 서변을 넓힘으로써 구체적으로 무엇을 얻었는지가 더 중요하기 때문이다.

이와 관련하여 『한서』 현도군조와 『후한서』 현도군조를 보면, 두 군의 호수(戶數) 및 인구의 통계가 나와 있다. 제2 현도군은 45,006호에다 인구는 221,845명이며, 제3 현도군은 1,594호에 인구는 43,163명으로 밝혀져 있다. 인구수를 중심으로 두 군을 비교하면, 제3 현도군은 제2 현도군에 비해 그 세가 약 5분의 1로 크게 줄어든 것이 분명하다.

제3 현도군보다 5배나 강한 힘을 가졌던 제2 현도군을 고구려가 차지했으니 만큼 이보다 훨씬 미약한 제3 현도군이 다시 고구려에 의해 쫓겨난 것은 당연하다. 아무튼 고구려는 제2 현도군의 땅을 차지함으로써 221,845명이라는 인구를 새로이 확보하고 국토도 개척하게 되었다.

그런데 이 3세기 고구려의 서변을 말해 주는 신성에 관한 기사가 『삼국사기』 고구려본기에서 보인다.

봉상왕 5년 8월에 모용회(慕容廆)[20]가 침입했다. ……왕이 여러 신하에게 말하기를, 모용씨의 군사가 정예롭고 강하여 우리 강토를 여러 차례 침범하니 어찌할 것이냐고 하자 국상 창조리(倉助利)가 대답하기를, “북부대형 고노자(高奴子)가 현명하고 용감하오니 만약 대왕께서 외적을 방어하고 백성을 평안하게 하려면 고노자가 아니고는 쓸 만한 자가 없을 것입니다”라고 했다. 왕이 고노자로 신성태수를 삼았더니 고노자가 정사를 잘하고 위풍과 명성이 있으므로 모용회가 다시 와서 침범하지 못했다.

위 기사는 293년 고구려를 침공한 모용회의 선비가 서천왕의 무덤을 파려다가 고구려군의 강한 저항으로 물러선 그 해에 왕실을 중심으로 결정된 대책에 따라 유능한 고노자가 신성태수에 임명됨으로써 모용회의 침입을 막아 낸 사실을 적은 것이다.

아다시피 모용회는 요동군 북쪽에서 일어난 모용선비의 우두머리인 선우(單于)이며 모용선비의 중심지는 대능하 상류에 있었던 대극성(大克城)이었다. 고노자가 모용선비의 침입을 막는 전략적 거점인 신성의 태수에 임명된 사실로 미루어 신성은 3세기 말 고구려의 서변을 지키는 요새였음이 분명하다.

그러면 이 신성이 구체적으로 어디에 있었는지 알아보자. 먼저 『당서』

---

20) '廆'자는 괴・외・회의 세 가지로 읽는다. 모든 역사책에는 '외'로 나와 있으나 원음은 '외'가 아니고 '회'이다(최남선의 『신자전』에 의함).

고려전에 677년 당나라의 군대를 이끈 이세적이 "요수를 건너 신성에 이르렀다"는 기사가 실려 있다. 『자치통감 資治通鑑』의 주석은 613년(수나라 양제 대업 9) 부여길을 거쳐 고구려를 침공한 수나라의 군대가 신성에 도착한 사실을 전하면서 "신성은 남소성(南蘇城)의 서쪽에 있다"고 했다.21)

위 두 자료로 보면 신성은 요수 동쪽, 남소성의 서쪽에 있었다. 그런데 남소성의 위치는 혼하 상류지역으로 알려져 있다. 그렇다면 신성은 혼하 상류와 요하 동쪽 사이에 있었다는 얘기가 되며 그 지역은 지금의 무순 지방에 해당한다.

이로써 보면 서기 3세기 고구려의 서북변은 지금의 무순 일대였음을 알 수 있으나 서남변은 어느 곳이었는지 알 수 없다. 이를 밝혀주는 자료가 없기 때문이다.

이상을 통해 3세기 고구려의 영토는 대략 동쪽으로 바다, 서북쪽으로 무순 일대, 동북으로 연해주까지 이르렀다고 할 수 있다.

제2절 중기의 영토

고구려가 정치·경제·군사·문화 등 여러 방면에 걸쳐 큰 발전을 이룬 시기는 4~6세기 전반기이다. 이 시기에 고구려는 막강한 국력을 배경으로 대외정책을 과감히 추진시켜 나가 서쪽으로 밀어닥치는 중국의 침략세력을 몰아내거나 북쪽의 부여, 남쪽의 신라와 백제를 통합하기 위한 일련의 싸움에서 눈부신 성과를 거두었다.

---

21) 『자치통감』 권182, 隋紀6 양제조.

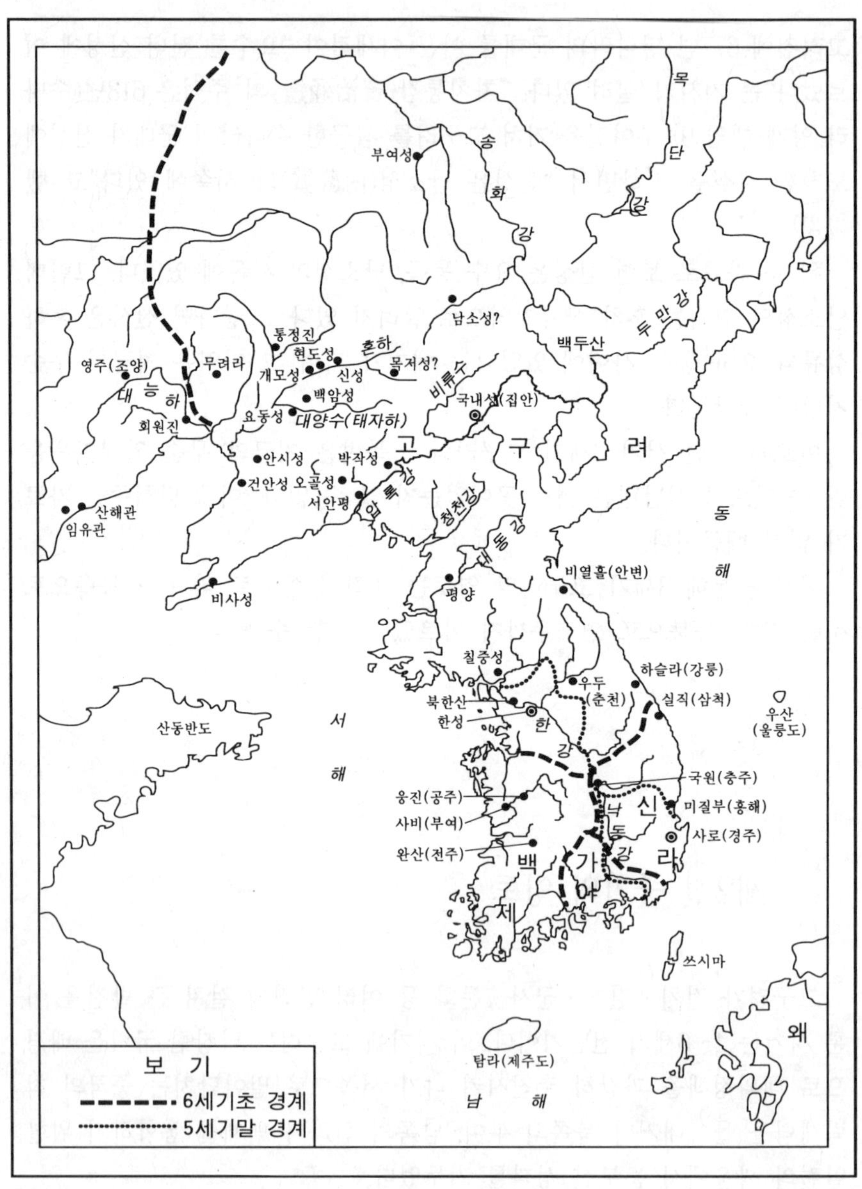

5세기말~6세기초 고구려의 영토

이를 영토면에서 구체적으로 보면, 고구려는 서쪽으로 열하·장성 부근, 남쪽으로 한반도의 충청남북도와 경상북도의 북부지방, 동북으로는 우수리강 연안에 이르는 넓은 지역을 영토로 만들었다.

1. 서부변경

(1) 4~5세기 초

3세기 말까지만 해도 고구려의 서북 변경은 위나라와 모용선비의 침공으로 불안했으나 4세기로 접어들면서 서북 변경의 정세는 고구려에 매우 유리하게 전개되기 시작했다. 4세기 초 중국의 서진 내부에서 '8왕의 난'이라고 하는 정권다툼이 여러 왕들 간에 일어나 통일국가인 서진이 망하고 중국 역사상 남북조 시대라는 300년간의 대혼란이 빚어졌다.

중국 본토에서 일어난 격동의 물결은 특히 장성 동쪽으로 밀어닥쳐 고구려의 서북 변경에서는 선비족이 세운 전연(前燕)·전진(前秦)·후연(後燕)·북연(北燕) 등의 흥망이 되풀이되고 있었다. 고구려는 서쪽에 인접한 선비족 나라들이 오랫동안 혼란의 깊은 늪으로 빠져들면서 빚어진 유리한 정세를 틈타 고조선의 옛땅을 되찾으려는 일념으로 과감하게 서진정책을 추진하였다.

그리하여 고구려는 고조선의 옛 지역이었던 넓은 땅을 되찾아 서북 변경은 서쪽으로 더 이동되었다. 4세기 초의 낙랑·대방·현도 등 세 군을 내몰아낸 사건, 4세기 말 요동군을 내몰아낸 사건, 그리고 5세기 초 숙군성(宿軍城)을 개척한 사건 등이 모두 그것이다.

고구려는 311년 요동군의 서안평현을 점령하고 나서 313~314년 사이에 낙랑군과 대방군을 몰아내어 그 땅을 차지했다. 이와 관련하여 『자치통감』(권87, 晉紀 효민제조)을 보면 다음과 같다.

건흥 원년 요동의 장통(張統)이 낙랑과 대방 2군에 의거하여 고구려왕 을불리(乙弗利)와 서로 공격하여 매년 그칠 사이가 없었다. 낙랑왕 준은 장통을 설득하여 그 백성 천여 가를 이끌고 모용회에게로 갔다. 회는 통[장통]으로 태수를 삼고 준[왕준]으로 참군사를 삼았다.

『삼국사기』 고구려본기 미천왕 14·15년조도 고구려가 313년에 낙랑군을, 314년에 대방군을 쳤음을 전해 주고 있다.

　　[미천왕 14년] 겨울 10월 낙랑군을 쳐서 남녀 2천 명을 사로잡았다.
　　[미천왕 15년] 가을 9월 남쪽으로 대방을 쳤다.

위『자치통감』의 기사는 낙랑군과 대방군 지역이 고구려에 의해 점령되었음을 보여 주는 것이다. 그런데 이 두 군은 요동반도에 있었으니 만큼 4세기 초 이 지역은 고구려의 땅으로 흡수되었음을 알 수 있다.[22]
　315년 고구려는 현도군을 쳐부수고 이 지역을 완전히 장악했다. 이 현도군은 요하와 혼하 사이에 있었던 제3 현도군으로 판단된다. 그렇다면 4세기 초 고구려는 낙랑·대방·현도군과 요동군의 일부 지역까지 차지함으로써 그 서쪽 변경은 요하까지 이르렀음이 분명하다.
　그러면 다음에는 고구려가 4세기 말 모용선비의 요동성을 함락한 후의 서변에 대해 알아보겠다.『자치통감』(권16, 晉紀)에는 고구려가 385년에 처음 요동군을 함락한 기사가 나오는데 다음과 같다.

　385년 6월 고구려가 요동을 치니 좌[모용좌]가 사마학경(司馬郝景)을 보내 군사를 거느리고 이를 구원하게 했으나 고구려에 패해 드디어 고구려가

---

22) 314년 고구려가 남쪽으로 대방군을 쳤다는『삼국사기』의 기사는 313년 고구려군이 장통 세력을 낙랑군에서 격파한 여세를 몰아 그 남쪽 대방군으로 진출하여 발버둥치는 장통의 세력을 무찔러 그 지역을 점령한 사실을 말한다. 궁지에 몰린 장통은 요동반도의 남쪽 해안을 거쳐 모용회에게 달아났다.

요동·현도군을 함락했다. 11월에 모용농(慕容農)이 용성에 이르러 고구려에 진격하여 요동·현도 두 군을 수복하고 돌아왔다.

위 자료는 고구려가 요동군에서 모용선비의 세력을 몰아내고 이 지역을 점령한 것을 전해 주는 기사이다. 이와 관련하여 같은 책은 "연왕 모용회가 요동을 공격했으나……이기지 못하고 돌아갔다"고 하여 연나라 모용회가 고구려를 침략한 사실을 전하고 있다.

이는 405년 이전에 고구려가 요동군을 차지했음을 말한다. 다시 이와 관련하여 「광개토왕릉비문」을 보면, "광개토왕이 395년 비려(碑麗)를 정벌하고 말머리를 돌려 양평도(襄平道)를 지나 동쪽으로 와서 ○성(○城)·가성(加城)·북풍(北豊)을 시찰하고 사냥개를 데리고 사냥을 한 후 돌아왔다"는 기사가 있다.

이 북풍은 『진서 晉書』 지리지가 말하듯이 요동국[군]의 여덟 현 중의 하나인데 서진의 멸망으로 모용선비의 땅으로 되었던 것이다. 그런데 개선하는 광개토왕이 이끈 고구려군이 이 곳을 거쳐 온 사실로 보면, 395년 이전에 요동군이 고구려땅으로 되었음을 알 수 있다. 그러므로 고구려가 요동군을 차지한 것은 385~395년 사이의 일임이 분명하다.

다음에는 395년 이후 고구려의 서변이 어디까지 이르렀는가에 대해 살펴보겠다. 『자치통감』(권11, 晉紀 安帝 隆安 4년 2월조)에 다음과 같은 관련 기사가 있다.

연나라 왕 성(盛)이 스스로 군사 3만 명을 거느리고 이[고구려]를 습격했다. 표기대장군 희(熙)로써 선봉으로 삼고 신성·남소 두 성을 함락하여 700여 리의 땅을 넓히고 주민 5천여 호를 끌고 돌아왔다.

위 자료로 보아 연나라가 넓힌 700여 리의 땅은 신성·남소성의 서쪽지방이 분명하다.

아다시피 신성은 오늘의 무순 부근이며 남소성은 무순 동쪽의 혼하 상류에 있었으며 여기서 서쪽으로 대개 500리 지점에 요동군이 있었다.

그런데 혼하 상류에서 서쪽으로 약 500리라면 대능하에 해당한다. 이 지역이 고구려에 의해 점령되었기에 연나라가 400년에 이를 되찾았던 것이다. 4세기 말 고구려의 서변이 요동군의 대능하에 이르렀으나 400년 연나라에게 빼앗긴 후 고구려는 402년 연나라의 숙군성(宿軍城)을 공격하여 이를 점령했다. 다시 『자치통감』(권112, 晉紀 安帝 元興 원년조)에 이 사실이 실려 있다.

고구려가 숙군(宿軍)을 치자 연나라 평주자사 모용귀(慕容歸)가 성을 버리고 달아났다.

숙군성의 위치를 정확히 전한 기록은 없으나 『자치통감』의 주석은 숙군성이 용성(龍城) 동북지역에 있다고 했다. 종전에는 용성이 조양(朝陽)이라 하여 숙군성은 조양 동북쪽에 있었다고 했으나 용성은 지금의 능원 부근이다. 그러므로 숙군성은 능원 동쪽의 대능하 서쪽에 있었다고 보면 좋을 것이다.

이처럼 5세기에 들어오면 고구려는 연나라에 대해 공세적 태도를 취해 두 나라의 관계는 적대적으로 변하였다. 407년 연나라 왕 모용희의 신하였던 풍발(馮拔)은 반란을 일으켜 모용희를 죽이고 고운(高雲)을 왕에 추대했다.

북연(北燕)의 왕이 된 고운은 342년(고국원왕 12) 연나라군이 고구려의 환도성을 함락시킨 전쟁 때 연나라에 잡혀간 고구려 왕족 고화(高和)의 손자인데 연나라 궁정에서 어느 정도 영향력을 행사하고 있었다.

왕이 된 고운은 고씨 성을 되찾았으나 나라 이름은 그대로 '연'이라고 했다. 408년(광개토왕 18) 고구려는 연나라에 사신을 보내 고운이 고구려의 왕족임을 알려주었는데 이는 기존 양국의 적대관계를 청산하기 위함인 듯하다. 고운은 이에 반대할 의사를 갖고 있지 않아 동의했으나 다음

해 연나라에서 일어난 반란사건으로 고운은 부하에게 살해되고 풍발이 왕이 되었다.

풍발의 재위시에 고구려와의 관계는 고운 때와 다름이 없어 우호적이었다. 풍발을 계승한 풍홍(馮弘)은 북위(北魏)의 잦은 침공으로 나라를 더 이상 유지할 수 없다고 판단하여 435년 고구려에 사신을 보내 도움을 구했다. 장수왕이 도와주기로 약속한 다음 해 북위의 군대가 화룡성(和龍城)을 침공하려 하자 장수왕의 명을 받은 갈로(葛盧)와 맹광(孟光)은 수만 명의 군사를 이끌고 사신을 따라 화룡성으로 입성했다.

고구려군은 북연왕 이하 왕실과 그 주민들을 이끌고 무사히 돌아왔다. 이로써 고구려는 오늘날 요녕성 능원현 부근에 있는 화룡성까지 진출하여 북연을 복속시킴으로써 북위와 대립하게 되었다.

이와 같이 5세기 초 고구려의 서쪽 변경은 능원 동쪽 대능하 서쪽, 즉 열하의 동부지방까지 뻗어나갔던 것이다.

(2) 5세기 중엽~6세기 초

탁발선비(拓跋鮮卑)가 양자강 이북 지방에 세운 북위(386~534)는 436년 북연을 통합함으로써 직접 고구려와 접경하게 되었다.『위서 魏書』지형지에 의하면, 고구려와 접경한 북위의 동쪽 변경은 평주(平州)와 영주(營州)였다.

① 평주

진(晉)나라 때 설치한 평주에는 요서·북평의 두 군이 있었다. 요서군 밑에는 비려현(碑麗縣)·양락현(陽樂縣)·해양현(海陽縣)이 있었다. 비려현이 요서군의 속현 중에 먼저 나와 있는 것으로 보아 이 현은 평주의 중심지인 동시에 요서군의 중심지였을 것이다.

『독사방여기요 讀史方輿紀要』와『대명일통지 大明一統志』에 의하면 전한 시대 비려는 오늘의 하북성 노룡현 부근에 있었으며,『대명일통지』

와 『고금도서집성 古今圖書集成』에 의하면 북위 시대의 비려현은 오늘의 하북성 노룡 - 천안 지역에 있었다.

비려현의 위치로 보아 북위 시대 요서군은 오늘의 노룡현 서북쪽에 있었던 것이 분명하다. 그러므로 북위의 동쪽에 있었던 평주는 요서·북평의 두 군을 가진 작은 주(州)이며 대개 오늘의 하북성 노룡현 부근에 있었다고 여겨진다.

② 영주

『위서』 지형지를 보면 영주 밑에 여섯 개의 군이 있는데 그 중 창려(昌黎)·건덕(建德)·기양(冀陽)의 세 군은 447년에 설치되었다. 432년 북위가 북연을 쳐서 요동·성주·영구(營丘)·대방·현도 등 6군의 3만여 호에 이르는 주민을 유주(幽州)로 옮겼다가 520~522년 사이에 낙랑·요동·영구의 세 군을 설치하여 이 곳으로 다시 옮겼다.

『한서』 지리지 요서군,『중국고금지명사전 中國古今地名辭典』건덕군조·기양군조,『위서』 지형지 창려군조에 의하면 오늘의 능원현 부근에 있었던 창려군은 영주의 중심지이며 북위의 동쪽 끝이었다. 창려군은 436년 고구려가 북연 왕실을 복속시킨 후 북위가 차지한 북연의 수도 화룡성이 있던 곳이다.

북위는 이 곳을 차지한 후 더 동쪽으로 진출하지 못하고 여기서 고구려와 대립하게 되었다. 그러므로 5세기 중엽~6세기 전반 고구려의 서변은 지금의 능원현 부근까지 뻗었다고 할 수 있다.23)

위에서 살폈듯이 고구려는 4세기 진나라의 동쪽 군(郡), 즉 낙랑·현도·대방·요동군을 차지하고 5세기가 되면 북연의 동변으로 진출하여 수도인 화룡성에 입성했다. 이로써 지금의 능원현까지 땅을 넓혔던 것이다.

---

23) 북위의 멸망 후 북중국에서는 동위(534~550), 북제(550~577)의 교체가 있었으나 소위 북조로 불리는 이 나라들도 고구려와 접경했다. 수나라의 초기 동쪽 변경이 북위 때와 다름이 없었으므로 북조의 동변 역시 북위 때와 다름이 있을 수 없다.

2. 남부 변경

(1) 백제와의 경계

고구려와 백제는 국경을 마주 보게 된 4세기 후반부터 상대방을 통합하기 위한 전쟁을 자주 치렀다. 그 과정에서 고구려는 점차 백제의 땅을 차지해 나가며 영토를 넓혔다.

두 나라는 369년(근초고왕 24) 백제의 치양(雉壤)에서 처음 격전을 벌였다. 고국원왕이 이끄는 2만 고구려군의 선제공격으로 시작된 이 전쟁은 두 나라의 평화상태가 전면적으로 바뀌게 되었음을 예고하는 첫 신호였다.

이어 벌어진 싸움은 대개 국경선 부근에서만 치러졌다. 그러므로 이때 치른 전쟁 관련 기록은 두 나라의 경계선을 살피는 데 결정적인 자료가 아닐 수 없다.

치양싸움 후 두 나라는 371년 두번째로 교전을 했다. 이에 대해『삼국사기』백제본기는 다음과 같이 적고 있다.

[근초고왕] 26년 고구려가 군사를 동원하여 쳐들어 온다는 소식을 [백제의 근초고]왕이 듣고 패하(浿河) 상류에 군사를 숨겨놓고 고구려군이 도착하기를 기다리고 있다가 그들이 도착하자 갑자기 치니 고구려군이 패해 달아났다.

겨울에 [근초고]왕은 태자와 함께 정병 3만 명을 거느리고 고구려를 침입하여 평양성을 공격했다. 고구려왕 사유(斯由 : 고국원왕)가 힘을 다해 싸웠으나 화살에 맞아 죽으매 [근초고]왕은 군사를 이끌고 돌아왔다.

위 기사에서 보듯이 371년 두 나라는 평양성에서 싸움을 두 차례 벌였다. 고구려군이 패한 패하(浿河)는 대동강이 아니고 고려시대 처천(處川)으로 불린 지금의 예성강이다.[24] 그리고 고구려군이 다시 패한 평양성은

---

24)『고려사』권53, 지리3 평주.

북한땅에 있는 평양의 성이다.

이를 더욱 명확히 밝혀주는 것은 375년 가을 7월에 고구려가 백제의 북변에 있는 수곡성(水谷城)을 쳐서 함락시켰다는 『삼국사기』 백제본기 근초고왕 30년조 기록이다. 『세종실록』 지리지에 의하면 수곡성은 신라 때 단계현, 고려 때 협계현이었으며 『동국여지승람』에 밝혀져 있듯이 신계현 남쪽 30리 지점에 위치하고 있다. 지금 예성강 상류에 있는 신계지방이다.

375년에서 20년이 지난 395년, 즉 4세기 말까지 두 나라의 경계는 이 수곡성, 즉 신계지방이었다. 강력한 군사력을 동원하여 다섯 차례나 백제에 큰 타격을 가한 광개토왕의 남정은 여기서 시작되었는데 그 전모는 「광개토왕릉비문」과 『삼국사기』에 전해지고 있다.

392년 첫번째 정벌에서 광개토왕의 지휘하에 4만 대군은 백제의 석현성(石峴城)을 비롯한 10여 개의 성 등 한강 이북에 있는 많은 부락을 함락시키는 큰 성과를 거두었다.[25]

394년 수곡성을 되찾기 위해 침입한 백제는 광개토왕이 이끄는 5천의 고구려군에게 격파되었는데 바로 두번째 교전이었다. 395년 백제의 침입으로 벌어진 세번째 싸움에서 광개토왕이 거느린 7천의 고구려군은 패수[예성강]에서 백제군을 무찌르고 8천여 명을 사로잡았다.

이렇듯 백제가 예성강·수곡성을 되찾기 위해 고구려의 남변에서 소란을 피우게 되자 광개토왕은 396년 네번째로 백제를 대규모로 정벌하였다. 이 전쟁에서 고구려군은 백제의 58개 성과 700개 촌락을 차지한 데 이어 아리수(阿利水)를 건너 백제의 수도까지 육박해 들어갔다.[26]

백제의 수도는 한성(漢城)으로 지금의 경기도 광주인 듯하다. 아리수는 어디에 있는 강인지 명백히 알 수 없다. 그러나 광개토왕이 강을 건너

---

25) 『삼국사기』 권25, 백제본기 辰斯王 8년.
26) 「광개토왕릉비문」에 보면, 고구려가 백제 정벌에서 빼앗은 58개 성의 이름이 열거되고 있으나 이름이 완전히 남아 있는 것은 겨우 19개 성이며, 나머지는 제대로 알아볼 수 없는 실정이다.

수도에 육박했다는 사실로 미루어 현재 광주의 북쪽을 흐르는 강인 듯하다. 그렇다면 『삼국사기』에서 자주 보이는 한수(漢水)임이 분명하다. 백제본기에 보이는 욱리하가 아리수인 듯하며 이는 광주 앞으로 흐르는 한강의 한 부분을 말하는 명칭이라고 보아야 할 것이다. 아무튼 396년에 있었던 대남정 결과 고구려는 한강까지 영토를 넓히게 되었다.

이 정벌에서 크게 패한 백제는 앞으로 고구려에 대해 영구히 조공을 바치기로 서약했다. 그러나 백제는 그 후 3년째 되는 399년에 서약을 위반하고 왜(倭)의 세력을 끌어들여 신라를 침해하고 이어 404년에는 고구려의 남변을 침입하는 등 고구려를 크게 자극하였다. 이에 광개토왕은 407년 보병·기병 5만을 이끌고 백제군을 쳐부수어 사구성(沙溝城)·누성(婁城)·우전성(牛田城) 등을 함락시켰다.27)

광개토왕을 이어 즉위한 장수왕은 재위 후 50여 년 간(413~468)에는 백제를 침공하지 않았다. 그 사이 고구려는 427년에는 수도를 환도성에서 평양성으로 옮겼으며 438년에는 서쪽으로 진출, 연나라의 도읍에 입성하여 그 왕 풍홍을 잡아들였는가 하면 468년에는 신라의 실직주성(悉直州城)을 무력으로 차지하는 등 공격의 화살을 주로 신라쪽으로 날렸다.

이렇듯 고구려가 신라를 집중 침공함에 따라 숨통이 트이게 된 백제는 유리한 분위기를 이용하여 한강 이북 지방으로 침식해 들어가더니 469년 8월에는 고구려의 남변을 침입하고, 나아가 위나라에 사신을 보내 고구려를 정벌해 줄 것을 요구하기에 이르렀다.

이에 분노한 장수왕은 475년 3만의 군대를 동원하여 수도인 한성을 함락시키고 개로왕을 죽였다.28) 상황이 불리해진 백제는 할 수 없이 도읍을 웅진[공주]으로 옮겼다.

475년 이후 고구려는 백제와의 계속된 영토싸움에서 승리를 거두며 한

---

27) 407년 백제 남정은 『삼국사기』에서 보이지 않고 「광개토왕릉비문」에만 보인다. 사구성(沙溝城) 등 3성의 위치는 알 수 없다.
28) 『삼국사기』권25, 백제본기 개로왕 21년 ; 권18, 고구려본기 장수왕 63년.

강 이남의 넓은 땅을 차지했다. 이는『삼국사기』지리지에 한강 이남에 설치된 고구려 군·현의 이름이 실려 있는 것으로 알 수 있다. 단 고구려에서 한강 이남의 넓은 땅을 지역별로 차지한 연대가『삼국사기』백제본기와 고구려본기에 나와 있지 않아 알 수는 없다. 지금 그 위치를 알 수 있는 군·현을 보면 다음과 같다.

○ 한산주(漢山州)
국원성(國原城) : 일명 미을성(未乙省), 탁장성(託長城). 지금의 충주
남천현(南川縣) : 일명 남매(南買). 지금의 이천
잉근내군(仍斤內郡) : 지금의 괴산
술천군(述川郡) : 성지매(省知買). 지금의 여주
골내근현(骨乃斤縣) : 지금의 여주
양근현(楊根縣) : 일명 거사참(去斯斬). 지금의 광주
금물내군(今勿內郡) : 일명 만노(萬弩). 지금의 진천
잉홀(仍忽) : 지금의 음성
개차산군(皆次山郡) : 지금의 죽산
과혜홀(夸兮忽) : 지금의 안성
사산현(蛇山縣) : 지금의 직산
매홀(買忽) : 일명 수성(水城). 지금의 수원
부산현(釜山縣) : 일명 송촌활달(松村活達). 지금의 진위
율목군(栗木郡) : 일명 동사월혜(冬斯月兮). 지금의 과천
잉벌노현(仍伐奴縣) : 지금의 금천(衿川)
매소홀현(買召忽縣) : 일명 미추홀(彌鄒忽). 지금의 인천
장항구현(獐項口縣) : 일명 고사야홀차(古斯也忽次). 지금의 안산
주부토군(主夫吐郡) : 지금의 부평

위에서 보듯이 고구려는 475년 이후 한강 이남의 경기도땅을 포함하여 충청북도와 충청남도의 북부지역까지 영토를 넓혀 이 곳에 군·현을 설치했던 것이다.

고구려는 한강 이남의 넓은 땅을 차지한 시기에 북한산성을 [남]평양
이라고 불렀다. 『삼국사기』 권37, 지리4 고구려조를 보면, 북한산군의 주
에 '평양'이라고도 불렀다고 밝히고 있다.[29]

이렇듯 고구려가 남평양을 설치하는 등 한강 이남지역을 차지하기 시
작한 것은 475년(장수왕 63)부터였다. 이 지역을 신라가 차지한 6세기 후
반까지 약 100년에 걸쳐 고구려는 더 남쪽으로 진출하여 직산·진천·음
성·괴산 등지로 영토를 넓혔다.

(2) 신라와의 경계

4세기 말부터 5세기 중엽까지 신라는 고구려의 강성과 왜의 잦은 동해
안 침략 등으로 말미암아 고구려에 인질을 보냄으로써 고구려에 순종하
는 태도를 보여 주었다. 그리하여 5세기 중엽까지 신라와 고구려 사이에
는 군사적 대결이 나타나지 않아 평화가 지속되었다.

그러던 중 450년, 두 나라는 평화를 깨고 무력으로 대결하기에 이르렀
는데 그 단서가 된 것은 이 해 하슬라(何瑟羅) 성주 삼직(三直)이 실직
(悉直) 들판에서 사냥을 하는 고구려의 변장을 살해한 사건이었다. 고구
려는 즉시 사신을 신라에 보내 이 도발사건을 나무람과 동시에 병력을
출동시켜 신라의 서쪽 변경을 침입했다.[30]

신라의 사과 표명으로 고구려는 더 이상 사태를 확대하지 않았으나 이
사건은 이후 고구려가 신라 방면으로 진출하는 빌미를 주어 두 나라는

---

29) 『신증동국여지승람』(권3, 漢城條)은 한성의 옛이름이라 하여 남경·한양·남평
   양·북한산·양주·광릉 등을 열거하고 있다. 남평양은 고구려가 백제의 북한산
   성을 차지하고 난 후에 고친 이름이며 조선시대의 한성이다. 평양이 수도인 고구
   려는 북한산성의 중요성을 인정하여 또 하나의 평양을 남쪽에 두었기 때문에 이
   를 남평양이라고 했던 것이다. 특히 남평양은 한성(漢城)이라고도 하는데 고구려
   가 요동 방면의 많은 한인(漢人)을 이 성에 수용하여 붙여진 듯하다(『만주국사통
   론』, 104쪽).
30) 『삼국사기』 권3, 신라본기 눌지마립간 34년조.

200여 년 동안 잦은 전쟁을 치르게 되었다. 처음에 고구려는 주로 신라의 동북지방으로 진출했으나 한강 이남의 백제땅을 차지한 후에는 신라의 서북방면으로 진출을 하였다.

① 신라 동북방면 진출

450년 신라와 고구려 사이에 가벼운 무력충돌이 일어난 지 4년째 되는 454년, 고구려가 병력을 동원하여 신라의 북쪽 변경을 침입하고 이듬해 백제를 침공하자 신라는 백제 구원에 나섰다.

그 후 13년째가 되는 468년, 고구려는 고구려군의 전위대 역할을 해 온 말갈군 1만과 자국의 군대를 동원하여 신라 북변의 실직성을 기습하여 차지했다.[31] 상황이 위급해지자 신라는 같은 해 9월에 하슬라 사람 가운데 열다섯 살 이상 되는 자를 징발하여 니하(泥河)에 성을 쌓았다.

그 후 13년째 되는 481년에는 말갈을 끌어들인 고구려가 신라의 북쪽 변경으로 들어와 호명성(狐鳴城) 등 일곱 성을 빼앗고 다시 미질부(彌秩夫)로 진군했다. 신라군은 백제와 가야의 지원병과 함께 길을 나누어 막았다. 패한 고구려군은 추격을 받고 물러가던 중 니하의 서쪽에서 대패했다.[32]

위에서 말한 고구려의 신라 동북방면 진출과 관련하여 반드시 밝혀져야 할 것은 하슬라와 니하이다. 하슬라의 위치가 밝혀지게 되면 니하의 위치도 자연스레 밝혀질 수 있을 것이다.

필자는 하슬라의 위치를 강릉 일대로 잡고 있으나 울진 일대로 잡아야 한다는 견해도 있다. 따라서 니하도 필자가 강릉 북쪽의 연곡천(連谷川)으로 보고 있는 데 반해 낙동강 상류에 위치한 것으로 주장한다.

필자와 다른 견해를 내놓은 사람은 북한의 사회과학원에서 펴낸『고구려역사』의 저자이다. 하슬라와 니하의 위치를 밝히는 것은 468년을 전후

31)『삼국사기』권18, 고구려본기 장수왕 5년조 ; 권3, 신라본기 자비마립간 1년조.
32)『삼국사기』권3, 신라본기 소지마립간 3년조.

한 시기에 신라의 동해안 경계가 어디였는지를 알아보는 것과 직접 관련
되어 있기 때문에 중요한 과제가 아닐 수 없다. 물론 필자와 견해를 달리
하는 사람은 468년 당시 신라의 동해안 경계가 실직이었다고 주장하고
있다.

먼저 『삼국사기』 권35, 지리4에 의하면, 실직은 본래 실직국이었으며
102년 신라에 의해 병합되었다. 그 위치를 지금의 삼척 일대로 보는 데
대해서는 다른 견해가 없다. 『고구려역사』는 실직성이 두 나라의 첫 교전
시까지 신라의 북변 요새였으나 468년 고구려가 장악했다고 보고 있다.

실직이 북변 요새라는 것은 신라의 동해안 경계가 이 곳이라는 말과
같다. 그러나 필자의 생각은 이와 다르며 그 점은 하슬라와 니하의 위치
를 밝히는 가운데 자연스레 언급할 것이다.

그러면 하슬라에 대해 알아보자. 『삼국사기』 지리지 명주조를 보면, 명
주(溟州)는 본래 고구려의 하서량(河西郞)이라고 했으며 그 후에 하슬라
라고 했다고 한다. 이로 보면 고려시대의 명주는 지금의 강릉이라고 볼
수 있다.

『고구려역사』의 저자는 『삼국사기』의 이 기사에 따라 하슬라를 강릉으
로 보게 될 시 468년의 기사 내용을 해석하기 어려워진다는 이유를 내세
워 하슬라를 강릉 이남의 땅에서 찾으려 했던 것이다. 강릉은 삼척보다
북쪽에 위치하고 있다. 그러므로 고구려가 삼척 일대를 장악한 다음인 그
해 9월에 신라가 강릉지역에서 고구려군을 막기 위해 니하에 성을 쌓았
다고 하면 앞뒤가 맞지 않게 되기 때문이다.

즉 이미 고구려가 차지한 땅에 그것도 고구려 북쪽으로 퍽 많이 들어
와 니하에 성을 쌓을 수 없는 것이고 따라서 하슬라는 실직성 이남에서
찾아야 한다는 것이다.

『삼국사기』 권37, 지리4는 하슬라에 대한 주석에서 하서량 또는 하서
(河西)라고도 한다고 했다. 같은 지리지 임관군(臨關郡)조는 이 군의 속
현인 하곡현(河曲縣)의 ‘곡(曲)’자에 대한 주석에서 ‘곡(曲)’을 ‘서(西)’로

도 쓴다고 했다. 다시 말해 하곡현을 하서현이라고도 부른다는 것이다. 하곡현은 고려시대 울주였다. 『신증동국여지승람』 울산군조를 보더라도 하서량(河西郎), 하슬라로 불렸음을 알 수 있다. 이러한 근거에서 『고구려역사』는 고구려와 신라가 첫 교전한 하슬라를 삼척 이남의 울진지방으로 보아야 한다고 주장한 것이다.

이 같은 근거하에 『고구려역사』는 5세기까지 삼척 이남의 울진지방이 하슬라로 불려 오다가 6세기 후반에 신라가 영토를 넓히면서 강릉 일대를 하슬라로 부른 것으로 보이며, 실직성을 고구려에 빼앗긴 후 신라가 하슬라의 주민을 동원하여 니하에 성을 쌓았다는 것을 보면 니하가 실직성과 하슬라 사이에 있는 강이며 문제의 니하는 낙동강일 가능성이 많다고 귀결지었다.

『고구려역사』는 468년 고구려가 신라의 실직성을 군사력으로 차지한 사건을 들어 당시 삼척 일대가 고구려의 동해안 남변, 다시 말해 신라의 동해안 북변이라는 주장을 펴고 있다. 이렇게 주장하다 보니 같은 해 9월에 하슬라의 15세 이상 되는 사람들을 동원하여 성을 쌓았다는 니하의 위치는 자연 삼척 이남의 울진지방으로 비정된 것이다.

실직이 102년 신라의 영토가 된 것은 사실이지만 그렇다 해서 5세기 중엽 신라의 동해안 북변이 실직이었음을 보여 주는 기록은 『삼국사기』 어디서도 찾아보기 힘들다. 395년 북변으로 침입한 말갈군을 실직 벌판에서 격파시킨 것은 4세기 말 실직이 신라의 북변임을 보여 주는 기록인 것처럼 보일 수 있다. 그러나 300년 기림이사금이 비열홀(比列忽 : 안변)을 순행하여 그 곳의 고령자와 빈민들을 위문하고 곡식을 하사했으며 돌아오는 길에 다음 3월 우두(牛頭 : 춘천)에 이르러 태백산에 제사를 지냈다거나 438년 우두군에서 홍수와 사태가 일어났다는 기록 등은 4세기~5세기 초까지 신라의 동해안 북변이 실직에서 훨씬 북변에 있는 안변지방이었음을 분명히 보여 주고 있다.

102년 실직국이 신라에 항복한 사실로 보아 이 때부터 실직은 신라의 동해안 북변이 되었을 것이고 300년 이전 동해안을 따라 비열홀까지 영토를 넓혀 기림이사금이 비열홀을 순행하게 된 것으로 보인다. 300년 이후 신라가 비열홀에서 동해안을 따라 남쪽으로 영토를 빼앗긴 기록은 『삼국사기』에 없다.

　삼척보다 북쪽에 위치한 강릉이 1세기 신라의 정치적 영향권 안에 들어 있었다거나 영토였음을 보여 주는 기록은 『삼국사기』에서 자주 찾아볼 수 있다. 서기 19년 북명(北溟 : 강릉) 사람이 밭갈이 하다가 얻은 예왕인(濊王印)을 신라에 바친 것을 비롯하여 40년 신라의 북경을 침범한 화려(華麗)·불내(不耐) 2현의 사람들을 맥국(貊國)의 거수(渠帥)가 격파한 것을 계기로 신라가 맥국과 우호관계를 맺었다거나 125년 대령책(大嶺柵)을 습격한 말갈이 니하를 지나왔다는 등의 기록은 1~2세기 강릉이 신라의 영토였음을 보여 주는 것이라 하겠다.

　이렇듯 신라는 2세기 초 강릉을 영토로 흡수한 관계로 300년 이전에 비열홀까지 영토를 넓혀 나갈 수 있었던 것이다. 3세기에 신라와 고구려가 동해안에서 교전을 치른 기록이 보이지 않는 것은 신라가 계속 강릉 일대를 장악했음을 의미하며 강릉을 발판으로 비열홀까지 영토를 넓힐 수 있었음을 말한다.

　그런데 450년 고구려의 변장이 실직에서 사냥을 하다가 하슬라 성주 삼직(三直)에 의해 살해당한 것에 대한 보복으로 고구려는 신라의 서변을 침공했던 것이며, 468년에는 고구려가 전위대로 동원된 말갈군과 함께 실직성을 기습하여 차지했던 것이다. 300년에도 비열홀까지 신라의 영토였는데 어떻게 해서 고구려군이 동해안을 따라 실직까지 내려올 수 있었을까. 문제의 실직은 395년 말갈의 침공을 받았으나 신라군이 이 말갈군을 크게 격파한 사실도 있었다.

　이렇듯 고구려군을 대신한 말갈이 실직까지 침입했다면 비열홀에서 강릉에 이르는 신라의 영토가 이미 말갈을 포함한 고구려군에 의해 점령되었다는 말이 아닌가. 그런데 300년에서 395년 사이에 말갈 등 고구려군이 비열홀과 강릉 사이에서 신라군과 교전했음을 보여 주는 기록은『삼국사기』어디에도 보이지 않는다.

결국 실직 일대에서 교전은 있었으나 비열홀에서 강릉에 이르는 땅은 여전히 신라의 영토로 남아 있었던 것이 아닌가 한다. 다시 말해 468년 실직주성이 고구려에 의해 점령되었다 해도 비열홀에서 강릉을 포함한 실직 부근에 이르는 땅은 여전히 신라가 장악하고 있었던 것으로 보아야 한다는 것이다.

그렇다면 고구려군이 실직으로 쳐들어 온 것은 비열홀에서 강릉을 거쳤다고 볼 수 없고 바로 실직의 서쪽에서 침입한 것이 아닌가 한다. 450년 고구려의 변장이 실직에서 사냥을 하다가 신라에 의해 살해당한 보복으로 고구려가 침입한 곳이 신라의 서쪽 변경이었다고 한 점이 이를 분명히 해 주는 것으로 여겨진다.

풀어 말하면, 실직주성은 고구려에 의해 점령되었으나 강릉은 여전히 신라의 영토였다. 481년 2월 신라의 소지마립간이 비열홀을 순행하여 군사를 위문하고 군복까지 하사한 다음 달에 고구려가 말갈과 함께 북쪽 변방을 침입하여 호명성(청송) 등 7성을 점령한 데 이어 미질부(홍해)까지 진격한 사실이 있다.

위에서 밝혀졌듯이 비열홀은 481년에도 신라의 최북단 영토였으며 고구려는 점령한 실직을 발판으로 청송을 거쳐 홍해까지 진격할 수 있었다. 더군다나 중요한 것은 홍해까지 진격해 온 고구려군이 니하의 서쪽에서 크게 패한 것이다.

『고구려역사』는 격전지로 유명한 니하를 삼척과 울진 사이에 있는 강으로 보고 있음을 소개한 바 있다. 고구려군이 홍해까지 남하할 당시 삼척이 신라의 동해안 최북단이라고 보고 니하를 삼척 이남의 강이라고 주장했던 것이다. 그러나 이 때까지 삼척은 신라의 최북단이 아님을 밝힌 바 있다.『삼국사기』는 니하의 정확한 위치를 밝히지 않음으로써 이처럼 삼척 이남으로 잡아야 한다는 주장까지 나오게 된 것이다.

니하의 위치 문제와 관련하여 『삼국사기』에서 보이는 또 하나의 중요한 단서인, 고구려가 실직주성을 점령한 같은 해 9월에 하슬라의 15세 이상 되는 사람들을 동원하여 니하에 성을 쌓았다는 기사를 살펴보자. 『고구려역사』는 두 개의 하슬라가 있었다는 설을 근거로 니하를 울진으로 잡았다는 것은 이미 지적한 바 있다. 이 두 개의 하슬라 주장과 관련하여 『고구려역사』는 두 가지 점에서 과오를 범하고 잇다.

먼저, 하슬라(강릉)를 하서랑 또는 하서라고도 하며 임관군(울산)의 속현인 하곡현을 하서현이라고 부른다고 해서 임관군 일대를 또 다른 하슬라라고는 할 수 없다. 원래 하슬라라는 지명은 고구려 사람들의 지명이지 신라 사람들의 지명이 결코 아니다.

하서랑이라는 지명 역시 고구려 사람들의 지명이지 신라 사람들의 지명이 결코 아니다. 하곡을 하서라고 불렀다면 하서랑을 하곡랑으로 불렀다는 주석도 응당 나왔어야 한다. 그러나 이러한 주석은 나와 있지 않다. 왜냐하면 하서랑[하서]은 고구려식 지명이기 때문이다.

그렇다면 하곡현이 하서현으로 불리게 된 것은 어디서 비롯된 것인가. 하곡현만 해도 신라가 고구려의 현지 하곡현을 현의 이름으로 그대로 사용했음을 알아야 할 것이다. 『삼국사기』 권34, 지리3 임관군의 하곡현조를 보면, 신라가 이 지역을 차지한 것은 파사왕 때이다. 그때 굴아화촌(屈阿火村)을 차지함으로써 여기에 현을 설치했으나 현의 이름은 따로 나와 있지 않다. 이로 보아 여기에 설치된 현의 이름은 굴아화[촌]현이었을 것이다. 이 일대는 후일 고구려에 의해 점령되어 설치된 하곡현인 듯하며, 전국의 지명을 일괄적으로 바꾼 경덕왕 때 고구려 행정현의 이름인 하곡현을 그대로 사용하게 된 것이었다.

하곡을 하서라고 부른 것은 고구려식이 아니고 신라식임을 먼저 밝혀둔다. 『삼국사기』 권35, 지리4 울진군조를 보면 하나밖에 없는 속현인 해곡현(海曲縣)도 해서현(海西縣)으로 불리었음을 알 수 있다. 이 곳은 고구려의 행정관할하에 있었을 때는 파저현(波且縣)이었는데 역시 경덕왕 때 해곡현으로 바뀌었다. 해곡현을 관할하던 울진군이라는 이름도 그때 바뀐 것이며 고구려 때의 지명은 우진야현(于珍也縣)이었다. 즉 고구려의 우진야현이 신라에 의해 바뀜과 동시에 울진군으로 승격되었던 것이다.

해곡현이 해서현으로 불려질 수 있듯이 하곡현도 하서현으로 불려졌을 따름이다. 이처럼 현의 이름자로 쓰인 '곡(曲)'자가 '서(西)'자로도 불린 것은 신라 사람들의 방언상 '곡'자와 '서'자의 음이 같거나 의미가 같기 때문일 것이다. 따라서 하곡현이 하서현으로도 불렸다고 해서 하서[하서랑]를 하곡과 같다고 하거나 더 나아가 하서랑이 하슬라이므로 하곡현 일대에 또 다른 하슬라가 있었다고 연관을 지어서는 안 된다.

결국 5세기까지 삼척 이남의 울진지방이 하슬라로 불렸다가 신라가 6세기 후반 영토를 동해안 북쪽으로 넓히면서 강릉 일대를 하슬라로 불렸다고 하는『고구려역사』의 설명은 사견을 억지로 끌어다 붙인 데 지나지 않는다.

또한 본래 삼척 이남에 하슬라가 있었다는 주장을 합리화하기 위해 하곡[서]현을 끌어다 대고, 하곡현을 관할한 임관군이 울산지방에 해당하는데도 하슬라가 울진지방에 있었다고 주장하는 것도 하나의 큰 과오이다.

분명히 말해 두지만 하슬라는 고구려식 지명이고 두 개의 하슬라가 존재했던 것도 아니다. 경덕왕 16년에 울산 일대에 있었던 굴아화[촌]현을 하서현으로 바꿈으로써 하슬라주를 달리 말하는 하서주를 명주로 바꾸었던 것이다.

그렇다면 468년 신라가 니하에 성을 쌓기 위해 동원한 하슬라 사람은 강릉 일대의 사람이며 문제의 니하는 강릉 북쪽지방에 있는 것이지 삼척과 울진 사이에 있었던 것이 아님을 알 수 있을 것이다.

『고구려역사』의 저자는 실직(삼척) 지방이 고구려에 의해 점령되었으나 강릉지방이 먼저 고구려에 의해 점령되지 않았음을 몰랐거나 부인한 탓으로 엉뚱하게 니하를 삼척 이남지방에서만 찾으려 했던 것이다. 니하

가 강릉 북쪽의 연곡(連谷)에 있는 연곡천임을 필자는 일찍이 밝힌 바 있
다.

이렇듯 468년 강릉이 여전히 신라의 영토에 속해 있던 가운데 실직이
고구려에 의해 장악되었고 이후 실직은 고구려가 동해안을 따라 남쪽으
로 진출해 가는 데 발판이 되었다고 본다. 『삼국사기』 신라본기 소지왕 3
년(481)조에 보이는 호명성 등 7성을 고구려가 점령한 것은 실직을 장악
했기 때문이다. 호명성 등은 실직 남쪽에 있었던 것으로 보이나 정확한
위치를 알기 힘들다.

같은 소지왕 3년조에 보이듯이 호명성 등을 차지한 고구려군은 미질부
(彌秩夫)까지 진출했다. 『신증동국여지승람』 권33, 흥해군조를 보면, 흥
해군의 옛 지명이 미질부이다. 고구려는 포항 북쪽 흥해지방에 해당하는
이 미질부까지 차지한 것이고 그 발판으로 이용된 것이 실직이었다.

고구려의 미질부 진출은 사실상 신라의 앞마당까지 들이닥쳤음을 의미
하므로 신라는 백제와 가야의 원병을 지원받아 고구려군을 니하의 서쪽
까지 추격해 올라왔다. 군사적 거점인 니하에 성을 쌓은 이래 첫 전과였
다. 『삼국사기』 고구려본기 문자왕 5년(496)조에 의하면, 신라는 니하에
서 두번째 전과를 거두었다. 신라의 우산성(牛山城)을 친 고구려군은 니
하에서 신라군의 반격을 받아 대패했으나 다음 해 이를 차지했다.

『고구려역사』는 우산성의 위치를 충청북도 보은·충주 부근으로 잡고
있다. 그렇게 보고 있는 것은 494년 고구려와 신라가 살수(청주의 淸川)
벌판에서 치른 싸움과 3년 후에 고구려가 우산성을 쳐서 빼앗았다는 것
과 관련이 있다고 보고 있기 때문이다.

니하성이 강릉 이북에 있는 군사거점으로 확인된 만큼 우산성도 강릉
북쪽에서 그리 멀지 않은 곳에서 찾아야 마땅하겠으나 오랫동안 3국 사
이에 각축전이 벌어졌던 곳은 강릉 서쪽의 춘천 일대였다.

필자가 살핀 바로는 658년 2월까지 강릉과 그 북쪽의 땅은 신라의 영
토였음이 분명하다. 『삼국사기』 신라본기 태종무열왕 5년(658) 3월조에

보면, 하슬라의 땅이 말갈과 접해 그 주민들이 불안해했으며 대책을 세워 실직을 북진(北鎭)으로 했다는 기사가 있다.

하슬라가 동해안을 끼고 있는 신라의 큰 거점이므로 신라는 이를 차지한 후 사력을 다해 지키려 했을 것이다. 이 일대가 위협을 받은 사실은 빠짐없이 『삼국사기』에 실려 있다. 하슬라의 위기와 관련된 기사는 468년, 658년 두 차례밖에 없었던 사실로 미루어 하슬라(강릉)가 고구려의 강한 영향을 받았던 시기는 658년임이 유력하다. 그래서 고구려식의 하슬라라는 지명이 붙게 된 듯하다.

② 신라 서북방면 진출

481년 미질부(흥해)까지 침입했다가 신라의 반격을 받아 니하의 서쪽에서 격파된 고구려군은 이후 주로 신라의 서북방면으로 방향을 바꾸어 여러 성들을 빼앗으려고 시도했다. 이와 관련된 기사를 『삼국사기』에서 보면 다음과 같다.

○ 484년 가을 7월에 고구려가 북변을 침공하자 우리[신라] 군사가 백제와 힘을 합해 모산성(母山城) 아래에서 쳐서 크게 격파했다(신라본기 소지왕 6년조).
○ 489년 가을 9월에 군사를 파견하여 신라의 북변을 침공하여 호산성(狐山城)을 함락시켰다(고구려본기 장수왕 77년조).
○ 494년 가을 7월에 우리 군사가 신라 사람과 더불어 살수벌판에서 싸웠다. 신라 사람이 패해 견아성(犬牙城)으로 가서 지키므로 우리 군사가 이를 포위했으나 백제가 군사 3천 명을 보내 신라를 구원하므로 우리 군사가 물러섰다(고구려본기 문자왕 3년조).
○ 496년 가을 7월에 군사를 파견하여 신라의 우산성을 침공했으나 신라 군사가 니하가에서 나와서 치므로 우리 군사가 패배했다(고구려본기 문자왕 5년조).
○ 497년 가을 8월에 군사를 파견하여 신라의 우산성을 쳐서 빼앗았다(고구려본기 문자왕 6년조).

위 자료에서 보이는 모산성은『신증동국여지승람』권16, 진천(鎭川)조에 보이는 대모산성(大母山城)이 아닌가 한다. 그렇다면 484년 고구려가 신라의 북변을 침공하려다가 신라와 백제의 연합세력에 의해 격파되었다는 것은 진천지방을 차지하려던 고구려의 계획이 실패했음을 뜻한다.

489년 고구려가 함락시켰다는 호산성은『삼국사기』권36, 지리3 웅주(熊州)의 임성군(任城郡)에 속해 있는 두 현 중의 하나인 고산현(孤山縣)인데 지금의 예산지방이다.

494년 고구려군이 신라군과 싸웠다는 살수(薩水)의 대해서는,『삼국사기』지리1에 의하면 삼년군(三年郡)에 속해 있는 두 현 중의 하나인 청천현(淸川縣)의 옛 이름이 살매현(薩買縣)이었고『신증동국여지승람』권15, 청주목(淸州牧)에 의하면 이에 속해 있는 청천현은 청주의 동쪽 60리 되는 곳에 있으며 옛 이름이 살매현으로서 일명 청천(淸川)이라 한다고 되어 있다. 지금도 청주 동쪽에 청천리(靑川里)가 있으며 청주의 산천조를 보면, 청천현에 청천천(靑川川)이 있다고 적혀 있다.

이로 보건대 청천현이란 이름은 청천이라는 강 이름에서 나온 것이 분명하다. 다시 산천조에 의하면, 청천천의 발원지는 세 군데인데 그 중 하나는 보은의 속리산이다. 여기서 시작된 청천천은 북쪽으로 괴산군의 괴탄(槐灘)과 합류하여 충주 부근에 이르러 한강으로 흘러든다.

아다시피 오늘날 청천강의 옛 이름이 살수이듯이 보은에서 발원하여 흐르는 청천천의 청천도 살매[천]의 한역(漢譯)이라고 할 수 있다. 이 살수 벌판에서 벌어진 싸움에서 패한 신라군이 고구려군과 다시 싸웠다는 견아성도 이 부근에 있었던 것이 분명하나 정확한 위치는 알 수 없다. 짐작건대 문경인 듯하다.

살수벌판에서 치른 싸움에 뒤이어 497년 고구려는 신라의 우산성을 차지했으나 540년에 백제가 이를 차지하기 위해 포위한 적이 있다. 견아라는 말이 의미하듯이 삼국간의 치열한 영토싸움 때문에 삼국간의 경계가 자로 그어놓은 듯한 일직선이 될 수 없었다. 우산성의 공방전이 삼국간에 벌어진 것으로 보아 이 곳이 삼국의 각축장소인 것만은 분명하나 고구려와 신라 사이에 싸움이 살수, 즉 보은·진천·충주 일대에서 벌어졌다 해서 우산성이 반드시 이 일대에 있었다고는 볼 수 없을 것이다.

이처럼 5세기 말 보은·충주 지방이 고구려의 영토가 되었음은 분명하다.『삼국사기』권44, 거칠부열전을 보면, 551년 진흥왕은 거칠부 등에 명해 백제와 더불어 고구려를 침공했는데 백제 사람들이 먼저 평양(서울)을 침공하여 쳐부수었다. 거칠부 등은 이긴 틈을 타서 죽령 외에 고현(高峴) 이내의 10개 군을 빼앗았다. 신라본기 선덕왕 11년조에 의하면, 신라의 사신 김춘추가 백제를 치기 위해 고구려에 구원병을 청하자 고구려의 보장왕은 죽령이 본래 우리 땅이므로 신라가 죽령 서북의 땅을 돌려준다면 군사를 낼 수 있다고 했다.

이와 관련하여『삼국사기』온달열전에는 그가 출정에 앞서 계립령(雞立嶺)과 죽령 서쪽이 우리 땅인데 회복하지 못하면 살아 돌아오지 않겠다고 말한 것이 적혀 있다. 죽령은 지금도 그 이름 그대로 불리고 있거니와 계립령은 문경의 북쪽에 위치하고 있다.

이상의 기록들로 보아 계립령과 죽령의 서쪽에 있는 충주와 보은지방은 484년 이후 고구려의 영토가 되었음이 분명하다.

이렇듯 고구려의 신라 서북방면으로의 진출은 5세기 후반에 절정을 이루었으나 6세기 후반부터 이 지역은 신라로 넘어가게 되었다.『삼국사기』지리지를 보면 이후 신라의 영토가 된 고구려의 군·현 이름이 보인다. 그 가운데 맨 남쪽에 있는 군·현의 이름을 보면 다음 표와 같다.

표에서 보듯이 오늘의 청송·영덕·영해·울진·영춘·충주 등지가 고구려의 영토가 되었음을 알 수 있는데 그 시기는 둘로 나눌 수 있다.

울진·청송·영덕·영해는 장수왕이 말갈군 1만을 이끌고 실직성을 빼앗은 468년에서 고구려와 말갈이 미질부(홍해)까지 진출한 481년을 전후한 시기에 차지한 땅임이 분명하다. 그리고 충주·영춘은 고구려 군사가 신라 군사와 더불어 살수벌판에서 싸움을 치른 494년을 전후한 시기에 차지한 듯하다.

고구려시대	통일신라시대	현　재
이화혜현(伊火兮縣)	안덕현(安德縣)	경북 청송(青松)
야시홀군(也尸忽郡)	야성군(野城郡)	경북 영덕(盈德)
우시군(于尸郡)	유린군(有鄰郡)	경북 영해(寧海)
우진야현(于珍也縣)	울진군(蔚珍郡)	경북 울진(蔚珍)
을아단현(乙阿旦縣)	자춘현(子春縣)	충북 영춘(永春)
국원성(國原城)	중원경(中原京)	충북 충주(忠州)

　고구려가 이처럼 4~5세기 후반에 백제와 신라 방면으로 영토를 확대하여 경제면에서도 부강해졌을 것임은 긴 설명이 필요치 않다.

3. 동북변경

　고구려와 부여의 싸움은 기원전 1세기 말부터 시작되어 5세기 말에 이르러 고구려의 완전 승리로 끝이 났다. 이로써 고구려는 부여의 옛땅까지 통합함과 동시에 맥족이라는 동족 전체의 통합을 보게 되었다.
　동족 통합의 성격을 띤 두 나라의 싸움 가운데서 특기할 것은 5세기 초에 벌어진 고구려의 부여에 대한 대규모 정벌이다. 이 사건의 전모는 「광개토왕릉비문」에 다음과 같이 나와 있다.

　동부여는 옛날 추모왕의 속민이었으나 중년에 배반하여 조공을 바치지 않게 되었다. 20년 경술에 왕은 몸소 군대를 이끌고 가서 토벌했다. 왕의 군대가 여성(餘城)에 이르렀다. ……왕의 은덕이 널리 퍼졌기에 이에 개선했다. ……무릇 대왕이 공파한 성이 64개, 촌락이 1,400개이다.

위 자료의 정벌연대인 20년은 광개토왕의 영락(永樂) 20년(경술)으로 서기 410년이다. 이 해에 광개토왕은 군사를 이끌고 부여의 여성(餘城)에 이르렀다. 그런데 이번 정벌은 광개토왕 재위시 처음 있었던 것으로 여겨지지 않는다. 다시 말해 이전에도 몇 차례 더 정벌이 있었을 것으로 생각된다.

그러면 「광개토왕릉비문」이 앞서의 정벌은 다루지 않고 410년의 정벌만 다룬 것은 무엇을 의미하는가. 그것은 이 해의 정벌이 규모면에서 가장 컸기 때문인 듯하다. 이와 관련하여 능비문에 광개토왕이 쳐부순 부여의 성이 64개, 촌락이 1,400개라는 것도 이 해에 있었던 정벌의 전과라기보다 광개토왕 재위시에 일찍이 그 전부터 행해 온 모든 정벌의 결과로 보아야 한다는 견해가 있다.[33] 그다지 무리한 것 같지 않다.

부여의 성과 촌락이 모두 몇 개나 되었는지 알 수 없으나 이 정벌로 부여가 주민과 영토면에서 큰 손실을 본 것은 분명하다. 그리하여 부여는 더욱 급속히 쇠퇴하게 되었다. 494년 부여왕이 고구려에 처자를 데리고 와서 나라를 바쳐 항복했다는 기사에서 보듯이 부여가 멸망하는 데 분수령이 된 것은 상대적으로 고구려의 강성에 따라 단행된 410년의 대규모 정벌이었다고 할 수 있다.

이처럼 그동안 오래 끌어 온 고구려와 부여의 통합전쟁이 고구려의 승리로 끝나면서 부여의 옛땅이 모두 고구려에 흡수되고 이로써 고구려는 또한 경제면에서 강대해졌다.[34]

고구려가 부여의 옛땅을 차지했다면 북변은 어디까지 확대되었을까. 이를 살펴보려면, 부여의 북변이 어디였는가를 보면 될 것이다. 아다시피 고구려의 부여 통합 당시 부여의 위치를 보여 주는 자료는 별로 없다. 그러므로 이보다 앞선 시기인 1~3세기의 부여에 관한 자료를 찾아서 그 위치를 살펴야 할 것이다. 이 시기의 자료는 『후한서』·『삼국지』·『진서』의

---

33) 『고구려역사』, 99쪽.
34) 『삼국사기』 권19, 고구려본기 문자왕 3년조.

부여전이다.

이 세 역사책의 부여전은 부여가 현도 북쪽 천여 리 되는 곳에 있었다고 전하고 있다. 후한과 위나라 시대 현도군은 지금의 무순 지방에 있었다. 여기서 북쪽으로 천여 리 되는 곳에 중심지가 있는 동시에 부여전에서 보듯이 평평하고 넓은 못이 있는 그런 곳이라면 송화강 유역일 것이다. 송화강 유역은 부여의 발상지인데다가 멸망 때까지 중심지역이기도 했다.

부여전에서 보듯이 송화강 유역을 중심으로 사방 2천 리의 땅을 차지하였던 부여는 동쪽으로 읍루, 서쪽으로 선비, 남쪽으로 고구려와 접했으며 북쪽에는 약수(弱水)가 있었다고 한다. 부여의 북쪽에 있는 이 약수가 어느 강인지 분명히 알 수 없으나 부여의 중심지가 송화강 유역에 있었던 만큼 송화강 북쪽에 있는 흑룡강이었을 것이다.

그런데 부여는 동쪽으로 읍루와 접했다고 하는데 읍루는 어디에 있었는가. 읍루의 위치를 다루고 있는 『후한서』와 『삼국지』의 읍루전을 보면, 읍루는 부여의 동북과 북옥저의 북쪽에서 다시 동쪽으로 바다를 끼고 있는 지역에 있었다.

아다시피 북옥저는 함경북도의 북부지방과 연해주 지방에 있었다. 여기서 북쪽으로 바다를 끼고 있는 지역이라면 연해주 이북지방이다. 현재 이 지역의 자연조건과 기후풍토 등은 읍루전의 그것과 딱 들어맞는다.

이로 보아 읍루는 연해주 북쪽에 있었다고 본다. 그러면 서쪽으로 부여와 접했던 곳은 어디였을까. 『후한서』 동옥저전을 보면, 동옥저는 북으로 읍루, 부여와 접했다고 하는데 『삼국지』 동옥저전은 북옥저가 읍루와 접했다고 한다. 이는 읍루와 접한 것은 동옥저가 아니고 동옥저의 북쪽 경계를 말하는 북옥저임을 밝힌 것이라 할 수 있다. 그러므로 북쪽으로 읍루, 부여와 접한 것은 북옥저였음이 분명하다.

이처럼 북옥저의 땅은 북쪽으로 연해주까지 포함하고 있었다. 북옥저의 땅인 이곳 연해주 북쪽에서 읍루가 서쪽으로 부여와 접했다면 그 곳은 우수리강이 분명하다. 지금도 북쪽으로 흐르고 있는 우수리강은 동해를 끼고 있는 읍루와 그 서쪽 부여의 경계선이었을 것으로 여겨지기 때문이다.

이상에서 알 수 있듯이 1~3세기 송화강 유역을 중심지로 한 부여는 동쪽으로 우수리강, 북쪽으로 흑룡강까지 차지했었다. 고구려가 부여를 통합할 때까지 부여의 영토는 큰 변동이 있었던 것 같지 않다. 그러므로 고구려가 부여의 영토를 전부 차지한 5세기 말 고구려의 동북지역은 우수리강까지 포함한 것이 분명하다.

제3절 말기의 영토

1. 서부변경

(1) 612년 이전 시대

589년 수나라는 중국 남조의 마지막 왕조인 진(陳)나라를 통합했다. 그리하여 중국본토를 완전히 통일한 수나라는 동쪽으로 고구려와 인접하게 되고 612년에는 고구려의 서쪽 변경을 침략함으로써 고구려의 변경은 다소의 변동을 보게 되었다.

서변의 변동을 살펴보려면, 변동이 일어나기 이전 고구려의 서변을 먼저 알아 보아야 할 것이다. 그런데 612년 이전 고구려의 서변을 구체적으로 전해 주는 직접적인 자료는 없는 실정이다. 그러므로 고구려와 인접한 수나라의 동쪽 변경을 알아 보는 것이 차라리 좋을 듯하다.

수나라 역사책인 『수서 隋書』 지리지 기주(冀州)조를 보면, 수나라의 동북변에는 기주가 있는데 여기에 속해 있는 군은 요서군 등 11개 군이 있었으며 요서군은 기주의 맨 동쪽 끝에 있었다. 요서군이 수나라의 동변이었음은『삼국사기』고구려본기 영양왕 9년조의 기사로 확인된다. 이 기사는 589년(영양왕 9) 2월 고구려가 말갈 군사 만여 명을 이끌고 요서를 침공했다는 것이다.

이른바 요서정벌은 수나라가 대규모의 고구려 침략을 준비하고 있는 것에 대한 선제 공격 형식으로 고구려가 단행한 것이다. 고구려의 침공을 받은 이 요서는 기주에 속해 있던 요서군을 말한다. 요서군은 612년 이전 두 나라의 국경선상에 있었던 동쪽 군이므로 고구려의 첫 침공을 받게 되었던 것이다.

요서군이 수나라의 동변군이었음을 보여 주는 자료는『당서』권103, 위운기(韋雲起)전에서도 보인다. 607년 위운기는 수나라 양제로부터 거란을 정벌하라는 임무를 받고 동돌궐의 추장 계민 칸(啓民可汗)의 군사 2만을 이끌고 거란땅으로 들어갔다. 돌궐이 거란에 영향을 미칠 수 있음을 알고 있던 위운기는 거란을 공격하기 직전에 돌궐군으로 하여금 거짓으로 거란에 대해 고구려와 교역하기 위해 유성(柳城)으로 가자고 권했다.

거란은 돌궐이 하자는 대로 본거지를 떠나 남쪽으로 100리쯤 되는 곳에 왔을 때 배구(裴矩)의 지휘를 받는 돌궐군의 기습을 받고 전멸했다. 거란에게 고구려와 무역을 하기 위해 유성에 함께 가자고 권했다는 것은 전부터 고구려와 거란이 유성에서 자주 무역관계를 맺은 사실이 있었음을 보여 주는 것이다.

『수서』지리지에 의하면, 유성은 수나라 요서군에 속해 있는 현이다. 요서군에 속한 현은 이 유성현 하나밖에 없으므로 요서군과 유성현의 지역은 같았다. 이상의 설명에서 밝혀졌듯이 유성은 수나라 동북 변경의 여러 민족 사이에 교역이 행해진 장소이기도 했던 것이다.

다시 말하거니와 요서군은 고구려와 수나라의 인접지역이었으며 고구려는 요서군 동쪽의 땅을, 수나라는 요서군 서쪽의 땅을 각기 차지했던 것이다. 그러므로 수나라의 요서군 위치가 밝혀지면 같은 시기 고구려의 서변도 알 수 있을 것이다. 여기서 요서군의 위치를 밝혀야 할 것이다.

수나라의 요서군은 유성 한 개 현이 751호밖에 안 되는 작은 규모의 군이었다. 어떤 사람은 요서군의 유성현이 지금의 열하·조양 부근에 있었다고 하나 이처럼 작은 규모의 요서군이 장성에서 약 700리 정도 떨어진 곳에 홀로 자리를 잡고 있을 수는 없다.

더군다나 조양 부근은 북연 시대 고구려가 장악한 관계로 수나라의 현이 자리잡을 수가 없는 일이다. 대체적으로 유성은 오늘의 조양으로 보지 않고 장성(오늘의 평천)과 능원 사이에 있었던 것으로 보고 있는 실정이다.35)

위에서 말했듯이 고구려는 수나라의 요서군 동쪽을 차지하고 있었으나 실제 고구려의 서변이 요서군 이남 지역에서는 만리장성 부근까지 이르렀음을 주목해야 할 것이다. 이는 612년 수나라의 양제가 대규모의 병력을 동원하여 고구려를 침공하기 앞서 침략 명분을 합리화시킬 목적에서 만들어 발표한 조서 가운데 잘 나타나 있다.

긴 문장으로 꾸며진 조서 가운데 관련 부분만 소개하면 대개 이러하다.

고구려는…… 발해와 갈석산 사이에 모여 들어와 요(遼)와 예(濊)의 지경을 자주 침범해 왔다. 한나라와 위나라 때 이들을 토벌하여 그 소굴이 한때 허물어지긴 했으나 병란이 있은 지 여러 해 되어 족속과 무리들이 다시

---

35) 유성현의 위치 문제에 대해 오늘의 하북성 노룡지방으로 보는 견해와 열하·조양으로 보는 견해 등 두 가지가 있다. 전자의 대표적 인물은 청나라의 고증학자인 이조락(李兆洛)인데 그는 만리장성 안에 있는 오늘의 하북성 동북단 지역에 유성이 있었다는 『영평부구지 永平府舊志』를 근거로 했던 것이다. 진·한 시대는 유성이 이 지역에 있었던 것이 확실시된다. 후자의 대표적 인물은 같은 청나라 시대의 오사감인데 그는 『통전 通典』의 유성군조와 평주 북평군조의 기사를 근거로 『진서각주』에서 노룡현설을 비판하고 북위 이후의 영주는 청나라 시대 영평부 동북 700리 지점, 즉 오늘의 열하·조양 지방이 유성이라고 보았다(『고구려역사』, 111쪽).

모여들게 되었다. 거란의 도당들과 합세하여 바다의 수비병들을 죽였는가 하면 말갈의 행동을 본받아 요서를 침공했다.[36]

수나라 양제의 위 조서가 사실이라면 발해와 갈석산 사이의 땅이 고구려의 영향권 내지 세력권에 들어 있었던 것이 분명하다. 갈석산의 위치 문제에 대해서는 종래 여러 설이 있었으나, 조서의 갈석산은『수서』지리지에서 전하고 있듯이 지금의 노룡현 동남쪽에 있는 갈석산이 분명하며 발해는 지금의 천진 앞바다를 말한다. 그러므로 발해와 갈석산 사이의 지역이란 천진 앞바다와 갈석산에 이르는 지역인 것이다.

북경[燕]이 발해와 갈석산 사이에 있는 하나의 도회(都會)라고 밝힌『한서』지리지의 기사를 보면, 발해와 갈석산 사이가 어느 곳인지 더욱 분명하다. 조서 가운데 나와 있는 '요'와 '예'의 지경이란 '요수(遼水)'와 '예수(瀗水)' 사이의 땅을 말한 것이라 풀이해도 좋을 듯하다. '발해와 갈석산 사이'라는 것과 '요와 예의 지경'이라는 것은 위치상 완전히 다른 지역이 아닐 것이다. 다른 지역이라면 조서의 이 문장은 앞뒤가 맞지 않는다. 따라서 '요와 예의 지경'은 '발해와 갈석산 사이의 지역'을 더욱 강조하려는 뜻에서 쓴 것으로 여겨진다.

두우(杜佑)가 지은『통전』에서 보듯이 당나라 사람들은 옛 요수와 지금의 요수로 구분을 지었다. 옛 요수는 장성 안의 갈석산에서 가까운 지금의 난하(灤河)라고 학계에서 인정하고 있다. 이와 관련하여『수경주 水經注』청장수주를 보면, 청장수와 지류를 예수라 했고『수국경 水國經』을 인용한『태평환우기 太平寰宇記』의 하북도 진주 평산조는 "방산에서 예수가 나오며…… 남으로 흘러 호타하로 들어간다"고 적고 있다. 호타하는『수경주』에서 말하고 있는 청장수이며 지금 천진 앞의 발해만으로 흘러들고 있다.

위 설명으로 보면 '발해와 갈석산 사이' 또는 '요수와 예수의 지경'은

---

36)『수서』권4, 양제기下.

만리장성 부근을 말하는 것임이 분명하다. 그렇다면 수나라 양제의 조서는 고구려가 이 지역을 차지했음을 인정한 것이라 하겠다.

줄여서 말하면, 6세기 말 7세기 초 고구려는 서쪽으로 지금의 요녕성 능원현 일대와 여기서 다시 남쪽으로 장성까지 진출했다고 할 수 있다.

이렇듯 만리장성 부근까지 진출한 고구려는 여기에 요새를 설치하여 침략세력을 막는 동시에 중국의 동쪽 변방군을 퇴치하기도 했다. 이런 면에서 이 곳의 요새는 고구려의 일선 방어망이었다고 할 수 있으나 여기에 기본 방어선을 둔 것은 아니었다. 역시 고구려의 기본 방어선은 요하 일대였다.

요하는 요동반도에서 열하지방에 이르는 고구려의 서부 방어선으로 가장 유리하여 일찍이 이 곳에 강력한 방어요새를 구축했다. 고구려는 요하를 따라 견고하게 구축되어 있는 방어선을 기본으로 유지하면서 더 서쪽으로 개척한 변방에 요새를 설치하여 일차적으로 침략세력을 여기서 막아냈던 것이다.

(2) 612년 이후 시대

7세기 초 이후 중국의 수와 당나라는 고구려를 멸망시키기 위해 여러 차례 고구려를 침략했다. 그런데 침략이 있었던 같은 시기의 중국문헌을 보면 수와 당나라는 고구려의 서부지역에 새로 주·군·현을 두었다고 전하는 자료가 눈에 띈다. 이것이 사실이라면 고구려 말기에 서부 변경에 큰 변동이 있었다 하겠으나 이를 입증할 만한 자료가 있는 것은 아니다.

이를 바르게 이해하려면 과연 주·군·현이 설치되었는지 알아보아야 할 것이다. 그러면 612년 수나라의 양제가 고구려를 침략하고서 요하 서쪽에 군과 현을 설치했다고 전하고 있는 자료부터 검토해 보기로 하겠다.

『자치통감』 권181, 수기(隋紀) 양제조에 의하면, 612년 3월 요하를 건넌 양제는 다시 내린 조서에서 형부상서 위문승(衛文昇) 등에게 요수[요하] 왼쪽지방의 백성을 위무하고 10년간 부세를 면제시키고 그 곳에 군·

현을 설치하여 관리 정돈하는 일을 감시하도록 하게 했다.

이 기록대로라면 누구나 612년 양제의 명에 따라 요수 왼쪽지방에 군·현이 설치된 것으로 보게 된다.

그런데 같은 책은 612년 수나라가 일으킨 고구려 침략 전쟁에서 양제가 맛본 참패상을 밝히면서 이 싸움에서 수나라가 얻은 것은 "오직 요수 서쪽 고구려의 무려라성(武厲羅城)을 빼앗아 요동군과 통정진(通定鎭)을 설치했을 따름이다"라고 분명히 전하고 있다. 이 같은 사실은 『수서』 권 81, 고구려전에도 실려 있다.

요하 왼쪽지방에 군·현을 설치하라는 양제의 조서와 전쟁 결과 수나라가 고구려의 무려라성만을 빼앗았다고 전하고 있는 『자치통감』과 『수서』의 두 기사를 종합해 보면, 양제는 전쟁 초에 요하 왼쪽지방에 군·현을 설치하라고 명령을 내리긴 했으나 실제 전쟁 결과로 나타난 것은 오직 고구려의 무려라성을 빼앗고 여기에다 요동군과 통정진만을 설치했을 따름이라는 것을 알 수 있다.

만약 양제의 명령대로 수나라가 강점한 요하 왼쪽지역에 군·현을 설치했다면 『수서』나 『자치통감』에서 보듯이 요하 서쪽에 요동군과 통정진을 설치하는 데 그쳤다고 하지는 않았을 것이다. 그렇다면 풀이하건대 양제의 그 같은 조서는 어디까지나 고구려를 무력으로 완전히 누를 수 있다고 확신하고 점령할 고구려땅에 군·현을 설치해 보려는 염원에서 나온 것이라고 할 수 있다.

요하 서쪽에 있었다는 수나라의 군·현이 그 후 분명히 존재하지 않았음은 613년 고구려와 수나라 군사의 첫 교전이 신성과 요동성에서 벌어진 사실이 말해 주고 있다. 이 해 4월 수나라군은 신성에서 고구려군과 접전한 데 이어 요동성을 공격했다. 신성은 지금의 무순 부근이며 요동성은 612년 수나라군이 몇 달 동안 공격하다가 실패했거니와 요하에서 동쪽으로 가까운 거리에 있었다.

이렇듯이 고구려군은 요수 동쪽의 신성과 요동성에서 수나라의 침략군을 강력히 저지했다. 이는 고구려의 세력이 여전히 요수 서쪽지역에 미쳤음을 의미한다. 그러므로 양제가 이 지역에 설치했다는 군·현은 존재했다고 보기 어렵다.

다음에는 612년 양제가 요동군과 통정진을 설치했다는 고구려의 무려라성에 관한 자료를 검토해 보려 한다. 『자치통감』에 실려 있는 무려라성에 대한 주석을 보면, "고려[고구려]가 요수 서쪽에 라[무려라]를 두어 요수를 건너는 자들을 감독했다"고 밝히고 있다.

이 주석에 따른다면, 무려라는 고구려의 기본 방어망(요하)에서 서쪽으로 가까운 곳에 설치된 관문 겸 요새가 분명하다. 그러므로 수나라가 설치했다는 요동군은 고구려의 무려라성, 즉 요하와 대능하 사이에 위치했을 것이며 통정진은 중료대안에 있었다.

수나라가 무려라에 설치한 요동군에 대한 전모는 알 수 없다. 요동군 설치 후 고구려와 수나라, 또는 고구려와 당나라 사이의 군사 충돌시에 고구려가 요하 서쪽에서 침략세력을 막았다는 사실은 전해지지 않는다. 그렇다면 612년의 충돌을 계기로 고구려는 요하 서쪽에서 철수한 것이 아닌가 한다.

다음에는 방향을 바꾸어 645년 당나라 태종이 고구려의 요하 동쪽지역에 역시 주(州)를 설치했다는 자료에 대해 알아보려 한다.

『당회요 唐會要』 권95, 고구려조에는 이와 관련하여,

정관 19년(645) 4월 이적이 [고구려의] 개모성을 쳐서 빼앗아 주민 2만 명을 사로잡았으며 그 성에 개주(蓋州)를 두었다. 5월 태종은 요수[요하]를 건너고 교량을 거두도록 명령함으로써 군사들의 결심을 굳게 했다. 태종은 친히 우수한 기병을 거느리고 이적과 함께 요동성을 쳐서 빼앗고 그 성을 주(요주)로 했다. 6월에는 백암성을 쳐서 빼앗고 그 성을 암주(巖州)라고 했다. …… 9월…… 먼저 요·개 2주의 주민을 보내어 요수를 건너게 했다. ……무릇 요·개·암 3주의 주민들을 내지[당나라 본토]로 옮겼는데 전부 7만여 명이다.

라고 했다.[37)]

　개모성·요동성·백암성은 요수 동쪽에 있는 관계로 고구려의 서북지방을 지키는 견고한 요새였다. 당나라 군사는 이들 성을 점령하고 나서 개주·요주·암주 등의 주(州)를 두었던 것이다. 따라서 이 세 주는 당나라 군사력을 배경으로 설치된 관계로 당나라군이 여기서 패퇴한다면 더 이상 유지되기 어렵다.

　『당회요』의 기사에서 보듯이 당나라 태종은 여기서 퇴각하기 전에 7만여 명에 이르는 이곳 고구려 주민들을 당나라 내지로 끌고 갔다. 이들이 살던 고향땅을 일시에 떠난 만큼 세 주가 계속 유지되기란 어려운 일이다.

　그러면 그 후 고구려의 서쪽 변경은 변동을 보게 되었는가. 고구려가 망하기까지 서변은 계속 요수에서 지켜졌다. 이는 고구려가 당나라의 침략을 요하에서 방어한 자료를 통해 알 수 있다. 645년 후 고구려와 당나라의 군사 충돌이 요하 일대에서 여러 차례 발생했음을 전해 주는 자료를 살펴보기로 하겠다.

　○ 647년(보장왕 6) 이세적의 군사가 요수를 건너 남소 등 성을 지나갈 때 그 성들은 모두 성을 등지고 대항하여 싸웠으나 이세적이 이를 쳐서 깨뜨리고 그 바깥 성들을 불지르고 돌아갔다(『삼국사기』 권22, 고구려본기).

　○ 655년(보장왕 14) 2월 당나라 고종이 영주도독 정명진과 좌우중랑장 소정방을 보내어 군사를 거느리고 와서 공격했다. 여름 5월에 명진 등이 요수를 건너오니 우리 군사는 그들의 군사가 적음을 보고 성문을 열고 귀단수(貴端水)를 건너서 맞받아 싸웠다(『삼국사기』 권22, 고구려본기).

　○ 667년(보장왕 26) 가을 9월에 이세적이 신성을 함락하고는 설필하력으로 하여금 지키게 했다. 이세적은 처음에 요수를 건너와서 모든 장수에게 이르기를, 신성은 고구려 서쪽 변경의 요충이므로 이를 먼저 빼앗지 않

---

37) 『당서』(권199상, 고려전) 및 『자치통감』(권197, 唐紀3 태종조)에도 같은 기사가 실려 있다.

으면 다른 성들을 쉽게 빼앗을 수 없다 하고 드디어 신성을 치자 신성 사람 사부구(師夫仇) 등이 성주를 결박해 가지고 성문을 나와서 항복했다(『삼국사기』 권22, 고구려본기).

위 자료에서 보듯이 당나라 군사는 고구려의 멸망시까지 요하 동쪽지역에 그들의 주(州)를 설치하지 못했다. 그리하여 그들은 요수 또는 그 동쪽으로 멀지 않은 지역에서 고구려군의 저항을 받았던 것이다. 이세적이 말했듯이 고구려 서변의 요충인 신성은 지금의 무순 부근에 있다 보니 그 주변의 여러 성들과 함께 고구려 멸망 때까지 서부 변경을 요하 일대에서 유지하도록 만든 요새였다.

이와 같이 고구려 서변에서의 변동은 612년 수나라군이 요하 서쪽지역에 요동군과 통정진을 설치함으로써 빚어져 서변은 요하로 되었다. 그리하여 고구려는 요하에서 서쪽으로 만리장성 부근에 이르는 땅을 내주어 수와 당나라의 판도로 되었던 것이다.

2. 남부변경

7세기 초에 들어와 서부지역을 잃은 고구려는 6세기 후반 남부지역도 남쪽의 백제와 신라에 내주었다. 이와 관련하여 『삼국사기』 등은 다음과 같이 전하고 있다.

○ 550년(양원왕 6) 봄 정월에 백제가 침입하여 도살성(道薩城)을 함락시켰다. 3월 [고구려가] 백제의 금현성(金峴城)을 공격하자 신라 사람들이 이 틈을 타고 두 성을 빼앗았다(『삼국사기』 권20, 고구려본기).

○ 551년(진흥왕 12) 신미에 왕이 거칠부…… 등 여덟 장군에 명령하여 백제와 함께 고구려를 침공케 했다. 백제 사람이 먼저 평양을 쳐부수자 거칠부 등은 이긴 틈을 타서 죽령에서 고현(高峴) 이내의 10개 군을 빼앗았다(『삼국사기』 권44, 거칠부전).

　○ [欽明天皇 2년] 이 해에 백제 성명왕이……고려[고구려]를 쳐서 한성(漢城)의 땅을 얻고 또 진군하여 평양을 쳐서 6개 군의 땅을 회복했다(『일본서기』 권19).

　위 자료의 도살성은 550년까지만 해도 고구려 성이었으나 같은 해 백제에게 빼앗겼으며 대신 고구려는 백제의 금현성을 차지했다. 이 두 성의 공방전에서 백제와 고구려의 군사가 허탈상태에 빠진 틈을 타 신라는 이 두 성을 빼앗았다. 두 성의 위치는 알 수 없으나 세 나라의 군사가 공방전을 벌인 사실로 보면 이 성들은 세 나라의 접경선에 있었음이 분명하다.

　551년 또한 신라가 고구려로부터 죽령에서 고현에 이르는 10개 군을 빼앗았다는 점으로 보면 고구려와 신라의 경계선, 다시 말해 6세기 중엽 고구려의 서남 변경은 죽령 일대가 분명하다. 또한 세 나라의 접경선도 죽령 서쪽에 있었다고 보아도 좋을 듯하다.

　위의 자료에서 보듯이 금현성의 관할권을 놓고 세 나라 간에 치열한 싸움이 벌어진 다음 해, 즉 551년 백제와 신라가 따로 고구려의 남부지방을 침공했다. 백제 사람들이 먼저 고구려의 평양성을 쳐부수는 등 승기를 잡자 거칠부 등 신라 사람들은 재빨리 죽령에서 고현에 이르는 고구려의 남부지역을 차지했다. 이 싸움에서 백제는 6개 군, 신라는 10개 군의 땅을 각기 차지했던 것이다.

　백제 군사가 쳐부순 평양성은 고구려의 수도인 평양이 아니고 남평양을 말한다. 이는 551년 이후 고구려·백제·신라 세 나라의 경계선을 보거나 삼국시대 백제와 신라가 고구려의 수도인 평양을 함락한 적이 없었다는 사실로 알 수 있다.

　남평양은 고구려가 지금 서울 부근에 해당하는 남부지역을 통치하는 중심지였다. 백제의 남평양 함락은 이때 백제가 한강 유역까지 차지했음을 뜻하는 것이다. 따라서 백제가 수복한 6개 군의 땅도 남평양 이남지역이었음을 알 수 있다.

551년 신라 사람들이 빼앗은 고현의 위치가 어디였는지 전해 주는 자료는 없다. 그러나 백제 사람들이 남평양을 함락하는 등 승기를 잡음에 따라 신라 사람들이 북으로 고현까지 진출했다는 사실에 조금만 관심을 둔다면, 고현은 남평양의 동쪽에 있는 한강 유역에 있었음을 알 수 있을 것이다. 그러므로 신라가 차지했다는 죽령에서 고현에 이르는 10개 군의 땅도 백제가 차지한 6개 군의 동쪽지방일 것이다.

553년 신라는 백제로부터 한성을 빼앗아 이 곳에다 신주(新州)를 설치했다. 그 후 한성 이북의 북한산 일대까지 진출한 신라의 진흥왕은 555년 북한산을 순행하여 나라의 발전을 과시했다. 557년 신라는 북한산 일대까지 차지한 것을 계기로 신주를 폐지하고 신주와 북한산 일대를 포함하는 북한산주를 새로 설치했다. 더 나아가 서북으로 진출하여 한강 하류와 서해안 일대까지 차지하였다.

그리하여 668년 고구려의 멸망시까지 고구려와 신라 간에 있었던 잦은 전쟁은 북한산 또는 그 이북지역에서 일어났다. 그 후 이 일대에서 벌어진 전쟁 기사를 보면 다음과 같다.

○ 603년(진평왕 25) 고구려가 신라의 북한산성을 공격.
○ 608년(진평왕 30) 고구려가 신라의 우명산성(牛鳴山城)을 함락.
○ 629년(진평왕 57) 신라가 고구려의 낭비성을 침공.
○ 655년(태종무열왕 2) 고구려가 백제·말갈 군사와 연합하여 신라의 북쪽 국경을 치고 33개 성을 빼앗음.
○ 661년(문무왕 1) 고구려 장군 뇌음신이 말갈 군사와 함께 신라의 술천성(述川城)과 북한산성을 공격.
○ 664년(문무왕 4) 신라가 고구려의 돌사성(突沙城)을 쳐서 이를 멸함.

신라의 우명산성과 고구려의 낭비성·돌사성의 위치는 알 수 없다. 그런데 고구려가 신라의 북한산성과 술천성(여주)을 주로 침공한 사실로 보면 6세기 중반 이래 고구려와 신라의 내륙 경계선은 큰 변동이 없었던 것 같다. 그러면 고구려의 멸망 당시 그 내륙 남변은 어디였는가. 이와 관련하여『삼국사기』에 실린 다음의 두 자료는 주목해야 할 것이다.

    ○ 638년(선덕왕 7) 겨울 10월에 고구려가 [신라] 북쪽 변경의 칠중성(七重城)을 쳤다(신라본기).
    ○ 661년(용삭 원년) 12월……유신이 칠중하에 이르러……강을 건너……고구려 경내에 들어갔다(김유신전).

위의 두 자료에서 보듯이 638년에서 661년까지 칠중하와 칠중성이 고구려와 신라의 경계선이었음을 알 수 있다. 칠중하는 지금의 임진강이며 칠중성은 임진강 남안에 있는 적성(積城)을 말한다. 이를 통해 최후를 맞이할 무렵의 고구려 서부 남변은 칠중하였음을 알 수 있다.

다음에는 방향을 바꾸어 동부 남변에서도 변동이 일어났는지『삼국사기』의 다음 자료를 통해 살펴보기로 하겠다.

    진흥왕 17년 가을 7월에 비열홀주(比列忽州)를 설치하고 사찬(沙湌) 성종(成宗)으로 군주(軍主)를 삼았다.

556년(진흥왕 17) 신라가 설치한 비열홀주의 위치에 대해서는 다음의 두 자료가 구체적으로 보여 주고 있다.

    ○ 삭정군(朔定郡)은 원래 고구려의 비열홀주이며 진흥왕 17년에 비열홀주로 만들어 군주를 두었고……경덕왕이 삭정군으로 명칭을 고쳤는데 지금의 등주(登州)이다(『삼국사기』권35, 지리지 삭주의 삭정군조).
    ○ 안변도호부는 본래 고구려의 비열홀군이다. 신라 진흥왕 17년 비열홀주로 삼고 군주를 두었으며 경덕왕이 삭정군으로 고쳤다. 고려에 이르러 등주로 고쳤고……현종 9년에 등주를 고쳐 안변도호부라고 했다(『신증동

국여지승람』 권49, 안변도호부 연혁).

위 자료의 비열홀주는 현재 강원도 안변지방을 말한다. 556년 안변에 비열홀주를 설치한 사실로 보면 이때 신라의 동북변이 안변지방까지 이르렀음을 알 수 있다. 비열홀주는 안변지방을 통치하는 중심지이므로 비열홀주의 판도는 그 북쪽까지 미쳤을 것이다. 문헌상으로는 이를 알 수 없으나 진흥왕 때 세운 황초령비와 마운령비가 이를 증거하고 있다.

마운령비는 지금 함경남도 이원군 마운령에 있고 황초령비는 같은 도의 오로군 황초령 문고개 마루에 있다. 이 비는 진흥왕 때 이 일대가 신라의 판도였음을 말해 준다.

그 후 신라의 동북 변경은 변동을 보게 되는데 이는 다음의 두 자료에서 엿볼 수 있다.

　○ 신라는 568년 10월에 비열홀주를 폐지하고 [진흥왕] 29년에 달홀주(達忽州)를 설치했다(『삼국사기』 권4, 신라본기 진흥왕 29년조).
　○ 고성군은 원래 고구려의 달홀을 진흥왕이 29년에 주로 삼아 군주를 두었고 경덕왕이 개칭했는데 지금도 그대로 부른다(『삼국사기』 권35, 지리지).

위 자료에서 보듯이 568년에 설치한 달홀주는 고려시대의 고성군이었으며 이 고성군은 지금도 고성군으로 불리고 있다(『신증동국여지승람』 권45, 고성군조). 568년 신라가 안변에 두었던 비열홀주를 폐지하고 동해안을 따라 남쪽 고성에 달홀주를 설치했다는 것은 동해안 최동북단에 있었던 주가 고구려에 밀려 남쪽으로 내려왔음을 의미한다.

그 후 신라는 다시 고성에서 밀려 내려오게 되었다. 『삼국사기』 신라본기 태종무열왕 5년조에 의하면, 658년 "왕은 하슬라가 말갈과 접경하여 사람들이 안정할 수 없다 하여 경(京)을 폐지하고 주를 설치하여 도독을 두어 이를 지키게 하고 또 실직을 북진(北鎭)으로 삼았다." 639년(선덕왕

8) 작은 서울을 두었던 하슬라주는 지금의 강릉 일대이며 실직은 삼척을 말한다.[38]

하슬라가 말갈과 접경했다는 것은 하슬라주까지 말갈의 세력이 이르렀음을 말한다. 그러므로 658년 신라의 세력이 그 이북에 미치지 못했음을 알 수 있다. 그 전에도 고구려 세력이 남쪽으로 내려왔을 때 전위대 역할을 착실히 담당한 사실이 있었던 것으로 보면 이들의 남하활동은 단독에 의한 것이라고 할 수 없고 고구려의 지시에 따른 것이라고 보아도 좋을 것이다.

이렇듯 지금의 강릉 일대가 말갈의 위협을 받고 있었기 때문에 신라는 실직에다 서둘러 강력한 군사거점을 두게 되었던 것이다.

그 후 10년이 지난 668년 3월, 신라는 다시 안변지역에 비열홀주를 설치하여 실지를 회복했다. 이는 고구려가 멸망하기 6개월 전의 일이었다.

이상에서 살펴보았듯이 삼국을 통합하기 이전 영토를 크게 넓혔던 진흥왕 때의 신라는 함경남도 이원 일대까지 진출했으나 그 후 남쪽으로 밀렸다가 고구려 멸망 직전에는 다시 안변까지 진출했다. 그러므로 신라의 동북변은 진흥왕 이래 고구려의 멸망시까지 고정되지 않고 오르내렸음을 알 수 있다.

---

38) 『삼국사기』 권35, 지리 명주 · 삼척군조.

제3장 고구려의 토지형태

고대인이 살았던 시대는 농업 중심의 사회였다. 그러므로 생활의 질을 향상시키려 했던 소박한 욕망도 농업을 통해 누군가에 의해 이루어질 수밖에 없었다.

그러면 고대의 농업발전은 어떤 사람에 의해 어떤 방법으로 지속적으로 이루어졌는가. 오늘날 세계인은 경제의 개방화에 따라 외국의 값싼 농산물을 사먹는 입장에 이르렀다. 그러다 보니 자기 나라의 농업구조가 송두리째 흔들리는 큰 위기 상황에 놓이게 되어 이를 뚫고 나가기 위해 나라마다 비상이 걸린 실정이다. 값싼 농산물의 대량수입으로 농업을 유일한 생계수단으로 알고 살아 온 농민조차 농사짓기를 포기하고 있는 추세이다. 이의 타개방법으로 구상되고 있는 것이 농사의 기업화 또는 농업의 대단위 경작화인 듯하다.

그런데 역사적으로 보면, 고대인도 농업의 발전을 이루기 위해 대단위 경작화 방법을 꾸준히 추구한 것이 사실이다. 그러면 이 같은 방법을 채택한 사람은 누구였는가. 동·서양을 막론하고 그 사람들은 왕과 귀족관료였다. 이 점에서 고대의 우리 조상들도 마찬가지였다. 소규모의 토지에도 소유자가 있듯이 대단위 경작화 방법을 채택한 당사자들이 대단위 토지의 소유자가 되는 것은 당연하다. 이 가운데 일반화된 것은 지주적 대토지 소유형태였다.

　역사상 우리 나라의 토지소유 형태 등 토지의 소유관계는 문헌에 분명히 나와 있지 않으나, 삼국시대에는 세 가지의 소유형태가 있었음을 알 수 있다. 이와 관련하여 중점적으로 살펴보려는 고구려에도 이 같은 토지소유형태가 있었는지 알아 보겠다.

제1절 지주소유의 토지

　고구려에도 지주적 대토지 소유형태가 일반화되었을 것으로 여겨지나 그 직접적인 자료는 매우 적다. 그러므로 여기서는 간접적인 자료를 찾아내어 이를 통해 실재했는지 알아 보겠다. 간접적인 자료라면『삼국지』위지 고구려전과『한원 翰苑』고구려조에 실려 있는 것을 말한다.

　먼저『삼국지』위지 고구려전에서 찾아볼 수 있는 자료는, 기원 3세기에 고구려의 전체 3만 호 가운데 농사를 짓지 않으면서도 먹고 사는 사람들이 1만여 명이나 있었다고 하는 기사이다. 1만여 명을 표현한 대가(大家)는 단순한 큰 집이라 하기보다 '부자'를 뜻하는 것이라고 풀이해야 할 것이다.

　아무튼 농사를 짓지 않고도 먹고 살았다는 면에서 이들은 경제적으로 여유있는 생활을 한 사람이었을 것이다. 당시는 농업이 경제의 기본구조인 만큼 이들이 대토지 소유자였거나 국유제하의 점유자였을 것이다.

　그런데 대토지 소유제는 토지사유제가 전제되어야 하며 점유자는 국유제가 전제되어야 그 인정을 받을 수 있다. 국유제가 성립되려면 반드시 농촌공동체가 사회조직의 기본단위여야 한다. 농촌공동체를 바탕으로 하지 않은 사회에 어울리는 것은 토지의 사유제이며 국유제는 별로 맞지 않는다.

그러면 고구려 사회는 농촌공동체를 중심으로 했는가. 토지국유제가 지배적인 사회에서는 지배계급이 성립될 수 없다. 역사에서 보듯이 계급은 생산·분배·소유 등에 따라 이루어지며 사람들의 지위를 구분짓는다. 그러므로 고구려의 이 부자들은 국유제하의 점유자라고 보기 어려우며 고구려의 사회조직은 농촌공동체를 기본단위로 하지 않았음을 인정해야 할 것이다. 자료를 통해 살펴보겠지만 고구려에서 토지국유제가 지배적이었다는 견해는 설득력을 갖기 어렵다.

그렇다면 고구려에서 농사를 짓지 않고서도 먹고 살았던 이들 부자들은 어떤 계급의 사람이었는지 관련자료를 통해 살펴보자.『위략』고구려 조를 보면, "대가들은 밭갈이 하지 않고 하호는 부세를 바치며 노[비] 같다"고 되어 있다. 이에 의하면 부자들이 농사짓지 않고 먹고 살 수 있었던 것은 하호로부터 부[세]를 받아냈기 때문임을 알 수 있다. 부[세]는 소작료로서 국가에 바치는 조세가 아니다. 그러므로 하호로부터 소작료를 받아 먹고 살았다는 고구려의 부자들은 대토지 소유자였다고 할 수 있다.

다음에는 하호가 어떤 계급의 사람이었는지 살펴보겠다. 하호는 생산의 기본수단인 토지를 소유하지 못해 남의 토지를 경작하지 않고서는 살아나갈 방법이 없어 지주의 토지를 경작함으로써 지주에게 소작료를 바치는 이른바 소작농민이며, 사회적 신분이 노예는 아니었다 하겠으나 사회경제적 지위는 거의 노예와 비슷한 존재였다고 할 수 있다.

다시『위략』을 보면, 하호가 이 부자들의 생활을 다른 면에서 도와주었음을 전하는 기사가 있다. 즉 "하호는 먼 곳에서도 쌀·낟알·물고기·소금 등을 져 날라다가 큰 집에 공급한다"는 것이 그것이다. 앞에서 본『위략』의 자료와 이 기사를 묶어서 보면, 고구려의 하호는 대토지 소유자에게 양곡을 소작료로 바치는 동시에 물고기·소금 등 바다에서 나오는 해산물 등 특산물까지 공물로 바쳤음을 알 수 있다.

이렇게 보면 고구려의 하호가 노비와 같다고 밝힌『위략』의 기사처럼 하호는 신분상 노비가 아니었다고 하겠으나 사회경제적 지위가 노예와 같았고 따라서 대토지 소유자인 지배계급에게 예속된 농노적 존재였다고 할 수 있다.

이런 면에서 고구려의 하호는 조선시대의 외거노비와도 같은 존재로 볼 수 있을 것이나 "노비와 같다"는 구체적 표현이 있는 것으로 보면 노비가 아닌 것만은 분명하다. 그러므로 이들 하호를 외거노비라고 보는 견해는 맞지 않다 하겠다. 다시 말하거니와 고구려의 하호는 농노나 외거노비가 아니며 농노적 소작농민이었다고 보는 것이 좋을 듯하다. 그러므로 농업을 경제구조의 바탕으로 한 고구려 사회의 계급은 기본상 지주와 농노적 소작농민으로 이루어졌다고 할 수 있다.

고구려 사회의 이 지주와 농노적 소작농민은 상호 보완적 존재였는가. 하호의 사회경제적·계급적 지위가 노예와 같았다는 면에서 보면 하호는 매우 심한 착취를 당했을 것이므로 보완적 존재는 아니었다고 할 수 있다. 이처럼 고구려의 지주계급이 하호를 경제적으로 착취하고 계급적으로 노예처럼 부릴 수 있었던 것은 지주적 대토지 소유제가 고구려의 농촌사회를 지배하고 있었기 때문이다.

그러면 지주적 대토지 소유제가 어떻게 성립하여 고구려의 농촌사회를 지배했는지 관련자료를 찾아 살펴보기로 하겠다. 『삼국사기』에 의하면, 고구려에서 토지의 매매가 일반화되었음을 알 수 있다. 토지가 매매되려면 토지사유제가 법적으로 공인되어야 한다. 이러한 전제하에 고구려에서 토지매매가 이루어졌던 것이다.

『삼국사기』 온달전에는 고구려에서 토지매매가 법적으로 인정받았음을 전하는 기사가 나온다. 많은 사람들에게 잘 알려져 있는 6세기 후반 사람인 온달에 관한 이야기 가운데 토지매매와 관련된 기사는 다음과 같다.

> 온달은 고구려 평강왕 때의 사람이다. ……황금 팔찌를 팔아 밭·집·노비·말·소·기물 등을 사들여 살림이 완전히 갖추어졌다.

온달이 황금 팔찌를 팔아 밭을 샀는데 이는 고구려에서 토지매매가 법으로 공인되어 있음을 분명히 보여 주는 것이다.

위 자료는 6세기의 토지매매 사실을 전하고 있으나 토지매매가 언제부터 공인을 받았는지에 대해서는 밝혀져 있지 않다. 그러면 토지매매가 언제부터 실시되었는지 알아보자.

고조선 시대 고구려족이 살았던 진반국의 경우, 장사가 성행하여 한나라의 상인들까지 이 곳에 자주 드나들었으며 역시 고구려족이 살았다고 여겨지는 압록강 이북에서 청천강 유역에 이르는 넓은 지역에 전국시대 중국에서 통용된 명도전(明刀錢)이 널리 퍼져 있었다는 사실이 알려져 있다.

이런 점으로 보면 고조선 시대 고구려족이 살았던 지역은 일찍이 상품 및 화폐경제 시대에 들어와 있었음을 알 수 있다.[1] 오늘날 압록강의 남북 유역일대에서 수천 개에 이르는 명도전이 나온 바 있는데 이는 이 지역의 화폐경제가 상당한 수준에 이르렀음을 말해 주는 것이라 하겠다. 많은 화폐를 가지고 있었던 사람들은 화폐를 토지매매에 사용하여 대토지도 소유했을 것이다. 이러한 땅에 세워진 고구려에서도 일찍이 토지매매가 이루어졌으리라고 보아도 큰 잘못은 없을 듯하다.

---

1) 『제서 齊書』동이전을 인용한 『한원 翰苑』(권30, 蕃夷部 고려)을 보면 고구려 사회에서 은화가 화폐로 통용되었음을 전하는 보기 드문 기사가 있다. "銀山在國西北 高驪採以爲貨"라는 것이 그것이다. 즉 고구려의 서북지방에 자리잡고 있는 은산(銀山)에서 채굴된 은이 화폐로 사용되고 있었다는 것이다. 『제서』동이전의 근거가 된 『고려기 高驪記』는 이 은산의 위치, 채굴 종사자의 규모 및 사용처 등에 대해 구체적인 기록을 남기고 있다. 즉 "銀山在安市東北百餘里 有數百家 採之以供國用也"라 했듯이 안시성에서 동북으로 백여 리 정도 떨어진 은산의 채굴 종사자는 수백 가(家)였으며 이들이 채굴한 은이 화폐 등 국가적 목적에 주로 사용되었던 것이다. 채굴 종사자의 총수는 수백 가라 하여 정확한 숫자를 나타내지 않았으나 약 500가 정도로 잡아보면 2,500여 명이 채굴에 종사한 것으로 보인다. 여기에서 채굴 종사자의 숫자를 가로 표시한 것은 은산 채굴이 하나의 신분상 직업으로 정해졌기 때문인 것과 깊은 연관이 있는 듯하다. 아무튼 은산의 채굴로 은화가 고구려 사회에서 통용된 것은 분명해졌다.

또한 온달전에서 나오는, 황금 팔찌를 팔아 밭을 사들였다는 기록으로 보아 건국 초기부터 황금이 교환수단으로 이용된 것이 분명하다.『삼국사기』에 의하면, 기원전 9년 유리왕은 선비족 정벌에서 전공을 세운 부분노에게 식읍(食邑)을 내려주었으나 그가 사양하므로 대신 황금 30근을 주었다고 한다.

토지 대신 황금을 준 것은 황금으로 토지를 살 수 있었기 때문일 것이다. 따라서 황금이 교환수단으로 인정받고 있었던 것은 틀림없을 것이다.

그런데 토지가 매매되려면 반드시 토지의 사유가 전제되어야 한다. 오늘날에도 보듯이 토지의 사유제로 말미암아 개인은 더욱 많은 토지를 소유하고 있다. 온달의 이야기를 통해서 확인되듯이 고구려에서도 황금을 많이 소유한 사람은 많은 토지를 사들여 얼마든지 대토지 소유자가 될 수 있었다고 본다.

이와 같이 고구려에서 대토지 소유자가 사회의 정면에 나타난 것은 토지매매에 의한 것이었지만 한편으로는 권력을 동원하여 남의 토지를 빼앗는 이른바 토지겸병도 그 한몫을 하였다. 즉『삼국사기』고구려본기 고국천왕 12년 9월조에 의하면, 관련된 자료가 있는데 다음과 같다.

국상 명림답부(明臨答夫)가 사망한 지 10년 후인 190년에 중외대부(中畏大夫) 패자(沛者) 어비류(於畀留)와 평자(評者) 좌가려(左可慮)는 왕후의 친척으로서 국가의 권력을 쥐고 있었다. 그의 자식들은 그들의 세도를 믿고 교만·사치하며 남의 자녀를 약탈하고 남의 토지와 집을 빼앗았다.

어비류와 좌가려가 남의 토지를 약탈한 것은 이들이 왕후의 친척이라는 정치적 세도를 믿고 저질렀던 것이고 보면 이 같은 약탈은 얼마든지 있었을 것이다. 더군다나 중앙집권체제가 약화되어 지방분권이 확산되면 더욱 심하게 나타났을 것은 이해하기 어렵지 않다.

대토지의 경작은 농노적 예속농민에 의한 소작 또는 품팔이 하는 농민의 노동 등에 의존한 것으로 보인다. 2세기 고구려에 품파는 농민이 있는 외에 머슴이 있었음을 전하는 자료가 『삼국사기』에 더러 보인다. 고국천왕 16년(196) 10월조의 자료를 보자.

  왕이 질양(質陽)에서 사냥을 하고 있는데 길에 주저앉아 울고 있는 사람을 보고 어찌하여 우느냐고 물었더니 그가 대답하기를, 제가 빈궁하여 늘 품을 팔아 어머님을 봉양해 왔는데 금년엔 흉년이 들어 품팔 곳이 없어 한 되, 한 알의 곡식도 얻을 수가 없어 울고 있다 하였다.

  뿐만 아니라 머슴살이 하는 사람의 매우 고생스런 생활모습에 관한 기록도 나온다. 『삼국사기』 미천왕 즉위년조를 보면, 서천왕의 손자인 을불(乙弗 : 후에 미천왕)은 자신의 삼촌인 봉상왕에게 해를 입을까 두려워서 도망하여 수실촌(水室村) 사람 음모(陰牟)의 집에서 머슴을 살았는데 음모는 그가 어떤 사람인지 알아보지 못해 심한 고생을 시켰다는 기사가 있다.
  위 자료의 품파는 사람이 품을 판 곳은 대토지 소유자의 토지가 대부분을 차지했을 것이다. 또한 신분상 머슴을 하지 않아도 좋을 사람인 을불이 일단 머슴이 되고나서부터 심한 고생을 했다는 점으로 보건대, 머슴들의 고생이란 대토지 소유자를 위해 밭갈이를 하는 등 농사짓는 일이 매우 힘들었음을 말하는 것이라고 하겠다. 머슴이 되는 것은 대부분 갖고 있던 토지를 대토지 소유자에게 빼앗겼기 때문일 것이다.
  이렇듯 자영소농민은 토지를 빼앗겨 빈농 또는 머슴이 된 반면 이들을 수탈한 사람들이 부농화된 사회·경제적 배경은 대토지 소유를 바탕으로 한 소유관계가 고구려의 농촌사회를 지배하고 있었기 때문일 것이다. 고구려의 지배적 소유관계는 지주에 의한 대토지 소유관계였고 이는 2세기에 들어오면 더욱 발전을 해 나갔다.
  『삼국사기』에서 2세기 이전 지배계급이 된 여러 인물들과 관련된 기사를 보면, 이들은 대토지 소유자임이 분명하다. 따라서 고구려 왕실은 나라가 세워지는 과정에서도 그랬듯이 그 직후에도 나라를 이끌어 나갈 지배계급의 기반을 마련해 주기 위해 대토지 소유계급을 의식적으로 성장시켜 나간 것으로 보인다. 이와 관련된 자료를 『삼국사기』에서 들어 보겠다.

주몽의 건국설화를 보면, 주몽의 건국시에 그를 도와준 여러 인물들이 있다. 이들은 건국의 공으로 주몽으로부터 극씨(克氏)·중실씨(仲室氏)·소실씨(少室氏) 등의 성씨를 받았다. 또한 유리왕은 국내지방의 지세를 살피고 돌아오는 길에 만난 사람을 신하로 삼고 위씨(位氏)라는 성을 주었다. 지방의 토호로서 주몽에게 투항했거나 그를 도와주었던 자들이 지배계급으로 되었다는 것은 고구려 왕조에서 정치적 목적에 따라 의도적으로 이들을 지주계급으로 키워나갔음을 의미하는 것이라고 풀이할 수 있다.

이들 지주계급을 경제적으로 뒷받침해 준 것이 대토지 소유제였다. 이로 말미암아 자영농민은 갖고 있던 소규모의 토지를 지주계급에게 빼앗기고 결국 농노적 예속농민으로 떨어져 그 사회·경제적 지위가 하호의 수준에 이르렀으나, 고구려의 초기에서 말기에 이르기까지 이 대토지 소유제는 고구려 사회의 발전을 촉진하는 역할을 담당했다.

지주적 대토지 소유제는 통치계급의 사회·경제적 지위를 향상시켜 줌으로써 이들로 하여금 고구려 왕실에서 바라는 국가 발전에 적극적으로 나서게 할 뿐 아니라 생산력을 발전시킬 수 있는 경제적 이점까지 있었기 때문에 당시 국가 실정에 맞는 필요한 요소였다고 할 수 있다.

그러므로 고구려의 지주계급은 고구려 왕실의 정치적 배려를 받으며 보다 많은 사유지를 확보하려 하였고, 결과적으로 국토가 확장되는 기간에 사유지를 넓히는 데 소홀하지 않았다. 그런데 사유지를 넓힌 것은 기존의 지주계급만은 아닌 듯하다.

즉 고구려 왕실이 초기부터 주변의 기존 소국들을 무력으로 통합하여 그 지역을 지방의 행정구역으로 바꾸면 어김없이 그 곳으로 지방관을 파견하고, 새로 등장한 지방관들은 현지 주민을 상대로 토지를 빼앗거나 착취함으로써 자연스레 대토지 소유자가 되었으리라고 판단되기 때문이다.

이 밖에도 지주계급은 전쟁을 통해 많은 토지를 사유했을 것으로 여겨진다. 고구려에서 전쟁에 나가 큰 공을 세운 사람들에게 식읍이라는 것을 주는 제도가 일찍부터 실시되었음은 이를 확인시켜 준다. 『삼국사기』고구려본기 신대왕 8년(172)조를 보면, 후한의 침략을 막는 싸움에서 공을 세운 명림답부에게 좌원(坐原)과 질산(質山) 지방을 식읍으로 주었다는 자료가 전해지고 있다.

앞에서 보았듯이 기원전 9년(유리왕 11) 선비족을 정벌하여 공을 세운 부분노에게 식읍을 주었으나 그가 받지 않았다는 사실을 한데 묶어 본다면, 고구려의 식읍제도는 건국 초기부터 실시된 것이 분명하다. 고구려에 전쟁이 자주 있었던 점으로 보면, 『삼국사기』에는 식읍의 다양한 면이 나와 있지 않으나 전쟁에서 공을 세운 많은 사람들에 대한 보답으로 흔히 준 것이 식읍이었을 것이다.[2]

식읍은 그 성격상 받은 사람의 사유지가 될 수 없다. 그러나 고구려의 지배계급은 이를 점차 사유화했을 것으로 여겨진다. 아무튼 사유지를 늘리려 했던 지배계급은 야망을 이루기 위해 영토확장에 누구보다 적극적이었을 것이다. 특히 지배계급을 대표하는 국왕과 그를 따르는 지배계급은 그들의 계급적 야망을 위해 영토확장에 적극적인 태도로 나와 실력배양에 최대의 관심을 쏟아부었다.

그런데 고구려의 지주계급에는 대토지 소유자뿐 아니라 영주도 여기에 포함되었음을 유의해야 할 것이다. 역사적으로 영주라 하면 처해 있는 시대와 사회형태에 따라 조금씩 달라 일률적으로 말할 수 없다. 그러나 흔히 영주라면 봉건적 존재로서 대토지 소유자이다.

영주란 대토지를 소유하며 경작농민을 정해진 신분에 예속시켜 소작료

---

2) 고자의 묘지명에 의하면, 그의 20대 선조인 고밀이 모용선비의 침략을 막아 공을 세워 식읍 3천 호를 받은 사실이 있다. 이로 보아 『삼국사기』만으로는 확인할 수 없으나 전공자에게 식읍을 주는 것이 관례가 아니었는가 한다.

를 거둘 뿐 아니라, 법적으로 인정받는 영지 내에서 최고의 정치적 지배자로서 그 존재를 과시하여 영지에서 사는 사람들을 지배하는 유일한 존재이다. 이런 면에서 보면 영주는 경제상 대토지 소유자였다고 할 수 있으나 지주와는 구별되는 점이 많다.

예컨대 지주가 성격상 국가에 예속된 농민들을 다방면으로 억압하거나 착취했다면, 영주는 자신의 영지 안에서 거주하는 주민들을 정치적으로 자신에게 예속케 할 수 있는 지배권을 국왕으로부터 부여받은 존재이자 최대의 토지소유자였다.

그렇다면 과연 고구려에 영주가 지배한 영지, 다시 말해 영주적 소유가 있었을까.『삼국사기』고구려본기와『삼국지』고구려전에 의하면, 영주가 존재했음을 느끼게 하는 기록이 더러 보인다. 이를 적어 보면 다음과 같다.

① 가을 7월에 부여왕의 사촌아우가 나라 사람들에게 말하기를, "우리 선왕이 죽고 나라가 멸망하여 백성들이 의지할 곳이 없게 되자 왕의 아우는 몰래 도망하여 갈사(曷思)에 도읍을 정하고 나 역시 어질지 못해 나라를 부흥시킬 수 없다 하고 1만여 명을 이끌고 귀순해 왔다." 왕[대무신왕]이 그를 왕에 봉해 연나부에 있게 하고……낙씨(洛氏)로 성을 삼았다(『삼국사기』 권14, 고구려본기 대무신왕 5년 7월조).

② 처음에 명림답부의 난이 일어났을 때 차대왕의 태자 추안(鄒安)이 도망했다가 새 왕의 대사면을 듣고 곧 왕궁에 돌아왔다. ……왕은 그에게 구산뢰(狗山瀨)와 누두곡(婁豆谷) 두 곳을 주고 그를 양국군(讓國君)에 봉했다(『삼국사기』 권16, 고구려본기 신대왕 2년조).

한편 제8대 왕인 신대왕의 맏아들 발기와 둘째아들 이이모 사이의 왕위 계승을 둘러싼 분쟁에 관한 기사가 있다.

③ 백고(伯固)가 죽었다. 두 아들이 있었는데 맏아들은 발기(拔奇)이고 작은아들은 이이모(伊夷模)였다. 발기가 변변치 못해 나라 사람들은 함께 이이모를 왕으로 했다. ……발기는 형으로서 왕이 되지 못한 것을 원망하여 소노가(消奴加)와 더불어 각기 하호 3만여 명을 거느리고 공손강(公孫康)에게 가서 항복했다. 돌아가서 비류수(沸流水) 가에서 살았다(『삼국지』 권30, 위지 고구려전).

④ 백고가 죽었다. 나라 사람들은 백고의 맏아들인 발기가 변변치 못해 함께 이이모를 왕으로 세웠다. ……발기는 형으로서 왕이 되지 못한 것을 원망하여 소노가와 더불어 각기 하호 3만여 명을 거느리고 공손강에게 가서 항복했다. 돌아가서 비류수 가에서 살았다(『삼국사기』 권16, 고구려본기 고국천왕 즉위년).

⑤ 처음 고국천왕이 죽었을 때 왕후 우씨(牛氏)는 왕이 죽은 사실을 비밀로 하여 발표하지 않고 밤에 왕의 아우 발기(發歧)의 집에 가서 말하기를, 왕은 아들이 없으니 그대가 왕의 뒤를 이어야 하겠다 하자 발기는 왕의 죽음을 알지 못하고 대답하기를, 하늘이 마련한 운수는 돌아갈 때가 있으니 경솔히 논의할 수 없다……했다. 왕후가……그 길로 연우(延優)의 집에 가서……이제 대왕이 죽고 아들이 없으니 발기가 맏아우로서 응당 뒤를 이어야겠는데 그는 나에게 딴 마음이 있는가 하여 오만하고 예절 없이 대하기 때문에 아주버니에게 왔다고 했다. ……이튿날 밝을 무렵 왕후가 선왕의 명령이라 거짓 꾸며대어 여러 신하로 하여금 연우를 왕으로 세우게 했다. 발기는 이 사실을 듣고 크게 분개하여 군사로써 왕궁을 포위하고 외치기를, 형이 죽으면 아우가 계승하는 것이 예절이다……라고 했다. 연우가 3일 동안 문을 닫고 나오지 않았다. 나라 사람들도 발기를 따르는 자가 없으며 발기는 성공하기 어려움을 알아차려 처자를 데리고 요동으로 달아나서 태수 공손도(公孫度)에게 말하기를……원컨대 군사 3만을 빌려 연우를 치게 해 주면 고구려의 분란을 평정할 수 있겠다고 했다(『삼국사기』 권16, 고구려본기 산상왕 즉위년).

위 자료 ①에서 강조할 것은 대무신왕이 1만여 명의 주민을 이끌고 귀순한 부여왕의 사촌아우를 왕에 봉하고 아들이 연나부에서 살게 했다는 것이다. 특히 왕에 봉했다는 것을 주목해야 하는데 이는 그에게 영지와 그 통치권을 주었다는 것을 의미한다.3)

그렇다면 그를 포함한 1만여 명이 살 만한 땅, 즉 봉토가 연나부 지역으로 정해졌다고 보아야 할 것이다. 그런데『삼국사기』에는 그가 영지를 어떻게 경작했는지를 보여 주는 기사가 없다. 그 봉토는 사람들이 살지 않는 그런 땅이 아니었다. 그러므로 이 곳에는 이미 토지의 소유관계가 있었을 것이다.

그러나 그가 받은 봉토의 기존 소유관계를 바꾸었다는 기사도 없는 만큼 봉토의 소유관계는 본래의 형태가 그대로 유지되었다고 보는 것이 합리적이다. 특히 부여왕의 사촌아우는 왕에 봉해져 특권을 누렸을 것으로 보아 연나부 지역에서 가장 큰 지주가 되었을 것이다.

위 자료 ②는 차대왕의 태자 추안이 신대왕으로부터 구산뢰와 누두어의 두 지역을 봉토로 받고 양국군에 봉해졌음을 전하고 있다. 그가 받은 두 지역의 크기는 알 수 없으나 부(部)보다 훨씬 작은 지역인 것만은 분명하다. ①의 경우 '왕'이라 하고, ②의 경우 '군'이라 부른 점으로 보아 추안은 작은 지역의 영주였던 것으로 보이기 때문이다. 다시 말하거니와 『삼국사기』에서 추안이 받은 땅을 식읍이라고 밝히지 않은 만큼 이는 영지가 분명하다.

위 자료 ③ ④ ⑤는 발기의 반란을 전하고 있다. 그런데 반란이 고국천왕 즉위년조와 산상왕 즉위년조에 모두 실려 있어 두 번 반란을 일으킨 것처럼 보인다. 전자의 기사에서는 발기가 고국천왕의 형으로 되어 있고 후자에서는 동생으로 되어 있다.

---

3)『삼국사기』권14, 고구려본기에서는 식읍을 주었을 때 어떤 인물에게 식읍을 주었다고 밝혔으나 이 경우 식읍에 대한 언급이 없는 것으로 보아 식읍을 주지 않은 것이 분명하다.

두 기사의 주인공이 되는 "발기가 동생에게 밀려 왕이 되지 못한 분풀이로 요동태수를 찾아가서 항복했다"는 점에만 맞추다 보면 발기를 같은 인물로 보기 쉽다. 이와 관련하여『고구려역사』에서는 발기가 왕실을 반대한 사건을 같은 사건이라고 단정짓고 있으며 그 근거를 몇 가지 들고 있다. 고국천왕 즉위년조의 기사에 발기가 한나라 건안 초(건안 원년 : 196)에 공손강에게 갔다고 하지만 그 연대가 정확하지 못하며 또한 역사적 사실과 맞지 않는다고 하여『삼국사기』고구려본기의 두 기사 중 하나가 잘못된 것이라고 지적하고 있다.

더군다나 발기가 찾아가 항복했다는 요동태수 공손강이 요동태수가 된 것은 204년인데 이 때를 건안 초라 했으므로 정확하지 못할 뿐 아니라 역사적 사실과도 맞지 않다는 것이다. 다시 말해 발기가 반란을 일으킨 것은 고국천왕의 즉위를 반대하기 위함이었으며 그렇다면 그 반란은 고국천왕의 재위기간인 179~196년 사이에 일어났어야 하며, 또한 그때 요동태수는 공손강이 아니라 그 아버지 공손도였으므로 한나라 건안 초에 공손강에게 갔다는 것은 사실과 맞지 않다는 것이다.

이 같은 근거하에 고국천왕 즉위년조에 발기의 반란 기사가 실린 것은 믿기 어려우며 김부식이『삼국지』의 기사를 옮겨 쓰는 과정에서 연대를 잘못 잡았다고 보고『삼국사기』고구려본기 고국천왕조의 기사는 산상왕 원년조의 것을 옮겨야 한다는 주장인 것이다.

발기가 요동으로 달아났다는 것에만 주목하면 고국천왕 즉위년조의 발기와 산상왕 즉위년조의 발기는 분명 같은 사람으로 보기 쉽다.『고구려역사』의 경우는 두 기록 중 동생이라는 기록을 따르고 있어 발기가 고국천왕의 형이 아니라는 주장을 펴고 있다.

그러나 이 두 기사를 면밀히 검토해 보면 그렇게 간단하게 같은 인물이라고 결론내릴 수 없음을 알 수 있을 것이다.

먼저 발기가 왕이 되지 못한 후 요동태수에게 항복했다 해서 두 기사의 발기를 같은 인물로 보기는 어렵다. 고국천왕 즉위년조에 실린 발기는 소노가와 더불어 각기 하호 3만여 명을 데리고 공손강에게 가서 항복을 하였다. 여기서 분명한 것은 발기가 항복할 때 3만여 명이라는 추종세력을 거느렸으며 발기의 항복 대열에 가담한 소노가 역시 3만여 명을 거느렸다는 것이다.

그런데 산상왕 즉위년조에서는 발기(發歧)가 요동태수에게 달아날 때 오직 처자만 데리고 갔다고 말하고 있다. 이는 그를 따르는 추종세력이 없었음을 말한다. 발기는 자신을 끝까지 따르는 추종세력이 단 한 명도 없다는 것을 확인하고 나서 처자만을 데리고 달아난 것이다.

이 두 기사의 차이는 무엇을 뜻하는가. 이는 발기라는 인물이 두 명이었음을 우선 생각케 해 준다. 그 근거는 얼마든지 찾아볼 수 있다.

③ ④의 발기는 신대왕[백고]의 맏아들, 즉 고국천왕의 형으로, ⑤의 발기는 고국천왕의 동생으로 되어 있다. 그리고 이 둘의 이름은 한자가 다르다.

왕이 되어 줄 것을 종용받은 발기(發歧)가 왕후 우씨의 경솔한 제의를 받아들이지 않게 되자 우씨는 발기의 바로 밑의 동생인 연우(延優)를 찾아가 고국천왕의 죽음을 알려주고 난 다음날 밝을 무렵에 우씨는 선왕의 명령이라고 거짓으로 꾸며대고 여러 신하들을 시켜 새 왕으로 세우게 했다.

이로써 형 발기와 동생 연우 사이에 왕위를 차지하기 위한 무력대결이 벌어졌다. 발기(發歧)가 거느린 군대가 3일 동안 왕궁을 포위하는 등 혈전이 벌어졌으나 대세가 연우에게 기운 것을 안 발기의 추종세력은 누구도 더 이상 그를 따르지 않았다. 결국 하는 수 없이 그는 처자만 데리고 요동태수 공손도에게 달아났던 것이다. 이는 앞서 지적했듯이 발기(拔奇)의 망명 상황과 전혀 다르다.

양자 간의 차이는 요동태수에게 망명한 이후 이들이 취한 서로 다른 행동에서도 찾아볼 수 있다. 고국천왕 즉위년조에서는 요동태수에게 망명한 발기(拔奇)가 비류수로 되돌아왔다고 했으나 산상왕 즉위년조의 기록은 발기(發歧)가 동생 연우의 왕위를 빼앗기 위해 요동태수 공손도에게 군사 3만을 청했다고 밝히고 있다.

발기(發歧)의 요구를 받아들인 공손도의 한병(漢兵)은 연우의 동생인 계수(罽須)에 의해 격파당했는데 패잔병 가운데 섞여 있었던 발기(發歧)는 자신의 반란을 부끄럽게 여겨 배천(裴川)으로 달아나 스스로 목숨을 끊었다. 이로써 형 발기(發歧)와 동생 연우 사이에 벌어진 왕위다툼은 연우의 승리로 종지부를 찍게 되었다.

고국천왕 즉위년조에서 발기(拔奇)가 찾아간 사람이 공손강이라고 한 것은 김부식이 『삼국지』 위지 고구려전의 관련 기록을 비판하지 않고 그대로 옮겨 쓰는 과정에서 빚어진 실수이다. 그렇다고 해서 발기(拔奇)의 왕위다툼과 망명 사실을 인정할 수 없다는 것은 온당하지 못하다.

『삼국지』 위지 고구려전과 『삼국사기』 고국천왕 즉위년조의 기사는 공손도를 찾아간 발기(拔奇)와 그 추종세력이 고국천왕에 대해 끝까지 저항하지 않고 다시 비류수로 되돌아와 살았음을 밝히고 있다. 두 발기가 같은 인물이었다면 망명 이후의 행동은 응당 같은 모습이어야 할 것이다.

그러나 망명 후 고국천왕에게 저항하지 않았던 발기(拔奇)와는 달리 발기(發歧)는 산상왕에게 끝까지 저항을 하였다. 이는 두 발기가 명확히 같은 사람이 아님을 보여 주는 것이다.

그러나 왕위다툼에 직접 관련된 이 두 당사자가 『삼국사기』에 밝혀진 고국천왕의 형제 관계임은 분명하다. 고국천왕 즉위년조와 산상왕 즉위년조의 기사를 토대로 고국천왕의 형제 관계를 정리해 보면 이러하다.

첫째 발기(拔奇), 둘째 고국천왕(男武 : 伊夷模), 셋째 발기(發歧), 넷째 산상왕(延優), 다섯째 계수(罽須).

산상왕 즉위년조의 기사는 산상왕[연우]과 왕위다툼을 벌인 발기(發歧)가 고국천왕의 동생이며 연우의 바로 위의 형이라고 밝히고 있다. 그런데도 두 발기의 한글 발음이 같은 점에 주목하여 왕위다툼과 관련하여 나타난 각자의 행동과 거취를 눈여겨 보지 않고 동일인으로 보아버린 것이다.

그런데 발기(拔奇)가 망명할 때 하호 3만여 명을 데리고 갔다는 것을 보면 이들은 그를 지지하는 추종세력이 분명하고, 그렇다면 그는 망명하기 전에 이 추종세력을 왕위다툼에 최대한 투입했을 것임은 상상하기 어렵지 않다. 『삼국지』 위지 고구려전과 『삼국사기』 고국천왕 즉위년조의 기사에 이와 관련된 자료는 없다 해도 대규모의 왕위다툼이 있었다고 보아야 할 것이 아닌가.

발기(拔奇)의 망명 대열에 하호 3만여 명을 거느린 소노가가 가담했다는 것은 더욱 이를 분명히 해 주고 있다. 물론 소노가가 거느린 하호 3만여 명이 왕위다툼에 직접 가담했는지의 여부는 알 수 없으나 부분적으로 관련되었을 것임은 분명하다. 그렇다면 소노가는 무엇 때문에 왕위다툼에 가담했었을까. 계루부 중심의 고구려에 의해 정권을 빼앗긴 소노부는 발기의 정권 도전으로 빚어진 정치적 혼란기를 틈타 발기와 행동을 같이 하여 발기의 왕위다툼에 가담한 듯하다. 아무튼 발기와 소노가가 각기 3만여 명의 하호를 지배했다는 면에서 이들이 어떤 존재였는가만 알아보자.

형 발기가 망명시에 3만여 명의 하호를 거느렸다는 사실로 보아 이만한 추종세력을 왕위 다툼에 투입했을 것이라고 말했다. 이런 면에서 추종세력은 그의 사병으로 보인다. 또한 동생 발기 역시 왕위다툼 때 병력을 동원하여 궁성을 포위했다는 기사로 보면 이 병력 또한 그의 사병인 것이 분명하다.

그런데 두 발기가 거느린 사병은 예속농민을 뜻하는 하호로 여겨진다. 그러므로 이들은 단순한 대토지 소유자라기보다 많은 사병을 거느린 영주였다고 보는 것이 온당할 듯하다. 두 발기는 계루부 사람이므로 많은 하호를 지배했다고 여겨지나, 소노가가 지배한 하호는 두 발기가 지배한 하호와는 달리 보아야 할 것 같다.

소노가가 지배한 하호는 정권을 계루부에게 빼앗긴 소노부 사람들을 의미하는 것으로 생각된다. 소노가란 정권을 빼앗긴 소노부 전체 사람들을 대표하는 최고 책임자에게 준 품계이다. 소노가가 거느린 하호 3만여 명은 소노부 전체의 사람이 3만여 명에 이르렀음을 보여준 것으로 생각되나, 이들을 하호로 표현한 것은 이들이 발기의 망명대열에 가담했다가 다시 비류수로 되돌아오긴 했으나 망명대열에 가담했다는 이유에서 신분이 하호로 떨어진 것이 아닌가 생각된다.

이들 세 사람은 직접 하호를 지배했거나 가신을 통해 지배했을 것으로 판단된다. 더군다나 이들은 사병을 양성, 통솔하고 있었던 만큼 영지 안의 경작지를 가신에게 분배하고 가신이 예속농민인 하호를 부릴 수 있도록 했다고 할 수 있다.

그러면 고구려에는 이 같은 영주들이 얼마나 존재하고 있었는가. 영주는 소노부·계루부 등 5부의 귀족 외에 더 존재한 것으로 보인다. 이와 관련하여 『삼국사기』 고구려본기 민중왕 4년조 자료를 보면, 기원 47년 고구려의 잠우락(蠶友落)의 대가(大加)인 대승(戴升) 등 1만여 호가 낙랑군에 망명했음을 전하는 기사가 있다. 이는 대승 등이 고구려의 중앙집권에서 분리하여 독자적으로 행동해 왔음을 말한다. 그러므로 그는 고구려 왕실에 속해 있는 관료라기보다 1만여 호 이상을 독단적으로 통솔할 수 있는 영지를 가진 영주였다고 보아야 할 것이다.[4]

잠우락부는 정치세력면에서 5부보다 작다는 견해도 있으나, 그렇지 않다고 보며 하나의 영지였음이 분명하다.[5] 이 밖에도 고구려에는 영주가

---

4) 『후한서』 고구려전에는 잠우락이 잠지락(蠶支落)으로 되어 있다.
5) 『한서』 권28하, 지리지 현도군조에 보면, 기원을 전후한 시기 고구려의 호수는 40,500호였다. 이를 인구수로 계산하면 40,500호×5명=225,030명이 된다. 2세기 말(179년) 형 발기와 소노가가 공손강에게 망명할 때 각기 3만여 명을 데리고 갔다면 두 사람이 데리고 간 인구는 6만 명이 된다. 당시의 고구려의 인구를 약 30만 명이라고 잡는다면 5분의 1에 해당하는 인구가 요동으로 망명한 셈이다. 이런 면에서 발기와 소노가는 각기 인구 중에 10분의 1에 해당하는 인구를 지배한 영주라고 할 수 있다. 한편 1세기(47년) 잠우락부의 대가인 대승이 1만여 호를 데리고 갔다면 5만여 명이 그를 따라간 셈이 된다. 1세기 고구려의 인구는 기원을 전

더 있었던 것으로 보인다. 앞에서 살펴보았듯이 고자의 묘지명에 그의 20대 할아버지인 고밀이 모용선비의 침략을 물리친 공으로 고구려 왕실에서 봉토를 주고 왕을 삼았으나 사양했다는 기사가 있다. 고밀의 이야기가 『삼국사기』에 실리지 않고 묘지에 실린 점으로 보면 전공을 세워 영지를 받고 왕이 된 영주들이 얼마든지 있었을 것이다.

영주의 성격상 고구려의 영주들도 영지를 늘리기 위해 다방면으로 힘썼을 것이다. 고구려의 영토가 넓어지면 그만큼 영주들의 영지도 넓어지는 셈이므로 영주들이 영토확장과 직접 관련이 있는 전쟁에 적극적이었을 것은 당연하다.

이상에서 살펴보았듯이 고구려에는 많은 영주들이 존재했으며 영주의 토지소유 형태가 존재하였다.

제2절 농민소유의 토지

규모는 작지만 소유하고 있는 토지를 스스로 경작하는 농민을 흔히 자영소농민이라고 한다. 이들은 소규모의 토지를 갖고 있는 농민이다.『삼국사기』 고구려본기에는 이들이 소규모의 토지를 소유했음을 보여 주는

후한 시기의 20여만 명보다 약간 늘어났을 것이다. 그렇다면 대승이 지배한 인구는 4분의 1이 좀 넘는다. 대승이 발기보다 130여 년 전의 인물이라는 데서 정치세력면에서 잠우락부가 소노가의 소노부보다 결코 작다고는 보기 어려울 것이다. 그러므로 잠우락부는 하나의 영지이며 대승은 여기의 큰 영주라고 할 수 있다. 그런데『고구려역사』에서는 잠우락부가 정치세력면에서 5부보다 작다고 했다. 여기서 말하는 5부는 계루부 등 다섯 부 모두를 말하는 것인지 하나 하나 떼어놓고 말한 것인지 구체적 언급이 없어 알 수 없다. 5부 전체와 비교하면 잠우락부는 정치세력면에서 5부 전체에 미치지 못한다.

구체적인 자료가 매우 적다. 그렇다 해서 고구려에 이들의 소규모 토지소유가 없었다고 보아서는 안 될 것이다. 여기서 단편적인 자료를 찾아내어 이들 자영소농민의 소규모 토지소유에 대해 알아보겠다.

자영소농민이 고구려에 존재했음을 보여 주는 구체적 자료가『삼국사기』고구려본기 고국천왕 3년(191)조에 실려 있다. 유리왕 때 대신을 지낸 을소(乙素)의 손자인 을파소(乙巴素)는 귀족 신분을 갖고 있었으나 벼슬하지 못해 압록강 하류의 좌물촌(左勿村)에서 "농사를 지어 스스로 생계를 유지하고 있었다"고 전하는 기사가 그것이다.

을파소가 귀족 신분임에도 정치무대에 나오지 못한 이유에 대해서는 뒤에 따로 다루겠으나 농사를 지어 자신의 생계를 꾸려 나갔다는 것은 자신이 소유하고 있는 땅에서 농사를 지으면서 살아 나가고 있었음을 말한다. 당시 고구려 사회에서 농노적인 생활을 하고 있었던 예속농민은 스스로 생계를 해결할 수 없었던 점으로 보아 을파소는 농사를 통해 자급자족을 하고 있었던 것이 분명하다. 더군다나 그가 뒤에 국상이 된 사실로 보더라도 절대로 예속농민 출신이었다고는 볼 수 없다.

자영소농민이 존재했음을 보여 주는 또 하나의 구체적 자료는 190년 중외대부 패자인 어비류와 평자인 좌가려의 자식들이 남의 밭을 권력으로 빼앗았다는 내용의 기사를 들 수 있다. 귀족 관료들에게 밭을 빼앗긴 사람들은 같은 신분이거나 대토지 소유자가 아니라 자영소농민이다. 그러므로 이 자료는 고구려의 자영소농민들이 토지를 소유했음을 보여 주는 것이라고 할 수 있다.

자영소농민에 대한 또 하나의 자료는『삼국지』위지 고구려전에서도 찾아볼 수 있다.

그[고구려] 백성들은 노래 부르고 춤추기를 즐기며 나라 안의 읍락에서는 저녁에 남녀가 떼를 지어 모여 서로 노래 부르며 놀이를 한다. 큰 창고는 없으나 집집마다 제 손으로 작은 창고를 가지고 있었는데 이를 부경(桴

京)이라고 한다.

위 자료 중의 창고6)는 지금도 압록강 일대의 농촌의 가옥에서 볼 수 있는 것으로서 소작농민들도 가질 수 있다. 그러나 위 자료가 말해 주듯이 즐겁게 노는 사람들의 집에 있는 창고가 크지 않다는 구체적 표현이 있는 것으로 보면 이 자료는 농노적인 생활을 하고 있었던 하호들의 어려운 생활을 보여준 것이라고 보기 어렵다.

그렇다면 부경이라는 작은 창고를 가지고 있었다는 농민들은 소유하고 있는 토지를 제 손으로 갈고 여기서 얻어진 곡식을 보관하고 있었던 자영소농민을 가리키는 것이 아닌가 여겨진다.7)

---

6) 자영소농민의 상징물과 다름없는 창고가 부경(桴京)으로 한역되었는데 이 부(桴)란 글자는 벼의 껍질을 뜻하는 '稃'자로 표기되어야 마땅하다. 『속후한서 續後漢書』를 인용한 『학경 郝經』을 보면 '桴'자 대신 '稃'자가 들어가 있다. 『설문 說文』을 보면 '桴'는 용마루이며 '稃'는 벼의 껍질을 말한다. '稃京'이란 벼 등 곡식을 저장하는 창고를 말하지만 다른 견해도 있다. 즉 '桴'는 고구려어로 창고를 말하며 '京'은 한자로 창고를 의미한다는 것이 그것이다(『만주국사통론』, 77쪽).

7) 전한·후한시대의 고구려는 철제 농기구의 사용으로 크게 농경의 발전을 보았다. 3세기가 되면 산간 벽지 이외의 지역에 보급된 우경과 4세기 이후 우차의 이용으로 농경과 수송의 발전이 가속화되었는데, 4세기 중엽 고구려의 벽화 중 우차가 교외로 나가는 장면이 각저(角觝) 무덤의 주실 서쪽 벽화에서 보이는 것으로 알 수 있다. 이렇듯이 고구려에서 농업 생산력이 높아져 자영소농민이 생겼으며 이들은 부경이란 작은 창고를 갖게 되었다. 부경의 출현은 『후한서』의 고구려전에서 보듯이 농사지을 땅이 적어 힘써 일해도 자급하기에 부족한 그런 상황이 아니었음을 말해 준다. 중기에 농업 생산력이 크게 발전한 것은 철제 농기구의 사용과 우경의 보급(우경의 중요성은 "소나 말을 죽인 사람은 노비로 삼았다"는 기사가 『당서』 권199상, 고구려전에 보인다) 외에 진나라 이후 고구려가 낙랑과 현도를 장악한 결과이며, 여기에서 부경이 나타날 수 있었던 것이다. 그런데 부경의 소유자를 자영소농민으로 보지 않고 대가(大家)를 뜻하는 1만여 구의 좌식자로 보는 견해도 있다(『만주국사통론』, 76~77쪽). 그렇다면 이들이 고구려 국가 경제의 담당자가 된다는 셈이 된다. 대가는 고구려의 조세 부담자가 되기 어렵다는 일반적 견해에 비추어 이들은 고구려 국가 경제의 담당자로 보기 힘들며 더 나아가 부경의 소유자가 아닌 것이 분명하다.

이와 같이 자영소농민은 작지만 토지를 소유하고 있었던 농민이었던 만큼 이들은 가지고 있는 토지를 마음대로 팔거나 새로 토지를 살 수도 있는 일이다. 이들의 토지가 매매될 수 있었던 것은 합법적으로 국가의 인정을 받았기 때문이다. 농민이 토지를 매매하려면 농민의 사적인 소유가 또한 인정받는 것이 전제되어야 한다. 그러므로 농민이 매매하는 토지는 국유지이거나 국유제하에서 농민이 점유한 그런 땅이라고 보아서는 안 될 것이다. 모든 토지를 국가에서 소유했다면 자영소농민이라는 사람들까지 모두 국가의 소작인이 되어야 한다. 그렇게 되면 이들은 지주와 소작인으로서 토지를 빼앗긴 농민과 큰 차이가 없다 할 것이다.

고구려의 농민은 소유하고 있는 토지의 크고 작음이 있었던 만큼 빈부의 차가 있을 수밖에 없었다. 앞서 보았듯이 머슴까지 두고 농사를 짓는 부유한 사람이 있었는가 하면 지주에게 토지를 빼앗겨 지주에게 의존하면서 살았던 하호도 있었다. 자영소농민은 계속 심화되는 계급분화로 말미암아 일부 부유한 사람이 되기도 하였지만 대부분은 예속농민과 다름없는 하호 신분으로 떨어졌다. 여기에서 소규모의 토지소유 형태는 점차 대규모의 토지소유 형태로 흡수될 수밖에 없게 되었다.

고구려 농촌사회에서 대부분을 차지하고 있었던 자영소농민들은 국가의 정치적 압박과 경제적 착취를 면했다고 보기 어렵다. 그러면 이들은 주로 어떤 착취를 받아야 했는가. 아다시피 그것은 조(租 : 조세)·용(庸 : 부역)·조(調 : 공물)로 나눌 수 있다.

이와 관련하여『수서』고구려전을 보면 고구려의 조세제도가 나와 있다.

농민 한 사람의 세포(稅布)는 5필이며 조(租)는 5섬이었다. 유인(遊人 : 노는 사람)의 세포는 3년에 한 번씩 10명이 합해 1필이며 그 조는 상호(上戶)가 곡식 1섬, 차호(次戶)가 7두, 하호(下戶)가 5두였다.

위 자료는 고구려가 조세 부담자를 생산농민과 비생산농민(빈농)의 둘로 나누어 부과했었음을 분명히 보여 주고 있다. 생산농민의 경우 한 사람당 세포가 5필이고 조세(세곡)는 5섬이었다. 비생산농민을 말하는 유인의 경우 3년에 한 차례 세포를 바치는데 10명이 아울러 가는베 1필을 바치면 된다. 그리고 조세는 가호별로 3등급으로 나누는데 살림이 풍족한 집은 1섬, 다음 가는 집은 7말, 이보다 못한 집은 5말을 바치는 것으로 되어 있다.

위 자료에서 이해하기 힘든 것은 생산농민에게 균일하게 5섬의 조세를 부과, 징수한 것이다. 지적했듯이 고구려 사회에서 농민의 계급분화가 쉬지 않고 진행되고 있었음에도 불구하고 조세를 균등하게 5섬으로 정한 것은 잘 납득이 가지 않는다. 역사적으로 갑작스런 전쟁 또는 천재지변 등으로 기존 생산력이 크게 떨어지거나 큰 손상을 입었을 경우 조세와 공물 등을 균일하게 정한 사실이 있다. 위 자료는 고구려에서 이 같은 돌발 사태가 일어난 어떤 한 시기의 조세제도를 설명한 것이 아닌가 여겨진다.

더군다나 1년에 한 사람이 5섬의 조세를 바친다고 했는데 이는 그대로 실시되기 어려운 면이 있다. 그렇다면 편호(몇 집을 합친 것)를 하나의 단위로 부과한 것이라고 여길 수 있다. 그런데 비생산농민을 뜻하는 유인의 경우는 가호별로 상·중·하의 차등을 두고 조세를 부과했다. 이로 보면 생산농민에 대한 조세부과도 편호를 하나의 단위로 한 것이 아닐까 여겨진다. 아무튼 이런 면에서 『수서』 고구려전에 실려 있는 고구려의 조세제도에 대한 위 자료는 정확성을 갖고 있지 않다고 판단된다.

위에서 본 『수서』 자료의 부정확성을 바로잡을 수 있는 것은 자료의 내용 자체는 간단하지만 고구려 조세제도의 기본원칙을 분명히 보여 준 『주서』 고구려전에 실린 관련 기사라고 하겠다. 이를 보면 다음과 같다.

조세는 명주와 곡식을 받는데 그 소유 정도에 따라 차이를 재고 그에 따라 부과하였다.

이 자료는 고구려에서 토지를 갖고 있는 정도에 따라 조세를 부과한다는 것을 분명히 보여 주고 있으나, 조세 징수의 원칙을 말하고 있을 뿐 구체적인 조세율에 대해서는 밝힌 것이 없다. 어쨌든 이를 통해 보건대 고구려의 자영소농민은 자신이 소유하고 있는 토지의 소유 정도에 따라 조세를 바쳤음을 알 수 있다. 그리고 이들은 조세 외에도 용(부역)·조(특산물)를 나라에 바치는 의무도 일정 기간 지고 있었다.

고구려의 자영소농민이 나라에 바치는 조세는 토지를 소유한 정도에 따라 차등이 있었으므로 조세의 부과·징수는 가호별로 되었던 것이 분명하다. 고구려의 자영소농민이 조세를 부담함에 있어 편호 또는 부락 단위로 했음을 보여 주는 자료는 전혀 나와 있지 않다. 그러므로 가호를 단위로 조세를 부과·징수했다고 보는 것이 옳을 것이다. 심지어 자영소농민이 나라의 곡식을 꾸어먹는 경우도 마찬가지였다는 것도 이를 뒷받침해 준다.

이들 자영소농민은 아무래도 인구의 대부분을 차지했으므로 조세부담의 근간을 이루었을 것은 당연하다. 그렇다면 고구려 국가는 이들을 무조건 착취했다고 보기보다 이들의 생계가 원활해지도록 정책적으로 배려했을 것이다. 나라에서 농사짓는 시기를 앞두고 양식이 떨어진 농민을 구제하기 위해 국가 비축양곡을 꾸어주고 겨울 수확기에 다시 받아들이는 것을 골자로 하는 진대법(賑貸法)은 바로 그러한 소농민 구제책이었다고 할 수 있다.

『삼국사기』 고구려본기 고국천왕 6년(194)조를 보면 진대법을 국법으로 정한 내용이 전해지고 있다.

관리들에게 명령하여 매년 봄 3월부터 가을 7월까지 사이에 관청의 곡식을 풀어 백성들의 식구가 많고 적음에 따라 차등 있게 꾸어주고 겨울 10월에 물게 하는 것을 법으로 정했다.

그런데『삼국사기』고구려본기 민중왕 2년(45)에 고구려에서 처음 진대를 실시했다는 기사가 전해지고 있다. 서기 45년에 처음 실시되었던 진대를 149년 만인 194년에 법으로 정한 것은 무엇을 의미하는가.

이는 전자의 진대가 내용면에서 달라졌음을 보여 주는 것이 아닌가 한다. 그것이 무엇인가를 밝혀 보려 한다.

민중왕 2년에 처음 실시된 진대는 동부지방에 큰 물이 들어 기근에 빠진 주민들을 일시적으로 구제하려는 데서 실시된 것이었다. 그러므로 이는 전국적으로 이재민을 구제하기 위한 것이 아니며 일시적으로 한 차례 실시하고 그쳤을 것이다. 그러나 고국천왕 6년에 처음 정해진 진대법은 범위를 전국으로 확대하고 항구적으로 실시한다는 내용을 담고 있다.

민중왕 2년에 천재지변이 발생한 특정 지역에 한해 진대가 처음 실시되었으므로 그 후 재해가 발생한 지역의 주민은 어김없이 구제를 받았다고 여겨진다. 그렇다면 고국천왕 6년에 법적으로 정해졌다는 진대법은 그 전부터 사실상 실시되고 있었던 것이므로 별로 큰 의미가 없다고도 할 수 있다. 그럼에도 진대법이 제정되리라는 소식에 고구려의 모든 사람들이 크게 기뻐했다는 사실은, 민중왕 2년의 진대와 내용면에서 다른 점이 있었을 것을 추측케 한다.

재해가 발생한 특정 지역의 주민을 구제한 진대는 긴박한 사태로 보아 이자를 거두어들이지 않았음을 알 수 있다. 그러나 전국적으로 그렇지 않은 이재민을 구제하기 위한 진대법에서는 이자를 거둔다 해도 문제 될 것은 없다. 그런데도 진대법이 제정되리라는 소식에 모든 사람들이 기뻐했다는 사실로 보건대, 이자를 받지 않는다는 내용이 사람들을 기쁘게 만들었다고 보아야 할 것 같다.

그렇다면『고구려역사』에서 진대법에 대해 "고구려 국가에서 일찍부터 진대라는 기만적 방법으로 자영소농민들을 고리대적으로 착취했다거나 2

세기 말에 그것을 법적으로 규정한 것은 국가 양곡을 꾸어먹는 농민들에게 고리대적 이자를 붙여 착취하기 위한 문제들을 법적으로 규정했다고 추리할 수 있다"는 주장8)은 진대법의 기본정신을 날조, 왜곡했다고밖에 볼 수 없을 것이다.

이렇듯 『고구려역사』에서 진대법을 고의적으로 혹평한 것은 고구려의 소농민들이 국가로부터 가혹한 착취를 당하기만 했다는 고질적 편견에서 나온 것이다. 이런 탓으로 결국 진대법은 자영소농민들을 경제적으로 착취하는 데 주된 목적이 있었다는 결론이 나오게 되었다.

그러나 주의할 것은 진대법에 대한 내용에서 꾸어먹은 양곡을 갚을 때 이자를 받는다는 조항이 없어 진대법이 자영소농민들을 고리대적으로 착취했다는 증거를 찾을 수 없다는 점이다. 그 또 다른 근거는 국가 비축양곡을 푸는 시기가 3월부터 7월까지라는 점을 들 수 있다. 『삼국사기』 고구려본기 고국천왕 16년조를 보면 "7월에 서리가 와서 곡물을 상하게 하여 백성들이 굶주리므로 왕은 창고를 열고 곡식을 풀어 이를 구제했다"는 기사가 나온다.

위 자료에서 보듯이 7월부터 전국적으로 첫 서리가 내려 곡식이 해를 입는 일은 고구려에서 흔히 나타나는 현상이었던 듯하다. 이러한 천재 현상으로 농민들이 식량난을 겪고 있었기 때문에 이들을 국가적으로 구제하려는 배려에서 양곡의 방출 시기를 7월까지로 잡은 듯하다.9) 실제로

---

8) 『고구려역사』, 146쪽.

9) 고구려의 만주지역은 기온이 매우 낮아 논농사를 짓기에 적합하지 않았다(『類聚國事』 권193, "渤海國者 高麗之故地也……土地極寒 不宜水田……"). 기온이 어느 정도 낮았는지는 『금지 金志』(初興國土)에 나오는 "女眞在契丹東北隅…… 雖盛夏如中華初冬……"이라는 기사 내용으로 알 수 있듯이 고구려의 한여름철 기온은 중국 황하 일대의 초겨울과 같아 첫 서리가 7월에 내리고 마지막 서리가 2월에 내렸다고 한다. 그렇다면 농사를 지을 수 있는 기간은 서리가 내리지 않는 3~6월의 4개월뿐이다. 이 기간에 농사를 짓긴 했으나 혹 농사를 망친 자영소농민 구제는 이때 해야만 하므로 진대법은 국가 비축양곡을 푸는 시기를 3~7월로 잡게 되었다고 판단된다.

『삼국사기』 고구려본기에 보이는 진대와 진대법에 관한 모든 기사에서는 농민들을 착취한 흔적을 찾아보기 힘들다.

그런데도『고구려역사』는 고구려 국가를 농민에 대한 착취기관으로 몰아붙이고『삼국사기』 고구려본기 봉상왕 9년(300)조의 "왕이 국내의 열다섯 살 이상 되는 남녀를 징발하여 궁실을 수리하게 하니 백성들은 식량에 쪼들리고 부역에 피곤하여 이로 말미암아 유리, 망명했다"는 기사를 그 유력한 근거로 내세우고 있다.

위 자료의 내용은 사실이나 백성들의 유리·망명 현상에 대해 국상 창조리(倉助利)가 봉상왕에게 백성을 궁실 수리에 동원하는 일을 심사숙고하도록 건의한 사실이 있음을 주목해야 할 것이다. 창조리는 국상으로서의 명예와 충성심에서 궁실 수리공사의 중지를 건의했으나 왕의 완고한 태도를 확인하고 여러 신하들과 더불어 왕을 쫓아냈다.

『고구려역사』에서 주장하듯이 고구려 국가와 그 통치자가 농민들을 착취하기만 했다면 봉상왕은 왕위에서 쫓겨나지 않았어야 할 것이 아닌가. 봉상왕이 쫓겨난 것은 같은 해 2월부터 7월까지 가뭄과 흉년으로 고생을 하고 있는 농민들을 궁실 수리에 동원한 때문이었다.

아무튼 왕이 농민들을 부역에 강제 동원했다가 쫓겨났다는 것은 고구려 국가와 그 통치자가 농민들을 습관적으로 착취하지 않았다는 것을 분명히 보여 주는 근거자료이다. 창조리가 농민들을 보호하려고 한 것은 그들이 고구려를 지탱해 주는 중심세력이었기 때문이다.『삼국지』위지 고구려전을 보면, "집집마다 부경을 가지고 있으며 그 사람들은 깨끗한 것을 즐기고 술을 잘 담근다"는 기사가 있다.

이로 보건대 자영소농민이 고구려의 전체 인구 가운데 상당한 비중을 차지하고 있었다고 생각된다. 그러므로 이들은 무기와 무장을 갖추어 일단 유사시에 전쟁에 참가하는 등 병역의 주된 담당자10)가 되는 동시에

---

10)『양원제직공도 梁元帝職貢圖』를 인용한『한원 翰苑』(고려)을 보면, 고구려 자영소농민의 복장을 보여 주는 기사 중에 "腰有銀帶 左佩礪 而右佩五子刀"란 대목

국가경제의 담당자[11]이기도 했던 것이다.

위에서 보았듯이 봉상왕이 농민들을 부역에 강제 징용한 것은 국가 최고경영자로서 저지른 큰 과오였다. 『고구려역사』에서 봉상왕의 개인적 실책을 마치 고구려 국가와 그 통치자의 관행적 착취처럼 확대 해석하는 것은 부주의한 사견 정도로 처리해야 할 것이다.

고구려의 자영소농민들이 경제적으로 착취만 받아 왔다면 이들은 착취계급이 통치하는 고구려를 멸망시키기 위해 전쟁을 일으킨 수·당나라의 침략군에 대해 오히려 전쟁 초기에 무기를 버리고 도망하거나 투항했을 것이다. 『고구려역사』에서 주장하고 있듯이 고구려 국가가 소농민들을 착취하기만 했다면 고구려는 더 이상 이들의 조국이 될 수 없기 때문이다.

그러나 아다시피 고구려의 농민군은 침략자들과 끝까지 싸웠고 이는 고구려 국가가 그들의 조국이었음을 보여준 것이다. 이처럼 소농민들이 고구려 국가를 조국으로 여기고 살아왔던 것은 국가가 이들을 단순히 착취로만 일관한 것이 아니라 오히려 이들의 생계대책을 전통적으로 마련해 주었던 데 있었다고 이해할 수 있다.

고구려의 소농민들이 고구려의 주된 생산자로서 국가 경제력 강화에 크게 기여했음을 전해 주는 자료가 시선을 끌고 있다. 그것은 645년 당나라 침략군이 대거 몰려왔을 때 이들의 침략을 막는 고구려의 군사요새인 여러 성에 비축된 군량이 매우 많았음을 보여 주는 내용의 자료이다.

―――――――――――――――

이 있다. 이를 풀어보면 허리에 은띠를 차는데 왼쪽에 숫돌을 차며 바른쪽에 칼 다섯 자루를 찼다는 것이다. 이는 평상시의 모습인데 칼은 용도에 따라 쓰여지거니와 고구려의 남자들이 칼을 생활화한 것으로 미루어 평소에 무기와 무장을 갖추어 유사시에 병역의 핵심을 이루었음을 알 수 있다. 특히 숫돌까지 차고 다녔다는 것은 이를 더욱 분명히 해 준다.

11) 자영소농민들이 집집마다 작은 창고(부경)를 가지고 있었기 때문에 따로 중앙에 큰 창고가 설치될 필요가 없었을 것이다. 자영소농민들의 풍족한 경제생활을 보여 주는 것이 부경인 만큼 자영소농민들은 고구려 국가경제의 담당자였음에 틀림없다(『만주국사통론』, 76~77쪽).

『삼국사기』 고구려본기 보장왕 4년 4월조에 의하면, 개모성에는 10만 섬의 군량이 비축되어 있었다. 『신당서』 고려전을 보면 개모성의 호수는 2만이며 『당서』 고려전에 의하면 각 성의 호수는 평균 2만을 조금 넘는다. 그러므로 현도성·횡산성(橫山城)·협곡성(夾谷城)·은산성(銀山城)·건안성(建安城)·비사성(卑沙城)·신성(新城)·국내성·백암성·안시성 등 중요한 성에 비축된 군량은 평균 10만 섬 정도 되었을 것이다. 유명한 요동성의 경우에는 『신당서』 고려전에 의하면 호수가 4만에 50만 섬의 군량이 비축되어 있었다.

이렇듯 당나라군의 침략시에 고구려의 한 개 성이 10만~50만 섬의 군량을 비축할 수 있었다는 것은 농업생산의 주된 담당자인 농민들이 농업생산력 발전에 크게 기여하여 고구려의 경제력이 매우 막강했음을 분명히 보여 주는 것이 아니겠는가.

『고구려역사』에서는 각 성에 군량을 많이 비축한 것은 농민들이 직접 생산한 양곡을 조세수탈 방법으로 거둬들였기 때문이라고 주장하고 있으나 사실과 다른 주장임을 보여 주는 자료가 있다. 『삼국사기』 고구려본기 보장왕 4년 4월조에 북부욕살 고연수(高延壽)와 남부욕살 고혜진(高惠眞)이 당나라에 항복한 후 태종에게 안시성 사람들의 투쟁정신을 설명한 말이 다음과 같이 전해지고 있다.

> ……안시성 사람들은 그 집을 소중히 여겨 돌보며 먼저 싸우므로 이를 갑자기 함락시키기가 쉽지 않다.……

고연수와 고혜진은 안시성을 구하기 위해 고구려 군사와 말갈 군사로 구성된 15만 명의 구원군을 거느리고 구원하러 나섰다가 전세가 불리함을 알고 36,800명을 데리고 당나라에 항복한 사람들이다. 그들이 당나라 침략군을 물리치려는 안시성 사람들의 투쟁정신이 어디서 나오고 있는가를 태종에게 설명한 것이 위 자료이다.

이를 통해 보건대 안시성을 지키는 사람들은 각기 자신의 집을 소중히 여겨 이를 끝까지 지켜내겠다는 일념으로 싸웠음을 알 수 있다. 이들이 자신의 집을 소중히 여긴 것은 무엇 때문인가.『고구려역사』에서 주장하듯이 안시성에 거주하는 소농민들도 통치계급으로부터 경제적 착취만 받았다면 안시성이 당나라군에 의해 포위당했을 때 즉각 고구려에 등을 돌렸어야 할 것이다. 이러한 와중에 각자 자신의 집을 돌볼 마음의 여유가 과연 생길 수 있겠는가.

위 자료에서 볼 수 있듯이 안시성 사람들이 성을 지켜낸 것은 각기 자신의 가족을 지키려는 투쟁정신이 강했기 때문이다. 여기서 말하는 가족의 소중함이란 것은 경제적으로 궁색한 생활을 하지 않는다는 것이 전제되어야 한다. 가난에 찌들린 사람들이 가정을 소중히 한다는 것은 찾아보기 힘들기 때문이다.

전시라는 위급한 상황 속에서 이처럼 가정을 소중히 여긴 사람들이라면 평소 경제적으로 풍족한 생활을 해 왔다고 보는 것이 합리적일 듯하다. 그렇다면 이들은 어떤 방법으로 풍족한 생활을 할 수 있었을까. 자영소농민 출신의 이들 안시성 사람들은 통치자로부터 착취를 받지 않았기 때문에 가족들이 먹고 지내는 데 별 어려움을 느끼지 않았을 것이다. 중언하지만 이것이 바로 당나라 침략자들에게 용감히 맞서도록 만들었다고 풀이할 수 있다.[12]

---

12) 수나라 양제 때의 침공이 실패한 원인에 대해 당나라 태종이 분석한 내용은 고구려 사람들의 경제생활이 어떠했는가를 알아보는 데 중요한 단서가 된다. 분석 내용은『자치통감』(권197, 唐紀13, 태종 中의 下)과『책부원구 冊府元龜』(권117, 帝王部117 親征 2)에 실려 있다. 먼저『통감』을 보면 "貞觀18年11月 壬申……又手詔諭天下……且言者 隋煬帝 殘暴其下 高麗王 仁愛其民 以思亂之軍 擊安和之衆 故不能成功"이라 했고,『책부원구』는 "貞觀18年……當此時也 高麗之主 仁愛其人 故百姓仰之如父母 煬帝殘暴其下 故衆庶視之如仇讐 以思亂之軍 擊安樂之卒 務其功也 不亦難乎"라 했다. 두 책에 실린 분석 내용은 수나라 양제와 고구려 영양왕의 통치 스타일을 비교하는 데 초점이 맞춰졌다. 양제는 중국 백성들을 잔학하게 다스려 그 군대는 반란을 일으키는 군대였으나 영양왕은 고구려 백성들을

　따라서 안시성 사람들의 강인한 투쟁정신은 고구려 국가가 이들에게 생활의 터전을 마련해 주었던 데서 자연발생적으로 우러나온 것이었다. 고연수와 고혜진이 특히 안시성 사람을 예로 든 것은 이곳 사람들만이 투쟁정신이 강해서였다기보다 이들의 임무가 안시성을 구원하는 데 있었기 때문임을 알아야 할 것이다. 따라서 당 태종에게 설명한 안시성 사람들의 강인한 투쟁정신은 전체 고구려 사람들의 투쟁정신을 대표했다고 보아도 좋을 것이다.

제3절 국가소유의 토지

　고구려에서 토지소유면에서 중심을 이룬 것은 개인의 토지 소유였음을 살펴보았다. 그런데 고구려에서는 이 밖에 국가도 토지를 소유했던 것으로 보인다. 국가소유의 토지란 국가기관 또는 국왕이 소유한 토지에 노동력을 제공하는 생산자로부터 지대를 거두거나 이들을 토지에 얽어매어 여기서 떠나지 못하도록 하는 그런 토지를 말한다.13) 그런데 국가에서 조

　사랑으로 다스려 그 백성들과 군대는 안락한 생활을 누리고 있었던 관계로 수나라의 침공군은 실패할 수밖에 없었다는 것이다. 양제는 그 백성들을 배부르게 하지 못했으나 영양왕은 이와 달리 백성들이 경제적으로 풍요한 생활을 할 수 있도록 배려했다는 말로 요약할 수 있다. 이는 영양왕으로 그치지 않고 그 이전 또는 그 이후의 고구려 국왕으로 확대해도 좋다. 고연수와 고혜진이 안시성 사람들의 투쟁정신이 강하다는 설명은 그 구체적 예이다.

13) 노동력을 제공하는 생산자를 토지에 얽어매어 토지에서 떠나지 못하게 하는 방법으로서 확인이 가능한 것은 「광개토왕릉비문」의 끝 부분을 장식한 연호(烟戶), 즉 역대 국왕의 능을 관리하는 수묘인(守墓人)의 전매(轉賣)를 광개토왕이 국법으로 금지시킨 조항이다. 이를 더 살펴보면, 광개토왕은 역대 국왕의 능을 관리하는 330호의 연호가 종전에는 신분의 보장을 받지 못해 부호들에 의해 매매되어 왔으

세를 부과하고 징수하는 그런 토지를 모두 국가소유의 토지라고 보기는
어렵다.

국왕을 중심으로 하는 고구려의 통치계급은 나라가 세워진 지 얼마 안
되어 기존 소왕국들을 차례로 통합하거나 침략세력을 몰아내며 점차 국
토를 넓히는 과정에서 사유지를 확장하며 지배자로서 경제적 토대를 다
져나갔다.

앞에서 살펴보았듯이 고구려의 최고 통치권자인 국왕은 국토를 넓히기
위한 정복과정에 공을 세운 사람들에게 국왕이 개인적으로 혹은 국가 차
원에서 많은 토지를 지급해 주어 이들이 지주계급의 대열에 오를 수 있
도록 배려했다. 그러기 위해서는 먼저 국왕의 소유지 또는 국가의 소유지
가 확보되어야 할 것이다.

이러한 국왕의 소유지 또는 국가의 소유지를 형성, 확장시키는 방법은
한두 가지가 아니라 매우 다양했을 것이다. 그 가운데 가장 흔한 방법이
기존 소왕국들과 이민족들을 무력으로 정복하는 과정에서 나타나는 일종
의 탈취이다.

고구려의 국왕은 정복과정에서 이렇게 빼앗은 공유지 혹은 사유지를
왕실의 소유지나 국가의 소유지로 만듦과 동시에 정복지역을 예속국으로
만들었다. 중앙에서는 이 곳에 관리를 파견하여 통치하게 하고 그 과정에
서 주민들은 농노적 존재로 전락함으로써 심한 억압과 착취를 면할 수
없었다. 『삼국사기』에는 이러한 예가 있었음을 전하는 기사가 있다.

○ 기원전 9년(유리왕 11) 선비족을 치고 그 지역을 속국으로 만들었다.
○ 기원 280년(서천왕 11) 숙신족을 쳐서 이를 복속시켰다.

나 광개토왕은 왕릉마다 비명(碑銘)을 세워 연호의 전매와 매매를 근절하기 위해
위반시의 처벌규정까지 두었다. 역대 국왕의 능 경내의 토지는 국가소유의 토지
이므로 연호에 대한 신분상의 규정은 생산농민을 토지에서 떠나지 못하게 한 좋
은 예가 분명하다.

위 자료는 고구려가 선비족과 숙신족의 나라를 속국으로 만들어 이들을 예속민으로 만들었으리라는 생각을 하게 한다. 원래 선비족은 유목생활을 주로 해 왔으며 숙신족은 수렵과 농사를 병행해 와 순수한 농경민족이 아니므로 농경을 위주로 한 고구려의 입장에서 볼 때 이들은 그다지 쓸모있는 존재였다고 할 수 없다.

고구려가 선비족의 지역을 속국으로 만든 후 이들을 사회신분상 어떻게 처리했는지 알 수 없으나 숙신족을 복속시킨 후 민가 6백여 호를 부여 남쪽의 오천(烏川)으로 이주시켰던 사실에 비춰보면 이들은 농노 또는 농노적 존재가 되었을 것이다.『후한서』읍루전에 숙신의 후예인 읍루의 땅에서 오곡이 생산된다는 기사를 통해서 이를 짐작할 수 있다.

이처럼 고구려의 피정복민이 농노적 존재로 되었음을 잘 보여 주는 것이『후한서』동옥저전과『삼국지』동옥저전에 실린 자료이다. 이를 살펴보기 전에『삼국사기』고구려본기 태조왕 4년조를 보면, 고구려는 56년에 동옥저를 정복하고 이 지역을 고구려의 성읍으로 만들었다는 자료가 있다. 동옥저의 옛 땅을 성읍으로 만들었다는 것은 이 곳이 고구려의 지방 행정구역으로 흡수되어 중앙집권적 행정체제에 편입되었음을 의미한다.

그런데도 고구려의 통치계급은 동옥저의 옛 땅을 일종의 천민지역으로 만들어 이 곳 주민들을 심하게 착취했다.『후한서』와『삼국지』의 동옥저전에 의하면 고국천왕은 그 곳의 우두머리들에게 사자(使者)라는 벼슬을 주고 상(相)으로 하여금 다스리게 하고 고구려 최고의 관료인 대가(大加)로 하여금 조세와 초포(貂布)·물고기·해산물 등의 공물을 천 리나 떨어진 고구려까지 날라 바치는 일을 맡게 하였다. 심지어 통치자들은 미인들을 골라 첩으로 삼았는데 이들 미인은 노비와 같은 천대를 받았다.

고구려의 통치자들이 동옥저 사람들로부터 거둬들인 것 중에 밝혀야 할 것이 조세이다. 이를 단순한 조세라 한다면 동옥저 토지는 개인소유로 되어 있다는 말이 되며, 만약 지대였다면 고구려 국가 또는 국왕의 소유로 되어 있었다는 것을 의미할 것이다.

그런데 고구려 국왕이 고급관리를 동옥저에 파견하여 조세와 공물을 징수케 한 것으로 보면 국가에서 징수한 조세(지대)의 성격을 지녔다고 보아야 할 것이 아닌가. 그렇다면 동옥저 사람들은 토지를 소유한 자영농민이라기보다 고구려의 통치자에게 토지를 빼앗겨 하호 신분으로 떨어진 사람으로 보아야 할 것이다. 결국 동옥저의 토지는 개인소유지가 아니라 국가 또는 국왕이 소유하는 토지였다고 할 수 있다.

고구려의 성읍이 된 동옥저 사람들이 사회신분상 고구려의 예속민으로 떨어졌다는 사실로 보면 정복당한 다른 나라의 사람들 역시 신분상 같은 처지였다고 볼 수 있다. 그렇다면 이들 나라의 토지도 국가의 소유지가 되었거나 국왕의 소유지로 되었을 것이다.

정복당한 지역의 사람들이 거의 예속민의 신분으로 떨어졌음에 반해 그 우두머리는 고구려의 통치계급으로 흡수되어 고구려 국가에 협력하였고 그 대가로 대토지 소유자가 되었을 것이 분명하다. 이는 동옥저의 우두머리에게 사자라는 벼슬을 주었다는 위의 자료를 통해 분명히 알 수 있다.

이와 관련하여 『삼국사기』 고구려본기 태조왕 22년조를 보면, 기원 74년(태조왕 22) 주나국(朱那國)을 정벌하고 사로잡은 그 왕자 을음(乙音)에게 고추가(古鄒加)라는 작위를 주었다는 기사가 있다. 을음이 고구려 최고의 고추가라는 작위를 받은 만큼 대토지 소유자가 된 것은 틀림없을 것이다.

고구려가 영토를 확장시켜 나가는 과정은 바로 무력을 통한 소국의 통합 과정이었고, 이는 기원전 32년부터 시작되어 서기 74년까지 계속되었다. 참고로 소국 통합 상황을 표로 만들어 보면 다음 표와 같다.

통합된 여러 소국 가운데 구다국(句茶國)과 낙랑국의 옛 땅은 고구려에 의해 어떻게 처리되었는지 기사가 없어 알 수 없으나 다른 소국들의 옛 땅은 모두 성읍으로 처리되었음을 알 수 있다. 동옥저의 옛 땅이 성읍으로 처리됨과 동시에 이 지역의 토지가 상당 부분 국가 또는 국왕의 소유지가 되었으니 만큼 같은 성읍으로 처리된 다른 소국들의 옛 땅도 마찬가지였을 것이다.

고구려의 소국통합 상황표

	연 대	통합된 소국	결 과
1	기원전 32년	행인국	성읍으로 만듦
2	기원전 28년	북옥저	성읍으로 만듦
3	기 원 26년	개마국	성읍으로 만듦
4	기 원 26년	구다국	불 명
5	기 원 32년	낙랑국	불 명
6	기 원 56년	동옥저	성읍으로 만듦
7	기 원 72년	조나국	성읍으로 만듦
8	기 원 74년	주나국	성읍으로 만듦

동옥저의 경우, 정복 후 고구려가 취한 조치에 대해 『삼국사기』 고구려 본기에도 실려 있으나 『후한서』와 『삼국지』의 동옥저전이 훨씬 자세하다. 이에 비해 다른 여러 소국들의 경우는 『삼국사기』 고구려본기의 간단한 관련 기사밖에 없고 중국의 역사책에는 실려 있지 않다. 이 소국들이 중국 사람들에게 전혀 알려지지 않았기 때문일 것이다.

어쨌든 동옥저의 경우로 미루어 보아 다른 소국들도 고구려의 성읍으로 처리되면서 그 지역 사람들은 고구려의 예속민이 되고 토지도 대부분 고구려의 국가소유지나 국왕의 소유지로 되었을 것이다.

그런데 고구려에는 이러한 국가 내지 국왕의 소유지 외에 국가 또는 왕실에서 직접 운영한 토지도 있었던 것 같다. 『삼국사기』 고구려본기 유리왕 22년(기원 3)조는 이를 전해 주고 있다. 지금의 국무총리에 해당하는 대보(大輔) 벼슬을 하고 있는 협보(陜父)는 정치에 힘쓰지 않는 왕의 잘못을 바로잡아 보려는 충정으로 충고를 했다가 왕의 노여움을 사 관원(官園) 사무를 맡아보는 관리인으로 밀려났다는 기사가 그것이다.

이 관원이 무엇인지 알아보려면, 고구려와 같은 시대에 존속한 중국의 한나라에서 원(園)이 어떤 의미로 쓰였는지를 살펴보는 것이 빠를 듯하다. 한나라 시대에 원은 주로 장원(莊園)이라는 의미로 통용되었다. 그러면 한나라 이후에는 어떤 명칭으로 불렸는가.

남북조 시대에는 주로 별업(別業)으로 불렸으나, 더러 보이는 장(莊)이란 명칭은 당나라 이후에 많이 불렸다. 장원이란 당나라 이후에 본격적으로 사용된 것으로, 대토지에 관리인을 두고 경영하는 농장을 뜻하였다. 이는 일반적으로 국왕·국가기관 또는 영주들이 직접 운영하였다.[14]

이로 보건대 고구려의 관원도 아마 국가에서 직접 운영한 장원이었을 것이다. 그렇다면 고구려에는 기원 초년부터 왕실 또는 국가기관에서 운영하는 장원이 존재했다고 보아야 한다. 고구려의 대토지 소유자인 귀족과 영주도 아마 이를 본떠 직접 경영하는 장원을 가졌을 것이다.

고구려 국왕은 국토의 확장이 생산발전으로 이어진다는 독선적인 인식 하에 정복한 지역의 토지를 국가 또는 국왕의 소유로 만든 뒤 전쟁에서 공을 세운 사람이나 영주에게 일부 분배해 줌으로써 이들의 계급적 기반을 보장시켜 주었다.

식읍을 주거나 토지를 주어 왕에 봉했다는 몇 가지 예는 이를 보여 주는 것이다. 이렇듯 고구려에서 큰 비중을 차지한 것으로 보이는 국가소유의 토지가 영주에게 분배되었다는 것은 국가적 소유형태가 영주를 포함한 대토지 소유자의 개인적 소유형태로 전환되었음을 의미하는 것이라고 할 수 있다.

요컨대 고구려에는 큰 비중을 차지한 국가적 소유형태가 있었지만 이는 대토지 소유자와 영주가 개인적으로 소유하는 형태로 전환되어 갔다고 할 수 있다.

이 외에 고구려에는 촌락이 공동으로 소유하는 형태의 토지도 있었던 것 같다. 이는 통일신라 시대에 각 촌락에 공유토지가 있었고 그 이후에

---

14) 『고구려역사』, 153쪽.

도 촌락이 공유한 산림과 초원 등이 있었다는 사실을 통해 짐작해 볼 수 있다. 그러나 이러한 촌락 공유지도 국가기관·귀족관료·지방토호의 손으로 넘어감으로써 점차 줄어들게 된 것으로 보인다.

이렇게 보면 고구려에는 다섯 가지의 토지 소유형태, 즉 자영농민의 소규모 소유형태·대토지 소유형태·영주적 소유형태·국가 소유형태 그리고 촌락공동의 소유형태가 있었다고 정리할 수 있다. 대토지 소유형태는 시대적 요구에 따라 소토지 소유형태를 흡수하는 동시에 국가소유의 토지와 촌락공동의 공유지까지 점차 흡수함으로써 마침내 고구려의 여러 소유형태 가운데 우위를 차지했다고 할 수 있다.

그러나 여전히 고구려에서 무시할 수 없을 만큼 큰 비중을 차지한 것은 자영농민의 소규모 토지 소유형태였으며, 자영농민은 국가경제를 떠받치는 버팀목인 동시에 막강한 군사력을 이루는 인적 자원으로서 고구려가 동아시아 대제국으로 발돋움하는 데 가장 큰 역할을 담당했다고 할 수 있다.

제4장 고구려 통치형태의 변화

『삼국사기』 고구려본기에는 통치제도와 관련된 기사가 적잖이 보인다. 통치제도는 민족적 특성을 바탕으로 이루어졌을 것이나 고구려의 발전을 전제로 하는 만큼 이와 밀접히 관련된 토지 소유형태가 변수로 작용했을 것이다.

일반적으로 고구려의 통치제도는 중앙집권적 전제주의라고 보는 것이 지배적인데, 이는 토지의 소유형태를 전혀 고려하지 않은 것으로 검토의 여지를 남기고 있다. 그렇다고 해서 『삼국사기』 고구려본기에 실려 있는 관련 기사를 근거로 지방분권을 뜻하는 전형적인 영주제라고 보아도 좋은가. 여기에서는 이 부분을 집중적으로 다루기로 하겠다.

제1절 봉건제도

역사상 전국을 통치하는 인물은 왕이라 한다. 『삼국사기』 고구려본기를 보면 고구려에는 이러한 국왕 외에 일정한 지역을 통치한 귀족들이 존재하였고 이들은 왕·군(君)·주(主) 등으로 불렸다. 왕 중의 왕이라 할 수 있는 인물이 국왕이므로 고구려에는 분명히 영주의 존재를 인정한 영주제가 있었다고 할 수 있다.[1)

왕이라고 불린 대귀족은 전형적인 봉건제도에서의 영주임이 분명하다. 그렇다면 이들은 고구려 국가의 중대한 정치문제를 다루는 모임에 참가할 권리가 없다 하겠으나 실제는 그렇지 않았다. 이른바 '국중대회'에 참가하여 국가의 중대한 정치적 문제를 결정하는 권한을 가지고 있었던 것이다.

고구려 국왕이 전제권을 쥐고 정치적 문제를 단독으로 처리할 수 없었던 것은 이 때문이다. 고구려의 통치제도와 관련하여 대귀족이 중요한 정치문제의 결정에 참가하고 결정권을 가졌다는 사실은 이 분야 연구자들이 공통적으로 인정하고 있으나, 이를 내용상 무슨 제도라고 규정해야 할 것인가라는 인식면에서는 의견이 서로 같지 않다.

과거 일제시대 역사가들은 고구려 통치제도를 귀족연합체적인 제도였다고 주장하였다. 여기에 동조하고 있는 것이 남한 사가들이다. 이러한 주장을 뒷받침해 준 것은 고구려가 2~3세기에 중국의 한나라 이래 식민지정권인 낙랑군과 현도군을 통해 처음 중국의 변방 식민문화를 받아들임으로써 비로소 원시 상태에서 깨어나 나라를 형성했다는 이른바 식민사관이었다. 이 사관에 의하면 고구려는 완전한 국가체제를 갖추지 못한 관계로 귀족연합체적 제도를 실시했다는 것이다.

고구려의 통치제도가 전형적 중앙집권제이건 귀족연합체적 제도이건

---

1) 중국 역사에서는 영주를 의미하는 왕들 위에 황제가 존재하였다. 『삼국유사』(권1, 고구려조)에도 이와 관련된 자료가 있는데 주몽을 '동명성제(東明聖帝)'라고 칭한 것이 그것이다. 그렇다면 고려 말기까지 고구려 국왕은 황제라 불렸다고 볼 수도 있으나 반드시 그렇게 볼 것만은 아니다. 중국에서는 영주를 말하는 왕과 구분하기 위해 이들 위에 군림하는 존재를 황제라 칭했으나 고구려의 경우 황제에 해당하는 존재를 왕이라 칭했기 때문에 고구려에는 황제란 칭호가 아예 없었다고 보아도 좋을 듯하다. 영주를 뜻하는 왕들이 있었다고 해서 국왕과 명칭상 혼란이 있었다고 생각되지 않는다.

간에 반드시 해결되어야 할 것은 대귀족이 왕·군·주 등으로 불렸다는 것이다. 필자는 이것을 귀족연합체적 제도였다기보다 영주제였다고 보는 것이 합리적이라고 생각하며 이를 중점적으로 살펴보고자 한다.

1. 봉건제도의 전모

고구려에 영주제가 있었다면 영주가 존재하는 것은 당연하다.『삼국사기』고구려본기는 이 영주의 존재를 확인시켜 준다. 영주란 5부 귀족을 비롯하여 국왕이 주는 영지(봉토)를 받은 사람들로서, 국왕의 신하이긴 하나 독자적인 정치권력을 가지고 영지 안의 주민을 직접 지배하였다. 따라서 국왕을 중심으로 하는 중앙집권적 관료조직 내의 존재가 아니었다.

그러므로 5부의 귀족과 봉토를 받은 영주의 영지는 고구려의 지방 행정단위인 성(城)이나 읍(邑)에 편입되지 않고 국(國)으로 불렸으며, 이 국의 지배자는 왕 또는 주·군·후(侯)로 불렸다.

고구려에서 영주제가 처음 실시된 것은 건국 초기이다. 이는 주몽이 기존 송양국을 정복하여 그 땅을 다물도(多勿都＝國)라 하고 항복한 송양왕을 주(主) 또는 왕으로 삼았다[2]는 자료를 통해 알 수 있다.

중국과 북한의 역사가들도 인정하고 있듯이 '송양(松壤)'은 당시 고구려 말인 '소나' 또는 '소내'를 한자로 옮긴 것으로, '소나[내]'의 한자 표기가 바로 소노부의 '소노(消奴)'이다. 이를 전제로 한다면 '송양국'은 고구려 말로 '소나나라'이며『삼국지』와『후한서』고구려전에 실려 있는 '소노부'이다.

사실상 소노부의 땅을 나라로 불렀고 그 통치자를 군·주 또는 왕이라 불렀다는 기사는『삼국사기』고구려본기에 나와 있으나, 계루부 이외에 절노부(絕奴部)·순노부(順奴部)·관노부(灌奴部) 등 3부 지역을 나라로

---

2)『삼국사기』고구려본기 동명왕 2년조, 대무신왕 원년조.

불렀다거나 그 통치자를 군·주 또는 왕이라고 불렀다는 기사는『삼국사기』에서 찾아볼 수 없다.

그렇다면 송양국[소나나라=소노부]만 나라라 하고 그 통치자를 주·왕이라고 불렀다는 것인가.『삼국사기』에서 이와 관련된 기사를 보면 5부의 통치자보다 지위가 낮은 귀족도 왕 또는 군(君)이란 작위를 받은 사실이 있다.

앞에서 보았듯이 대무신왕은 고구려에 항복한 부여왕의 사촌아우를 왕에 봉했으며, 신대왕은 차대왕의 아들 추안을 군(君)에 봉한 바 있다.『삼국사기』는 아니지만 고자의 묘지명에서도 고구려는 모용선비의 침공을 물리쳐 공을 세운 고밀(고자의 20대 할아버지)을 왕에 책봉한 적이 있음이 확인되었다.

이렇듯 고구려 국가에서 남다른 공을 세운 사람에게 왕 또는 군이란 작위를 주었다는 것으로 보아 이들보다 지위가 높은 5부의 통치자들이 왕 또는 주(主)라는 작위를 받았으리라는 것은 충분히 짐작 가능하다. 그러므로 송양국의 왕에게 작위를 준 것은 송양국에 그친 현상이라기보다 정치력이나 경제력에서 그와 동등한 힘을 가졌던 계루부 이외의 4부에도 고루 적용되었다고 보아 잘못은 없을 것이다.

이처럼 고구려에서는 5부의 대귀족에게 작위를 준 전례가 있었기 때문에 이후 남다른 공을 세운 사람들에게도 영지의 최고 통치자임을 의미하는 왕이나 군이라는 작위를 주게 되었다고 풀이할 수 있다. 이들은 국왕으로부터 작위를 받았으니 만큼 국왕에 대한 봉사로 국왕과 군신관계를 유지할 수밖에 없었지만 영지 내에서는 독자적 통치권을 유지했다는 면에서 관료조직 내의 일반 귀족관료와는 성격을 달리했다.

이러한 예를『삼국사기』고구려본기에서 찾아보면, 47년 잠우락부의 대가인 대승이 1만여 호에 이르는 주민을 데리고 낙랑군으로 가서 한나라에 항복하였고, 197년 고국천왕의 형인 발기(拔奇)는 소노부의 대가와 더불어 각기 3만여 명의 하호를 거느리고 요동의 공손강에게 투항했다가 다시 돌아왔다. 이는 귀족들이 국왕의 지배를 받음이 없이 관할지역 안의 주민을 독자적으로 통치할 수 있었음을 말한다.

이렇듯 계루부를 제외한 5부 통치자는 영주였고 따라서 모두 독자적인 통치기구를 가지고 있었다. 이와 관련하여 『삼국지』 위지 고구려전을 보면, "대가(大加)들도 스스로 사자(使者)·조의(皂衣)·선인(先人)을 두었는데 그 관직 이름은 모두 국왕에게 알려졌다. 이는 마치 중국의 경(卿)·대부(大夫)의 가신과 같다"는 기사가 있다.

이로 보면 각 부(部)의 대가는 국왕의 지배를 받지 않고 스스로 자신의 가신을 임명하고 거느리고 있었음을 알 수 있다. 가신의 벼슬 이름은 국왕에 속한 관리의 그것과 같았으나 가신이 국왕의 관리와 자리를 같이할 수 있는 것은 아니었다.

대가의 가신인 사자·조의·선인은 국왕의 가신이 아니었으나 대가를 다리로 하여 국왕과 간접적으로나마 군신관계를 맺고 있었고 따라서 대가로부터 임명받은 관료로서의 이름은 반드시 국왕에게 알려진 것이다.[3]

그런데 『삼국지』 위지 고구려전에는 가신으로서 사자·조의·선인의 세 가지만 나와 있으나 실제는 이보다 더 많은 가신의 등급이 있었던 것 같다. 그 몇 가지 예를 보면 다음과 같다.

　ｏ 대무신왕 15년(32)조 : 왕은 남부사자 추발소(鄒勃素)로 하여금 대신 비류부장(沸流部長)을 삼았다.
　ｏ 태조왕 20년(72) 2월조 : 왕은 관나부패자(貫那部沛者) 달가(達賈)를 파견하여 조나(藻那)를 정벌하고 그 나라 왕을 사로잡았다.
　ｏ 태조왕 22년(74) 10월조 : 왕은 환나부패자(桓那部沛者) 설유(薛儒)를 파견하여 주나(朱那)를 정벌했다.
　ｏ 차대왕 2년(147) 2월조 : 왕은 관나패자(貫那沛者) 미유(彌儒)를 좌보(左輔)로 삼았다.
　ｏ 차대왕 2년(147) 7월조 : 왕은 환나우태(桓那于台) 어지류(菸支留)를

---

3) 『삼국지』 권30, 위지 고구려전.

좌보로 삼았다.

　ㅇ 차대왕 20년(155) 10월조 : 연나조의(椽那皂衣) 명림답부(明臨答夫)
는 국왕이 백성을 포악하게 다스렸기 때문에 국왕을 시해했다.

　ㅇ 중천왕 7년(254) 4월조 : 왕은 비류패자(沸流沛者) 음우(陰友)를 국상
으로 삼았다.

위 자료들 가운데서 먼저 설명해야 할 것은 ‘남부사자’로, 남부 출신의
사자 또는 남부의 사자라고도 해석할 수 있다. 고구려의 대가들이 스스로
사자·조의·선인 등의 벼슬을 두었다고 전하는『삼국지』의 기사는 부의
이름 밑에 벼슬 이름이 있음을 전한『삼국사기』의 기사와 통한다고 보아
남부사자를 ‘남부의 사자’라고도 풀이할 수 있는 것이다.

그렇다면 위 자료로 보건대 각 부의 대가에 속해 있는 벼슬 이름으로
사자·조의·선인 이외에 패자(沛者)·우태(于台) 등의 벼슬도 있었다고
볼 수 있다. 고구려의 각 부는 국왕의 지배를 받지 않는 자체의 통치기관
을 갖고 있었음이 분명하다.

이렇게 보면 각 부는 대개 동등한 세력을 가졌다고 생각할 수 있으나
실제적으로 동부가 왕실인 계루부보다 지위상 높았음을 전하는 자료가
있어 주목된다.『한원 翰苑』의 주에 인용된『위략』에 “내부[계루부]는 왕
가의 종족이긴 하나 동부의 밑에 위치했다”는 기사가 그것이다.

또한 “그 나라[고구려]에서는 일을 하는데 동쪽을 맨 첫자리에 놓기 때
문에 동부가 웃자리를 차지한다”는 것이다. 당나라의 장회태자(章懷太
子)에 의하면 동부는 순노부를 말하며 일명 상부(上部)라고 부르기도 했
다.

이로 보면 계루부는 왕족을 뜻하는 부(部)였으나 지위상으로는 순노부
보다 아래였다. 무엇을 말하는 것인가. 계루부는 왕권을 차지하고 있었음
에도 5부 전체에서 볼 때 절대적인 지배권을 가지지 못했음을 말하는 것
이라고 할 수 있다.

이뿐 아니라 전(前) 왕족이었던 소노부의 대가와 왕비족인 절노부의

대가가 계루부의 대가와 나란히 고추가라는 칭호를 가졌는데, 이 또한 계루부가 5부 가운데서 절대권을 갖지 못했음을 보여 준다.

고구려의 5부 귀족은 영주였으므로 각기 독자적인 군사조직도 가지고 있었다. 위에서 인용했듯이 태조왕 20년에 왕이 관나부패자 달가를 파견하여 조나를 정벌하여 그 나라 왕을 사로잡았다는 것이나, 태조왕 22년에 왕이 환나부패자 설유를 파견하여 주나를 정벌했다는 것은 그 증거이다. 즉 관나부패자 달가가 조나를 칠 때 동원한 병력이나 환나부패자 설유가 주나를 칠 때 거느린 군사는 고구려 국왕에 속한 군사라기보다 관나부의 군사 또는 환나부의 병력이었다고 보아야 할 것이 아닌가 한다.

실제로 국왕이 단독으로 정벌군을 일으키는 경우에는 국왕에 속한 군사를 동원했다거나 친정(親征)이라는 표현을 쓰곤 한다. 달가와 설유가 국왕에 의해 군사를 동원한 것은 각 부의 영주가 고구려 국왕과 군사관계를 맺고 있었기 때문일 것이다.

5부 귀족이 독자적인 군사조직을 가지고 있었음은 연개소문의 군사쿠데타와 그의 맏아들 남생의 반역적인 군사행동을 통해서도 확인된다. 뒤에서 따로 다루겠지만 642년 연개소문은 동부의 부병(部兵)을 모두 동원하여 영류왕을 비롯 180여 명에 이르는 중앙의 고급관료를 죽이고 왕의 조카인 보장을 왕으로 세웠다.4)

여기에서 '부병'이라는 것은『삼국사기』온달열전에서도 등장한다. 이를 보면, 고구려에서는 해마다 3월 3일이 되면 낙랑언덕에서 사냥대회가 열렸다. 이 사냥에서 잡은 돼지와 사슴 등은 하늘과 산천신에게 지내는 제사용으로 쓰였는데 이 국가적인 사냥 행사에는 국왕도 참가하였으며 5부의 군사가 모두 국왕의 뒤를 좇았다고 한다. 연개소문의 부병이란 것도 바로 이 사냥대회에 참가한 5부 가운데 동부의 군사를 말한다.

보기에 따라 국왕의 뒤를 좇아갔다는 5부의 군사를 고구려의 지방군으로도 볼 수 있으나 이 국가적인 대규모 사냥대회에 5부의 귀족이 모두 참

---

4)『삼국사기』권49, 개소문열전. 제7장 주) 16 참조.

가했으니 만큼 5부 귀족이 조직한 사병이라고 보는 것이 좋을 듯하다.

연개소문이 쿠데타를 일으켰을 때 동원한 부병이 그 자신의 사병이었듯이 그의 맏아들 남생이 반역을 저질렀을 때 동원한 군대 역시 그의 사병으로 보인다. 666년(보장왕 25) 연개소문이 사망하자 남생이 그 아버지의 막리지 벼슬을 물려받았으나 형제간을 이간시킨 불순세력의 책동으로 남생과 두 동생인 남건(男建)·남산(男産) 사이에 이 벼슬을 빼앗기 위한 싸움이 벌어졌다.

막리지 자리에 오른 남생은 나라의 실정을 직접 살피기 위해 지방 순시에 나섰는데 그 사이에 남건과 남산 형제는 남생의 자리를 빼앗고 남건이 스스로 막리지 자리를 차지했다. 이에 남생은 하는 수 없이 국내성으로 달아나 있다가 재기를 위해 거란과 말갈 군대까지 끌어들여 반격군을 조직하고 다음 해 당나라 군대와 손잡아 고구려 국가에 대한 반역행동을 취하였다.

잠시나마 남생이 고구려 최고의 벼슬을 차지했다는 면에서 그가 국내성에서 조직한 군대를 국내성을 중심으로 한 지방군으로 볼 수도 있을 것이다. 그렇다면 굳이 그가 국내성으로 달아난 것은 왜일까. 그것은 국내성 일대가 그의 세력 근거지였기 때문일 것이다.

그러므로 그는 빠른 시일 안에 그의 사병을 중심으로 반역군을 조직할 수 있었다. 더군다나 그의 아버지 연개소문은 요동지방을 장악했기 때문에 남생은 요동 일대를 장악하는 데 어려움이 없었다고 생각된다.[5] 그리하여 남생은 도망간 국내성에서 거란과 말갈의 군대까지 장악하여 이들을 반역군의 대열에 흡수했다고 생각된다. 연개소문이 사병을 동원하여 쿠데타를 일으켰듯이 남생도 사병을 거느리고 있었기 때문에 이를 받고

---

5) 『삼국사기』 권21, 고구려본기 보장왕 4년(645) 2월조를 보면, 연개소문이 군사 쿠데타를 일으켜 정권을 차지하게 되자 안시성 등 서부의 모든 성주가 강력히 저항하였으나 결국 안시성 이외의 모든 성주는 연개소문에게 굴복하였다. 이로 보면 연개소문은 요동을 뜻하는 서부 성주들의 반란을 진압함으로써 요동 일대를 장악하였다는 것을 알 수 있다.

구려군으로 돌릴 수 있었을 것이다.

영지를 가지고 있었던 5부의 귀족들은 영지 내에서도 독자적인 통치기관을 가지고 있었던 만큼 사병을 거느리고 있었으리라는 것은 충분히 예상 가능하다. 그러므로 연개소문과 그 맏아들 남생도 그 세력 근거지에 사병을 거느리고 있었을 것이다.

이렇듯 영지 내의 주민을 정치적으로 다스렸을 뿐 아니라 사병을 거느리고 대외 전쟁에도 참가한 영주들과 국왕 간의 관계는 무조건적인 주종이 아니라 필요에 의한 상호보완적 주종관계였다고 할 수 있다. 따라서 5부의 대귀족은 고구려 국가의 중대한 정치문제를 결정하는 국중대회에 참가할 권리를 가지고 있었으며 재판권까지도 보유하게 되었던 것이다.

특히 국왕이 임무를 저버린 경우 영지의 지배자가 국왕을 시해했음을 전하는 자료가『삼국사기』고구려본기 차대왕 20년(165)조에 보인다. 이를 보면 연나부의 조의였던 명림답부는 차대왕이 너무 포악하여 시해하고 다음 해에 국상이 되어 고구려의 군사권을 맡기에 이르렀다. 이는 국왕과 연나부 귀족 지배자가 무조건적인 주종관계에 있지 않았음을 보여주는 대표적인 예이다.

신하가 국왕을 시해한 예는 역시 고구려본기 모본왕 4년(53)조에서도 보인다. 즉 두로(杜魯)라는 자는 포악하여 사람 죽이기를 좋아하는 모본왕을 시해했다. 두로가 어떤 인물인지 밝혀져 있는 것이 없으나 국왕을 가까이 받들던 근신으로서 왕의 포악성으로 인해 자신도 죽음을 당할까 두려워하여 국왕을 시해한 것으로 보인다.

두로에 관한 기사로 보건대 모본왕을 시해할 당시 두로는 군신관계를 맺고는 있었으나 관료가 아니고 모본지방에 근거지를 두고 있었던 듯하다. 그렇다고 해서 모본지방을 다스린 영주까지는 아니었던 것으로 보인다.

두로의 예에서 보았듯이 국왕을 가까이 받드는 근신조차 국왕의 포악성에 저항하여 국왕을 시해할 정도였으므로 연나부의 조의였던 명림답부가 국왕을 시해한 것은 이해하기 어렵지 않다. 국왕을 시해한 두로와 명림답부의 사건 간의 관련성을 찾는다면, 영지의 지배자는 국왕에게 무조건 복종만 한 것이 아니고 국왕으로서의 임무를 이행할 것을 요구할 수 있었고 이 때문에 근신이었던 두로조차 국왕을 시해하게 되었다고 풀이할 수 있다.

이러한 제도적 장치가 마련되어 있었기 때문에 봉상왕 9년(300) 국상인 창조리가 정치를 그르친 국왕의 실정을 지적했음에도 뉘우치지 않자 여러 신하들과 더불어 국왕을 폐위시키고 마침내 국왕을 자살케 했던 것이다.

결국 영주와 국왕 간의 관계는 중앙집권적 전제군주제에서 흔히 나타나는 그런 명령 복종관계가 아니고 독립된 개체를 인정하는 형태의 주종관계였다고 할 수 있다.

이러한 대귀족의 남다른 성격에 비추어 볼 때, 이들을 지방에 땅을 많이 가지고 있는 대토지 소유자(지주)로만 보아서는 안 될 것이다. 이들을 원시적인 귀족세력으로 보아야 한다는 주장도 적지 않으나 이 또한 적절하지 않음은 물론이다. 그러면 이들을 무엇이라고 표현해야 할 것인가. 살펴본 대로 말하면 봉건영주였다고 표현하는 것이 합리적일 것이다.

그렇다면 다음으로는 고구려에서 이러한 영주제도가 나올 수밖에 없었던 역사적 배경을 몇 가지로 나누어 살펴보기로 하자.

① 역사적으로 고구려를 형성한 맥족 사회에는 특이한 귀족적 민주주의라 할 수 있는 제도가 있었다는 것을 먼저 들 수 있다. 같은 맥족에 의해 고구려보다 먼저 세워진 부여에도 이와 관련된 제도가 있었음을 『삼국지』 위지 부여전에서 볼 수 있다. 즉 국왕은 전제권력으로 재판을 하지 않고 귀족 민주주의적 협의를 존중하는 국중대회에서 판결이 이루어졌다는 기사가 그것이다.

같은 부여전에는 "부여의 옛 풍속에 일기가 불순하여 오곡이 잘 여물지 못하면 그 책임을 왕에게 돌려 왕을 바꾸어야 한다고 하기도 하고 또는 왕을 죽여야 한다고 하기도 했다”는 기사도 있다. 이는 귀족적 민주주의가 전통적으로 강하여 국왕의 전제권이 확립되지 못했음을 보여 준다. 그러다 보니 국왕을 세울 때도 대귀족이 서로 협의하는 것이 전제로 되었던 것이다.

많은 논자들은 부여에서 국왕권이 이렇게 약했던 것은 국왕이 부족장들의 선거로 뽑힌 부족연맹장이었기 때문이라고 설명해 왔지만 실제로 선거로 왕을 뽑았다는 기사가 없는 만큼 그 근거는 명확하지 않으며 따라서 부여의 왕권이 미약한 이유를 밝혔다고 할 수 없다. 오히려 앞서 보았듯이 맥족 사회의 특성인 귀족적 민주주의가 부여에서 전통화되어 있었기 때문으로 보아야 할 것이다.

이는 같은 맥족의 뿌리에서 갈라져 나온 고구려도 마찬가지였고 여기에서 영주제가 자리를 잡게 되었다고 보아야 할 것이다.

② 영주제의 실시에는 고구려 왕조가 전국을 완전히 지배할 경제력을 확보하지 못한 것과도 관련이 있다. 널리 확장된 국토를 중앙집권적 체제로 다스리려면 그에 필요한 제도와 조직, 예컨대 중앙집권적 관료제와 관료기구, 중앙집권적 군사제도와 군사조직 등이 필수적이다.

그런데 여기에는 이를 뒷받침할 국가경제력이 있어야 하는데 고구려 왕조는 건국 후 얼마 동안 이러한 경제력을 갖추지 못한 실정이었다. 이에 따라 고구려 왕조는 기존 5부 귀족의 정치적 세력을 포함한 지방의 토호세력 및 피정복 지역의 토착세력 등을 장악했으면서도 이들의 존재를 인정하여 이들의 정치·경제·군사력 등을 그대로 유지하도록 허용함으로써 이를 유리하게 이용하려고 했던 것으로 보인다.

다시 말해 고구려 국왕은 기존 귀족들의 세력을 효율적으로 이용하여 간접적으로나마 전국을 통치하려고 했던 것이다. 당시 고구려의 발전상에 비추어 볼 때 이 같은 통치방법은 가장 현실적인 방법이었을 것이다. 그리하여 고구려 국왕은 5부의 대귀족과 지방의 토착세력을 중앙집권적 관료가 아닌 영주로 인정하되 외형상으로는 이들과 군신관계를 맺게 되었던 것이다.

③ 고구려 국왕은 5부의 대귀족 등을 완전히 복속시키지 못한 가운데 통합전쟁을 계속해야 했고, 따라서 전쟁수행에 필요한 단합을 위해서는 영주제를 취해야 했다. 시대적인 요구였던 것이다.

아다시피 기원전 37년 계루부는 소노부를 대신하여 정권을 잡긴 했으나 소노부 등 4부를 직접 통치할 수 있는 직할지로 만들 만한 힘을 가지지 못했다. 동부가 국왕이 속해 있던 계루부보다 위치면에서 우월했다는 것은 이를 잘 보여 주는 예이다. 그런데다가 빈번한 침략세력과의 전쟁은 5부 등 지방세력의 단합을 절실히 요구하였다. 여기서 지방세력을 단합하는 데 가장 효과적인 방법이 이들을 영주로 봉하는 것이었다. 따라서 국왕은 5부의 세력을 완전히 지배할 수는 없었으나, 5부 모두 침략세력과 맞서는 긴박한 입장에서 강고히 단합해야 했기 때문에 이들간의 모순은 밖으로 드러나지 않았다.

고구려의 발전과정에서 시대적 요청에 의해 등장한 이 영주제는 중앙집권체제가 강화됨에 따라 중앙집권적 제도권 안으로 점차 들어오게 되어 개편을 보게 되었는데 이 점에 대해서는 따로 다루겠다.

다음에서는 고구려에서 왕실과 영주가 유대관계를 맺게 해 준 것이 무엇이며 또한 영주가 왕실로부터 완전히 이탈하여 분권화에 이르지 못한 원인이 구체적으로 어디에 있었는가에 대해서 살펴보겠다.

2. 제가평의회의 기능

고구려에서 중앙집권화를 바라는 왕권과 지방분권화를 염원하는 영주 사이의 모순이 때로 국왕 살해로까지 나타났음에도 끝내 영주는 분권화에 이르지 못하고 왕권과의 결합이 오래 유지되었다. 이것은 고구려 영주제의 특징이기도 하다.

이처럼 국왕과 영주가 완전히 대립하여 파국으로까지 치닫지 않았던 것은 맥족 사회에 전통으로 뿌리를 내렸던 귀족 민주주의적 합의체 기구인 제가평의회(諸加評議會)가 잘 유지되었기 때문으로 보인다.

이와 관련하여『삼국지』와『후한서』고구려전을 보면, "죄인이 있으면 모든 가(加)들이 평의하여 죽이고 그의 처자를 잡아다 노비로 만든다"는 자료가 있다. 이로 보건대 고구려에서는 '가(加)'라 불린 모든 귀족들이 죄인의 범죄 행위를 재판하여 판결한 것으로 보인다.

그렇다면 귀족들은 나라의 중대한 사건을 직접 평의 과정을 거쳐 결정했으리라 보아도 좋을 것이다. 귀족들의 평의제도는 이미 부여에서도 실시된 관례가 있음을 앞서 지적한 바 있다. 부여와 고구려의 귀족평의제도는 성격상 같아 귀족주의적 민주제도였다고 할 수 있다.

역사상 고대시대로 올라갈수록 민주주의란 계급적 한계성을 떠나서 존재할 수 없고, 따라서 고구려의 귀족적 민주주의도 바로 귀족을 위한 귀족만의 민주주의이므로 피지배계급 전체의 이익과는 관련이 있을 수 없다. 고구려의 귀족 민주주의적 합의체인 제가평의회는 바로 고구려 귀족계급의 권익만을 위한 그런 민주주의였던 것이다.

그러면 제가평의회에 참가하는 '가'는 어떤 사람이었는가.

우리의 고대어로 어른을 나타내는 '간(干)'·'한(汗)'에서 'ㄴ'음이 떨어진 '가'[6]의 예를『삼국지』위지 고구려전에서 찾아보면, 왕실종족의 대가와 소노부의 적자 상속자를 고추가라 했고 왕실과 혼인관계를 맺은 절노부의 대가도 고추가라고 하였다.

이로 보건대 고구려 5부 귀족의 대표자가 대가, 왕실종족 및 소노부와 절노부의 대표자가 고추가로 불렸음을 알 수 있다. 이 외에 순노부와 관노부의 귀족은 가 또는 대가로 불렸다고 할 수 있다. 그렇다면 '가'는 5부 귀족의 대표자 이외의 사람을 부른 칭호라고 보아야 할 것이다.

그러면 제가평의회에 참가했다는 '가'의 범위는 어디까지였을까. 분명하지는 않으나 '가'라고 불린 인물은 모두 참가하지 않았을까 여겨진다.

---

6)『고구려역사』, 170쪽.

그런데 5부에 속하지 않은 귀족 가운데 고추가란 칭호를 받은 인물도 있었음을 볼 수 있다. 대표적인 예를 들면 74년(태조왕 22) 수나국을 치고 사로잡은 왕자 을음을 고추가로 삼은 사실이 있다. 이러한 고추가도 제가평의회에 참가했는지 알 수 없으나 제가(諸加)란 말이 분명히 있는 것으로 보면 고추가란 칭호를 받은 을음 같은 인물도 참가했다고 보아야 할 것 같다.

다음에는 이 제가평의회는 어떤 문제를 결정짓기 위해 열렸는가에 대해 알아보겠다.

① 제가평의회에서는 사형수를 재판하고 판결을 내렸다. 사형을 판결받은 죄인이란 귀족 중심의 통치를 반대했거나 반란을 일으킨 그런 사람을 두고서 하는 말이다. 이로 보면 고구려의 귀족 민주주의적 합의체 기구인 제가평의회는 귀족계급의 권익을 지키기 위한 의도에서 구성된 것이라고 할 수 있다.

② 제가평의회에서는 왕위 계승 등 국가의 비중 있는 문제도 토의과정을 거쳐 결정한 것 같다. 『삼국지』위지 고구려전을 보면 신대왕[백고]의 맏아들인 발기(拔奇)가 변변치 못해 나라 사람들이 둘째아들 이이모를 왕으로 세웠다는 기사가 있다.

여기에서의 '나라 사람'이란 왕위계승 문제를 결정하는 데 참가할 수 있는 사람이라고 보아야 할 것이다. 그렇다면 대귀족이 분명하며 이들이 왕위 계승을 결정했다는 것은 제가평의회에서 결정했다는 것을 말하는 것이다.

고구려 역대 국왕의 즉위 문제가 전부 제가평의회의 토의를 거쳤는지 알 수 없으나 『삼국사기』에서 관련 기사를 보면 왕위계승 문제가 순조롭게 해결되지 않을 때만 제가평의회에서 이 문제를 결정지은 것으로 보인다.

③ 제가평의회에서는 등용할 관리를 추천한 것으로 보인다. 『삼국사기』고구려본기에 전해지고 있는 관련자료를 보면, 고국천왕은 재위 13년

(191) 4부(계루부가 제외됨)에 명령을 내려 인재를 추천하라고 했는데 4부는 동부의 안류(晏留)라는 인물을 추천했다.

이 자료대로라면, 국왕은 인재를 등용할 때 주어진 사정에 따라 4부 귀족 집단에서 협의하여 추천하는 사람을 관리로 기용했을 것이다. 4부에서 공동으로 추천했다는 것은 제가평의회에서 추천 대상자를 결정했음을 말하는 것이라고 할 수 있다. 당시 4부의 추천을 받았던 안류는 자신이 적격자가 아니라는 이유를 들어 서부의 을파소를 추천하였다. 그렇게 해서 등용된 을파소는 바로 지금의 수상에 해당하는 국상이 되었다. 아마 안류가 등용되었다면 바로 그 국상 자리였을 것임이 분명하다.

그런데 제가평의회에서 관리로 쓸 인물을 결정, 추천했음을 보여 주는 자료는 더 찾아보기 힘들다. 그렇다면 안류의 경우는 오히려 특수한 예가 아닐까 한다. 실제로 고국천왕이 관리로 쓸 인재를 4부에서 추천하라고 지시한 것은 특수한 사정이 있었다.

즉 신대왕의 맏아들인 발기가 왕이 되지 못한 데 불만을 품고 고구려에 반역을 일으켰고 이 혼란을 틈타 소노부는 계루부로부터 일찍이 빼앗긴 정권을 되찾을 목적으로 역시 고구려에 대한 반란을 일으켰던 것으로 보인다. 소노부가 반란을 일으킨 것이 사실이라면 고국천왕 즉위년에 고구려는 두 차례나 국가적 위기를 맞이했다고 해야 할 것이다.

그런데다 고국천왕 13년, 왕후의 친척으로서 권력을 쥐고 있던 중외대부(中畏大夫)인 어비류(於畀留)와 평자(評者)인 좌가려(左可慮)의 자제들이 다른 사람의 집과 토지 등을 빼앗는다는 사실을 알게 된 고국천왕이 이들을 죽이려 하자 이들은 4연나(四椽那)와 더불어 반란을 일으켰다.

즉시 진압되기는 했으나 이들 반란군은 수도인 국내성까지 침공하였다. 고국천왕이 국상 적임자를 추천하라고 지시한 것은 반란 이후 고구려를 재건하는 임무를 맡아볼 국상을 거국적으로 찾아내어 등용하려는 데서 비롯되었다고 할 수 있다.

좌가려 등의 반란이 고구려에 얼마나 타격을 입혔는지『삼국사기』에서

는 찾아볼 수 없으나,『삼국지』고구려전에는 상당히 심각했음을 보여 주
는 자료가 있다. 즉 " 이이모(伊夷模 : 고국천왕)가 다시 새 나라[신고구
려]를 만드니 지금 고구려가 있는 곳이다"는 것이 그것이다. 이 자료는
특히 좌가려의 반란 사건으로 고구려가 거의 붕괴되었다가 다시 소생되
었음을 알게 해 준다. 고구려를 소생시킨 것은 을파소가 국상이 된 지 3
년째 되는 해에 실시된 진대법이라고 할 수 있다.

결국 고국천왕의 지시에 따라 4부가 국상이 될 인물을 추천한 것은 비
상정국이라는 긴박한 상황하에서 이루어진 특수한 경우라고 보아야 할
것이다. 더군다나 추천을 받은 안류가 국상에 취임하지 않았다는 것은 제
가평의회가 관리를 추천할 권한을 가지고 있었으나 추천을 받은 인물이
반드시 국왕에 의해 관리로 등용된 것은 아니었음을 보여 주는 것이 아
닌가 한다.

그렇다면 고구려의 귀족들이 국가의 중대사를 토의한 것은 사실이나
고구려 국왕이 꼭 이 제가평의회에 끌려다녔던 것은 아니고 최종 단계의
결정권은 국왕이 쥐고 있었지 않았을까도 생각된다. 그렇더라도 어쨌든
제가평의회가 국가의 중대사를 토의·결정했다는 것은 국왕 혼자서 국가
의 중대사를 처리할 수 있도록 허용하지 않았음을 말한다. 고구려 국왕은
절대적인 전제권력을 가지고 있지 않았던 것이다.

이러한 제가평의회의 존재는 국왕 절대권의 전제제도에 비해 당시의
고구려에는 매우 유리했다고 볼 수 있다. 왜냐하면 고구려가 발전하는 데
합리적인 대책이 나오려면 귀족들의 충분한 협의가 필수적이었기 때문이
다.

고구려 국왕은 국가의 발전에 큰 도움이 된 귀족들의 합의체 기구인
제가평의회와 긴밀한 유대관계를 맺음으로써 5부 간의 모순과 대립을 예
방하거나 조절했던 것으로 보인다.『삼국사기』고구려본기를 통해 보아
도 5부 간에는 영지 확장을 위한 싸움이 있었다는 기사가 없는데, 이는
고구려의 국왕이 평소 5부의 합의체 기구와 깊은 관련을 맺고 있는데다

귀족 상호간에 견제조치가 마련되어 귀족적 민주주의가 뿌리를 내렸기 때문이라고 할 수 있다.

따라서 중앙집권을 지향하는 국왕과 지방분권을 이루려는 영주 간의 모순과 대립이 표면화될 빌미는 제가평의회의 민주적 기능에 따라 합리적으로 조절되어 미리 방지된 것으로 보인다. 이 제가평의회는 이후 6세기 말부터 본래의 기능을 상실한 듯하며 이 점은 따로 다루기로 한다.

그런데 제가평의회에 의해 국왕의 전횡이 견제되었다고 해서 고구려 국왕의 지위가 낮아진 것일까. 앞서 지적하였듯이 고구려 국왕은 영주에게 왕이라는 칭호를 주었다. 이로 보면 고구려 국왕은 여러 왕들과는 격을 달리하는 최고의 통치자로서 그들을 예속하에 두고 지배한 것이 틀림없다. 그러면 여러 왕들은 최고 주권자인 국왕을 어떻게 불렀을까.

왕으로 불린 여러 존재는 자신들을 지배하는 국왕을 격을 높여 불렀을 가능성도 있다. 이와 관련하여 『삼국유사』 고구려조를 보면 시조 주몽이 '동명성제'로 불렸음을 전하는 기사가 있다. 이는 고구려 국왕이 당시 최고 통치권자인 황제로 불렸거나 고구려 시대 고구려의 국왕을 격을 높여 황제로 표현했음을 뜻하는 것이다. 그러나 『삼국사기』 고구려본기에 황제라는 표현이 한 군데도 없는 것으로 보아 고구려 국왕을 특별히 격상시켰다고 보기에는 어려운 점이 있다.

3. 중앙집권화 정책

고구려 왕실은 제가평의회를 유지함으로써 국왕과 영주의 모순을 미리 조절하여 국론의 분열을 막는 한편, 영주들을 왕권에 복종시키기 위한 대책을 다각도로 마련하였다. 그 첫번째 예를 보면, 고구려 왕실은 관료체제를 강화하기 위하여 계루부를 제외한 4부 출신의 가신적 인물들을 관료로 발탁하여 국왕 직속의 신하로 만들어 나가는 데 힘을 기울였다.

이와 관련하여 『삼국사기』 고구려본기를 보면 4부 출신의 인물들이 고구려 왕조의 비중 있는 벼슬자리에 임용된 사실을 전하는 자료가 많다. 이를 연대순으로 정리하면 다음과 같다.

차대왕 2년(147) 관나패자(貫那沛者) 미유(彌孺)를 좌보(左輔)로 삼음.
신대왕 2년(166) 연나조의(椽那皂衣) 명림답부(明臨答夫)를 국상으로 삼음.
고국천왕 13년(191) 4부에서 추천한 안류(晏留)에게 국상을 맡기려 함.
동천왕 4년(230) 명림어수(明臨於漱)를 국상으로 삼음.
중천왕 7년(254) 비류패자(沸流沛者) 음우(陰友)를 국상으로 삼음.

위 자료에서 보듯이 고구려 국왕은 영주의 가신적 인물에게 최고의 벼슬자리를 줌으로써 이들을 관료화하여 왕권에 복종시켜 왕권을 영주들에게 넓혀 나간 것으로 보인다. 이렇게 함으로써 국왕은 자신의 권력을 점차 전국적으로 넓혀 나가는 유리한 발판을 마련했다고 생각된다.

두번째 예를 보면, 고구려 왕실은 4부의 영주들과 혼인관계를 맺어 이를 통해 주종관계를 강화시키려고 노력했다. 이와 관련하여 『삼국지』 위지 고구려전을 보면, 고구려 왕실은 대대로 절노부와 혼인관계를 맺어 절노부는 고추가란 칭호를 받았다는 기사가 있으나 『삼국사기』 고구려본기를 보면, 반드시 절노부하고만 혼인관계를 맺은 것은 아니었다.

그 몇 가지 실례를 찾아보면, 유리왕의 왕후는 소노부 송양왕의 딸, 고국천왕의 왕후는 제나부(提那部) 우소(于素)의 딸이며, 중천왕의 왕후는 연(椽)씨인데 관나부 여인을 첩으로 삼으려 한 사실이 있으며, 서천왕의 왕후는 서부의 사자인 간수(干漱)의 딸이었다.

이렇듯이 고구려 왕실은 영주들과 혼인관계를 맺어 혈연적으로 인척관계를 형성, 영주들을 왕권에 복종시켜 나가는 데 유리한 기반을 마련했다고 볼 수 있다.

이러한 두 가지 정책은 고구려 왕실이 분권적 지방영주의 세력을 왕권으로 흡수하는 데 큰 도움이 되었다고 할 수 있다. 그런데도 왕실과 영주,

또는 영주 간 대립 등의 모순을 이 두 가지 정책만으로는 근본적으로 해결하기 힘들었다. 그 두 가지 예를 들어보면 다음과 같다.

앞에서 보았듯이 165년 연나(椽那)의 조의인 명림답부는 무도하기 짝이 없는 차대왕을 시해했는데 이는 연나부와 왕실, 또는 연나부와 환나부의 모순이 얽혀 빚어진 것으로 보인다. 죽음을 당한 차대왕을 계승한 인물은 그의 막내아우이고, 그를 왕으로 추대한 사람은 환나의 우태(于台)로서 좌보라는 벼슬을 하고 있는 어지류였다.

그런데 이 시해사건은 왕실과 연나부의 권력투쟁으로도 볼 수 있다. 이는 『삼국사기』 고구려본기 신대왕 2년조에 명림답부의 시해사건을 명림답부의 '난(難)'이라 규정지었고, 이 난으로 말미암아 차대왕의 태자 추안(鄒安)이 몸을 피했다가 신대왕의 대사면 소식을 듣고 비로소 궁궐에 나타났다는 기사가 보이기 때문이다.

한편으로 이 시해사건은 연나부와 환나부의 격렬한 권력다툼으로도 볼 수 있다. 이는 차대왕의 동생인 백고(伯固)를 신대왕에 추천한 환나부 출신의 어지류가 다음 해(166년) 연나부 출신의 명림답부에게 정권을 빼앗긴 사실이 역시 같은 신대왕 2년조에 전해지고 있기 때문이다.[7]

이로 보건대 연나부와 환나부 사이에는 권력투쟁이 격렬하게 일어났던 것으로 짐작된다. 『삼국사기』는 이 투쟁 사실을 너무 간단히 처리하고 있으나 대수롭지 않은 가벼운 사건이 아니었음을 알아야 할 것이다.

---

7) 좌보 벼슬을 하고 있던 어지류는 차대왕이 시해를 당하자 여러 벼슬아치와 의론하여 백고를 신대왕에 옹립했으나 차대왕을 시해한 명림답부에게 정권을 빼앗겼다. 『삼국사기』 권16, 고구려본기 신대왕 원년과 2년조를 보면, 신대왕은 명림답부의 작위를 올려 패자로 삼고 고구려의 모든 군사권을 그에게 맡겼다. 연나의 조의였던 명림답부에게 패자로 작위를 올려준 것은 그가 신대왕의 직속관리가 되었음을 말한다. 그리하여 그는 고구려의 군사권을 장악하게 되었으며 더 나아가 국상까지 되었던 것이다. 고구려에서 국상 벼슬이 처음 생긴 것은 신대왕 2년인데 그 이전에는 좌보와 우보가 있었다. 좌·우보가 국상으로 개정된 것은 어지류를 정권에서 밀어내고 명림답부를 정권의 떠오르는 새 별로 만들고자 한 데서 비롯된 것으로 보인다.

봉상왕 9년(300)에는 남부 출신의 대사자인 창조리(倉助利)가 국상으로서 여러 벼슬아치와 공모하여 백성들을 돌보지 않는 봉상왕을 몰아내었고, 왕은 살해될 것을 예상하여 자살하였다. 그의 두 아들도 그를 따라 죽음을 택했다.

이처럼 창조리가 국왕을 왕자리에서 내모는 과정에 왕자들까지 스스로 죽음을 택한 것을 보면 왕궁을 중심으로 지배층 간에 격렬한 권력 다툼이 있었던 것으로 보아야 할 것이다. 봉상왕이 왕자리에서 쫓겨난 것이 단순히 그의 실정 때문이라면 그의 두 아들은 자살할 필요가 없었기 때문이다.

결국 두 아들의 자살은 봉상왕을 폐위시킨 명분으로 실정을 내걸기는 했으나 사실은 영주들이 자기 세력을 왕궁으로 확장하려는 데서 빚어진 것임을 반증하는 것이다. 봉상왕이 자신의 실정을 지적하는 창조리의 건의를 받고 나서 창조리에게 답한 말이 같은 봉상왕 9년조에 보이는데 이를 보면, "임금이란 백성들이 우러러보는 바인데 궁실이 장엄하고 화려하지 못하면 위엄을 보일 수 없다"는 것이다.

흉년이 들어 고구려 백성들이 살기 힘든데도 봉상왕이 자신의 권위를 나타내 보이기 위하여 궁실을 수리하고자 백성들을 동원한 사실로 보면 영주들을 권위로 복속시키려 한 것이 분명하다. 봉상왕의 이러한 권위주의적 태도에 강하게 반대하고 나선 인물이 바로 국상 창조리였을 것이다.

이는 전제화를 지향하는 국왕과 이를 저지하려는 영주 간에 다툼이 격렬했음을 나타낸 것이라고 할 수 있다. 아무튼 봉상왕의 전제화 시도가 벽에 부딪친 것은 영주의 분권적 특성으로 보아 있을 법한 일이다.

영주들은 자신들의 세력을 유지하거나 확장하기 위하여 국왕의 강력한 전제화에는 반발하고 나섰으나, 한편으로는 국왕의 전통적 권위에 의존하는 편이 자신들의 세력 유지에 유리하다고 판단하면 서슴 없이 국왕에게 의존하는 경향을 강하게 나타내곤 했다. 이것이 국왕과 영주, 또는 영주 상호간의 대립 등 모순을 자연스레 조절하여 분립 현상을 막을 수 있었다. 아다시피 고구려는 전 역사기간을 통해 북방민족의 침략을 빈번하게 받았기 때문에 영주들의 분립은 자신의 유지에 도움이 되지 않는다고 판단하였고 이에 따라 결국 전통적 최고 통치권자인 국왕을 중심으로 단결하는 길을 택하였던 것이다.

이와 관련하여 『삼국사기』 고구려본기를 보더라도, 미천왕 재위(301~331) 이후 고구려 왕실과 영주, 또는 영주들 간에 권력다툼이 있었음을 전하는 기사가 없다. 권력다툼에 대한 기사가 다시 등장한 것은 300년이나 지난 642년(영류왕 25) 연개소문의 정변 때였다. 이는 무엇을 뜻하는가.

이는 미천왕 이후 고구려에서 중앙집권이 강화되어 군신관계 등 정치적 질서의 주종관계가 매듭지어졌음을 나타낸 것이라고 풀이할 수 있다. 이 같은 역사적 현상이 이루어졌음을 보여 주는 몇 가지 대표적 예를 들어보기로 하겠다.

302년 미천왕이 군사 3만을 거느리고 현도군을 침공한 것을 비롯하여 313년 낙랑군 공략, 314년 대방군 공략, 315년 현도성 공략 등 중국의 해외 식민군에 대한 공략 사건이 말해 주듯이 미천왕이 직접 고구려군을 이끌고 공략 사건을 일으킬 수 있었던 것은 미천왕 때부터 고구려 국왕이 고구려의 전 군사권을 완전히 장악했기 때문에 가능했던 것으로 본다.

고구려 국왕의 이러한 군사권 장악은 중앙집권의 강화를 의미하고, 왕권강화를 반대하는 반대세력이 나오지 않는 한 중앙집권화는 더욱 순조롭게 진행되었다. 그리고 미천왕을 계승한 고국원왕 때 중앙집권이 마무리되었음을 『삼국사기』 고국원왕 재위시의 기사를 통해 살필 수 있다.

342년(고국원왕 12) 모용황은 고국원왕의 왕모와 왕비를 납치한 것으로 그치지 않고 미천왕의 시체까지 파가는 등 갖은 만행을 저질렀다. 이 같은 만행은 전쟁을 치르는 과정에 흔히 나타나는 그런 사건이 아니고 직접 중앙집권적인 고구려 국왕으로부터 항복을 받아내기 위한 계산에서 나온 것이었다.

고구려에서 지방분권화가 계속 유지되고 있었다면 모용황의 그 같은 만행은 고구려로부터 아무런 소득도 얻어낼 수 없었을 것이다. 고국원왕의 항복을 끌어내기 위하여 치밀한 계산하에 이런 만행을 저질렀다는 데 조금만 관심을 갖는다면, 고국원왕 때부터 고구려의 국왕이 영주들의 세력을 완전히 장악하여 완전한 형태의 군신관계로 만들어 놓았음을 모용황이 알고 있었다고 추론해 봄직하다. 371년(고국원왕 41) 고국원왕이 평양성을 침공하는 백제군을 직접 막다가 전사한 것도 위의 추론과 관련이 없다고 할 수 없다.

실제로 미천왕 때부터는 국왕과 그 동생 등 왕실 간에 정권다툼이 일어났다는 기사를 『삼국사기』 고구려본기 어디에서도 찾아볼 수 없을 뿐 아니라 영주의 세력으로서 국왕에 직접 예속된 중앙관리의 이름도 찾아보기 힘들다. 이처럼 미천왕 때부터 고구려 왕실에서 권력쟁탈이 발생하지 않은 데다 영주의 세력이 국왕에 복속됨으로써 국왕은 정치와 군사 방면에 걸쳐 중앙집권체제를 강화하여 직접 군사를 이끌고 중국의 식민세력을 몰아낼 수 있었던 것이다.

이뿐 아니다. 468년(장수왕 56) 왕이 직접 말갈 군사 1만을 이끌고 신라의 실직성(삼척 일대)을 점령한 것은 고구려 국왕이 고구려의 군사권을 완전히 지배한 것은 물론이고 북방민족으로서 고구려의 영토 안에서 살고 있던 말갈족까지 정치·군사적으로 완전히 복속시켰음을 보여 주는 좋은 예라고 하겠다.

장수왕이 말갈군을 대외전쟁에 동원한 것은 위험 부담이 있기는 하였으나 고구려 국왕이 이들 말갈족까지 완전히 지배하고 있다는 역사적 사실을 대외에 알리는 선전 효과가 훨씬 컸을 것이다.

일시 넓은 영토를 국왕 중심의 중앙집권적으로 통치하기 힘들었던 사정으로 대두된 고구려의 영주제도는 영주와 국왕, 또는 영주 상호간의 대립 등 모순을 빚어내기도 하였으나, 중국 침략세력을 막거나 몰아내야 했던 일련의 상황으로 지방분권화를 지향한 영주세력은 종국에는 국왕을 중심으로 단합하게 되었다. 따라서 영주제도는 고구려의 왕권이 강하지 못했던 시기에 국왕이 넓은 영토를 간접적으로 통치하는 데 큰 도움이 되었고, 그러한 견지에서 고구려의 발전과 관련지어 긍정적 평가를 받을 만하다.

제2절 중앙의 관료제도

고구려 왕실은 광대한 영토를 직접 통치할 수 없는 동안 영주를 통해 간접적으로 통치하는 한편 국왕이 직접 통치할 수 있다고 여겨지는 지역이 있으면 이를 지방 행정구역으로 편입하여 성읍을 두고 이 곳에 관리를 파견하여 통치케 하는 등 중앙집권적 관료제도를 점진적으로 실시함으로써 왕권을 차츰 강화해 나갔다.

국왕은 자신이 직접 관할하고 있는 지역의 통치를 원활히 하기 위해 중앙에는 중앙 통치기구, 지방에는 지방 통치기구를 각기 설치하고 국왕 직속의 관료를 파견하여 통치케 했다. 그리고 관료 상호간에 계급적 질서를 엄격히 유지하기 위해 관료의 등급을 법으로 정해 놓은 동시에 계급 신분관계를 매우 복잡하게 만들어 놓았다. 고구려 국가의 발전에 따라 중앙의 통치기구와 관료제도는 발전을 거듭해 나갔다. 그러나 실제적으로는 이를 밝혀줄 만한 구체적 자료는 나와 있지 않다. 그러므로 문헌에 단편적으로 전해지고 있는 관직과 품계의 이름만으로 그 발전상을 더듬어 볼 수밖에 없다.

여기서 먼저 해야 할 것은 각종 문헌에 실려 있는 관직과 품계 자료를 정리하는 일이다. 『삼국사기』와 중국의 역사문헌에는 전해지는 고구려의 관직과 품계는 서로 혼동되어 있기 때문이다. 실제로 이들 자료만 갖고 보면, 관직과 품계가 구분되지 않아 고구려의 통치제도가 발달하지 못한 것으로 생각하기 쉽다. 남한의 고구려 역사 연구자는 고구려가 중국의 식민문화라는 그늘 밑에 있다가 2~3세기에야 고대국가를 형성하였고 완전한 통치제도를 갖추지 못했다는 주장을 내놓고 있다. 과연 그러한 것일까.

고구려의 관제와 관련하여 중국의 『삼국지』와 그 이후에 만들어진 역사책에 나오는 고구려 관제를 비교해 보면 관제상의 변화를 엿보게 한다. 『삼국지』 위지 고구려전에는 고구려의 관직 이름이 보이는데, 상가(相加), 대로(對盧), 패자(沛者), 고추가(古鄒加), 주부(主簿), 우태(優台), 승(丞), 사자(使者), 조의(皂衣), 선인(先人) 등 10등급이 그것이다.

그러나 등급의 벼슬 이름만 전할 뿐 그 기능 따위는 밝혀져 있지 않다. 그저 10등급의 벼슬 가운데 대로와 패자의 관계만이 언급되어 있다. 즉 패자라는 벼슬을 두면 대로라는 벼슬을 두지 않고 대로라는 벼슬을 두면 패자라는 벼슬을 두지 않는다는 것이다.

그런데 여기서 분명히 가려야 할 것이 있다. 그것은 『삼국지』에 실려 있는 10등급의 벼슬이 과연 고구려의 벼슬이 틀림없겠느냐는 것이다. 『삼국지』 이후의 중국 역사책에 실린 고구려의 벼슬 이름을 통해 보면 『삼국지』가 전하고 있는 벼슬은 품계와 혼동되어 있다. 그러므로 『삼국지』에 실린 명칭은 고구려의 통치기구와 관료제도를 구체적으로 알아보는 데 오히려 큰 지장을 초래하고 있다.

그러면 4세기 초 『삼국지』에 전해진 고구려의 벼슬 이름을 가리기 위해 『삼국사기』를 통해 4세기 초까지의 벼슬 이름을 살펴보기로 하겠다. 『삼국사기』 고구려본기에서 보이는 벼슬 이름과 품계 이름을 연대순으로 정리하면 다음과 같다.

『삼국사기』를 통해 본 고구려의 관직과 품계를 나열하면 18개가 되는데, 대신·우태·고추가·부장·조의·주부[대주부]·중외대부·대부·패자·국상[대보 : 좌·우보]·평자·사자·구사자·대사자·대가·소형

· 대형 · 장군 등이 그것이다. 이처럼 『삼국사기』에서도 고구려의 관직과 품계를 섞어 놓아 구분할 수 없게 되어 있다.

고구려의 관직과 품계

시　　대	중앙관직 및 품계	지방관직
동명왕(기원전 37~ 기원전 19)		
유리왕(기원전 19~ 기원 18)	대보(大輔) · 장군	
대무신왕(18~44)	좌보(左輔) · 우보(右輔) · 대신(大臣) · 사자(使者) · 부장(部長)	
모본왕(44~53)		수(守)
태조왕(53~146)	패자(沛者) · 우태(于台) · 좌보 · 우보 · 조의(皂衣) · 대주부(大主簿) · 고추가 · 중외대부(中畏大夫)	
차대왕(146~165)	좌보 · 우보 · 우태 · 대주부 · 중외대부 · 조의(皂衣)	
신대왕(165~179)	국상(좌 · 우보를 국상으로 고침) · 주부 · 대가(大 加)	
고국천왕(179~197)	중외대부 · 평자(評者) · 우태	
산상왕(197~227)	국상	
동천왕(227~248)	우태 · 국상 · 주부 · 대가 · 구사자 · 대사자	
중천왕(248~270)	상(相) · 국상 · 패자	
서천왕(270~292)	대사자 · 국상	재(宰)
봉상왕(292~300)	소형(小兄) · 대형(大兄) · 대사자 · 대주부	태수(太守)
미천왕(300~331)	국상 · 고추가	재(宰)

(『삼국사기』, 고구려본기에 의함)

　고구려의 관직과 품계를 구분짓지 않았다는 점에서 『삼국사기』도 『삼국지』와 별다른 점이 없다 하겠으나, 혼동된 관직과 품계만 전한 『삼국지』에 비해 『삼국사기』는 이와 관련된 기사를 싣고 있는 것이 돋보인다.

아무튼 고구려 관직의 기능을 살펴보려면 『삼국사기』에 실린 관직과 관련된 기사를 정확히 검토해야 할 것이다. 이렇게 할 때 고구려의 통치제도 또는 관료기구의 윤곽이 어느 정도 밝혀질 수 있을 것이다.

(1) 대보(大輔)

『삼국사기』 고구려본기 유리왕 22년(기원 3) 12월조를 보면 대보와 관련된 기사가 다음과 같이 전해지고 있다.

왕은 질산(質山) 북쪽에서 사냥을 하느라 닷새 동안 돌아오지 않았다. 대보인 협보(陜父)8)가 간해 말하기를, "왕께서는 새로 도읍을 옮겨서 백성들이 아직 편안히 지내지 못하고 있으니 마땅히 치안행정에 부지런히 힘써야 하는데 이런 것은 생각하지 않고 말을 달려 사냥만 하느라 오래도록 돌아오지 않으니 만일 왕께서 잘못을 고쳐 스스로 새로워지지 않는다면 정치가 거칠어지고 백성들이 흩어져 선왕의 창업이 땅에 떨어질까 두렵습니다"라고 했다. 왕은 이 말에 크게 노하여 협보의 벼슬을 파면하고 관원(官園)을 맡아 보게 했으나 그는 분개하여 남한(南韓)9)으로 가버렸다.

대보인 협보가 국왕에게 정사에 힘쓸 것을 건의한 사실로 보아, 대보란 나라의 정사를 모두 맡아보는 최고의 벼슬이었고 협보는 맡은 직분에 따라 국왕의 실정을 지적한 것으로 보인다. 따라서 대보는 고구려 초기의 최고 관직으로 보는 바이다.

(2) 좌보(左輔)·우보(右輔)

---

8) 父는 남자의 미칭(美稱)이며 음은 '보'이다. 보(甫)와 통한다.
9) 『삼국사기』 신라본기 시조 53년(기원전 5)조를 보면 동옥저의 사신이 신라에 들어와 좋은 말(馬) 24필을 바쳤는데 그 국서에 이르기를 "과군(寡君)은 남한(南韓)에 성인(聖人)이 나타났음을 듣고 사신을 파견한다"는 기사가 있다. 이 일이 있고 난 지 7년 만에 협보가 남한으로 갔던 것이다. 따라서 남한은 신라의 미칭(美稱)이다.

우보에 관한 첫 기사는 대무신왕 8년(25) 2월조에 보이는데, "을두지(乙豆智)를 임명하여 우보로 삼고 군사에 관한 일을 맡겼다"는 것이다. 대무신왕 10년(27) 1월조에는 좌보와 우보에 관한 기사가 있다. 이를 보면, "을두지를 임명하여 좌보로 삼고 송옥구(松屋句)를 우보로 삼았다"고 했다.

위 자료에서 보건대 우보의 기능은 당시 고구려의 군정사무를 총관하는 것이었다. 좌보와 관련된 첫 기사에서 좌보를 우보보다 먼저 쓴 것은 좌보가 우보보다 낮은 자리가 아니었기 때문일 것이다. 둘의 기능이 같지 않았다는 견지에서 좌보의 기능은 군사 이외의 정사를 총관한 데 있었다고 본다.

나라의 정사를 총관한 대보의 기능이 좌보와 우보의 기능을 합친 것과 같은 것으로 보면 대보의 여러 기능 가운데 군사적 기능을 따로 떼어 이를 맡아보는 우보라는 벼슬을 새로 정한 것으로 판단된다. 그리하여 군사적 기능을 제외한 나라의 정사는 좌보가 맡게 되었다고 본다.

태조왕 71년(123)조에도 좌보와 우보에 관련된 기사가 보이는데 패자인 목도루(穆度婁)를 좌보로 삼고 고복장(高福章)을 우보로 삼아 수성(遂成 : 태조왕의 아우인 차대왕)과 함께 나라의 정사에 참여하도록 했다고 한다. 여기서도 우보보다 좌보를 먼저 썼는데 이는 좌보가 우보보다 높은 자리임을 확인시켜 주고 있거니와 좌·우보 역시 최고의 벼슬임을 알 수 있다.

이는 다시 태조왕 9년(146)조 기사를 통해 더욱 분명해진다. 즉 수성이 안으로 나라 정사에 참여하고 밖으로 군사를 총관했다는 태조왕의 말이 그것이다. 태조왕은 다음 왕자리를 아우인 수성에게 물려주려는 마음에서 좌보도 우보도 아닌 그에게 우보의 기능을 맡아 보게 했던 것이다. 그렇다고 해서 수성이 좌보나 우보의 기능을 겸한 것으로는 보이지 않는다. 역시 좌보와 우보는 고구려의 정사를 총관하는 최고의 벼슬이었음에 틀림없다.

이러한 고구려의 3보제도는 나라의 정사를 기능상 셋으로 구분한 3사(三司)제도가 있었음을 말한다. 그런데 이 3보란 명칭은 과연 그 당시에 불린 이름이었을까. 이를 들추는 것은 백제와 신라에도 좌·우보의 명칭이 있었을 뿐 아니라 중국의 진(秦)나라 때도 3보의 명칭이 있었기 때문이다.

삼국 가운데 3보라는 명칭이 모두 처음 나타나는 것은 고구려이며 진나라는 이보다 더 앞선다.10) 그러므로 명칭상으로만 보고 삼국시대의 3보가 진나라 것을 받아들인 것으로 보기 쉬우나 그렇게 보아서는 안 될 것이다.

고구려 사람들은 말기까지 최고의 벼슬 이름을 대로·막리지 등 그들의 고유한 말로 불러왔던 사실이 있다. 이로 미루어 고구려는 건국 초부터 중국 진나라의 벼슬 이름을 빌어다 사용했다고 보기 어렵다. 짐작컨대 『삼국사기』 편찬 당시 편찬자들이 『사기』 등 중국의 옛 문헌에 나오는 3보의 명칭을 가져다 붙인 듯하다.11)

그러므로 고구려의 3보는 고구려에 고유한 3사제도가 있었음을 말하는 것이라고 본다. 이와 관련하여 고려시대의 3사제도는 계통상 고구려에서

---

10) 『삼국사기』를 통해 보건대 대보는 고구려와 신라에서만 보이는 최고 벼슬 이름이다. 『삼국사기』 권23, 백제본기 온조왕 2년(기원전 17) 3월조를 보면, 군사를 맡고 있는 우보가 백제에서 처음 설치된 것은 온조왕 2년이고 좌보는 다루왕 10년(37)에 처음 설치되었다. 후에도 좌·우보에 임명된 기사가 보이나 대보 기사가 없는 것으로 보아 백제에는 대보가 없고 좌·우보만 있었음을 알 수 있다. 『삼국사기』 권13, 고구려본기 유리왕 22년(기원 3) 12월조에 의하면, 대보라는 벼슬 이름이 보이나 처음 설치된 연대는 알 수 없다. 대보인 협보의 신라 망명 이후 고구려는 대보를 폐지하고 좌·우보를 두었다. 대무신왕 10년, 태조왕 71년, 차대왕 2년조에도 좌·우보의 기사는 보이나 대보의 이름이 없는 것으로 보아 틀림없다. 그러다가 신대왕 원년에 좌·우보를 국상으로 합쳤다. 신라는 남해차차웅 6년에 처음 대보를 설치했으며 여기에 임명된 석탈해는 군국정사를 맡았다. 이후 좌·우보 기사가 없는 것으로 미루어 신라는 이 둘을 두지 않았음을 알 수 있으나 신라의 대보가 고구려의 영향인지는 알 수 없다.

11) 『고구려역사』, 182쪽.

비롯된 것이라고 보아야 할 것이다.12)

(3) 국상(國相)

국상에 관한 첫 기사는 신대왕 2년(166)조에 실려 있는데 이를 보면 다음과 같다.

명림답부를 임명하여 국상으로 삼고 작위를 올려 패자로 삼아 서울과 지방의 군사에 관한 일을 맡기고 겸하여 양맥(梁貊) 부락을 다스리게 했다. 좌·우보를 고쳐 국상으로 한 것은 이 때부터 시작되었다.

위 자료는 고구려에서 좌보와 우보의 두 벼슬을 국상으로 고친 것이 166년부터였음을 보여 주고 있다. 『사기』 조선전과 『한서』 조선전에 의하면, 상(相)이란 벼슬은 고조선 말기에 있었다. 이로 보건대 고구려의 국상은 계통상 고조선의 '상'을 답습한 것으로 판단된다.

(4) 패자(沛者)

패자에 관한 첫 기사는 차대왕 2년(147) 2월조에서 보인다. 이 기사에 의하면, "관나패자(貫那沛者) 미유(彌儒)를 임명하여 좌보로 삼았다"고 한다. 또한 고국천왕 12년(190) 9월조를 보면, "중외대부(中畏大夫) 패자 어비류(於界留)"라는 기사도 있다. 이 기사로 보건대, 패자는 벼슬이 아니라 중외대부 벼슬에 임명되면 받는 품계이거나 좌보 벼슬에 나갈 수 있는 귀족신분의 품계로 생각된다.

명림답부를 국상으로 하고 작위를 올려주어 패자가 되었다는 기사 역시 패자가 벼슬이 아닌 품계임을 보여 주고 있다. 이와 관련하여 중천왕 7년(254) 4월조를 보면, 비류패자 음우(陰友)가 국상이 되었다는 기사가 있는데, 이는 패자가 국상이라는 최고 벼슬을 맡을 수 있는 가장 높은 품

____

12) 위의 책, 182쪽.

계였음을 분명히 한 것이다.

(5) 대주부(大主簿)

대주부에 관한 첫 기사는 차대왕 2년(147) 7월조에 실려 있다. "좌보 목도루가 병을 구실로 벼슬에서 물러나자 환나우태(桓那于台) 어지류를 좌보로 삼고 작위를 올려 대주부로 삼았다"는 것이다.

봉상왕 3년(294) 9월조에는 "남부 대사자인 창조리(倉助利)를 국상으로 삼고 작위를 올려 대주부로 했다"는 기사도 보인다.

위의 두 자료로 보건대 대주부는 좌보 벼슬을 받으면 당연히 가지게 되는 품계였다.

그런데 대주부는 주부라는 품계와 관련이 있는 듯하다. 품계인 주부는 중국의 벼슬 이름인 주부와 글자상 같다 보니 이 품계를 중국의 벼슬인 품계와 같은 것으로 여길 수도 있다. 분명히 말해 두지만 중국의 품계는 중앙의 최고 관청에서 지방의 군·현에 이르기까지 설치한 벼슬이었다. 그러므로 고구려의 주부는 중국의 그것과는 내용이 전혀 다른 고구려 사람들의 고유한 품계 이름임을 알아야 할 것이다.

고구려의 주부가 중국의 벼슬인 주부와 같은 글자로 쓰여진 경위는 알 수 없다. 다만 고구려의 주부라는 이름이 『삼국지』에 먼저 실려 있는 것으로 미루어 당시 중국 사람들이 고구려의 주부를 마치 그들 나라의 벼슬 이름인 주부와 같은 것으로 오해한 것[13]으로 보인다.

(6) 고추가(古鄒加)

태조왕 즉위년(53)조에 고추가의 첫 기사가 전해지고 있다. "태조왕의 이름은 궁(宮)으로, 어릴 때의 이름은 어수(於漱)인데 유리왕(琉璃王)의 ⋯인 고추가(古鄒加) 재사(再思)의 아들이고, 모태후는 부여사람이다"

⋯4쪽.

라는 것이 그것이다.

『삼국지』위지 고구려전은 고추가라는 것이 왕족 출신의 대가와 소노부의 적자 상속자, 또는 왕실과 혼인관계를 맺은 절노부의 대가를 두고 말하는 특별한 칭호였음을 보여 주고 있다. 이로 보건대 고추가라는 것은 벼슬도 품계도 아니며 왕족 등 특수한 신분의 귀족들을 말하는 칭호였다고 보는 것이 옳을 듯하다.

(7) 우태(于台)

우태에 관한 첫 기사는 차대왕 2년(147) 10월조에 보이는데 "비류나(沸流那)의 양신(陽神)을 중외대부로 삼고 작위를 올려 우태라고 했다"는 것이 그것이다. 고국천왕 13년(191) 4월조에 보이는 우태에 관한 기사는 고국천왕이 을파소를 중외대부에 임명하고 작위를 올려 우태로 했다가 그 후 국상에 임명했다는 것이다.

이로 미루어 우태는 중외대부 또는 국상 벼슬에 임명되면 받는 품계였음을 알 수 있다.

(8) 중외대부(中畏大夫)

차대왕이 양신을 중외대부에 임명하고 작위를 올려 우태로 했으며 고국천왕이 을파소를 중외대부에 임명하고 작위를 우태로 올렸다는 점 등으로 보면, 중외대부는 벼슬이었음을 분명히 알 수 있다. 중외대부라는 벼슬 지위와 관련하여 중외대부인 을파소를 국상에 임명한 사실이 말해주듯이 중외대부는 국상 다음의 벼슬로 여겨진다.

(9) 평자(評者)

고국천왕 12년(190) 9월조와 13년(191) 4월조에 평자에 관한 기사가 있다. 이를 보면, 중외대부 패자인 어비류와 평자인 좌가려가 왕후의 친척으로서 정권을 잡고 있는 것을 기회로 그 자제들이 남의 밭과 집 등을 빼앗고 있다는 말을 듣고 고국천왕이 이들을 죽이려 하였고 이에 좌가려 등이 반란을 꾀하여 서울을 침공하므로 고국천왕이 직할지역의 병력을 동원하여 진압했다고 한다.

위 사실로 보건대 좌가려는 지방의 병력을 끌어들여 서울을 침공했으므로 마치 지방세력과 관련이 있는 듯이 보일 수도 있으나, 정권을 쥐고 있었다는 사실로 보면 지방세력과 관련이 있다고 보기 힘들다. 그러므로 평자라는 것은 반란을 함께 일으킨 어비류의 벼슬 중외대부 다음가는 벼슬인 듯하다.

(10) 대가(大加)

신대왕 5년(169)조를 보면 대가에 관한 기사가 있는데 이에 따르면 "신대왕이 대가 우거(優居)와 주부 연인(然人) 등으로 하여금 군사를 거느리고 현도태수 공손도(公孫度)를 도와 부산(富山)의 도적을 치게 했다"는 것이다. 주부는 고구려의 품계였음을 알 수 있으나 이 기사만 가지고서는 대가가 벼슬인지 품계인지 가리기 어렵다.

그런데 『삼국지』 위지 고구려전에는 대가에 대해 "왕의 종족과 그 대가를 모두 고추가라 부른다"라고 전하는 기사가 있다. 이로 보면, 대가는 고추가란 칭호를 받을 수 있는 왕족과 그 외 대귀족의 대표자에게 주어진 큰 어른이라는 칭호인 듯하다.

다시 말해 대가는 관직이나 품계가 아니라 고추가와 마찬가지로 왕족과 귀족 대표자에게 준 칭호로 여겨진다.

(11) 사자(使者)

동천왕 20년(246)조에 사자에 관한 기사가 전해지고 있다. 즉 관구검이 이끄는 위나라의 침략군을 물리치는 전쟁에서 큰 공을 세운 동부 사람 유유(紐由)에게 구사자를 추증하고 그의 아들 다우(多優)를 대사자로 삼았다는 것이 그것이다.

아다시피 구사자와 대사자는 사자에서 나온 것이 분명한 만큼 벼슬 이름이라고 보기 어렵다. 사자란 품계는 이 외에 여러 등급으로 갈라진 듯하다. 봉상왕 3년(294)에 남부 대사자 창조리를 국상으로 삼고 작위를 더높여 대주부로 했다는 기사가 있는 것을 보면 대사자는 품계 이름으로서 대주부보다 낮긴 했으나 국상에 오를 만한 높은 품계였음을 알 수 있다.

(12) 대형(大兄)

봉상왕 5년(296) 모용회가 고구려를 침범하므로 그 대책을 강구하는 중에 왕은 국상 창조리의 추천을 받은 북부 대형 고노자(高奴子)를 신성 태수(新城太守)로 삼았다는 기사가 보인다. 이 기사로 보면 대형은 품계 이름임을 알 수 있을 것이다.

다시 말해 대형은 태수 벼슬에 오를 수 있는 품계이며 여기서 갈라져 나온 것이 소형이라고 할 수 있다.

(13) 조의(皂衣) · 선인(先人)

차대왕 20년(165) 차대왕을 시해한 연나조의(橡那皂衣) 명림답부가 신대왕 2년(166)에 국상이 됨과 동시에 패자의 작위를 올려 받았다는 기사가 전해지고 있다. 국상이 된 명림답부가 패자란 작위를 받았다는 것으로 보아 조의는 벼슬이 아니고 품계임을 알 수 있다.

선인과 관련된 기사는 『삼국사기』 직관지에 있는데 중국의 역사책에 실려 있는 명칭을 소개하는 정도이다. 그러므로 고구려본기에서는 이의 구체적 자료를 찾아보기 힘들다.

이상에서 살펴보았듯이 고구려의 벼슬과 품계가 한데 섞인 13가지 명칭 가운데 중앙의 벼슬로 보이는 것은 대보 · 좌보 · 우보 · 중외대부뿐이며 나머지는 품계인 것으로 보인다. 9개의 품계가 있었으니 만큼 벼슬도 최소한 9등급으로 나뉘어져 있었을 것이다.

『삼국지』위지 고구려전에 전해지는 고구려의 벼슬 이름과 4세기 초 『삼국사기』의 벼슬 이름을 비교해 보면,『삼국지』에서는 보이나『삼국사기』에 보이지 않는 벼슬이 상가·대로·승(丞) 등이고『삼국사기』에서 보이는 대형·국상은『삼국지』에 없다.

대로라는 벼슬은『삼국사기』에서도 4세기 이후의 기사에나 보인다. 대로가 가장 높은 벼슬 이름이었다는 사실로 미루어 이 벼슬은 4세기 이전부터 있었을 것이다. 그런데 4세기 이전에 가장 높은 벼슬을 말하는 대보·좌보·우보·국상이 고구려 사람들이 쓰던 말이 아니라 한자로 표기되었음을 주목한다면, 대로를 한자로 표기한 것이 대보·좌보·우보·국상인 듯하다.

승(丞)은 평자를 중국의 벼슬 이름으로 번역한 것이므로『삼국사기』에서 보이지 않는다고 할 수 있다.

『삼국지』위지 고구려전은 고구려의 벼슬 이름을 소개하는 기사에서 상가(相加)를 맨 처음으로 다루고 있으며 가(加)자 위에 첨가된 듯한 상가는 제가평의회와 관련 있는 벼슬인 듯하다.

위에서 살핀 자료를 종합해 보면 대개 4세기 초까지 고구려의 품계는 ① 패자 ② 우태 ③ 사자 ④ 구사자 ⑤ 대사자 ⑥ 대형 ⑦ 소형 ⑧ 조의 ⑨ 선인 등 9등급이 있었다고 하겠다.

다음에는 4세기 이후 고구려의 벼슬이 어떠했는지 살펴보겠다.『삼국사기』고구려본기에서 보이는 4세기 이후의 새로운 벼슬로는 막리지(莫離支)·대로(對盧)·홍려경(鴻臚卿)·사농경(司農卿) 등이 있다. 대로는 그 이전부터 있었던 벼슬로 보이는 만큼 새로운 벼슬은 막리지·홍려경·사농경의 셋이라고 할 수 있다.

4세기 이후 고구려의 벼슬에 대해 알아보려면 이를 전해 주고 있는 중국의 역사책을 들춰야 할 것이다. 김부식만 해도 고구려의 직관지를 작성할 때 고구려의 관직 기록이 애매하여「고기」와 중국의 역사책에 실려 있는 것을 바탕으로 했다고 밝히고 있다. 그는 「고기」를 근거로 여섯 개의 벼슬을 들고 있는데 좌보·우보·대주부·국상·구사자·중외대부가 그것이며 『수서』·『신당서』·『책부원구 冊府元龜』 등 중국의 역사책에 실려 있는 벼슬 이름도 소개했다.

　여기서 중국의 역사책에 실린 고구려의 벼슬 이름을 살펴보면 다음과 같다. 먼저 『양서 梁書』 고구려전은 상가·대로·패자·고추가·주부·우태·사자·조의·선인 등 9개의 벼슬 이름을 들고 있는데, 『삼국지』 고구려전의 기사를 그대로 옮겼으므로 벼슬과 품계는 구분되어 있지 않다.

　『위서』 고구려전은 알사(謁奢)·태사(太奢)·대형·소형 등 네 벼슬을 소개하고 있다. 알사는 태대사자의 별칭이며 태사는 대사자의 별칭이었다.

　『주서』 고구려전은 대대로(大對盧)·태대형(太大兄)·대형·소형·의사사(意俟奢)·오졸(烏拙)·태대사자(太大使者)·대사자·소사자·욕사(褥奢)·예속(翳屬)·선인·욕살(褥薩) 등 13등급을 들고 있다.

　『수서』 고구려전은 태대형·대형·소형·대로·의사사·오졸·태대사자·대사자·소사자·욕사·예속·선인 등 12등급을 전하고 있는 외에 다시 내평(內評)·외평(外評)·5부 욕살 등을 소개하고 있다.

　고구려의 벼슬과 관련하여 『수서』 고구려전은 『주서』 고구려전과 다른 점을 보여주고 있는데, 『주서』가 13등급의 벼슬 가운데 하나로 다룬 욕살을 『수서』에서는 12등급 밖의 벼슬로 다루고 있는 것이다. 『수서』의 기록에 따른다면 욕살은 중앙의 벼슬이 아니라 5부라는 지방의 벼슬이 된다.

　『북사』 고구려전은 대대로·태대형·대형·소형·의사사·오졸·태대사자·대사자·소사자·욕사·예속·선인 등 12등급의 벼슬을 전하고 있는 외에 내평과 5부 욕살을 소개하고 있다. 고구려의 벼슬과 관련하여 『북사』와 『수서』는 내용상 거의 같으나, 『북사』에서는 외평이 빠져 있는 차이점이 있다. 내평이 있었다면 외평도 틀림없이 있었을 것으로 외평이 빠진 것은 무엇인가 잘못된 것으로 본다. 『수서』에서 보듯이 내평과 외평이 모두 있었다고 보아야 할 것이다.

『북사』의 고구려전은 대대로에 대해 자세히 설명을 하고 있어 주목할 만하다. 즉 대대로는 국왕에 의해 임명되는 것이 아니라 힘을 겨루어 빼앗는다는 것이다. 품계란 국왕이 수여하는 것임을 고려하면, 힘으로 자리를 스스로 탈취했다는 대대로를 품계로 볼 수 없다. 즉 벼슬인 것이다.

『당서』고려전은 고구려의 벼슬과 관련하여 대대로·태대형 등 12등급이 있었다고 간략히 전하고 있으나 지방관제에 대해서는 비교적 자세히 전하고 있다. 중앙의 벼슬 가운데 가장 큰 대대로는 중국의 1품 벼슬과 같은 것으로 나라의 정사를 총괄하며 3년마다 한 번씩 교체하는 것이 원칙이지만 직무에 능하면 연한의 구애를 받지 않는다고 했다.

중국의 2품관에 비교되는 것은 태대형이라고 했다. 여기서는 중앙의 벼슬에 대해서만 다루고 있으므로 지방관제에 대해서는 뒤에서 따로 다루겠다.

『신당서』고려전도 고구려의 중앙 벼슬을 12등급으로 전하고 있다. 이를 보면 대대로[토졸(吐拙)]·울절(鬱折 : 호적을 취급)·태대사자·조의두대형(皂衣頭大兄)·대사자·대형·상위사자(上位使者)·제형(諸兄)·소사자(小使者)·과절(過節)·선인(先人)·고추가(古鄒加) 등이 그것이다.

12등급의 중앙 벼슬을 분석해 보면 벼슬과 품계가 혼동되어 있는데다가 매겨진 등급의 순서도 앞뒤가 바뀌어져 있다. 고추가의 경우 맨 마지막에 놓여져 있거나 조의는 선인이라고 쓴다 하면서도 또 선인을 쓴 것이 그 예라 하겠다.

따라서 고구려의 중앙 벼슬을 소개하고 있는『신당서』의 기사는 정확하다고 보기 힘들다. 짐작컨대 고구려에 12등급의 벼슬이 있었다는 사실은 알았으나 그 벼슬의 이름을 알지 못해 성의 없이 벼슬과 품계를 적당히 짜맞춘 것이 아닌가 하는 생각이 든다.

이를 반영하듯이『통전』도『삼국지』에 실려 있는 고구려의 벼슬 등급

기사를 그대로 옮겼기 때문에 4세기 이후의 발전된 관제를 전해 주고 있지 않다. 고구려 관제에 대해 비교적 구체적으로 전해 주고 있는 것은 『한원』의 주석에서 인용한 『고려기』이다. 『고려기』에 전해지고 있는 고구려의 관제를 보면 다음과 같다.

1) 토졸 : 1품과 같으며 전에는 대대로라고 불렀다. 나라의 정사를 총괄하며 3년에 한 번씩 교체하는데 직능에 능한 자는 연한에 구애받지 않는다. 교체되는 날 순순히 물러서지 않으면 군사를 거느리고 서로 공격하여 이기는 사람이 벼슬자리를 차지했다.

2) 태대형 : 2품과 같으며 일명 영하하라지(英何何羅支)라고 한다. 정2품인지 종2품인지 구별하지 않았으나 다음의 울절이 종2품으로 된 것으로 미루어 태대형은 정2품이었던 듯하다.

3) 울절 : 종2품과 같으며 중국의 주부와 같다.

4) 대부사자(大夫使者) : 정3품과 같으며 일명 알사(謁奢)라고 한다. 대부사자는 태대사자를 잘못 쓴 것이다.

5) 조의두대형 : 종3품과 같으며 중리조의두대형(中裏皂衣頭大兄)이라 한다. 고구려 사람들이 전하는 이른바 조의선인(皂衣先人)이 이것이다.

이상의 다섯 벼슬은 나라의 기밀·정책·법률개정·징병·벼슬과 작위의 수여 등을 다룬다.

6) 대사자(大使者) : 정4품과 같으며 일명 대사(大奢)라고 한다.

7) 대형가(大兄加) : 정5품과 같으며 일명 힐지(纈支)라고 한다. 대형가는 대형의 잘못인 듯하다.

8) 발위사자(拔位使者) : 종5품과 같으며 일명 유사(儒奢)라고 한다.

9) 상위사자(上位使者) : 정6품과 같으며 일명 계달사사자(契達奢使者), 을기(乙耆)라고 한다.

10) 소형 : 정7품과 같으며 일명 실지(失支)라고 한다.

11) 제형(諸兄) : 종7품과 같으며 일명 예속(翳屬), 이소(伊紹), 하소환(河紹還)이라고 한다.

12) 과절(過節) : 정8품과 같다.

13) 불절(不節) : 종8품과 같다.

14) 선인(先人) : 정9품과 같으며 일명 실원(失元), 서인(庶人)이라고 한다.

이로써 보건대 『고려기』에서는 1품관이 정1품과 종1품으로 구분되어 있지 않으며 또한 종4품, 종6품과 종9품이 빠져 있다. 빠진 품계 4개를 포함하여 9품을 정·종의 품계로 나누면 18개의 등급이 성립된다. 그래서 그런지 『한원』의 저자는 고구려의 품계가 9품의 등급이었다고 밝히고 있다.

『고려기』는 이 밖에도 발고추가(拔古鄒加)란 벼슬이 있다고 전하고 있다. 이는 외교 의례 등을 담당하고 있어 마치 중국의 홍려경과 같으며 정3품의 대부사자가 맡는다고 되어 있다.

다시 『고려기』에 의하면 고구려에는 국자박사(國子博士)·대학사(大學士)·사인통사(舍人通事)·전객(典客) 등의 벼슬도 있었음을 볼 수 있는데 이 벼슬들은 정7품의 소형 이상의 품계를 가진 사람이 맡는다고 되어 있다.

『고려기』는 벼슬과 품계를 한데 섞어 전하고는 있으나 벼슬과 품계는 각각 분명히 구분하고 있다. 이로써 보면 1품의 토졸과 종2품의 울절은 벼슬이며, 『삼국사기』 고구려본기에 보이는 대주부·사자·대형·선인 등은 품계임을 알 수 있다.

위에서 본 중국의 역사 기록에 의하면, 고구려의 관등은 북주의 역사책인 『주서』를 처음으로 12개 또는 13개로 늘어났음을 엿볼 수 있다. 북주보다 앞선 북위의 역사책인 『위서』는 고구려에 몇 개의 관등이 있었는지 전하지 않고 있으나 알사·태사라는 벼슬 이름을 처음 소개하고 있다.

『위서』 이전의 역사책에서 볼 수 없던 이 두 가지 벼슬 이름이 처음 소개된 것으로 미루어 북위에 해당하는 고구려의 어느 시기부터 관등이 늘어났다고 보아도 좋을 것이다.

이와 관련하여 중국 북조시대(386~580)의 역사책인 『북사』에 고구려의 관등이 12개로 전해지고 있는 점으로 미루어 고구려에서 관등이 늘어난 것으로 보인다. 그 시기는 대체로 북주 이전인 4~5세기일 것이다. 그러면 관등이 늘어난 것은 무엇을 의미하는가.

그것은 국가기구가 시대적 요구에 맞춰 늘어나게 됨에 따라 그만큼 관료제도가 발전했음을 뜻한다. 고구려에서 본격적으로 관료제도가 발전할 수 있었던 것은 313년 대방군, 315년에 현도군을 몰아내어 국토를 넓힌 사실을 비롯하여 광개토왕(339~413) 때 다시 국토를 전례없이 확장한 역사적 사실이 있었기 때문이라고 할 수 있다.

종합하여 보건대 중국의 역사책 중 고구려 관제에 대해 비교적 구체적으로 쓴 것은 『한원』의 주석에 인용된 『고려기』이다. 그런데 이 『고려기』도 고구려의 관등을 모두 전하고 있지는 않다. 중국 낙양에서 발견된 남생의 묘지명에는 『고려기』에도 보이지 않는 대막리지·태대막리지·중리대형·중리소형·중리위두대형 등의 벼슬 이름이 보인다. 이로 보아 『고려기』에도 누락된 관제가 있음을 알 수 있다.

4세기 초를 분수령으로 하여 그 이전과 이후의 벼슬을 비교해 보면, 상가(相加)라는 벼슬 이름이 『양서』를 끝으로 보이지만 그 후의 역사책에서는 안 보인다. 『후한서』·『삼국지』·『양서』에서 보이는 상가 기사를 참조해 보면 국왕 바로 밑에 있는 최고의 벼슬로 이해된다.

그런데 『주서』 이후의 역사책은 상가 대신에 대대로를 맨 첫자리에 올려 놓고 있다. 무슨 원인으로 빚어진 것일까. 우선 그것은 제가평의회가 사라진 것과 관련이 많은 듯하다. 상가와 제가평의회에 관한 기사가 『양서』 고구려전을 끝으로 보이지만 『주서』 이후의 역사책에서는 보이지 않기 때문이다.

그러므로 고구려의 상가와 제가평의회는 중국 양나라 시대(502~557)에 해당하는 무렵까지 유지되었다가 북주 시대(557~581)에 해당하는 무렵부터 사라졌다고 할 수 있다. 이로써 북주에 해당하는 무렵부터 상가를 대신하여 대대로라는 벼슬이 나타났던 것이다.

제가평의회가 사라지면서 상가라는 벼슬도 사라진 점으로 미루어 상가는 제가평의회에 참가하는 대귀족의 대표이거나 이 회의를 주재하는 귀족대표가 아닌가 여겨진다. 상가가 사라지고 대대로가 새로 나타났다는 것은 의미하는 바가 크다.

아다시피 대대로는 6세기 후반 이후 고구려에서 가장 높은 벼슬로서 그 자리를 귀족이 힘을 겨루어 빼앗았다는 사실과 관련지어 보면, 6세기 후반부터 고구려에서 귀족세력이 크게 성장하여 종전의 귀족적 민주주의가 약화되었다고 할 수 있다.

이를 말해 주듯 『북사』·『수서』·『당서』·『신당서』·『한원』·『통전』 등의 역사책에서 제가평의회에 관련된 기사가 보이지 않는데, 이는 앞서 지적하였듯이 북주·수·당나라에 해당하는 6세기 후반부터 고구려 말기까지 귀족적 민주주의가 약화되어 제가평의회가 사라졌음을 의미한다고 하겠다. 그러한 상황에서 나라의 정사를 도맡은 대대로의 권한은 강해지고 귀족적 민주주의는 약해져 6세기 후반부터는 귀족간에 권력다툼이 벌어지게 된 듯하다.

귀족적 민주주의가 약해져 제가평의회가 사라짐으로써 중앙집권체제가 모처럼 강해졌다. 그리하여 여태껏 제가평의회가 쥐고 있던 중대한 문제의 결정권을 국왕의 최고 관료인 대대로가 대신 장악하게 되었다. 중앙집권의 강화로 국왕은 지방을 뜻하는 5부에 욕살이란 지방관까지 파견할 수 있게 되었다.

고구려의 벼슬과 품계를 전해 주는 중국의 역사책에서 보았듯이 고구려에는 벼슬과 품계가 분명히 구분되어 존재하였으며 국가기구의 증가와 함께 관료제도는 발전을 거듭해 나갔다. 고조선의 통치시대에 관료제도를 실제 경험한 고구려족은 나라를 세운 그 때부터 관료제도를 잘 운영해 나갔으리라고 본다. 『삼국사기』에 실려 있는 고구려 초기의 벼슬과 품계는 이를 말해 주며 일부 사가들이 주장하고 있듯이 후세의 역사가들이

조작한 것이라고 볼 수 없다.[14]

위에서 고구려 관료제도의 발전이 상당하였음을 살펴보았다. 그렇다면 고구려의 행정기관도 많이 있었을 것은 생각하기 어렵지 않다. 그런데 거기에 대해서는 알려진 것이 거의 없다. 매우 유감스런 일이다. 지금 알 수 있는 것은『한원』에 인용된『고려기』에 밝혀진 5개 기관의 기사뿐이다.

이미 말했듯이 나라의 기밀을 다루는 기관, 정책을 다루는 기관, 법률을 제정하는 기관, 군사를 징발하는 기관, 벼슬과 품계를 수여하는 기관이 그것이다. 이 외에 더 밝혀질 기관은 외교와 의례를 다루는 기관, 농사를 다루는 기관, 인재를 양성하는 기관 등이다.

알려진 고구려의 행정기관은 백제의 통치기구와 비교하면 너무 간단하다. 그러므로 비교적 자세하게 알려진 백제의 통치기관을 참고하면 고구려의 통치기관은 기존의 알려진 것보다 좀더 분명해질 것이다.

『북사』백제전에 따르면, 백제에는 16관등의 품계가 있었으며 중앙 벼슬은 내관과 외관으로 구분되고 내관에는 11개, 외관에는 10개의 통치기구[15]가 있었으며 그 외에 각 장관은 3년에 한 번씩 교체되었다고 한다.

『수서』와『책부원구』는 고구려의 관등을 전하는 외에 내평과 외평이 있다고 전하고 있다. 특히『책부원구』는 내평과 외평이 내외의 정사를 나누어 맡아본다고 적고 있다. 이 내평과 외평은 백제의 내관과 외관에 해당되는데 내평과 외평에는 많은 관서들이 있었을 것이 분명하다.

백제에서 장관이 3년에 한 번씩 바뀐다는 것과 고구려에서 대대로가 3년에 한 번씩 바뀐다는 것은 제도상 같다고 본다. 고구려를 세운 맥족의 한 줄기가 남쪽으로 내려와 백제를 세운 만큼 그 관제는 구조상 고구려

---

14) 위의 책, 194쪽.

15)『북사』백제전에 의하면, 백제의 중앙 통치기관을 말하는 외관으로는 사군부(司軍部 : 병부), 사도부(司徒部 : 호부), 사공부(司空部 : 공부), 사관부(司冠部 : 형부), 점구부(點口部 : 호구를 다루는 관서), 객부(客部 : 예부), 외사부(外舍部 : 교육을 다루는 관서), 주부(綢部 : 비단 생산을 다루는 관서), 일관부(日官部 : 천문 기상을 다루는 관서), 시부(市部 : 상업을 다루는 관서) 등 10부가 있었다.

의 그것과 다름이 있을 수 없다. 이런 면에서 고구려의 통치기구는 백제의 그것보다 더 다양하고 발전했다고 보아야 할 것이다.

고구려보다 늦게 세워져 그만큼 발전이 뒤진데다 영토 또한 고구려보다 훨씬 작았던 백제에서도 중앙의 통치기구가 『북사』에 소개될 정도로 발달한 사실로 미루어 고구려의 중앙 통치기구는 이보다 더 발전했을 것이라고 보아도 좋을 듯하다. 이와 관련하여 『고려기』가 전하고 있는 고구려의 중앙 통치기구 다섯 개로써 말한다면 후일 전형적인 중앙 통치기구를 말하는 이·호·예·병·형·공의 6부도 틀림없이 고구려에 있었을 것으로 추측할 수 있다.

제3절 지방의 행정제도

고구려의 행정구역은 수도가 자리하고 있어 경기(京畿 : 王畿)로 불린 중앙지역과 성·읍으로 불리는 지방지역으로 나뉘어져 있었다. 평양을 수도로 정한 이후 별도(別都)로 정해진 국내성과 한성(현 서울)은 평양과 함께 3경이라고 불렸는데 이는 익히 알려진 사실이다.

고구려의 지방 행정구역을 말하는 5부가 국왕의 직할 행정구역이 되기 전에는 중앙을 뜻하는 계루부 지역만 국왕의 관할지역이며 4부 지역과 그 밖의 땅은 영주와 각 부의 관할하에 있었다. 국왕의 관할지역을 말하는 지방 행정구역은 성·읍으로 불렸다.

동명왕 6년(기원전 32)조에 태백산 동남쪽에 있는 행인국(荇人國)을 무력으로 정벌하고 나서 그 지역을 성·읍으로 만들었다거나 태조왕 4년(56)조에 동옥저를 치고 나서 역시 이 곳을 성·읍으로 만들었다는 『삼국사기』의 기사는 이 지역들이 국왕의 직할지역으로 되었음을 말해 주는

동시에 지방 행정구역을 성·읍으로 불렀음을 확인시켜 준다.16)

　중국의 군·현과 일치하는 것이 고구려의 성·읍이라면, 군·현 관계가 수직적이듯이 성·읍의 관계도 수직적인 관계였다고 보아도 될 것인가. 이와 관련하여『삼국사기』고구려본기를 보면 서기 3세기 성·읍의 통치자를 태수(太守) 또는 수(守)·재(宰)라 부른다는 기사가 있다.

　즉 봉상왕 2년(293)조에 신성재(新城宰) 소형(小兄)인 고노자(高奴子)가 모용회의 침략을 물리친 사실이 전해지고 있으며 같은 왕 5년조에는 왕이 그의 전공을 인정하여 신성태수로 진급시켰다는 기사가 눈길을 끈다. 그의 진급으로 알 수 있는 것은 '재'가 '태수'라는 벼슬보다 낮다는 것이다.

　그렇다 해서 행정단위가 차이지는 것은 아니고 같은 성(城)이었다.17)

---

16)『삼국사기』고구려본기에서 적잖게 발견되는 성(城)은 행정구역과 군사시설의 두 가지 기능을 가진 경우와 단순히 군사시설의 기능만을 가진 경우로 나눌 수 있다. 역시 자주 보이는 읍(邑)이란 것은 고구려 사람들의 말이 아니고 후세 사람들이 한자로 바꾼 것이다. 그러면 고구려 사람들은 무엇이라고 불렀을까.『삼국사기』 지리지를 보면 '홀(忽)'자와 '곡(谷)'자가 붙은 지명이 많으며「광개토왕릉비문」에 도 지명으로 붙어 있는 것은 '성(城)'자와 '곡(谷)'자뿐이며 문제가 되는 '읍(邑)'자 나 '군·현'자가 붙은 지명은 없다. 그러므로 고구려 사람들은 읍을 고을이라고 불 렀던 듯하다. 이와 관련하여『삼국사기』고구려본기 고국천왕 13년조의 좌물촌 (左勿村), 산상왕 13년조의 주통촌(酒桶村), 미천왕 즉위년조의 수실촌(水室村)· 사수촌(思收村) 등으로 보건대 고구려의 말단 행정구역이 촌으로 불린 듯하지만 당시에는 촌보다 마을로 불렀다고 보아야 할 것이다. 그러면『삼국사기』에 지방 행정구역의 명칭이 군·현으로 기록된 것은 어떻게 보아야 할까. 대무신왕 9년 (26)조에 개마국을 정벌하고 나서 그 지역을 군·현으로 만들었다는 기사가 있는 데 이는 고구려를 멸망시킨 신라 사람들에 의해 고쳐졌을 가능성이 크다. 중국의 역사책 가운데 고구려의 군·현 명칭을 기록한 기사가 없으나 성·읍 기록은 적 잖게 볼 수 있기 때문이다. 그러므로 마치 고구려에 군·현이 있었던 것처럼『삼 국사기』가 전하고 있는 것은 통일신라 사람들이 그들의 지방 행정 관념을 갖고 고쳐 쓴 것이라고 풀이할 수 있다. 성·읍이 성격상 중앙집권적 통치제도였으므 로 통일신라 사람들은 이 성·읍을 군·현과 같다고 보고 군·현으로 고쳐 놓았 다고 할 수 있다.

17) 모용회의 침입시에 고노자는 동북쪽에 있는 신성의 통치자인 '재'였으며 그 후 태

여기서 궁금하게 여겨지는 것은 '태수'와 '재'의 정체가 어떠했는가라는 점이다. 이와 관련하여『삼국사기』미천왕 즉위년조를 보면 압록재(鴨綠宰)라는 벼슬 이름이 보인다. 이는 압록강 고을을 다스리는 통치자임이 분명하다.

신성재와 압록재에 관한 두 자료를 통해 알 수 있는 것은 태수와 재라는 벼슬이 고을의 크고 작음에 따라 정해진 벼슬 이름이라는 것이다. 고구려에서 고을을 나타내는 성과 곡(谷)의 통치자가 태수 또는 재이므로 이 두 벼슬은 종속적인 수직관계였다고 보기 어려울 것이다. 고구려의 말단 행정단위인 마을[촌락]은 바로 이 성과 곡[읍]에 직속되어 있었다.

영토가 넓어지면 이에 따라 지방 행정기구도 변화하는 것은 정해진 이치이다. 4세기 이후가 되면 고구려 국가는 국토를 확장시켜 지방 행정기구에 큰 변화를 보게 되었다.『주서』고구려전은 12등급의 관제를 소개한 외에 욕살이라는 벼슬이 있었음을 전하고 있으며 더 나아가『수서』와『북사』의 고구려전은 5부의 욕살이 있었다는 사실을 밝혀 주고 있다.

이 세 역사책은 욕살이 신설된 5부의 통치자였음을 보여 주고 있으며 또한 이 5부는 북주 시대(557~580)에 해당하는 고구려의 어느 시기부터 지방의 행정단위가 되었음을 짐작케 해 주고 있다. 사실상 이 무렵부터 고구려에서는 귀족적 민주주의를 말하는 제가평의회가 사라짐으로써 이와 직접적인 관련이 많았던 상가라는 벼슬이 없어지고 대대로라는 벼슬이 새로 나타났음을 지적한 적이 있다.

다시 말해 이 시기에 부(部)의 통치자를 말하는 욕살이라는 벼슬이 새로 설치된 것은 영주제가 약해지고 중앙집권적 관료제가 강해진 사실을 잘 보여준 것이라고 풀이할 수 있다.

『주서』·『수서』·『북사』의 고구려전에 5부의 욕살이 있었다는 기사로 미루어 고구려의 지방 행정구역이 5부로 된 것은 욕살이 처음 설치된 때부터라고 할 수 있다. 그러면 그 때는 언제였는가. 이와 관련하여『삼국사

수에 기용된 신성은 서북쪽에 있는 신성(지금의 무순)이었다.

기』고구려본기 동천왕 20년(246)조를 보면 동부·하부라는 명칭이 보이는데 이는 틀림없이 5부가 달리 불렸음을 보여 주는 것이다. 이를 반영하듯 그 이후의 기사에서는 계루부·소노부·순노부·절노부·관노부 등 5부의 명칭이 나타나지 않는다.

이는 동천왕 때부터 5부의 본래 명칭이 동·서·남·북·내부로 불려지기 시작했음을 보여 주는 것이 아닌가 생각된다. 그러므로 5부가 중앙집권적 지방 행정구역으로 된 것은 동천왕 때부터라는 생각을 갖게 할 수도 있다. 그러나 이는 성급한 판단이다. 『후한서』고구려전에 대한 이현(李玄)의 주석을 보면, 동·서·남·북·내부라는 명칭이 5부의 별칭이었음을 알 수 있기 때문이다.

그러므로 5부의 명칭을 동부·서부 등으로 바꾸어 불렀음을 전해 주는 기사가 있다고 해서 동천왕 때부터 5부가 중앙집권적 지방 행정구역으로 되었다고 말하기는 어려울 것이다. 그렇다면 5부가 지방 행정구역으로 된 것은 아무래도 5부에 욕살이 있었음을 전해 주는 6세기 중엽부터였다고 보아야 할 것이다.

그러면 다음에는 부의 통치자인 욕살과 성·읍의 통치자인 성주[守·宰]가 어떤 관계를 맺고 있었는가에 대해 알아보겠다. 이와 관련된 기사는 『당서』·『신당서』의 고려전과 『고려기』에 전해지고 있다. 먼저 『당서』고려전을 보면, "큰 성에 욕살(褥薩)을 두는데 이는 중국의 도독(都督)에 비할 수 있는 벼슬이다. 모든 성에는 도사(道使)를 두는데 이는 중국의 자사(刺史)에 비할 수 있다"고 했다.

『신당서』고려전에는, "큰 성에 욕살을 두는데 이는 중국의 도독에 비할 수 있는 벼슬이다. 나머지 성들에는 처려근지(處閭近支)를 두는데 도사라고도 하며 이는 중국의 자사에 비교할 수 있다. 그 밑에……대모달(大模達)이 있는데 이는 중국의 위장군(衛將軍)과 같으며 말객(末客)은 중국의 중랑장(中郞將)에 비할 수 있다"고 적혀 있다.

그리고 『고려기』에 의하면, "……모든 큰 성에 욕살을 두는데 이는 중국의 도독에 비할 수 있으며, 또한 도사라고도 부른다. 도사가 다스리는 곳을 비(備)라고 한다. 작은 모든 성에는 가라달(可羅達)을 두는데 이는 중국의 장사(長史)와 같다. 또 성에는 누초(婁肖)를 두는데 중국의 현령과 같다. 그 무관은 대모달(大模達)이라 하는데 중국의 위장군과 같으며 일명 막하라수지(莫何羅繡支)라고 하며 대당주(大幢主)라 부르기도 한다. 조의두대형(皂衣頭大兄) 이상의 품계를 가진 사람이 이 벼슬을 한다. 다음으로 말객은 중국의 중랑장과 같으며 일명 군두(郡頭)라 하며 대형 이상의 품계를 가진 사람이 이 벼슬을 한다. 말객은 천여 명을 다스리며 그 이하는 각기 등급이 있다”고 적혀 있다.

위의 세 자료를 통해 알 수 있듯이 욕살은 큰 성에 둔 벼슬이므로 큰 성을 다스린 통치자였다. 그러므로 중국의 세 자료는 욕살이 중국의 도독과 같다고 했던 것이다. 그런데 이 세 자료는 욕살의 설치 문제와 관련하여 『북사』·『수서』와는 달리 전하고 있다. 즉 『북사』와 『수서』는 욕살을 5부에 두었다고 썼으나 세 자료는 욕살을 큰 성에 두었다고 쓴 것이다.

고구려의 5부에 욕살이 있었다고 한 『북사』와 『수서』는 고구려가 건재하던 시기에 편찬된 것이고, 큰 성에 욕살을 두었다고 한 『당서』·『신당서』와 『한원』에 인용된 『고려기』는 고구려가 멸망한 이후의 것으로, 편찬자가 갖고 있던 고구려에 대한 행정지역 개념이 바뀌었기 때문인 듯하다.

아다시피 고구려의 멸망으로 종전의 5부와 성·읍제도는 폐지되고 망한 고구려의 옛 땅은 9도독부·42주·100현으로 편성되었는데 이것이 바뀐 고구려의 새로운 행정지역 개념이며 이를 기준으로 욕살의 설치문제를 다루게 되었다고 생각된다.

고구려의 멸망으로 부(部)의 중심지였던 대성(大城)은 당나라에 의해 큰 주(州)로 편성되었는데, 주는 당나라 사람들이 본래 알고 있었던 가장 큰 지방 행정구역이었다. 이 주를 중심으로 보면 큰 주가 대성이고 대성은 부의 중심지이다. 그러므로 고구려 멸망 이전의 역사책에 보이는 “부[대성]에 욕살을 두었다”는 기사는 멸망 이후의 역사책에 보이는 “큰 성에 욕살을 두었다"는 기사와 의미상 같다.

따라서 욕살을 두었다는 대성과 부는 같은 것이며 부가 다섯 개이므로 대성도 다섯 개가 된다. 결국『북사』와『수서』에서 욕살을 5부에 두었다는 것은『당서』,『신당서』, 그리고『한원』에 인용된『고려기』에 욕살을 대성(다섯 개)에 두었다는 것과 다르다고 할 수 없다.

욕살에 비교할 수 있는 것은 도독이고, 따라서 큰 성의 욕살은 직능상 이보다 작은 여러 성과 고을을 통치하는 최고 책임자, 다시 말해 군사권을 장악한 지휘자였다고 보면 좋을 것이다. 고구려 국왕이 5부 설치를 기회로 이를 중앙의 세력권 안으로 끌어들이기 위해 무엇보다 서둘렀던 것은 군사력의 파견이었을 것이다. 이런 면에서 고구려 왕조는 파견되는 군사력을 국왕의 편에서 효율적으로 통솔해 나가는 데 가장 믿을 만한 인물을 왕족 가운데 엄선하여 욕살로 파견하였을 것이다.

『삼국사기』고구려본기에는 욕살에 관한 구체적인 기사가 별로 실려 있지 않은데, 645년 당나라의 침략세력을 물리치기 위한 안시성 싸움을 다룬 기사에서 한 번 나타나고 있다. 이 기사에 등장하는, 고구려의 증원군을 거느리고 싸움에 임한 북부욕살 고연수(高延壽)와 남부욕살 고혜진(高惠眞)은 왕실과 같은 고씨임이 분명하다.

이 두 사람의 출신에 대해서는 기록이 보이지 않아 왕족인지 아니면 왕실로부터 고씨 성을 받은 사람인지 분명하지는 않다. 그러나 적어도 고구려 왕실로부터 욕살로서 국가적인 큰 임무를 받고 고구려의 국가적 운명이 걸린 안시성 싸움에 구원군의 지휘관으로 급파된 사실로 미루어 믿을 만한 왕족이거나 고씨 성을 받은 유공자 출신인 것만은 분명하다.[18]

---

18) 중국의 역사가는 고연수와 고혜진이 말갈 사람이며, 고구려 왕실로부터 고씨 성을 받았다고 보고 있으나 분명한 근거가 있는 것은 아니다. 그러나 고구려가 항상 전투 때마다 말갈의 정예군을 전위대로 내보냈다는『당서』고려전과『신당서』흑수말갈전의 기사 또는 고연수와 고혜진이 싸움다운 싸움을 하지 않고 당나라군에게 항복한 점 등으로 보면, 두 사람을 말갈 출신으로 볼 수도 있을 것이다. 특히 당나라 태종이 안시성을 집중적으로 침공할 때 흑수말갈의 북부가 고구려와 연합

욕살의 통솔을 받는 벼슬은 처려 또는 처려근지, 일명 도사라고 부르기도 했다. 흔히 말하는 성주로서 성의 통치자였다. 이 벼슬은 중국의 자사와 같으며 당나라 때 태수를 고친 것이 자사라는 점에서 군수와 같다. 오늘날 군(郡)의 소재지였던 성의 중심지는 비(備)라고 불렀다.

위에서 말한 성보다 작은 성에는 가라달(可羅達)이란 벼슬을 두었는데 이는 중국의 장사(長史)와 같았다. 장사는 중국의 위·진 시대 이후 자사[군수] 다음 가는 벼슬이었으므로 가라달은 처려[도사, 성주] 다음 가는 벼슬이었다. 이런 면에서 작은 성은 큰 성의 통솔을 받은 것이 분명하다.

또한 고구려의 성에는 누초라는 벼슬을 두었는데 이는 현령과 같다. 현령이 태수[군수]에 속해 있었던 만큼 현령과 같은 누초는 태수와 같은 처려에 속해 있었다고 볼 수 있다.

위의 『신당서』와 『고려기』에서 보듯이 각 성에는 그 통치자 밑에 무관들이 있었다. 이를 대모달[莫何羅繡支 또는 大幢主]이라 불렀는데 종3품 관인 조의두대형 이상의 품계를 가진 사람이 이 벼슬을 할 수 있었다. 그 다음으로는 말객이란 무관이 있었는데 대형 이상의 품계를 가진 사람이 이를 할 수 있었으며 천여 명의 군대를 통솔하고 있었다.

하고 고혜진 등이 말갈군을 이끌고 안시성을 구원하려 했다가 전세가 불리하여 항복했는데 그때 당나라가 3천여 명의 말갈군을 생매장시켰다는 『신당서』 흑수말갈전의 전황 기사는, 두 사람을 말갈 출신으로 보게 하는 하나의 단서가 될 듯하다. 다시 말해 고혜진은 말갈 사람이므로 안시성을 구원하는 말갈군을 이끌고 싸움터에 나간 것이 아니겠는가라는 관점에 서 있는 것이다. 그러나 꼭 그렇게만 볼 수 없는 점도 있다. 말갈군을 지휘한 사람이 이 두 사람이기 때문에 지휘관으로서 말갈전에 실리게 될 수도 있기 때문이다. 그리고 두 사람이 말갈 출신이었다면 당나라에 항복한 후 항복을 비탄스럽게 여길 이유도 없을 것이다. 그런데 『당서』 고려전을 보면 고연수는 항복 후 항상 비탄에 싸여 사망하였다는 기사가 있다. 이는 고연수 등이 고구려 사람이었기 때문에 항복을 항상 부끄럽게 여겼음을 말해주는 것이 아닐까. 또한 이들이 말갈 출신이었다면 생포된 3천여 명의 말갈군이 생매장될 때 같이 죽음을 당했을 것이다. 이들은 예우를 받아 고연수는 홍려경(鴻臚卿), 고혜진은 사농경(司農卿)이라는 벼슬을 받기까지 했었다(『책부원구』 권170, 帝王部 來遠).

이렇듯 무관을 말하는 대모달 벼슬을 종3품의 조의두대형 이상의 높은 품계를 가진 사람이 차지한 사실로 보아 고구려에서는 무관의 품계가 상당히 높았으며, 지방행정은 군정이 중심을 이루는 등 지방 행정체계가 군사체계로 조직되었음을 알 수 있다.

그러면 고구려의 지방행정이 군정을 내세운 이유는 어디에 있었을까.

이를 주민들의 반항을 무력으로 누르려는 대내적 측면에서 파악하고자 하는 견해가 있으나 객관적인 이해를 구하기가 힘들 것 같다. 오히려 고구려 건국 이래 부단히 침입해 들어오는 중국 등 이민족의 침략을 막아보려는 대외적 측면에서 이유를 찾는 것이 설득력을 지닌다. 대외전쟁과 관련지어 볼 때 고구려의 역사는 전쟁의 역사 그것이었다고 할 수 있을 만큼 외세와 잦은 무력충돌을 치렀다.

고구려 주민들이 이러한 전쟁 분위기에서 살아가야 했다면 전쟁 위기 상황에 대처하기 위해 지방 행정체계는 군정 이외에 더 좋은 것은 없었다고 본다. 군정의 실시는 삼국에서 공통적으로 나타난 역사적 사실이었다.

그러므로 고구려의 지방 행정조직이 군정을 중심으로 한 것은 발전상 필요한 조치였으며, 이로 말미암아 고구려는 군사력을 강하게 육성하여 강한 국가를 유지해 나갈 수 있었다고 풀이할 수 있다.

제5장 고구려인의 민족정신 고수

제1절 고구려와 위·오나라의 관계

고구려와 중국의 관계를 삼국시대부터 보는 것은 양한(兩漢)과의 관계를 앞에서 다루었기 때문이다.

중국의 혼란한 삼국시대는 먼저 263년 촉(蜀)나라의 멸망과 함께 제갈공명의 위업도 막을 내리면서 새로운 시대로 나아갔다. 공명이 "한나라와 도적은 양립할 수 없다"는 그 도적, 즉 위나라도 사마염에게 찬탈되고 계승자로 나타난 진(晉)나라는 그 후 17년이 지난 280년에 오나라도 멸망시켰다.

이로써 중국은 다시 통일되었으나 59년밖에 되지 않았던 삼국시대에 고구려는 환도성을 거점으로 압록강 하류 의주의 건너편인 서안평(西安平)을 공격했다. 이 곳은 육로로 요동과 낙랑을 잇는 요충이므로 한나라는 여기에 현(縣)을 설치한 바 있었다. 고구려는 이를 공격하는 외에 남쪽의 대방군과 낙랑군을 치기도 했는데 이는 단순한 대결이 아니고 대방군을 고립시키려는 데서 비롯된 것이었다.

고구려의 진출은 요동태수 공손씨 정권의 발전으로 중단되기도 했으나 중국의 위·오나라의 적대관계로 뜻하지 않게 이 두 나라와 접촉하는 기회를 갖게 되었다. 공손씨 정권은 50년이나 되어 하나의 거대한 왕국을 이루었으나[1] 위나라 정권이 확립된데다가 조조가 이미 요서의 오환(烏丸)을 토벌 평정한 데 불안을 느껴 위나라와 적대관계에 있는 남쪽 오나라와 연합, 배후에서 위나라를 견제하고자 하였다.

이 점은 오나라도 마찬가지였다. 그리하여 232년(고구려 동천왕 6) 3월 바닷길을 통해 장군 주하(周賀)와 교위(校尉) 배잠(裴潛)의 두 사신을 요동에 파견했다. 그러나 두 사람은 위나라에 잡혀 같은 해 9월 주하는 처참하게 죽음을 당했다. 공손씨와 연합하려는 오나라의 계획은 실패했다. 그런데 다음 10월에는 공손연(公孫淵)이 교위(校尉) 숙서(宿舒)와 낭중령(閭中令) 손종(孫綜) 두 사람을 바닷길로 오나라에 파견하여 손권(孫權)에게 칭번(稱藩)했다. 칭번이라는 것은 신하의 예를 다해 복종하겠다는 것을 말한다. 손권은 적국인 위나라의 요동태수 공손연이 복종한다 하므로 다음 해 정월 온 나라의 경사라는 의미를 담은 특별조서를 통해 대사면령까지 내렸다.

같은 해 3월 공손연의 두 사신은 손권의 답방사신과 함께 배를 타고 귀환했다. 그런데 그 전에 파견문제를 둘러싸고 벌어진 손권과 대신들 간의 찬반논쟁이 주목된다. 답방사신이 만 명의 군사를 이끌고 금은보화 등 진귀한 물건과 구석(九錫)[2] 등을 가지고 들어가 공손연에게 주려는 손권의 구상에 대해 주위 대신들이 모두 위험하다 하여 반대했다. 공손연의 태도는 아직 믿을 수 없으므로 이 같은 예우는 너무 지나치며 지금으로서는 관리와 군사 수백 명으로 구성된 답방사신을 보내는 것이 좋다고 건의했으나 손권은 귀를 기울이지 않았다.

---

1) 위나라 명제 경초 원년(237) 공손연은 자립하여 연왕(燕王)이 되어 백관을 두고 소한(紹漢) 원년이라 칭했다(『삼국지』 권3, 위서3).

2) 구석은 공로가 있는 제후나 신하에게 임금이 특별히 내리는 아홉 가지 은전으로서, 거마(車馬)·의복·악기·주호(朱戶 : 붉은 출입문)·납폐(納陛 : 서리나 비가 맞지 않는 섬돌)·호분(虎賁 : 용사 100명)·궁시(弓矢 : 활과 화살)·부월(鈇鉞 : 작은 도끼와 큰 도끼)·거창(秬鬯 : 검은 수수와 향초를 섞어 빚은 술)이다.

이러한 우여곡절을 거쳐 오나라의 답방사신은 요동정권을 처음 방문하게 되었다. 역사상 이 사건을 '통오(通吳)', '통요(通遼)'라고 한다. 요동에 상륙한 오나라 사신 일행은 태상(太常) 장미(張彌), 집금오(執金吾) 허안(許晏), 장군 하달(賀達) 등 4백이나 되었는데 이들이 공손연의 도읍인 양평(襄平)에 들어갔을 때 공손연의 태도는 이미 변해 있었다. 공손연은 통오에 대해 크게 불안해하고 있었던 것이다.

당시 오나라의 국력이 위나라보다 약한 것은 아니지만 '통오'가 위나라에 준 영향이 매우 커서 위나라가 그대로 지나칠 것 같지 않다는 것이 그의 불안이었다. 그렇게 되면 먼 바다 저편에 있는 오나라는 믿기 힘들 것이라는 타산에서 공손연은 태도를 바꿔 장미와 허안의 목을 잘라 위나라에 보낸 동시에 이들이 가지고 온 물건은 몰수하고 나머지 사람들을 감금시키기에 이르렀다.

손권은 이 보고를 받고 나서 "짐의 나이 60에 세상의 어렵고 쉬운 일을 다 맛보았는데 이처럼 쥐새끼에게 당하니 분하다. 쥐새끼의 목을 잘라 바다에 던지지 않으면 다시 만국에 얼굴을 들지 못하겠다" 하여 크게 분개하며 직접 공손연의 정벌에 나서고자 했으나 주위의 만류로 겨우 분을 가라앉혔다. 한편 위나라는 공손연을 가상히 여겨 그를 대사마(大司馬)에 임명, 낙랑공에 봉했다.

공손씨의 '통오', 남경정권의 '통요'는 모두 실패로 끝나고 아무 일도 없었던 듯 사태는 다시 평온해진 듯했다. 그러나 뜻하지 않은 사건이 일어났다. 일은 오나라 사신의 참수사건으로 거슬러 올라간다. 『삼국지』 오서(吳書)를 보면, 공손연은 장미와 허안 등을 참수하려 할 때 나머지 사신 일행을 분산시켰는데 진단(秦旦)·두덕(杜德)·황강(黃彊) 등 관리와 군사 60여 명을 양평에서 동북으로 200리 떨어진 현도군(무순 부근)에 배치했다. 그 때 태수 왕찬(王贊)은 200호와 300~400명의 군사를 거느리고 있었다. 민가에 40일 정도 수용된 진단 등은 각오를 다졌다. "우리들은 멀리서 나라의 명령을 욕되게 했으니 죽은 것이나 마찬가지다. 보아하니 이

군의 형세는 매우 빈약하다. 일단 우리가 마음을 같이하여 성곽에 불을 지르고 그 장리(長吏)를 죽여 나라를 위해 수치를 갚은 후 죽으면 한이 없을 것이다. 구차하게 사는 것보다 낫다"고 했다.

일동은 결의에 찬 진단의 말에 찬동하여 8월 19일 밤에 거사를 하기로 정했다. 그러나 배신자인 장송(張松)의 고발로 왕찬이 선수를 쳐 성문을 잠그고 진단 등을 잡으려 하자 일동은 성벽을 넘어 탈주하기 시작했다. 그런데 종기로 걸음이 불편하여 두덕의 부축을 받으며 도망치던 장군(張群)이 험한 산골짜기를 600~700리나 도망치다 보니 상처가 더 심해져 도무지 걸을 수 없게 되었다. 일행은 풀 가운데 누워 서로 껴안고서 슬피 울었다.

장군이 먼저 말하기를, "나는 불행히도 상처가 너무 깊어 얼마 있지 않다가 죽을 것 같으니 여러분들은 속히 길로 나가 도착하는 장소까지 가라. 헛되이 골짜기에서 죽는다면 무슨 이익이 있겠느냐"고 했다. 두덕은 "이미 만 리나 떨어져 왔으므로 함께 죽어야 하겠으나 그럴 수 없다" 하고 진단 등을 부추겨 앞으로 나가게 하고 자신은 혼자 남아 장군을 돌보면서 주변의 채소와 과일로 목숨을 연명했다. 그런데 얼떨결에 앞으로 나간 진단 등은 뜻하지 않게 고구려의 왕궁이 있는 수도에 도달했다.

진단 등은 자신들이 산골짜기를 헤매고 돌아다닌 사실을 숨긴 채 사행 목적은 처음부터 고구려에 있었다며 손권의 조서와 선물은 요동에서 약탈당했다고 동천왕에게 둘러댔다. 동천왕은 이를 믿고 크게 기뻐하여 입으로 전하는 조서를 받고 나서 사람을 시켜 장군·두덕 등을 맞아들이게 하고 조의(皂衣) 25명으로 하여금 진단 등의 일행을 호송하여 귀환토록 편리를 제공하는 등 보살펴 주었다. 고구려의 호송사신은 손권에게 담비 털가죽과 할계(鶡鷄)3) 가죽을 선물로 바쳤다.

---

3) 할계(鶡鷄)는 들닭처럼 크며 청색털을 가지고 있다. 일단 싸움을 시작하면 상대편이 죽어야 끝낼 정도로 성질이 사나운 것이 특징이다(『산해경』 郭璞의 주석). 꽁지깃은 무관이 쓰는 모자 장식으로 사용되었다.

1년 후 손권은 사굉(謝宏)과 진순(陳恂) 두 사신을 파견하여 동천왕을 선우(單于)[4]에 봉했다. 서안평 입구에 도착한 진순은 먼저 교위 진봉(陳奉)을 파견하여 동천왕을 알현케 했다. 동천왕은 먼저 위나라의 유주자사가 간하는 글을 받아서인지 사신이 직접 오라고 했다. 진봉은 이 말을 듣고 돌아갔는데 동천왕은 주부인 착자(笮咨)와 대고(帶固) 등을 그 곳으로 파견하여 사굉을 만나게 했다. 사굉이 고구려 사람 30여 명을 인질로 잡아 묶어 놓았음을 안 동천왕이 사과 표명을 하고 말 수백 마리를 줌으로써 두 주부는 손권의 친서와 선물을 받아가지고 돌아와 동천왕에게 바쳤다. 사굉은 타고 온 배가 작아 말 80마리만을 싣고 돌아갔다.

손권이 동천왕을 선우에 봉하려 할 때 외교적 마찰이 일어난 것으로 알 수 있듯이 고구려는 오나라를 동맹세력으로 보지 않았다. 그 후에도 고구려의 태도는 크게 변하지 않아 236년 오나라의 입국 사신 호위(胡衛) 등을 참하고 그 목을 위나라에 보내기까지 했다.

이렇듯 사신의 목이 잘리는 등 치욕을 무릅쓰면서까지 오나라가 고구려와 친교를 맺으려 한 것은 고구려와 연합하여 요동을 습격하려는 생각이 변하지 않았기 때문이다. 공손연이 자신의 사신들을 죽인 것에 대한 보복을 단독으로 할 수 없는 입장이다 보니 고구려의 힘을 빌어 보복하려고 했던 것이다. 고구려가 그러한 오나라 사신의 목을 위나라에 전했다는 것은 위나라를 자극할 의사가 없음을 행동으로 보여준 것이 분명하다.

고구려와 연합하여 공손씨의 요동정권을 보복하는 외에 요동을 차지하려는 오나라의 야심을 위나라가 모를 리 없었다. 그리하여 237년(동천왕 11) 유주자사 관구검은 선비와 오환 등 이민족 세력까지 규합하여 요동

---

4) 선우(單于)란 흉노·선비·오환 등 북방 유목민족의 통치자를 말하며, 한국·중국 등 농경민족의 통치자인 왕에 해당된다. 『삼국지』(권2, 위서2 文帝紀2)를 보면 "延康元年 3月 己卯 濊貊扶餘單于…… 皆各遣使奉獻"이란 기사에서 보듯이 삼국시대 위나라는 예맥과 부여의 통치자를 선우라고 표현했다. 오나라가 고구려의 동천왕을 선우에 봉한 것도 같은 의미로 보이는데, 이 시대 중국인이 부여·고구려·예맥 등을 북방민족으로 여긴 데서 비롯된 것이다.

남쪽에 병력을 주둔시킨 바 있다. 이때 위나라는 공손연을 불렀는데 그는 병력을 출동시키는 등 반항적 태도로 맞섰다. 그리하여 관구검은 공손연과 군사대결까지 벌였으나 장마로 인해 병력을 장성 안의 우북평으로 철수하였다. 공손연은 이 군사대결을 치른 후 서둘러 자립하여 연왕(燕王)이라고 칭하게 되었던 것이다.

그 다음 해에 위나라는 공손연 토벌에 나섰다. 사마의는 양평에서 공손연을 참수하고 그 목을 수도로 보냄으로써 요동군은 평온해졌다. 그런데 『삼국사기』 고구려본기를 보면 동천왕은 이 토벌에 천여 명의 병력을 파견하여 사마의를 지원해 주었다고 한다.[5]

고구려가 이전에 오나라의 존재를 알고 있었는지 분명하지 않으나 황해를 통해 오나라와 교통할 수 있다고 생각한 것 같지는 않다. 고구려 사람들은 압록강이 남경정권에서 주목하는 국제적인 강으로 떠오르고 있었다는 사실을 분명히 알고 있었을 것이다.

거리상 오나라는 고구려의 주목을 받기에 충분하지 못하다고 하겠으나 위나라는 그렇지 않았다. 위나라가 공손씨의 요동정권을 멸망시킨 것은 오나라가 고구려와 연합하려는 등 위나라의 동진정책을 위협하는 고구려라는 걸림돌을 치우기 위해 취할 수밖에 없는 전단계의 행동이 구체화된 것에 지나지 않는다.

사실상 공손씨의 요동정권은 고구려와 위나라의 완충지대 역할을 해온 셈인데, 그 정권이 멸망함으로써 고구려와 위나라의 군사대결은 피할 수 없게 되었다. 242년(동천왕 16) 고구려군이 요동군 서안평을 습격한 것에 대해 246년(동천왕 20) 위나라의 유주자사 관구검이 고구려를 침공한 것은 양국의 군사대결이 예정되었음을 보여준 것이다.

238년부터 고구려가 서안평을 습격한 데 이어 242년에도 습격을 감행

---

5) 『양서』를 보면 공손연 토벌시에 동천왕이 군대를 파견하여 서안평을 습격하므로 관구검이 고구려를 침공했다고 한다. 따라서 동천왕 16년 고구려는 공손연 토벌시에 사마의를 지원했다기보다 오히려 틈을 타 서안평을 침공했다고 보는 것이 더 합리적일 듯하다.

하자 관구검은 보기 1만을 이끌고 현도군을 거쳐 침공해 왔다. 낙랑태수와 현도태수가 이를 지원하고 나섰으나 동천왕이 직접 이끈 2만의 고구려군은 관구검의 주력군을 비류수 상류에 있는 양맥 골짜기에서 격파했다. 관구검은 군대를 압록강으로 돌려 환도성 등 여러 성들을 함락시켰다.

동천왕이 환도성에서 남옥저로 피하자 위나라 장군 왕기(王頎)가 이를 추격하여 숙신의 남쪽 경계까지 왔다가 돌아갔다. 지금 전해지고 있는 환도비(丸都碑)는 관구검이 환도성을 공략할 때 돌을 깎아 공을 기록한 비석인데 비문에는 오환의 선우가 위나라의 한 장수로서 참전한 사실이 전해지고 있다.

이렇게 하여 위나라는 승리를 거두었으나 고구려의 수도 환도성을 점령하는 데는 실패했다. 당시 고구려가 받은 타격이 매우 컸음은 이후 13년 정도 서안평을 침공하지 못한 것으로 알 수 있으나, 고구려는 계속 세력을 키워 나갔다. 이는 259년(중천왕 12) 중천왕이 이끈 5천의 정예 기병이 위나라의 울지해(蔚遲楷)가 이끈 침공군을 다시 양맥 계곡에서 크게 격파한 사실로 알 수 있다.

서안평을 차지하려는 고구려의 강한 의지는 결국 311년(미천왕 12) 서안평 점령으로 열매를 맺었는데, 상대적으로 서진(西晉)의 무력함이 고구려에 호기가 되기도 하였다.

제2절 고구려와 중국 남북조의 공존

고구려는 광개토왕 때 선비족의 모용세력을 상대로 요동지방을 차지하여 국토로 편입시키고 일단 대규모의 군사행동을 마무리지었다. 광개토왕을 계승한 장수왕은 전대의 발전을 계속 이끌어 나가려는 일념에서 중원에서 잇따라 세워지는 남조와 북조의 정권과는 의도적으로 마찰을 피하고자 했다. 그리하여 이들 정권에 대해 시종 우호정책을 추진하였다.

관련 기록에서 보듯이 장수왕 13년부터 안원왕 초에 이르는 사이에 북위와의 평화교섭만 해도 80여 차례나 되었다. 평화적 외교수단을 동원하여 안정된 국면을 장기적으로 유지함으로써 내부 발전에 힘을 기울이기 위해서였다. 실제로 이때 고구려의 경제적 생산력은 상당한 수준으로 발전하였다.

요동지방에서 선비족의 모용씨 세력이 사라진 후 이어 같은 선비족인 탁발씨(拓跋氏)가 일어나 386년 탁발규(拓跋珪)가 지금의 내몽골 중부지방에 북위 정권을 세웠다. 398년 탁발규는 고구려 등지의 관리와 각종 기술자 등 10만여 명을 옮겨 와 수도로서의 사회·경제적 면모를 마련하고6) 이어 418년 명원제(明元帝)는 요서방면으로 뻗어 나와 그 후 북연(北燕)의 수도인 용성(龍城)까지 차지하였다.

이렇듯 북위가 빠른 속도로 요서지방에 진출하여 고구려를 위협하는 세력으로 성장하자 장수왕은 북위와 화친관계를 맺음으로써 앞으로 발생할 군사적 충돌을 미연에 방지하였다. 이렇게 해 놓고 나서 장수왕은 427년 수도를 남쪽의 평양으로 옮겨 근거리에 있는 북위의 위협을 피함과 동시에 이 곳을 북위에 맞서는 데 필요한 국력을 증강시키기 위한 발판으로 이용하려 했다. 장수왕이 선택한 행동은 고구려의 장기 발전과 안정을 고려할 때 매우 적절한 조치였다.

장수왕은 고구려의 더 큰 발전이 북위와의 우호 증진을 통해 이루어질 수 있다고 판단하여 먼저 자신의 작위를 북위에 청했다. 태무제는 사신으로 파견한 이오(李敖)를 통해 장수왕에게 도독요해제군사 정동장군 영호동이 중랑장 요동군개국공 고구려왕(都督遼海諸軍事征東將軍領護東夷

---

6) 『魏書』 권2, 帝紀2 太祖紀, "天興 元年 春正月 辛酉 車駕發自中山 至于望都堯山 徙山東六州民吏 及徒河 高麗雜夷三十六萬 百工伎巧十萬餘口 以充京師".

中郞將遼東郡開國公高句麗王)이란 작위를 보내 왔다.[7]

이 작위에 장수왕이 만족했는지 알 수 없으나 북위는 요동지방의 영유와 관련하여 고구려의 기득권을 공식적으로 인정한다는 태도를 밝혔다.

436년 북연(北燕)이 태무제의 정벌을 받게 되자 연왕 풍홍(馮弘)은 일시 고구려에 의존한 가운데 후일 재기하기로 작정해 놓고 상서인 양이(陽伊)를 고구려에 밀파하여 도움을 청했다. 장수왕은 대장 갈만로(葛蔓盧)로 하여금 보기(步騎) 2만을 이끌고 양이를 따라 용성으로 들어가 구원케 했다.

풍홍은 용성을 떠나기 전에 궁궐에 불을 지르고 성안의 민호를 거느리고 고구려땅으로 들어왔다. 풍홍의 망명 사실을 안 태무제는 사신 봉발(封發)을 고구려에 파견하여 즉시 풍홍을 되돌려 보내라고 했다. 장수왕은 풍홍과 더불어 태무제를 받들겠다는 말로 이를 거부했다. 북위와 풍홍이 결탁하면 고구려의 입장이 불리해질 것이 명백했기 때문이다.

태무제는 장수왕이 고의로 송환을 거부했다고 여겨 군사력으로 해결하려고 했다. 그러나 북위는 요서지방을 차지한 지 얼마 되지 않은 참이라 즉각 고구려에 무력을 사용할 수 없는 입장이었다. 당시 북위가 힘을 기울이고 있는 것은 생산발전과 군비증강이었다. 결국 북위는 풍홍이 고구려에 계속 머무는 것을 묵인했다.

그런데 장수왕은 풍홍이 고구려의 힘을 빌어 재기하는 것을 바라지 않아 풍홍의 행동을 견제하고 나섰다. 일이 이렇게 되자 438년 풍홍은 자신을 구속한 고구려의 처사에 울분을 참지 못해 남조인 송(宋)나라로 망명하려 했다. 장수왕은 차제에 아예 화근을 없애기 위해 문제의 풍홍과 그 자손 100여 명을 살해하기에 이르렀다.

장수왕은 풍홍을 살해한 후 해마다 사신을 보내 북위와 우호관계를 두터이 했으며 북위 역시 마찬가지였다. 고구려 사신에게 답례품을 후하게 주었는가 하면 북위의 영토 내에 살고 있는 고구려 사람들이 편안히 살

---

7) 『삼국사기』 권18, 장수왕 23년 6월조.

도록 땅과 집을 나누어 주기도 했다.[8]

그렇다 해서 고구려가 북위에 대한 경계심을 늦춘 것은 아니었다. 466년 북위의 문명태후는 헌문제의 6궁(宮)이 다 채워지지 않은 것을 빙자하여 장수왕의 딸을 보내줄 것을 청했다. 이에 장수왕은 딸이 이미 시집을 갔으니 대신 동생의 딸을 구해 보내겠다고 했다.

문명태후가 이를 양해하여 맞아들일 예를 갖추었으나 장수왕은 또 거짓으로 조카딸이 죽었다 하여 이마저 보내기를 마다했다.

문명태후는 장수왕의 말이 모두 사실이 아님을 알아차리고 장수왕에게 불만을 나타냈다. 조카딸이 죽었다면 종실의 딸을 골라 보내줄 것을 다시 청해 기어이 이 문제를 매듭지으려 했다.

이렇듯 장수왕이 북위의 요구를 모두 거부한 것은 화친을 빌미로 북위 사람들이 고구려의 기밀을 탐지할 것이고 그렇게 되면 국가의 안전이 위협받게 될 것이라고 염려한 때문이다. 그러나 북위의 요구를 더 이상 거부할 명분이 없어 장수왕은 북위의 요구에 따르기로 결정하였는데[9] 얼마 안 되어 갑작스레 헌문제가 사망함으로써 이 문제는 흐지부지되고 말았다.[10]

장수왕의 딸 문제 사건을 통해 보았듯이 북위의 고구려에 대한 태도는 고압적이었다. 그렇다 해서 고구려가 무조건 북위의 요구를 따른 것은 아니었다. 장수왕은 자국의 발전과 안전을 위해 실속 있는 외교를 전개했던 것이다.

그런데 고구려는 그 발전을 위해 북위하고의 친선관계에만 중점을 두

---

8) 『고구려간사』, 113쪽.
9) 『위서』 권100, "若天子恕其前愆 謹當奉詔".
10) 『위서』(권60, 程駿傳)를 보면 장수왕의 딸 천거문제가 다르게 기록되어 있다. 즉 475년 장수왕이 먼저 딸을 보내겠다고 말한 것으로 되어 있는 것이다. 그리고 헌문제의 사망 연대가 476년인데 471년 어린 효문제에게 왕위를 물려주었다고 기록되어 있다. 이는 장수왕이 먼저 딸을 보내겠다고 한 것과 함께 잘못된 기록이다. 고구려전이 맞는다.

지는 않았다. 당시 북위와 화해할 수 없는 관계에 있던 남제(南齊)와의 관계도 고려에 넣었던 것이다. 480년에는 장수왕이 남제와의 수호를 위해 파견한 사신 여노(餘奴) 등이 도중에 북위에 붙잡히는 사건이 발생하였다. 북위는 남제와의 수호를 꾀한 장수왕에게 불만을 나타냄과 동시에 이를 항의했다.11)

그러나 장수왕은 별로 신경을 쓰지 않았다. 겉으로야 이를 따르는 듯한 인상을 주었지만 다음 해에 다시 남제에 사신을 파견하여 수교를 했다. 이는 전년에 남제의 태조가 사신을 고구려에 보낸 것에 대한 답방이며 또한 남제의 전조(前朝)인 송나라와 고구려가 455년과 463년에 서로 사신을 교환한 선례를 따른 셈이라 할 수 있다. 결국 고구려가 남제에 사신을 파견한 것이 갑작스런 일이 아님을 양해한 북위는 더 이상 이를 문제삼지 않고 고구려와의 수교에 대해서만 만족하였다.

491년 장수왕의 사망 소식을 듣고 소복으로 갈아입은 효문제는 신하들과 함께 애도의 뜻을 나타내고 사신을 보내 장수왕에게 '차기대장군태부요동군개국공 고구려왕(車騎大將軍太傅遼東郡開國公高句麗王)'이란 작위를 추증하여 고구려에 대해 가식 없는 위문을 표해 기존 우호가 변함없음을 나타냈다. 이는 고구려가 남조와 교통을 함에도 불구하고 고구려와의 우호관계가 북위에는 절대 도움이 된다는 것을 잘 알고 있었기 때문이다.

492년 효문제는 고구려에 보낸 사신을 통해 문자명왕에게 '사지절도독요해제군사 정동장군 영호동이중랑장 요동군개국공 고구려왕(使持節都督遼海諸軍事征東將軍領護東夷中郎將遼東郡開國公高句麗王)'이란 작위를 주었는데 그 때까지 준 작위와 내용상 큰 차이가 없었다. 519년에는 문자명왕의 사망에 대해 북위의 영태후(靈太后)가 애도를 나타내고 파견한 애도사신편에 차기대장군이란 작위를 추증하기도 하였다.

이는 문자명왕 때까지 두 나라 간에 우호관계가 유지되었음을 말한다.

---

11) 『삼국사기』 권18, 고구려본기 장수왕 68년조.

해를 거르지 않고 고구려가 북위에 사신을 보낸 것도 이를 잘 보여 준다. 당시 고구려 사신이 진귀한 물건을 전했음을 짐작할 수 있으나 구체적인 것은 알 수 없다.[12]

물론 전혀 마찰이 없었던 것은 아니다. 예컨대 504년 북위의 선무제(宣武帝)는 고구려의 예물과 관련하여 사신 예실불(芮悉弗)에게 황금과 옥을 예물로 보내지 않았다 하여 불만을 나타냈다. 이는 남조와 외교관계를 유지하고 있는 고구려에 대한 일종의 불만 표시였다고 하겠으나 그렇다고 해서 우호관계까지 손상시킬 만큼 문제를 확대시키려 하지는 않았다. 고구려도 또한 북위와의 관계에는 신중을 기했으므로 고구려의 사신이 해명을 했고, 북위는 이를 양해하는 선에서 마무리되었다.[13] 이러한 친선 관계는 장수왕 이후 문자명왕·안장왕·안원왕 3대에 걸쳐 대체적으로 잘 유지되었다.

그런데 북위는 고구려 사신의 남조 입국 만큼은 묵인하는 태도를 보였으나 반면 남조가 고구려와 관계를 유지하기 위해 사신을 고구려에 파견하는 것은 용납하지 않았다. 520년 안장왕에게 '영동장군도독 영평주제군사 고구려왕(寧東將軍都督營平州諸軍事高句麗王)'이란 작위를 준 양(梁)나라 고조의 사신이 따로 안장왕에게 전달할 의복과 칼을 들고 고구려로 들어가다가 바다에서 북위군에 잡혀 낙양으로 강제 압송된 사건은 대표적이다.

역시 양나라와 고구려의 우호관계가 유지되면 그만큼 북위와 고구려의 우호관계가 해를 입으며 그렇게 되면 북위가 위협을 받게 되리라 우려하여 양나라와 고구려의 관계 유지를 한사코 막으려 했던 것이다.

---

12) 『태평어람 太平御覽』(권359, 兵部90 障泥)을 보면, 광개토왕(392~414) 때 고구려가 남연(南燕)에 귀한 물건을 보내준 기사가 있다. 과하마로 알려진 천리마와 말곰의 가죽으로 만든 안장을 받은 남연의 왕은 답례로 물소와 말하는 새를 고구려에 보내왔다는 기사가 그것이다. 이로 보아 고구려는 같은 안장을 북위에 보냈을 가능성이 많다고 본다.

13) 『위서』 권100, 고구려전.

북위의 양나라 사신 납치사건은 어디까지나 중국의 내부 문제이므로 고구려는 전혀 영향을 받지 않았다. 그리하여 520년 북위는 앞서의 예에 따라 안장왕에게 '안동장군 영호동이교위 요동군개국공 고구려왕(安東將軍領護東夷校尉遼東郡開國公高句麗王)'이란 작위를 준 데 이어 532년에는 안원왕에게 '사지절산시 영호동이교위 요동군개국공 고구려왕(使持節散侍領護東夷校尉遼東郡開國公高句麗王)'이란 작위를 주었다.

고구려왕이 북위에서 받은 작위는 거의 한(漢)·위(魏) 시대의 그것과 다름이 없었다. 이 작위의 내용을 둘러싸고 고구려가 이 시대 이래 중원 정권의 속국이었으며 국왕은 그 관원의 하나였다는 주장도 있는데, 그 근거로 내세우는 것이 '영호동이교위(領護東夷校尉)'이다.

이는 원래 만주 동북지역에 영향력을 강화하기 위해 설치한 것이므로 처음에는 중국인이 그 임무를 담당해 왔으나 이 지역에 대한 중원 정권의 정치적 영향력이 줄어들면서 비중국인으로 바뀌게 되었다. 북위가 고구려왕을 이 지위에 봉한 것은 당시 고구려왕이 현지를 지배하고 있었기 때문이다. 따라서 이는 오히려 북위가 이 지역에 대한 고구려의 지배를 인정한 사실을 반증하는 것이다.

그런데 고구려왕이 받은 작위가 중국적인 요소로 이루어진 데서도 보이듯이 특히 북위 효문제의 강력한 중국화 정책은 국수적인 선비인의 반발에 부딪혀, 북위는 534년 동위와 서위로 갈라졌다.

선비적 요소를 지키려 한 서위와는 달리 중국화를 따른 동위의 효정제(孝靜帝)는 북위가 고구려에 대해 펼쳤던 기존의 외교 방침대로 즉위년에 사신을 고구려에 보내 안원왕에게 '표기대장군(驃騎大將軍)'이란 작위를 더 주고 나머지는 그전의 것과 같게 했다.

북위의 동·서 분열은 중원 내부의 문제였으므로 고구려는 신경을 쓰지 않고 관망하기만 했다. 따라서 동위가 먼저 고구려에 사신을 보내오자 고구려는 1년을 지켜보다가 답방 형식으로 사신을 동위에 보냈다. 이로 미루어 동위가 고구려와의 관계 유지를 더욱 절실하게 여기고 있었음을 알 수 있고 이 때문에 양국 관계는 변함없이 유지되었다.

550년 북제(北齊)의 문선제(文宣帝)가 동위의 선양(禪讓)을 받아 즉위하자 고구려는 북제에 사신을 보냈다. 동위가 세워진 해에 사신을 보내지 않았던 고구려가 북제가 수립된 해에 사신을 보낸 것은 북제가 동위의 선양을 받았기 때문이다. 동위의 외교노선을 그대로 이어받은 북제는 고구려 양원왕에게 '사지절시중 표기대장군 영호동이교위 요동군개국공 고구려왕(使持節侍中 驃騎大將軍 領護東夷校尉 遼東郡開國公 高句麗王)'이란 작위를 주었다. 동위의 작위 그대로였다.

북제가 준 이 작위 중에도 '영호동이교위'라는 것이 들어 있는데, 이는 북위·동위·북제의 세 정권이 모두 요동 등 동북지역에 대한 고구려의 지배권을 인정했음을 보여준다.

그런데 같은 북조에서도 북주(北周)는 고구려왕에게 '영호동이교위'가 없는 작위를 주었다. 즉 577년 평원왕이 북주의 고조로부터 받은 작위는 '개부의동삼사대장군 요동군개국공 고구려왕(開府儀同三司大將軍遼東郡開國公高句麗王)'이다. 무슨 까닭일까.

서위를 계승한 북주는 동쪽으로 북제와 접해 있다 보니 고구려가 지배하고 있는 동북지역의 관할 문제에서 북제보다 훨씬 뒤로 물러나 있었다. 따라서 북주는 명목상으로나마 '영호동이교위'란 작위를 줄 수 없는 처지이고 다만 고구려의 요동군 지배를 사실대로 인정할 수밖에 없어 '요동군개국공'이란 작위를 주는 데 그쳤다고 하겠다.

요동의 관할권 문제와 관련하여 남조의 여러 정권도 북주와 같은 입장이었다. 고구려와 우호관계를 맺기 위해 송·제·양·진(陳) 등 남조의 여러 정권이 고구려에 부여한 작위 안에 '영호동이교위'가 빠져 있는 것은 이와 관련되어 있을 것이다.

그런데 남조의 여러 정권이 고구려왕에게 준 작위는 중국인의 합법적인 정권이 남조임을 강하게 나타낸 것으로, 북조 정권을 명분상 낮추어 보려는 면을 반영하고 있다. 예컨대 463년 송나라 효무제가 장수왕에게 차기대장군(車騎大將軍)을, 480년 제나라의 고제가 장수왕에게 표기대장군(驃騎大將軍)을, 494년 제나라의 울림왕이 문자왕에게 정동대장군(征東大將軍)을, 502년 양나라의 무제가 문자왕에게 차기대장군을, 508년 양나라의 무제가 문자왕에게 무동대장군(撫東大將軍)을, 520년 양나라의 무제가 안장왕에게 영동대장군(寧東大將軍)을, 560년 진(陳)나라의 문제가 평원왕에게 영동대장군을 준 것이 그것이다.

여기에서 공통으로 보이는 '장군'이란 관작은 남조의 여러 정권이 모두 고구려를 일방적으로 명분상 속국으로 단정지으려 했음을 보여준 것이다.

494년 남제가 문자왕에게 부여한 영평이주정동대장군(營平二州征東大將軍), 520년 양나라의 무제가 안장왕에게 부여한 영평이주제군사(營平二州諸軍事)에 나오는 영주와 평주[營平二州]는 요서지방에 있었다. 남조의 통치력이 미치지 못했던 2주의 군사문제와 관련된 장군이라는 작위를 준 것은 선비족의 북조를 명분상 격하시킴으로써 한족이 세운 남조의 위상을 대내외적으로 높이려 한 것이다.

표기대장군·차기대장군·무동대장군과 의미상 비슷한 정동대장군이란 작위는 355년 전연(前燕)이 고국원왕에게 준 것이 처음이다. 고국원왕 때 고구려가 전연에게 크게 시달린 바 있어 전연의 이 같은 작위는 일시적인 것이라고 이해할 수 있으나 남조의 경우는 내용상 이와 전혀 다른 의미를 가지고 있었다. 그것은 앞에서 본 그대로이다.

그렇다면 이러한 남조의 정치적 목적이 담긴 작위를 고구려가 받았다고 해서 고구려를 남조의 속국이라고 보아야 할 것인가. 남조는 이 작위를 통해 명분의 과시에 만족하는 정도에 지나지 않았다. 그러나 고구려는 중국적인 분위기가 넘치는 남조 문화에 접근하여 이를 수용함으로써 실리를 얻을 수 있었다. 고구려가 허세에 찬 남조의 작위를 받아들이는 데 아무런 부담을 느끼지 않은 것은 이 때문일 것이다.

다시 이야기를 북조쪽으로 돌려보자. '영호동이교위'라는 것은 고구려가 북조의 여러 정권으로부터 받은 작위 중의 하나이지만 그 중에는 요동군개국공이란 작위도 어김없이 들어 있었다.

그런데 수·당 시대에 오면 이 ‘요동군개국공’이 ‘요동군공’으로 바뀌는데 이 둘은 내용상 다른 의미를 지닌 듯하다. 요동군개국공은 고구려왕이 요동지방을 실제 통치하고 있음을 인정하고 준 작위라고 여겨진다. 그렇다면 그저 요동군공이란 작위만 주어도 될 것이다. 그런데 굳이 요동군개국공으로 한 것은 왜인가.

만약 북조에서 부여한 작위 이름에 고구려의 영토임이 분명한 요동이 중원의 일부에 속한다는 발상이 들어 있었다면 고구려가 이를 순순히 받아들였을 것인가. 따라서 요동군이 중원의 일부가 아니라 고구려에 속하는 영토임을 인정하여 ‘요동군공’과는 구별해서 ‘요동군개국공’이란 작위를 부여한 것이리라.

결국 요동군공이 아니라 요동군개국공에는 그 의미에 차이가 있다고 보아야 할 것이다. 후에 수 문제는 581년 평원왕에게 요동군공, 590년 영양왕에게 요동군공, 624년 당 고조도 영류왕에게 요동군공이란 작위를 주었다. 598년 수 문제가 영양왕의 작위를 빼앗은 것이나, 수·당이 고구려와 싸움을 벌인 것은 요동군의 영유권 문제에서 비롯되었다고 할 수 있다. 수·당은 모두 고구려의 요동군 지배를 큰 불만으로 여기고 있었고 고구려로부터 요동군을 빼앗는 것을 고구려에 대한 기본정책으로 삼았다. 두 나라가 준 요동군공이라는 작위 자체가 바로 이러한 야망을 넌지시 나타낸 것이라고 본다.

그렇다면 요동군개국공이란 작위는 요동지방을 빼앗을 가망이 전혀 없는 북조의 여러 정권이 솔직하게 고구려의 이 지방에 대한 지배권을 사실로 인정했음을 보여준 것이라 하겠다. 다시 말해 북조의 여러 정권은 요동지방의 패권을 놓고 고구려와 군사적으로 충돌한 바 없으며 충돌할 의사와 능력이 없음을 나타낸 것이 요동군개국공이란 작위였다고 본다.

이 요동군개국공이란 작위의 선례는 396년 후연(後燕)이 광개토왕에게 준 평주목요동국왕(平州牧遼東國王)이다. 그리고 평주목의 선례가 된 것은 355년 전연이 고국원왕에게 준 영주자사고구려왕(營州刺史高句麗王)이다.

영주가 전연의 땅이고 평주가 후연의 땅인 것으로 보면, 영주자사와 평주목이란 작위는 각기 전연과 후연의 실직(實職)이다. 이로 보아 고구려는 한때 전연과 후연에 대해 굴욕적인 태도를 취한 것이 분명하지만 광개토왕은 404년 후연에 대한 굴욕적인 입장을 역전시켜 드디어 요동지방을 지배하는 데 성공했다.

이렇듯이 전연과 후연 시대 한때 그 나라의 실직과 작위를 받은 것을 제외하고는 북조의 여러 정권들로부터 받은 작위는 고구려가 요동지방을 지배하고 있는 사실을 인정받은 작위이며, 남조의 여러 정권이 준 작위는 허직으로서의 의미만 담겨져 있는 것이라고 보면 좋을 것이다.

그런데 520년 양나라 무제는 안장왕을 고구려왕에 봉했다. 이는 고구려를 북조와 동일시하고 선비족이 세운 북조의 실체를 인정하지 않는다는 한족 특유의 자존적 태도에서 고구려왕의 실체를 인정하지 않아 고구려왕이란 작위를 주지 않았던 같은 남조의 송·제·진과는 달리 북조의 책봉 형식을 따른 것이었다.

제3절 수나라의 고구려 도발

남북조 시대 민족이 서로 다른 남조와 북조 정권이 상호 반목·대립하는 형세를 틈타 대내외적으로 안정과 발전을 이룬 고구려는 계속 순조로운 발전을 이루어 나가고 있었다.

그러던 581년 북주정권을 탈취하고 들어선 수나라는 589년 남조의 마지막 왕조인 진나라를 멸망시킴으로써 중원의 오랜 분열과 혼란의 어둠을 가르고 모처럼 안정된 시대를 열었다.

고구려 평원왕은 수나라가 건립된 그 해에 때맞추어 사신을 보냈고 수나라 문제는 대장군 '요동군공'이란 작위를 주었다. 작위 이름으로도 알수 있듯이 수나라는 고구려의 요동 지배권을 인정하지 않고 고구려의 국가 지위를 갑자기 격하시킴으로써 고구려를 자극시켰음에 틀림없다. 진나라의 멸망 소식을 들은 평원왕이 서둘러 군사체제를 정비하고 군량을 쌓아 대비책을 마련한 것이 명백한 근거이다.

마침내 590년 수나라 문제는 고구려의 전쟁준비에 대해 강력하게 맞설준비가 되어 있음을 사신을 통해 전달해 왔다. 전달된 문제의 조서를 보면, 고구려가 수나라를 그처럼 경계한 이유가 어디에 있었는지 분명히 드러난다.

조서 내용이 사실에 바탕을 두었다면 수나라가 출현하기 이전까지 고구려는 중원의 여러 정권에 대해 저자세를 취하지 않았고 은밀히 재물을 뿌려가며 중국인을 조종한 외에 자주 기병을 동원하여 변경의 중국인을 약탈한 것으로 보인다.

원래 건국 초의 수나라는 중원의 할거세력을 평정하는 데 여념이 없어 변방을 돌아볼 겨를이 없었다. 고구려는 이 틈을 타 세력을 좀더 넓혀 나가려고 했고, 이것을 국왕 등 지도부에 의해 계획된 것으로 판단한 수나라의 문제는 평원왕을 왕자리에서 내쫓고 한족의 관원을 골라 그 자리를 채우겠다고 할 정도로 위협을 가했다.[14]

이 같은 위협적인 조서에 불안을 감추지 못하던 평원왕은 병으로 사망했다. 590년 영양왕이 즉위하자 수나라 문제는 사신을 보내 영양왕을 상개부의동삼사(上開府儀同三司)라는 작위에 봉하고 종전대로 요동군공이란 작위를 잇게 한다면서 옷 한 벌을 보냈다.

이듬해 영양왕은 수나라에 보낸 사신편에 인사치레를 하고 고구려왕에

---

14) 『수서』 권81, 고려열전.

봉해줄 것을 청했다. 문제는 이를 받아들여 영양왕을 고구려왕에 봉하였고 같은 해 여름 영양왕은 역시 인사치례하는 것을 잊지 않았다. 이러한 표면상의 선린관계는 598년 봄 느닷없이 영양왕이 말갈인으로 구성된 1만여 명의 군사를 이끌고 요서지방을 침공함으로써 막을 내렸다.

비록 이 침공은 수나라 영주총관 위충(韋冲)의 반격으로 실패로 끝났지만, 이로써 바로 얼마전 영양왕이 자신을 고구려왕에 봉해 달라고 청한 것은 문제를 안심시키기 위함이었거나 속임수였다는 심증을 굳히게 한다.

아무튼 고구려가 한발 앞서 요서지방을 침공한 사실로 미루어 오랜 기간에 걸친 평화를 바탕으로 고구려가 막강한 국력을 축적하였음을 알 수 있다. 혹자는 요서출병을 가리켜 맹목적이라거나 영양왕이 지난날의 교훈을 받아들이지 않았다고 비판하기도 하는데, 이는 고구려가 수나라 속국이라는 고정된 관념을 가진 사람에게나 통할 법한 설명이다.

어쨌든 이 요서출병은 수나라에 대한 반역 행위로 낙인찍혀 고구려 침공의 도화선이 되었다.15) 한왕(漢王) 양량(楊諒)을 원수로 한 30만의 수나라 대군은 요동을 침공함과 동시에 영양왕의 작위를 회수했다. 작위를 박탈당했다 해서 고구려가 큰 타격을 받은 것은 아니며, 요동침공도 아직 분위기가 무르익지 않은 애매한 상태에서 이루어져 큰 차질을 보게 되었다.

임유관(臨渝關)16)을 나선 수나라군은 빠른 속도로 고구려 영토 안으로

---

15) 고구려의 요서침공이 수나라의 양제를 크게 자극시켰음은 『문관사림 文館詞林』 (권669, 詔39 赦宥5)에 실린 「隋煬帝平遼東大赦詔一首」라는 양제의 조서 중 "……而遼左島夷 獨懷逆命 惡甚夙沙 罪浮獫狁 朕奉遵先志 躬行弔伐……"이란 말에 잘 드러난다. 즉 숙사(夙沙)와 훈험(獫狁)보다 고구려의 죄악이 더 크다고 했는데 관련 부분만 정리하면, "고구려가 저지른 악은 염제(炎帝) 때 후국(侯國)으로서 처음 바닷물을 달여 소금을 만들었으며 염제에 의해 멸망된 숙사(夙沙 : 산동에 위치)보다 심하며, 그 죄는 진나라 이전부터 중국을 괴롭혀 온 흉노의 전칭(前稱)인 훈험(獫狁)보다 넘쳤기 때문에 문제의 유지를 받들어 몸소 고구려를 침공한다……"고 풀이할 수 있다.

들어왔으나 너무 깊숙이 들어오다 보니 미처 군량의 보급이 따르지 못해 6군의 식량이 떨어졌고[17] 게다가 요하에서는 수나라군이 질병에 걸려 사기가 크게 떨어졌다.[18]

총관 주라후(周羅喉)를 우두머리로 한 수나라 수군은 동래(東萊)를 떠난 후 얼마 안 있다가 갑작스레 폭풍을 만나 전함이 적잖이 부서지고 표류하는 등 고초를 겪어 되돌아올 수밖에 없는 상황이었다. 육로나 해로에서 다음 행동을 결정하지 못한 수나라군은 때맞추어 이루어진 고구려와의 타협으로 철수할 명분을 얻게 되었다.

고구려와의 관계가 전쟁 이전의 상태로 돌아가자, 수 양제는 국력을 변방민족을 복속시키는 쪽으로 돌려 일정하게 성과를 거두었다. 607년 양제는 실력을 내외에 과시하기 위해 순행길에 돌궐땅에 들렀다가 마침 계민칸(啓民可汗)의 장막에서 뜻하지 않게 고구려의 사신과 부딪히게 되었다.

양제는 위협적인 어조로 고구려 사신에게 이르기를, "빠른 시일 내에 영양왕이 수나라에 들어올 것이며, 오지 않으면 계민 칸을 거느리고 고구려로 쳐들어 가겠다"고 했다. 양제가 이처럼 위협적 방법으로 고구려를 굴복시키려 했던 것은 수나라 황문시랑(黃門侍郎) 배구(裴矩)가 양제에게 건의한 말로 알 수 있듯이 고구려가 중원정권의 속국이 아니고 자주국으로 행세하고 있는 데 대해 크게 불만을 가지고 있었기 때문이다.[19]

---

16) 임유관은 수·당이 고구려의 요동을 침공하기 위해 통과한 관문으로 유관(渝關 : 楡關)이라고도 하며 현재 산해관 서쪽에 있다(松井等, 1913, 「隋唐二朝高句麗遠征の地理」『滿洲歷史地理』1권 제16편, 372쪽).

17)『수서』권81, 고려열전.

18) 수나라군이 질병에 걸려 많은 사망자를 냈다는『수서』본기의 기록에 대해『고구려역사』는 고구려군의 타격을 받고 섬멸당한 사실을 숨기기 위해 꾸며낸 기록이라고 보고 있다. 이와 관련하여『일본서기』(권22, 推古天皇 26년 秋8월 계유)를 보면, 고구려는 일본에 사신을 파견하여 수나라의 침공군을 격파한 사실을 알려 주었는데 이때 정공(貞公)·보통(普通)이란 수나라 포로 두 명과 북·피리·활 등 10점의 노획물과 낙타 한 마리를 승전 기념의 표시로 전해 주었다.

자주성을 견지하고 있던 고구려의 영양왕은 양제의 이 협박에 조금도 동요하지 않았다. 611년 봄, 양제는 수나라가 고구려 침공에서 실패한 원인을 분석했다. 분석 결과는 침공이 성공하려면 출병 직전에 백성들의 지지를 얻어야 하며 지지를 얻으려면 여론을 형성했어야 하는데 여론을 형성하지 않음으로써 고구려 침공에서 실패를 보게 되었다는 것이었다.

그리하여 양제는 일단 여론 형성에 나섰다. 그 내용을 보면 고구려가 수나라에 대해 신하의 예를 지키지 않고 있는 것은 더 이상 용납할 수 없기 때문에 고구려에 대해 죄를 묻지 않을 수 없다는 것이다. 여론 형성을 통해 어느 정도 침공의 지지기반을 확보했다고 판단한 양제는 즉각 전국에 고구려를 침공하기 위한 동원령을 내렸다. 그리하여 군사를 모집하고 군마를 기르는 동시에 식량을 마련하고 전함을 만들기 시작했다.[20]

준비가 다 끝나자 612년 양제는 친히 군대를 통솔하기 위해 탁군(涿郡)으로 갔으며 군대는 출동 명령을 기다리고 있었다. 양제는 다시 조서를 내려 고구려를 침공하는 이유를 영양왕의 죄상과 관련지어 늘어 놓았다. 그것은 고구려의 대내외적인 문제로 나눌 수 있는데 대외적인 이유로 든 것은 ① 고구려왕이 수나라에 대해 신하로서의 예를 다하지 않았다,[21] ②고구려는 말갈을 거듭 복속시켜 요서를 침략했다, ③ 백제와 신라가 수나라와 교류하는 것을 중간에 가로막았다, ④ 고구려가 중원 변경에서 반란을 일으킨 한인 무리들을 유인하여 받아들였다는 것 등이다.

위의 네 가지로 보건대 오히려 고구려는 수나라 속국이 아니라 자주국이었음을 알 수 있고, 바로 이 점을 수나라가 껄끄러워한 것이다. 사실 요

---

19)『삼국사기』권20, 고구려본기 영양왕 18년.

20)『수서』권24, 志19 食貨 ;『북사』권86, 열전74 循吏 魏德深 ;『북사』권87, 열전75 酷吏 元弘嗣.

21) 고구려의 영양왕이 수나라에 대해 신하의 예를 지키지 않았다는 양제의 지적은 사실에 근거했음을『당서』(권61, 열전11 溫大雅)에서 확인할 수 있다. 이를 보면 "[당나라의] 고조가 여러 신하에게 말하기를 '……고려[고구려]는 수나라에 칭신하긴 했으나 끝내 양제를 거부했으니 이 역시 어찌 칭신했다고 하겠느냐'……"라는 지적이 있는데 고구려는 수나라에 칭신한 것이 아니었음을 분명히 알 수 있다.

서지방은 원래 수나라 영토가 아니므로 고구려의 요서지방 침공을 수나라의 영토 침공으로 연결짓는 것은 말이 안 된다. 더군다나 고구려가 말갈족을 복속시킨 것은 고구려의 대내문제이므로 수나라가 이의를 제기할 만한 문제가 될 수 없다.

그런데 수나라 양제는 고구려 침공의 명분이 이것만으로는 미약하다고 판단하여 고구려의 대내적 상황을 들추어 명분을 보완하려 했다. 고구려 침공의 타당성을 알아보는 의미에서 대내적인 상황에 대해 살펴보기로 하겠다.

① 고구려의 법이 가혹하고 세금이 무겁다, ② 권력을 가진 신하와 호족이 경제를 쥐고 있다, ③ 뇌물이 성행하여 원성이 가득차 있다, ④ 재앙이 겹쳐 백성들이 항상 굶주리고 전쟁이 계속되고 있다, ⑤ 부역이 그치지 않고 있다, ⑥ 백성이 고통으로 시달리고 있으며 전국은 슬픔에 잠겨 있다는 것이다.

대외적인 상황은 사실에 바탕한 것이었으나 이 대내적인 상황은 어디까지나 고구려의 실정을 모르고 있던 중국인에게 고구려 지배층에 대한 판단을 흐리게 하려는 데서 급히 조작된 느낌이 든다. 고구려를 침공하는 데 필요한 지지를 백성들로부터 광범위하게 얻어낼 수 있다면 이 정도의 여론조작이야 얼마든지 할 수 있는 일이었다. 어쨌든 이 방법을 통해 중국인에게 고구려 지배층에 대해 나쁜 편견을 갖게 하는 데 성공을 거두었다.[22]

이 여섯 가지 조목에서는, 수나라 양제가 고구려를 속국으로 간주하고 고구려의 국왕 등 지배층의 정치적·경제적 억압으로부터 그 백성을 보호한다는 오만한 태도가 잘 드러나 있다. 그러나 누차 지적했듯이 고구려는 결코 수나라의 속국이 아니었고 따라서 이는 명백한 고구려에 대한 내정간섭이었다. 과거 고구려를 침공했던 역대 중원정권이 고구려의 내정을 간섭한 예가 없었다는 데서 이는 첫번째 내정간섭이라 할 것이다.

---

22) 『수서』 권3, 帝紀3 양제下 大業 8年 春正月 壬午 下詔曰條.

수나라가 이러한 태도로 나온 배경에는 오래 계속된 중국의 분열과 혼란을 수습한 힘에 대한 자신감이 있었다. 다시 말해 과거에는 중원의 어떤 정권도 고구려의 내정을 간섭할 수 있을 만한 상황이 없었던 것이고 이런 면에서 수나라의 고구려 간섭은 남다르다 할 것이다.

당시 고구려는 백제와 신라의 성장을 억제하려 했으므로 수나라에 대한 교통을 가로막을 수 있으며 그렇다 해서 수나라의 국익을 직접 손상시켰다고 할 수 없다. 수나라의 중원 통일에 즈음하여 그 반대파와 밀린 자들이 고구려에 망명한 것도 얼마든지 있을 수 있는 일이다.

양제가 시간에 쫓겨 급하게 꾸민 이 조서는 그야말로 자주국으로서의 고구려를 속국으로 만들어 보겠다는 자신의 강한 야망을 내외에 나타내 보인 것에 지나지 않는다고 보는 것이 합리적이다.

좌(左) 12군, 우(右) 12군의 24군으로 편성된 100만의 수나라 대군은 40리의 간격을 두고 1군씩 출발하였는데 전군의 출발을 마치는 데 40일이나 걸렸으며 대열의 길이는 960리나 되었다. 2월 양제가 이끄는 수나라군은 요하에 당도하여 강 동쪽의 고구려땅으로 건너오려 했으나 고구려군의 완강한 저항을 받았다.

강 건너기를 다시 시도한 수나라군은 다리를 놓아 건넜고 이 격전에서 고구려는 1만여 명의 사상자를 냈다. 승세를 탄 수나라군은 요동성을 사방에서 포위하였고 양제는 요서의 백성들을 잘 보살피겠다는 의미에서 10년 동안 조세를 감면하라고 지시함과 동시에 군·현을 설치케 했다.

5월 요동성의 고구려군이 성을 굳게 지키고 있음을 본 양제는 공격을 명령하고 고구려군이 항복할 때까지 포위를 풀지 말라고 지시했다. 그러나 모든 군사활동을 자의적으로 하도록 허용한 것은 아니었다. 그런 가운데 요동성은 여러 차례 함락의 위기를 맞이하여 성 안의 고구려군은 항복을 청하기까지 했다.

그러나 그 때마다 수나라군이 양제에게 보고를 하였고 그러다 보니 유리한 기회를 모두 놓쳐 고구려군은 다시 전열을 가다듬을 시간을 벌었다.

그리하여 요동성은 오랜 포위 공격에도 함락당하지 않았다.

한편 내호아(來護兒)가 이끄는 수나라 수군은 별다른 저항을 받지 않고 평양성 60리 지점까지 이르러 다시 평양성을 최종 목표로 하여 진격하려 했다. 지휘관 사이에 협력이 제대로 이루어지지 않았음에도 평양성 아래에 이르러 한때 전승을 올리기도 하였으나 약탈을 하다가 기습을 당해 대패하고 말았다.

이처럼 평양성과 요동성 싸움이 전과를 올리지 못하고 있는 가운데 우문술(宇文述)과 우중문(于仲文)이 이끄는 수나라군은 요동성을 비켜 진격하여 압록강 서쪽에 집결했다. 이때 우문술은 병사들에게 100일분의 식량, 장비, 의복 등을 지급했는데 무게의 중량을 이기지 못한 병사들은 식량을 버리면 참살하겠다는 엄명에도 불구하고 이를 파묻어 버려 식량이 바닥나는 사태가 벌어졌다.

이를 눈치챈 영양왕은 을지문덕을 압록강 서쪽의 적군 진영으로 보내 거짓으로 항복을 청했다. 우중문은 양제의 명령대로 을지문덕을 잡아두려 했으나 의견이 엇갈려 돌려보냈다. 공명심이 남달리 강한 우문술은 강을 건너 을지문덕을 뒤쫓았다.

적군이 굶주리는 것을 직접 확인한 을지문덕은 적군을 평양성에서 30리 지점 되는 곳까지 유인했다. 적군이 지치기만을 기다리던 을지문덕은 다시 사신을 적진으로 보내 거짓으로 항복을 청했으나 우문술은 병사들이 지쳐 있는데다 평양성 함락이 어렵다고 판단하고 철수를 시작, 7월에는 살수에 이르렀다. 이들이 살수를 반쯤 건널 즈음 을지문덕이 이끄는 고구려군은 뒤에서 맹공격을 퍼부었고 수나라군은 큰 손실을 보았다.

결국 전쟁을 계속하기 어렵다고 판단한 양제는 완전 철수를 명하였다. 30만 명 중 살아 돌아온 자 겨우 2,700명[23)]에 불과하고 모든 장비는 없어

---

23) 살수에서 압록강 서쪽까지의 500리 거리를 24시간 쉬지 않고 줄곧 도망쳐 온 수나라군의 숫자이다. 이는 압록강 서쪽의 수나라 진영에서 직접 확인했으므로 정확하다.

지고 말았으니 거의 완전한 참패였다. 이 침공으로 수나라가 얻은 것이 있다면 요서에 있는 고구려의 무려라성(武厲羅城)24)을 빼앗은 것 외에 요동군과 통정현(通定縣)25)을 설치한 것뿐이었다.

613년 봄 양제는 신하들의 반대를 무릅쓰고 다시 조서를 내려 군사를 모집하여 탁군으로 집결시킴과 동시에 요동고성을 수리하여 식량을 비축케 했다. 모든 준비가 끝나자 같은 해 여름 양제는 요하를 건넌 후 고구려의 전략적 요충지인 요동성·신성·평양성 등을 침공하였다. 특히 이번에는 지난번의 실패를 교훈삼아 식량을 비축케 하고, 지휘관들에게 상황에 따라 즉시 대처하도록 재량권을 부여하였다.

그러나 지난번 싸움에서 거둔 큰 승리에 고무되어 있던 고구려군의 항전이 거세어 전황은 수나라군에게 불리하게 돌아가고 있었다. 수나라군은 요동성에 사다리를 걸쳐 놓고 기어올라가 밤낮없이 싸웠다. 그러나 성 안의 방어가 워낙 완강하여 20여 일이 지나도록 함락의 기미가 전혀 보이지 않자 양제는 100만 개의 자루에 흙을 담아 담처럼 높이 쌓고 요동성과 같은 높이에서 공격을 하도록 명령하였다.

거기에 8개의 바퀴가 달린 누차(樓車)를 성보다 높게 만들어 그 위에 올라가 성 안을 내려다 보며 공격케 했다. 비장의 공성 장비까지 동원한 적군의 파상적 공격으로 성 안은 일순 위험 상태에 놓였으나, 바로 그 순

---

24) 무려라는 원래 고구려가 요하의 서쪽 연안인 무려란 곳에 설치한 감시초소를 말한다. 『북사』 권76, 이경전(李景傳)에 나오는 무열성(武列城)이 이것이다. 『문헌비고 文獻通考』 권24, 고구려전에 의하면 당나라의 이세적이 647년(보장왕 6) 고구려군을 남소성(南蘇城)에서 파하고 회군할 때 파리성(頗利城)에 이르러 백랑(白狼)·황암(黃喦)의 두 강을 건넜는데 강물이 얕아 거란인에게 요수(遼水)의 근원을 묻자 거란인이 답하기를, 이 두 강은 파리성 아래 몇 리쯤에서 합해 남으로 흘러 요수라 불린다고 했다. 황암은 요수의 상류 이름이며, 백랑은 지금 대능하(大凌河)의 옛 이름이다. 파리성은 무열(武列) 또는 무려와 같다(앞의 「隋唐二朝高句麗遠征の地理」, 388쪽).

25) 양제는 처음 고구려를 침공할 때 요수의 서쪽에 있는 무려라를 취해 이 곳에 요동군과 통정현을 두었는데 통정현은 현도(봉천 부근)의 서쪽에 있었다(위의 논문, 387쪽).

간 수나라의 예부상서 양현감(楊玄感)이 중국 본토에서 반란을 일으켰다
는 소식이 양제에게 날아들었다.

고관의 자제들에게까지 지지를 받은 이 반란을 크게 우려한 양제는 그
날 밤으로 철수를 결행하되, 이 결행을 알아차리지 못하도록 모든 공성
장비를 산처럼 쌓아둔 채 철수했다. 사실 고구려군은 즉시 이를 알아차렸
으나 속임수로 생각하고 추격하지 않았다가 이틀이 지나 제한적으로 추
격하는 정도에 그쳐 적군은 순조롭게 요하를 건너 되돌아갈 수 있었다.

614년 봄, 고구려 침공에 여념이 없던 양제는 신하들이 이를 가로막을
수 없도록 분위기를 조성해 놓고 다시 조서를 내려 침공군을 출동시켰다.
같은 해 가을 양제는 요서 서안의 회원진(懷遠鎭)26)에 이르렀으나 침공
으로 빚어진 허술한 시기에 각지의 호족들이 군사를 모으다 보니 징발한
군사들이 때맞추어 도착하지 않았다.

그런 중에도 내호아는 바닷길로 비사성(卑奢城)27)을 점령한 데 이어
평양성을 향해 쳐들어 온다 하므로 영양왕은 사신을 보내 항복을 청했다.
그러나 양제는 중국 내의 정세가 극히 혼란한 것을 우려, 8월 내호아에게
철수를 명했다. 10월 장안으로 돌아 온 양제는 항복의 후속조치로 영양왕
의 입조를 요구했으나 영양왕은 이를 거부했다. 양제는 다시 조서를 내려
침공군을 일으키려 했으나 그 염원을 이루지 못했다.

항복을 요청한 상태라 지체없이 입조했어야 할 영양왕이 거부한 것으
로 미루어 이 항복은 거짓임이 분명하다. 그렇다면 치열했던 요동성의 싸
움에서도 항복하지 않았던 고구려가 비사성 싸움 정도로 항복을 청한 데
는 그만한 사정이 있었을 것이다. 즉 당시 영양왕은 해마다 계속되는 수

---

26) 요수의 서쪽에 있는 요지인 회원진은 수나라 침략군의 식량 집하장이었으며 당나
　　라군도 이 곳을 지나 요동을 침공했다(위의 논문, 378~379쪽).

27) 요동반도의 남단에 있었던 비사성(卑奢城)이 두『당서』에는 사비성(沙卑城)으로
　　씌어 있으며『자치통감』권197에는 비사성(卑沙城)으로 적혀 있다. 비사(卑沙)는
　　『수서』의 비사(卑奢)와 같으나 이것과 사비(沙卑) 중 어느 것이 맞는지는 가리기
　　힘들다(위의 논문, 392~393쪽).

나라군의 침공으로 쇠약해진 국력을 회복할 시간을 벌어보려 했을 것이다. 특히 고구려는 중국 각지에서 일어난 반란으로 수나라의 운명이 끝날 날이 다가왔음을 느끼고 있었을 터이고, 이를 배경으로 영양왕이 입조를 거부한 것은 시기적으로 적절했다고 할 것이다.

제4절 당나라의 패권야욕

618년 여름 당왕(唐王) 이연(李淵)은 수나라를 이어 당나라를 세웠다. 같은 해 가을 고구려에서는 영양왕이 사망하고 영류왕이 즉위했다. 고구려를 끊임없이 침입해 온 수나라가 사라지고 중원에 새 왕조가 세워진 것을 고구려는 환영한다는 뜻에서 이듬 해 사신을 파견했다. 양현감의 반란시에 그 일원이었던 형부시랑 곡사정(斛斯政)의 고구려 망명으로 고구려는 당나라의 건국 명분을 알고 있었기 때문에 사신을 먼저 보낸 듯하다.

당나라를 세운 고조는 수나라의 고구려 침공이 무리였다고 결론지었다. 그렇다고 해서 고구려가 계속 중원정권에 대해 자주국으로 머무는 것을 묵인한다는 것은 아니었다. 일단은 당나라가 건국 초의 내부문제를 안정시키고 특히 수나라가 벌인 고구려 침략전쟁의 뒷수습을 마무리지을 필요가 있었다. 그리고 난 후 고구려의 자주성에 대해 강력히 제동을 걸 생각이었을 것이다.

어쨌든 우선 당나라가 해결해야 할 것 중의 하나는 고구려에 억류되어 있는 수나라 포로를 데려오는 일이었다. 623년 당 고조는 입당한 고구려 사신에게 포로의 송환문제를 처음 꺼냈다. 그리고 먼저 중국땅에 억류되어 있는 고구려 사람들을 찾아내어 고구려에 돌려보냈다. 고구려는 이에

보조를 맞춰 국내에 거류하고 있는 수나라 출신의 포로 1만여 명을 당나라에 돌려보냈다.[28]

이 포로의 상호교환은 양국간에 화해 분위기가 조성되었음을 보여 주는 것이다. 이러한 분위기에 따라 624년 봄 당 고조는 사신을 고구려에 보내 영류왕에게 상주국요동군공 고구려왕(上柱國遼東郡公高句麗王)이란 작위를 주었으며 당나라의 도사(道士)들이 천존상(天尊像)과 도법(道法)을 고구려에 가지고 와서 노자(老子)를 강론케 함으로써 처음 도교를 고구려에 전해 주었다.

한편 고구려는 당나라와의 화해 분위기 조성에 노력을 기울이면서도 남쪽의 신라와 백제가 발전하는 것을 막고자 두 나라 사신이 당나라에 들어가는 것을 중간에서 가로막았다. 626년 고조는 두 나라 사신을 통해 이 같은 사건이 있었음을 직접 확인했다.

고구려의 이러한 행동이 당나라 국익에 손해가 된다고 판단한 고조는 사신 주자사(朱子奢)를 고구려에 보내 교류를 방해하지 말라고 당부했다. 당나라가 즉각 군사행동에 나서지 않고 충고 정도로 그친 것은 군사행동에 나설 만한 준비가 되어 있지 않았기 때문이며, 고구려도 모처럼의 화해 분위기를 해칠 생각이 없었으므로 이 충고를 받아들였다.[29]

627년 즉위한 태종은 우유부단한 고조와는 달리 부단한 군사행동을 통해 변방의 안정에 힘을 쏟았다. 이듬해 태종이 돌궐의 힐리 칸(頡利可汗)을 사로잡은 소식을 전해들은 영류왕은 같은 해 겨울 사신을 보내 축하하고 아울러 봉역도(封域圖)를 전달했다.

봉역도는 고구려의 통치권이 미치고 있는 영역의 지도를 말하는 것으로, 두 나라의 경계를 분명히 해두려는 자주적 의미에서 전달한 것으로 보인다. 이러한 자주적 태도는 631년에 일어난 사건으로도 명확하다. 즉

---

28) 『당서』에는 당나라가 돌려보낸 고구려군 포로의 숫자를 언급하지 않아 얼마나 되었는지 알 수 없으나 고구려가 수나라군 포로 1만여 명을 보냈다는 기사로 미루어 거의 비슷한 숫자를 보냈을 것이다.

29) 『당서』 권199상, 고려전 ; 『삼국사기』 권20, 고구려본기8 영류왕 9년조.

고구려는 수나라에 승리한 기념으로 전사한 수나라군 유해를 한데 모아 파묻고 그 위에 흙을 덮어 경관(京觀)[30]을 만들었는데, 당 태종이 파견한 사신 장손사(長孫師)가 이를 보고 격분, 당장 허물 것을 강요하였던 것이다.

봉역도의 글자를 그대로 풀이하여 이를 고구려의 당나라에 대한 충성의 표시라고 보는 주장도 있는데 만약 그렇다면 마땅히 고구려는 당나라의 요구대로 경관을 허물어뜨려야 했을 것이며 영류왕이 노동력을 동원하여 당나라 침공을 막기 위해 천여 리의 장성(長城)을 쌓지도 말았어야 할 것이다. 따라서 고구려가 봉역도를 전달한 것은 양국의 경계를 분명히 하여 군사적 충돌을 예방하려는 것이었다고 보는 것이 합리적일 듯하다.[31]

---

30) 수나라가 고구려를 침략한 명분은 고구려가 수에 칭신하지 않은 데 있었다. 전쟁 후에도 고구려는 전사자들의 유골을 한데 모아 거대한 무덤인 경관을 만들어 칭신 거부를 명확히 하였다. 그러므로 이 경관은 계급을 초월하여 모든 고구려 사람들에게 적개심을 고취하는 구체적 상징물이라고 할 수 있다. 경관의 규모는 기록에 나와 있지 않으나 고구려 사람들이 모두 큰 관심을 갖고 바라다보는 거대한 규모였을 것임에 틀림없다. 이는 경관이라는 글자 뜻으로도 알 수 있다. 즉 경성 (京城)이라는 말이 한 나라의 가장 큰 성곽도시를 의미하듯이 경(京)자는 '가장 크다'는 의미를 갖고 있다. 그러므로 '경관' 하면 고구려에서 구경거리로서는 가장 규모가 큰 장소라고 풀이할 수 있다. 이는 마치 임진왜란 당시 왜군들이 한반도에서 조선사람들의 귀를 잘라 일본땅으로 가지고 가서 귀무덤을 만든 예와 유사할 것이다. 따라서 당나라는 이 경관을 중국인의 민족적 자존심을 건드리고 훼손시키는 거북한 조성물이라고 판단하여 고구려에게 허물 것을 요구하였던 것이다. 경관의 조성을 통해 중국에 대한 자주성, 나아가 적개심을 고취시키려 했던 고구려로서는 당연히 당나라의 이러한 요구를 받아들일 수 없었다. 고구려가 경계심을 더욱 높여 천리장성을 쌓기로 나선 것도 이 때문일 것이다. 결국 당나라는 고구려와의 정면 대결을 통해 이 경관을 파괴시켰다.

31) 봉역도에 관한 구체적 기록이 없다 보니 자의적인 해석이 많다. 그 중 중국인의 견해를 잘 나타내고 있는 『고구려간사』(124쪽)는 이를 당나라에 대한 충성의 표시로 보고 있다. 북한의 견해도 표현만 다르지 내용은 거의 비슷하여, 『고구려역사』(247~248쪽)에는 "영양왕은 봉역도를 당나라 태종에게 보내 매국행위를 했으니, 봉역도를 적에게 넘겨준다는 것은 군사기밀을 넘겨주는 것을 의미하므로 그

영류왕은 당나라와의 긴장완화를 소홀히 할 수 없다는 판단에 따라 640년 아들 환권(桓權) 등을 당나라에 보낸 김에 당나라 국학(國學)에 고구려의 유학생으로 입학하여 공부하도록 허가해 달라고 청했다.[32] 이는 고구려의 당나라에 대한 화전양면책이라고 할 수 있는데 양국간에 긴장감이 감돌았던 것을 미루어 당나라가 이를 눈치채지 못했을 리 없다.

641년 태종은 환권의 입당에 대한 답례형식으로 사신 진대덕(陳大德)을 들여보냈는데, 고구려에 들어온 이후의 그의 활동을 보면 고구려 기밀을 직접 정탐하는 것이 주된 임무였음을 알 수 있다. 그는 고구려에 들어온 이래 발길이 닿는 곳마다 비단 등의 뇌물로 고구려의 현지관리를 매수하여 고구려에서 진행되고 있는 전쟁 준비상황을 일일이 탐지하는 정탐꾼으로서 임무를 완벽하게 마치고 돌아갔다.

그런데도 영류왕 이하 그를 안내한 관리들조차 아무도 눈치채지 못할 만큼 그의 정탐은 치밀했다. 그가 구석구석 다 살필 수 있었던 것은 안내를 맡은 관리들이 성심껏 도와주었기 때문이었다. 그러므로 심지어 전쟁터에 끌려나왔다가 붙잡혀 억류되어 있는 수나라군 포로까지 만나보는 자리에서 중국 내 친척들의 소식까지 전해줄 정도로 활동은 치밀하고도 여유만만했다.

진대덕의 보고는 앞으로 고구려를 침공할 방법을 구상하는 데 절대적

것은 매국적 죄행으로 단죄되어야 한다"고 되어 있다.
32) 『삼국사기』 권20, 고구려본기8 영류왕 23년(640)조를 보면 고구려가 당나라의 국학에 입학생을 받아달라고 처음 요구한 것이 640년인 것으로 되어 있으나, 『당서』 권189상, 열전139상 儒學上에는 영류왕 10년(627, 정관 2년)에 처음으로 국학 입학을 요구한 것으로 기록되어 있다. 이때 국학 입학을 요구한 것은 고구려 외에도 백제, 신라, 호조[高昌], 투르판[吐蕃] 등이 있었다. 627년은 당 태종이 공자사당을 국학에 처음 설치한 해로, 중국내에서도 전국의 유생들이 서적을 갖고 장안으로 모여들었는가 하면 고구려 등 당나라의 주변 국가들도 국학 입학을 요구한 것이다. 이와 관련하여 『당서』 권44, 志34 선거지를 보면 639년(영류왕 22, 정관 13) 언급한 다섯 나라에서 온 입학생이 무려 8천여 명에 이르렀다는 기사가 있다. 이듬해 640년에 영류왕이 다시 국학 입학을 청한 것은 당나라에 대한 일종의 평화공세임이 분명하다.

인 도움이 되어 태종을 기쁘게 했다. 고구려는 진대덕의 주된 임무가 고구려의 전쟁 준비상황과 지리적 허실 등을 자세히 살피는 데 있었음을 전혀 알지 못했으나 당나라에 대한 경계 만큼은 늦추지 않아 진행중에 있던 장성 축조공사를 빠른 시일 안에 마무리짓기 위해 감독권을 연개소문에게 맡겼다.

이로부터 아홉 달이 지난 642년 겨울, 연개소문은 영류왕을 시해했다. 다음 달 이 소식을 접한 태종은 슬픔을 표하고 사신을 고구려에 보내 제사를 지내도록 했다.

정변의 주역 연개소문은 왕위에는 오르지 않고 대신 보장왕을 옹립하고 막리지에 취임하여 고구려의 모든 권력을 독차지했다. 그의 집권으로 고구려의 기존의 대내외적 정책방향이 바뀐 것을 주목해야 할 것이다.

지금까지는 유교와 불교가 고구려 사람들의 풍습·사상·윤리 등 정신계를 이끌어 왔었는데 연개소문은 도교의 중요성을 역설하며 도교로써 사람들을 가르칠 것을 보장왕에게 정식 건의했다(643). 이미 당나라는 고구려와의 화해 분위기가 무르익은 영류왕 7년(624) 도사를 보내와 고구려에서 처음 노자 강론을 연 바 있다.

그러므로 연개소문이 도사의 파견문제를 건의한 것은 도교 활성화를 위한 후속조치로서, 이렇게 해서 개최된 노자강론은 두 나라의 화해분위기를 말해 주는 상징적 요소라 할 수 있다.

실권이 없었던 보장왕도 연개소문의 판단에 따라 도사 파견을 당나라에 청하여 보장왕 2년(643) 2월에는 당 태종의 지시에 따라 도사 숙달(叔達) 등 8명이 들어와 『노자도덕경 老子道德經』을 전해 주었다.

연개소문이 이렇듯 도교의 새로운 바람을 일으키려 한 것은 모처럼 불기 시작한 두 나라의 화해분위기를 다지려는 데서 구상된 듯하다.[33] 그렇

---

33) 연개소문이 도교 도입을 역설한 이유로서 북한 학자가 주장하는 것은 필자의 견해와는 다르다. 즉 당나라의 통치배들은 도교를 인민에게 설교함으로써 인민을 무력화시켜 저들의 계급적 지배에 순종시키기 위해 도교를 이용했다고 보고, 고구려 인민의 상무적 기풍을 두려워하여 무저항을 설교하고 현실에 무관심한 것을

다면 그 즈음하여 두 나라 사이에는 아무런 불상사도 일어나지 말았어야
할 것이다.

그러나 사정은 달라 644년 봄 태종은 사신 상리현장(相里玄奬)을 보내
와 연개소문의 주도하에 벌어지고 있는 고구려와 백제의 신라침공을 당
장 그만둘 것을 권했다. 이는 신라가 당나라에 구원을 청한 것에 대한 당
나라의 관심 표명이며, 당나라가 이에 개입하고 나선 것은 고구려 침공의
명분을 찾기 위함이었다.

연개소문은 수나라군의 고구려 침공을 틈타 신라가 차지한 500리의 영
토를 수복하겠다는 일념에 따라 당나라 사신의 설득을 무시하고 계획을
강행하려 했다. 보장왕의 설득으로 연개소문은 이를 중지하기는 했으나
영토 회복의 의지는 여전하여 그 후 당나라의 권유를 거부했다. 연개소문
의 태도가 완강함을 확인한 태종은 이 기회를 이용하여 차라리 고구려를
침공하기로 결심하게 되었다.

결국 당나라가 한반도 문제에 개입하고 나선 것은 신라 입장을 고려해
서가 아니고 고구려 침공의 명분을 찾기 위해서였다. 그러나 명분이 미약
함을 알고 있던 태종은 방법을 바꿔 고구려의 내부문제에 눈을 돌렸다.
연개소문은 왕을 시해하고 백성들을 학대하고 있어 군사를 일으켜 그 죄
를 묻고 백성들을 구해야 한다고 호소함과 동시에 전국에 동원령을 내려
침공준비를 서둘렀다.

이렇듯 당나라의 고구려에 대한 감정이 극도로 악화되었음에도 연개소
문은 당나라에 백금을 바쳤다. 이는 당나라의 태도를 알아보기 위한 의도
인 듯하다. 연개소문이 보낸 사신은 막리지가 관리 50명을 보내 숙위할
뜻이 있다는 것을 밝혔다. 연개소문의 화해 몸짓에도 아랑곳하지 않고 태
종은 한치도 물러서지 않았다.

요구하는 도교를 고구려에 전파시켰다고 해석하고 있다. 그러므로 도교는 상무적
기풍과 배치되며 반침략전쟁을 수행해야 할 고구려 사람들에게는 백해무익한 것
이었다고 결론을 내리고 있다(『고구려역사』, 246~247쪽).

상리현장의 보고를 받은 후의 태종의 강경한 태도는 시종 연개소문의 패륜정치를 원색적으로 비난한 말과 행동에 잘 나타나 있다. 태종은 644년에서 645년 사이에 아홉 차례나 연개소문을 비난했다. 비난은 그 신하들 앞에서 직접 말로 하거나 조서를 통해 한 외에도 고구려 사신에게 직접 하기도 했다.

그러나 어디까지나 침공의 명분을 찾기 위한 이 비난은 신하들로부터 호응을 얻지 못했다. 따라서 호응을 얻기 위한 명분을 찾다 보니 비난 횟수는 많아지고 심지어 수 양제 때의 침공까지 들추어 내었다. 예컨대, 당시 사랑으로 백성을 다스렸던 고구려와는 달리 백성들을 학대[34]했던 양제가 일으킨 침공은 실패하게 되어 있었지만 지금이야 사정이 달라져 당나라가 패할 아무런 이유도 없다는 말로 지지를 호소했다.

태종이 냉철하게 분석한 수나라군의 패인을 보건대, 고구려 침공을 앞두고 양제가 내외에 알린 영양왕의 실정이란 사실이 아님이 밝혀진 셈이다.

---

34) 수나라 양제가 고구려를 침공하기 위해 그 백성들에게 강요한 희생은 다음과 같다. ① 대업 초년(605) 양제는 요동을 치기 위해 동래(산동반도) 바닷가에서 배를 만들게 했는데 각처에서 모여든 장정들은 혹독한 매질을 당해 고통받고 있었다. 그래서 관리들이 대신 배를 만들었는데 주야로 바닷물 속에서 배를 만드느라 쉬지 못해 허리 아래에 구더기가 생겨 10명 중 3~4명이 사망했다(『북사』 권87, 酷吏 元弘嗣). ② 관리들은 침공군의 필수품을 징수하는 것이 임무이다 보니 백성들이 살기 힘든데도 이들을 구제하지 않았으며 벼슬이 높은 관리들은 갑작스런 징수 기회를 틈타 싼 값으로 물건을 사두었다가 비싸게 팔다 보니 아침 저녁 사이에 물건 값이 수배나 뛰어올라 백성들의 힘든 생활은 이루 형용하기 어려웠다(『수서』 권24, 식화). ③ 수나라에 반란을 일으킨 양현감의 무리들이 무자비하게 처형당한 시기에 국가 창고에 물건이 가득 차 있었으나 관리들은 국법을 두려워하여 생업을 폐한 백성들을 구제하지 못해 백성들의 생활이 더욱 곤궁해졌다. 백성들은 살아남기 위해 처음에 나무껍질을 벗겨 먹더니 점차 잎까지 뜯어먹어 잎이 모두 없어지자 나중에는 흙을 다리거나 볏짚을 찧어 가루를 내어 먹기도 했으나 그 후에는 서로 잡아먹었다(위와 같음). ④ 수 양제가 요동을 침공하려 하자 그 백성들은 전쟁터에 끌려 나가지 않기 위해 일부로 손과 발을 잘랐다(『통감』 권197, 唐紀13 태종 中의 下).

　이처럼 침공 명분을 찾는 데 힘을 쏟고 있던 태종은 신하들의 호응을 구하는 외에 전쟁터에 나갈 장정들의 아버지를 설득시키는 일에도 열심이었다. 태종은 특히 장안의 노인들을 안심시킴과 동시에 옷감과 곡식을 나누어 주기도 했다.[35]

　태종은 어느 정도 침공 반대세력을 무마 내지 설득시키는 데 성공했다는 판단하에 전국에 동원령을 내리고 침공준비에 들어갔다. 고구려 침공에 확고한 신념을 가졌던 태종은, 일찍이 양제를 따라 실전경험을 쌓은 전 의주자사(前宜州刺史) 정원숙(鄭元璹)의 침공반대론도 귀담아 듣지 않았다. 여기에서의 반대론이란 고구려로 가는 길이 멀어 군량을 옮기기 어려우며 고구려 사람들은 성을 잘 수비하므로 공격하여 함락시킬 수 없다는 것이었다.[36]

　이렇듯 실전 경험이 있는 당사자의 반대까지 무시한 태종은 침공을 기정사실화시켰고, 이에 많은 목공기술자들이 성을 부수는 기계를 만들기 시작했으며 무사들은 침공군 모집에 응했다. 같은 해 겨울(11월) 형부상서 장량(張亮)을 평양도행군대총관으로 한 수군(水軍) 4만이 전함 500척에 나누어 타고 평양을 목표로 출발하게 하고 태자첨사(太子詹事) 이세적(李世勣)은 요동대총관이 되어 보병과 기병 6만을 이끌고 유주(幽州)로 향했다.

　645년 봄(3월) 태종은 몸소 활을 메고 정주(定州)로부터 침공군을 이끌고 침공에 나섰다. 그 해 여름(4월) 이세적이 이끄는 군사는 요하를 건너 요동으로 향했다. 고구려군은 성문을 굳게 닫은 채 결전하였으나 당나라군은 초전에 개모성[37]을 함락시키는 전과를 올리고 여기에 개주(蓋州)를

---

35) 태종은 644년 10월 옹주의 노인 1,100명을 위한 연회를 상림원(上林苑)에서 베풀고 전쟁터에 나갈 자손들에 대한 걱정을 덜어준 동시에 100세 이상, 90세 이상, 80세 이상의 세 연령단계에 따라 옷감과 곡식을 차등있게 나누어 주었다(『책부원구』 권109, 帝王部109 宴享1).

36) 『자치통감』 권197, 唐紀13 태종 中의 下 貞觀 18년 11월 임신.

37) 개모성은 지금의 봉천과 요양의 중간에 있었던 것으로 본다(앞의 「隋唐二朝高句

두었다.

장량이 이끄는 수군은 여름(5월) 비사성(卑沙城)을 함락하여 침공군의
장애를 제거하였고 이세적은 요동성에 무사히 이르렀다. 보장왕은 이를
구하기 위해 신성38)과 국내성의 기병 4만을 이 곳으로 보내왔으나 역습
을 만나 구원에 실패했다.

이어 기병 수백 기를 이끌고 요동성 밑에 도착한 태종이 싸움을 독려
했다. 이세적은 수레와 돌을 이용하여 성벽을 무너뜨리고 다시 불로 공격
하여 성 안의 시설물들을 불태우는 전법을 동원, 12일 만에 요동성을 함
락시키고 여기에도 요주(遼州)를 두었다.

힘들여 요동성을 점령한 당나라군은 승세를 몰아 백암성(白巖城)39)
을 손쉽게 점령하고 역시 이 곳에 암주(巖州)를 두고 다음으로 안시성40)

麗遠征の地理」, 394쪽).
38) 신성은 요하 동쪽에 있는 고구려 서변의 요충지였다. 금나라 왕적(王寂)이 지은
　　『요동행부지 遼東行部志』에 의하면 신성은 심주(瀋州), 즉 지금의 봉천이다(위의
　　논문, 389~390쪽).
39) 백암성은 당나라군이 함락하여 암주(巖州)로 명칭을 바꾼 곳인데,『당서』(권94,
　　薛萬備傳)와『자치통감』(권97)에는 백암으로 적혀 있고 두『당서』고려전에는 백
　　애(白崖)라고 되어 있다.『금사 金史』(권24, 지리지)를 보면 금나라 시대 요양부
　　에 속해 있는 석성현(石城縣)의 일부를 떼어 암주를 설치했다고 하는데 석성현은
　　지금의 요양 동쪽 57리 지점의 석성산(石城山) 지방이며 암주는 요양의 동남 80
　　리 지점에 있는 안평(安平) 지방이다. 당나라 시대에 이 곳을 암주라 했기 때문에
　　금나라 시대에도 같은 이름을 사용한 듯하다. 또 지금 요양의 동쪽, 안평의 북쪽
　　에 있는 태자하(太子河)의 북쪽 연안에 속칭 연주성(燕州城)이란 옛터가 있는데
　　이것이 금나라 시대 석성현 터이며 연주와 암주의 음이 비슷한 점으로 미루어 연
　　주성이 당나라 시대의 암주, 즉 백애성으로 여겨진다. 당나라군은 지금의 요양을
　　함락한 여세를 몰아 백애성을 공격했으므로 이 성은 요양에서 멀다고 본다. 두
　　『당서』고려전에 따르면 백애성은 산을 등지고 강을 바라다 보고 있으며 매우 험
　　하다고 한다. 안평과 연주성이 이 기사와 일치하므로 어느 곳이라고 비정하기 어
　　려우나 대개 안평설을 따르고 있다(위의 논문, 396~397쪽).
40) 안시성은 당나라 태종이 이끄는 대규모 침공군을 고구려가 격퇴시켜 유명해진 곳
　　이다.『전한서』권28, 지리지 요동군조를 보면 요수는 안시에 이르러 바다로 들어
　　간다고 적혀 있는데, 당나라 시대의 안시와 같은 장소이다. 그런데 종래 이 성의

위치에 대해서는 이설이 많았다. 이를 보면 다음과 같다. ①『요사』권38, 지리지를 보면, 철주(鐵州)가 한나라 시대의 안시현이며 고려의 안시성이라고 적혀 있다. ②『금사』권24, 지리지에 의하면, 철주는 지탕지현(只湯池縣)으로 되어 있으며 개평(蓋平)의 동북 60리 지점에 있는 탕지보이다. ③『삼국사기』권37, 지리지(李勣의 보고서)에는 안시성이 환도(丸都)라고 적혀 있다. 환도는 압록강 건너편에 있는 통구(通溝)에서 서북으로 90리 지점인 판석령(板石嶺) 부근에 있다. ④『성무기 聖武記』권6에는 청천강의 좌안인 안주(安州)가 옛 안시라고 기록되어 있다. ⑤『대한강역고』권3이 인용한 말에 의하면, 옛 방언에 봉황(鳳凰)을 안시라 하므로 안시성은 봉황성이라 한다고 했다. ⑥『연사일록 燕槎日錄』에도 고구려 방언에 큰 새를 안시라 했고 수·당나라 시대 봉황성을 안시성이라 했다고 기록되어 있다. ⑦『연행일록 燕行日錄』도 봉황성 동쪽에 있는 가까운 봉황산의 남쪽기슭에 안시성 터가 있다고 전하고 있다. ⑧『동국여지승람』권52는 평양 서남쪽에 있는 해안에 가까운 용강현 북쪽에 돌로 된 큰 성이 있는데 이는 당나라 태종이 공격했으나 함락시키지 못한 안시성으로 전해지고 있다고 기록하고 있다. 이상의 여러 설 중 어느 것이 맞는지 판단하려면 먼저 안시성과 건안성의 관계를 볼 필요가 있다.『자치통감』권198에는 이러한 기사가 나와 있다. 백애성을 함락시킨 당나라 태종이 안시성이 견고하고 군사가 강하다는 말을 듣고 먼저 안시성 남쪽에 있는 건안성을 함락하고 안시성을 고립시키려 했다. 그러나 이세적은 다음과 같은 이유를 들어 반대하였다. "건안은 남쪽에 있고 안시는 북쪽에 있는데 우리의 군량은 모두 요동에 있다. 지금 안시를 넘어 건안을 공격함으로써 적[고구려]이 우리의 군량 수송로를 차단하면 장차 어찌되겠는가. 먼저 안시를 공격하는 것만 못하다. 안시가 함락되면 북을 치고 가서 건안을 취할 따름이다." '군량이 모두 요동에 있다'고 할 때의 요동을 요동성으로 본다면, 당시 요동성(현재 요양)이 당나라군에게 점령당한 후 요하 동쪽에서 전개되는 작전기지였으므로 군사지리상 부합된다. 그런데 요동성이 아니라 요동 방면을 가리키는 것이라고 보면 안시성은 압록강 방면에 있다고 추측되어 이치상 타당성이 없으며 건안과의 관계로 보아도 설득력이 없다.『요사』권38, 지리지에는 건안이 요나라 진주(辰州)의 치소(治所)이며 진주는 금나라 시대 이후 개주(蓋州)로 고쳐졌고 지금의 개평(蓋平)이 이것이라고 기록되어 있다. 가탐(賈耽)의『도리기 道里記』에 건안은 요동성의 서쪽(정확히 서남) 300리 지점에 있다고 하는데 역시『요사』의 건안을 말한다. 위에서 본 여러 설들 중『요사』와『금사』지리지의 기록에 따라 안시는 지금의 개평 동북에 있는 탕지(湯池)라고 본다. 건안을 지금의 개평이라고 하면 이세적의 말은 쉽게 이해할 수 있다. 즉 안시가 북쪽에 있고 건안이 남쪽에 있다는 것은 지리상으로 부합되는 것이다. 그러므로 안시는 지금의 탕지이며, 그 밖의 설은 당시의 지리를 충분히 살피지 않은 것임이 명백하다(위의 논문, 397~400쪽).

을 공격목표로 정했다. 태종이 친히 지휘하므로 고구려는 이 전략적 요충지를 필사적으로 지키기 위해 고구려인으로 구성된 구원병 이외에 말갈군 15만을 즉시 파견했다. 북부욕살 고연수와 남부욕살 고혜진이 이끄는 이 연합구원군은 그 대열이 40리에 이르는 등 막강한 위세였다.

이를 보고 겁을 먹은 태종은 사신을 고연수에게 보내 침공 배경을 설명했다. 영류왕을 시해한 연개소문의 죄를 묻다 보니 싸움을 하게 되었으며 여러 성을 공격한 것은 당나라군에게 식량을 주지 않은 탓이라 하여 고구려가 당나라에 대해 신하의 예를 갖추면 빼앗은 성들을 되돌려 주겠다고 했다.

평양 공취가 전략상 타당하다고 내다보고 이를 건의한 아들 강하왕(江夏王) 이도종(李道宗)의 건의를 거부한 태종은 다시 사신을 고연수에게 보내 한걸음 뒤로 물러서겠다고 알려왔다. 이는 태종이 고연수 등의 구원병에 압도당했기 때문이다.

관련기록을 더 보면, 이처럼 고연수를 안심시켜 여유를 갖게 한 태종은 고연수가 전열을 더 강화하지 않는 틈을 타 결정적인 순간에 전황을 역전시켰다. 이에 고연수와 고혜진은 36,800명을 이끌고 당나라에 투항하기에 이르렀다고 한다.

만약 안시성 구원군이 이처럼 태종에게 항복한 것이 사실이라면 안시성은 고립된 상태이므로 그 함락은 어려운 일이 아니었을 것이다. 그런데도 태종은 안시성 공격을 뒤로 미루고 먼저 건안성(建安城)을 공격하기로 방침을 바꾸었다. 이처럼 태종이 안시성 공격을 미룬 것은 그 성주의 용맹성을 잘 알고 있었기 때문이다. 태종은 백암성에서 승리를 거둘 때 안시성주가 연개소문의 정변에도 굴복하지 않아 연개소문도 할 수 없이 그 통솔을 그대로 인정했음을 이세적에게 설명한 적이 있었다.

태종의 이러한 태도와는 달리 이세적은 안시성 공격을 건의하였고 결국 태종은 그의 건의를 받아들였다. 안시성 공격을 꺼려한 태종이 방침을 바꾼 것은, 당나라군이 건안성을 공격하면 요동에 있는 당나라군의 식량이 고구려군의 침공을 받아 그 보급이 막힐 것이라는 이세적의 주장이 타당했기 때문이다.

공격을 받은 안시성 사람들은 태종의 예상대로 욕을 퍼부으면서 완강히 저항하였고, 태종은 성을 함락시키면 남자들을 모조리 죽이겠다고 했다. 이는 안시성 사람들의 의지를 더욱 굳게 하여 60일 동안 밤낮으로 맹공을 퍼부어 댄 당나라군의 공격을 마침내 물리쳤다.

그런데 안시성을 지킨 고구려군이 그저 수세적 입장에서 공격을 물리친 것이 아니었음에 주목할 필요가 있다. 성을 부수기 위한 대포까지 앞세운 당나라군의 공격으로 성이 무너지면 즉시 성 안에서 목책을 세워 공격을 막아냈다. 이처럼 공성 무기로도 아무런 전과를 거두지 못하자 성 밖에서 성 안을 내려다보며 공격하기 위해 당나라군은 흙산을 쌓았다. 그러나 이조차 고구려군이 점령하여 안시성의 포위공격을 완전히 분쇄했다. 안시성 사람들이 성 안에서만 싸우고 성 밖으로 나와 흙산을 점령하지 못했다면 당나라군은 계속 공격을 퍼부어 성을 함락시키고 말았을 것이다. 흙산이 안시성군에 의해 점령된 후에도 싸움은 3일 동안 더 계속되었다고 하나 이는 실제 있었던 상황이 아닌 듯하다.

당나라군은 요동침공 결과 현도[41]·횡산(橫山)[42]·개모(蓋牟)[43]·마미(磨米)[44]·요동[45]·백암[46]·비사[47]·맥곡(麥谷)[48]·은산(銀山)[49]·후

---

41) 현도성의 소재지는 무순시 신시가지의 영안대(永安臺)이다(池內宏, 1941, 「高句麗討滅の役に於ける唐軍の行動」『滿鮮地理歷史硏究報告』 제16책, 168~170쪽 참조).

42) 횡산성의 소재는 알려져 있지 않지만 봉천과 무순 방면이 아닌가 한다(위의 논문).

43) 개모성의 소재지는 무순의 서쪽 고성자(古城子) 지방, 또는 봉천과 요양의 중간 지방으로 보고 있다(위의 논문).

44) 마미성의 소재지는 분명하지 않지만 요양 지방이 아닌가 한다(위의 논문).

45) 요동성의 소재지는 요양이다(위의 논문).

46) 백암성의 소재지는 요양의 동남 80리 지점에 있는 연주성(燕州城)이다(위의 논문).

47) 비사성의 소재지는 요동반도 남쪽에 있는 대련만의 북쪽에 가까운 대화상산(大和

황(後黃)[50] 등 10성의 고구려 호구를 요주(遼州)·개주(蓋州)·암주(巖州)로 옮기고 그 중 7만여 명을 중국 내지로 옮겼다는 기사가 있다.

이 기록대로라면 당나라군은 안시성 함락에는 실패하였으나 대체적으로 요동침공에서 일방적인 승리를 거두었다고 할 수 있다. 그런데도 태종이 침공군을 이끌고 돌아온 후 침공 실패를 깊이 탄식해 마지 않았다는 기록이 자주 보인다.

전쟁에서 이기고 지는 것이야 흔한 일인데 이처럼 태종이 크게 탄식했다는 것은 안시성 싸움에서 졌기 때문만은 아닐 것이다. 『당서』·『신당서』와 『자치통감』 및 『삼국사기』는 안시성 싸움을 포함한 요동 침공과 관련된 전황을 큰 차이 없이 기록으로 남기고 있다.

그럼에도 『삼국사기』는 요동침공이 과연 어느쪽의 승리로 끝났는지에 대해 의문을 갖게 하는 새로운 문제를 던져 주고 있어 매우 흥미롭다. 특히 『삼국사기』 편찬자가 이 문제에 큰 관심을 갖게 된 것은, 침공을 일으킬 당시 당나라의 국익과 관련하여 중지를 건의한 사람들이 한두 명이 아니었던데다가, 고연수 등 구원병의 위용에 태종이 겁을 집어먹었고 당나라군이 고연수의 원군을 뜻하는 흑기(黑旗)의 포위를 당하리라는 말에 태종이 이 곳을 스스로 빠져나가려 했다는 기록이 유공권(柳公權 : 1132~1196. 고려중기의 명신)의 소설(小說)에 있음을 보았기 때문이다.

침공군의 총지휘자인 태종이 겁을 집어먹은 것을 사실로 인정한 『삼국사기』의 편찬자는 『당서』·『신당서』와 『자치통감』에서 이런 내용을 언급하지 않은 것은 당나라의 체면을 손상하는 일이 되기 때문이었을 것이라고 결론짓고 있다. 즉 사실대로 기록하면 당나라에게 수치가 되므로 이를 감추고자 아예 기록에서 누락시킨 듯하다고 풀이하고 있다.

尙山)이다(위의 논문).
48) 맥곡성의 소재지는 알려져 있지 않다(위의 논문).
49) 은산성의 소재지는 안시(安市)의 동북 100여 리 지점이다(『한원』 권30, 고려 ; 위의 논문).
50) 후황성의 소재지는 알려져 있지 않지만 봉천과 무순 방면인 듯하다(위의 논문).

결국 태종의 후회와 깊은 탄식은 안시성 싸움에서의 패배 때문이 아니라 한 마디로 요동침공이 완전히 실패로 끝난 것과 직접 관련되어 있는 것은 아닐까.

중국측의 기록에 따르면 태종이 안시성 싸움을 포기하고 철수한 것은 요동지방의 추위와 바닥난 식량 때문인 것으로 되어 있다. 그런데 다가올 추위를 피하기 위한 것이야 그렇다치고 식량이 다 떨어질 듯해서 철수했다는 것은 설득력이 없다. 당나라군은 안시성을 공격하기까지 10성을 함락시켰다 한다. 그렇다면 이들 여러 성의 식량까지 모두 노획하여 식량문제는 완전히 해결되었을 것이 아닌가.

식량 부족이 철수의 한 조건이 되었다면 당나라군의 10성 함락 기사는 사실이 아닐 수도 있다. 실제로 당나라군의 요동침공이 끝까지 실패의 연속이었음을 말해 주는 기록이 눈에 띄어 주목된다. 바로『환단고기 桓檀古記』에서 보이는 관련기록이다.

이를 보면 우선 전쟁상황이 중국측의 기록과는 완전히 다르다. 똑같은 싸움이 이처럼 전혀 다른 모습으로 기록되기까지에는 그만한 까닭이 있다고 할 수 있으나 이를 분명히 가려내기란 쉽지 않다. 어쨌든 이를 좀더 자세히 검토해 보자.

당나라군의 요동침공 도화선이 된 고구려의 신라·백제 남침만 해도『환단고기』에는 전혀 다르게 기록되어 있다. 즉 연개소문은 세 나라의 나쁜 관계를 정상화하고자 고위급 회담을 소집하였는데, 먼저 백제와의 관계를 개선시킨 후 다음으로 신라와의 적대관계도 청산하기 위해 김춘추를 자신의 집으로 맞아들였다고 한다.

연개소문은 당나라 사람들이 도리를 거스르는 일이 많았다고 지적하고 앞으로 두 나라가 적대관계를 청산하고 삼국이 힘을 합쳐 당나라의 장안을 도륙하면 당나라의 추잡함을 바로잡을 수 있으며 당나라와의 싸움에서 승리를 거둔 후 옛 땅에 연정을 펴 서로 침범하지 말 것이며 영원히 이를 지키는 것이 어떠하겠느냐고 세 차례나 권했으나 끝내 김춘추가 이를 거부했다는 것이다.

연개소문의 주도하에 열린 세 나라의 평화회담이 김춘추의 거부로 실패했음을 알려 주는 이 기록은 당나라군의 요동침공이 신라의 평화회담 거부에다 나·당의 야합으로 이루어졌음을 말해 주고 있다.

안시성의 구원군을 지휘했던 고혜진과 고연수의 거취도 전혀 다르다. 두 욕살이 이끄는 고구려군은 싸움 초반부터 당나라 군마를 약탈하였고, 여기에 당나라군은 감히 대적하지도 못했으며 돌아가려 해도 진흙과 수렁에 막혀 진퇴양난에 빠졌다는 것이다.

고연수는 자신의 구원병이 안시성에서 40리 떨어진 거리에 와 있음을 확인하고 실전 경험이 많은 대로(對盧) 벼슬을 갖고 있는 고정의(高正義)에게 사람을 보내 대책을 물었다. 고정의는 이에 대해, 태종은 당나라의 병력을 이끌고 왔으니 만큼 가볍게 볼 수 없으므로 정면으로 대항하지 말고 시간을 오래 끌다가 기병을 동원해 당나라군의 식량보급로를 끊어버리면 양식이 다 떨어져 싸우려 해도 싸울 수 없고 돌아가려 해도 길이 막혀 돌아갈 수 없게 될 것이라고 답했다. 여기까지는 중국측 기록과 『환단고기』 기록이 일치한다.

그런데 중국측 기록은 고연수가 이 말을 듣지 않고 싸우다가 패했다고 기록한 반면, 『환단고기』는 고연수가 고정의의 지시대로 지구전으로 나가다가 당나라군의 식량보급로에 불을 질러 이를 탈취했다고 적고 있다. 『환단고기』에 따르면 태종은 식량 보급을 받지 못한 가운데 고구려군의 야간기습으로 포위를 당해 사태가 매우 긴박해지자 겁에 질려 두려운 빛을 감추지 못하다가 사신을 고연수에게 보내 재물과 보물을 전하면서 "귀국이 예를 닦고 사귐을 받아 주면 반드시 돌아가겠다"고 통고했다는 것이다.

그리고 이후의 진행상황은 다시 전혀 다르다. 즉 속임수를 써서 전황을 역전시켰다는 중국측 기록과는 달리 『환단고기』는 고연수의 답변내용을 상세히 소개하고 있다. 이를 보면 고연수는 태종의 통고를 받아들이겠다고 했으나 대신 한 가지 조건을 제시했다. 즉 당나라군이 현재 위치에서 30리 밖으로 물러서면 태종을 만나보겠다는 것이다. 또 요동침공의 명분으로 태종이 연개소문의 영류왕 시해사건을 거론하고 있는 것에 대해 고연수는 막리지가 고구려의 기둥돌이라면서 이를 묵살했다. 오히려 고연수는 이세민[태종]이 그 아버지를 폐하고 형을 죽였을 뿐 아니라 아우의 아내까지 빼앗은 것이야말로 고구려가 들추어 물어볼 죄목이라고 분명히 해주었다.

이처럼 당나라가 연개소문의 명예를 손상시킨 것에 대해 고구려는 태종의 패륜행동을 지적하는 자존심 대결을 벌였고 결국 당나라군의 철수 협상은 결렬되어 개전으로 돌입하게 되었다. 고연수 등은 틈을 주지 않고 당나라군의 허술함을 엿보다가 기습을 가했다.

태종은 온갖 꾀를 다 동원했으나 이길 가망이 전혀 보이지 않자 요동 출병을 후회하며 탄식했다. 『환단고기』는 이와 관련하여 유공권의 소설 대목을 알맞게 인용하고 있다. 그것은 앞에서 본 그대로이므로 더 이상 들추지 않겠다.

당나라군이 건안성보다 안시성을 먼저 공격하기로 방침을 바꾼 것에 대해서는 중국측 기록과 일치하고 있다.

태종은 증원군마저 고구려군에 의해 차단당하자 더욱 탄식해 마지않았다. 곤경에 처하게 된 당나라군의 지휘관 중에는 평양성을 직접 공격하자는 주장을 하는 등 의견이 엇갈리기도 했으나 위험부담을 더는 것이 시급하다는 태종의 명분이 우세하여 안시성 재공격론이 확정되었다.

이를 알아차린 안시성주 양만춘(楊萬春)이 이끄는 정예군은 밤중에 밧줄을 타고 성 밖으로 나와 기습전으로 맞섰다. 큰 혼란이 일어나 당나라군은 자기편끼리 싸워 많은 인명 손실을 보게 되었다. 또한 안시성군은 성의 틈 사이로 나와 당나라군이 쌓은 흙산을 점령함으로써 당나라군의 전의를 완전히 빼앗아 버렸다.

또한 『환단고기』는 연개소문의 총지휘관으로서의 모습을 상세히 기록으로 남기고 있다. 수십 기(騎)를 이끌고 순시하던 연개소문은 상세한 전황을 보고 받고 나서 총공격을 하게 했다는 것이 그것이다.『환단고기』의 기록에서 보이는 놀랄 만한 사실은 태종에게 항복했다는 고연수가 건재하여 말갈군을 이끌고 당나라군을 협공했다는 점이다.

『환단고기』에 따르면 당시 고연수는 안시성의 원군으로 성 밖에서 당나라군에 타격을 가했고 성주 양만춘은 성 위에서 싸움을 독려하여 성 안의 사기를 크게 고무시켰다고 한다. 더욱 놀라운 것은 태종이 앞에 나섰다가 양만춘이 날린 화살에 왼쪽 눈을 맞아 어찌할 바 모르다가 군사들 틈에 끼어 도망쳤는데 이세적과 태종의 아들 이도종이 보병과 기병을 이끌고 그 뒤를 따르면서 지켰다는 기록이다.

도망치는 길은 온통 진흙탕이라 장손무기(長孫無忌)에게 명해 뒤를 따르는 모든 병사들에게 풀을 베어다 길에 깔아 메우게 하고 물이 깊은 곳은 수레로 다리를 만들도록 하며 태종도 친히 나무를 말고삐에 매달아 운반하는 등 길을 고르는 작업을 거들었다고 한다. 어려움은 또 있었다. 10월 포오거(浦吾渠 : 浦溝)[51]에 이르러 말을 쉬게 하고 수렁길이 메워지기를 기다리다가 모든 군사가 발착수(渤錯水)[52]를 건너려 하는데 매서운 눈보라가 몰아쳐 많은 병졸들이 얼어죽자 길에 불을 지피고 눈보라가 그치기를 기다렸다는 것이다.

진흙 수렁과 눈보라로 당나라군이 큰 어려움을 만난 장면은 중국측 기록에도 상세히 묘사되고 있다. 도주하는 당나라군이 이렇듯 역경에 놓여 있었다면 고구려군이 그 뒤를 맹렬히 추격할 것은 뻔한 일이다.『환단고기』는 고구려군의 추격장면을 상세히 적고 있다.

이를 보면 막리지 연개소문은 승세를 몰아 빠른 속도로 추격했다. 단순

---

51) 요하 하류의 평야에는 물이 많지만 우기가 되면 큰 늪지로 변한다. 늪지는 통과하기 매우 힘든 곳으로 포오거는 이 늪지대 가운데 있는 한 늪이며, 그 위치는 알 수 없다.

52) 발착수 역시 늪지이며 그 위치는 확인할 수 없다(앞의 「隋唐二朝高句麗遠征の地理」, 395~396쪽).

히 뒤를 쫓는 것으로 그치지 않고 퇴로를 차단하기 위해 추정국(鄒定國)으로 하여금 적봉(赤峰)에서 하간현(河間縣)으로 가게 하고 양만춘은 직접 신성으로 향하게 했다. 또 일군은 요동성을 지키게 하고 일군은 태종의 뒤를 추격케 했다.

요동성 함락 기사도 『환단고기』에는 보이지 않는다. 놀라운 일이다. 더욱 놀랄 만한 것은 또 다른 일군이 장성 남쪽의 상곡(上谷 : 大同府)을 점령하였고, 궁지에 몰린 태종이 어찌할 바를 모르다가 고구려에 항복을 청하자 추정국과 양만춘을 비롯하여 수만 기를 이끈 연개소문이 태종을 앞세우고 장안에 입성하여 태종으로부터 영토를 할양받았다는 것이다.

이로써 중국의 산서성·하북성·산동성·강좌(江左 : 양자강 북쪽)가 고구려에 넘어가 고구려는 중국땅에서 백제와 경쟁하는 사이가 되었다는 것이다. 중국 역사책에는 백제가 차지한 땅이 요서의 진평(晉平)이라는 기사가 자주 보인다.

태종의 침공과 관련하여 『환단고기』는 태종이 연개소문에게 항복조건으로 당나라의 영토 일부를 고구려에 넘겨준 것으로 마무리를 짓고 있다. 당나라의 요동침공이 성공으로 돌아갔다고 보기에 미심쩍은 부분이 있는 참에 중국측 기록과 완전히 다른 내용을 남기고 있는 『환단고기』는 일단 큰 관심을 불러일으킬 만하다.

『환단고기』 자체가 역사적 사실면에서 세인으로부터 찬반론을 일으키고 있고 요동침공 관련 기사에 문제점이 없는 것도 아니다. 그러나 위에서 본 대로 태종의 석연찮은 태도나 『삼국사기』의 미묘한 의문 등을 보건대, 『환단고기』의 관련기사를 완전히 무시하기보다는 일단 관심을 갖고 검토해 보는 것이 바람직할 것이다.

649년 2월 태종은 침공에서 돌아온 후 이정(李靖)에게 "내가 천하의 무리를 거느렸는데도 소이(小夷 : 고구려)에게 곤경을 당한 것이 무슨 까닭인가" 하고 물어보았던 것도 검토해 보아야 할 것이다. 그러한 의미에서 같은 해 5월 보장왕과 연개소문이 당나라에 사신을 보내 사죄하고 그

표시로 미녀를 바쳤다는 것은 뭔가 앞뒤가 맞지 않는다.

또한 태종이 돌아가려 할 때 자신이 입고 싸웠던 궁복(弓服)을 연개소문에게 주었다고 하는데 이는 고구려군이 승리를 거두는 데 총지휘를 맡았던 연개소문에 대한 존경의 표시라고 보아야 할 것이나 연개소문은 이를 받지 않았다.

이후 연개소문이 더욱 교만, 방자하여 고구려 사신이 가지고 온 글 또한 모두 궤변으로 가득찼다거나 당나라 사신을 오만한 태도로 대했을 뿐 아니라 늘 변경의 틈을 엿보았다는 것은 어디까지나 싸움에서 패한 당나라의 난처한 입장을 살리는 동시에 싸움에서 이긴 고구려 또는 연개소문의 명예를 깎아내리려는 저의에서 빚어진 것이라고 보는 것이 이치상 맞을 것이다.

사건의 뒤바뀜이 이러하므로 태종이 제나라로 돌아온 직후 일어난 고구려와 당나라 간의 일련의 사건들은 싸움을 승리로 이끈 고구려를 중심으로 재설명되어야 할 것이다. 즉 사신을 보내 사죄하고 미녀를 바친 것은 고구려가 아니라 당나라이며 미녀를 거부한 것도 고구려로 바꾸어야 하는 것이 아닐까.

또한 태종이 주려 한 궁복을 받지 않은 연개소문의 태도를 교만 방자한 것으로 기록한 것은 고구려인의 존경을 한몸에 받고 있는 연개소문의 명예를 의도적으로 흠집 내기 위한 악의에 찬 필법의 장난으로 보인다.

고구려 사신이 가지고 온 글도 궤변 투성이였다고 하는데, 패전 사실을 감추려 했던 당나라 입장으로서는 고압적인 내용의 글을 궤변이라는 말로밖에 표현할 수 없었을 것이다. 연개소문이 당나라 사신을 오만한 태도로 대했다고 한 것은 싸움을 승리로 이끈 연개소문으로서야 당연한 태도일 것이다.

아무튼 당나라가 침공군을 일으킨 것은 신라침공을 중지하라는 당나라의 권유를 고구려가 거부했기 때문이다. 그렇다면 싸움에서 이긴 후 고구려는 계속 신라를 침공할 수 있으며 당나라는 더 이상 신라침공 중지를 고구려에 말할 수 있는 입장이 못 되었을 것이다.

또한 태종이 더 이상 고구려의 조공을 받지 말라고 엄명을 내렸다고 하는데,『환단고기』내용이 맞는다고 전제한다면 오히려 당나라 사신이 가지고 온 글이 궤변 투성이라 보장왕 또는 연개소문이 당나라의 조공을 받지 말게 했다는 내용으로 바꾸어 볼 수도 있지 않을까 한다.

만약 요동싸움에서 고구려가 패했다면 당나라에 보내는 글이 궤변으로 일관할 수 없으며 더구나 신라침공 중지의 청도 거부하기 힘들었을 것이다. 반면 당나라가 패했다면 태종은 후일 고구려 침공을 다시 의론케 할 수 있다. 그러나 이는 침공이라는 표현보다 복수전이라는 성격을 가지고 있으므로 복수전이라는 말로 바꾸어야 할 것이 아닌가 한다.

싸움에서 지고 돌아온 태종은 2년 후인 647년 복수전을 구상하기 시작했다. 그러나 당나라 조정은 여기에 찬동하지 않았다. 앞서 치렀던 침공에서 패한 것이 큰 교훈이 되었기 때문인데, 그 내용은 대개 이러하다. 고구려는 산을 의지하여 성을 만들었으므로 쉽게 함락시킬 수 없고 먼저 침공 사건을 통해 볼 수 있듯이 중국인들이 싸움터에 나가는 바람에 밭을 갈고 씨를 뿌릴 수 없었으며 함락된 고구려의 성은 계속된 가뭄으로 그 주민의 태반이 식량난으로 허덕이고 있었다는 것을 교훈으로 내세워 전면적인 복수전을 반대했던 것이다.

대신 제한된 소규모의 군사력으로 고구려를 소란시켜 그 주민들을 피로케 하면 몇 해 지나지 않아 요동의 천리 땅이 뒤숭숭해져 인심이 떨어져 나가게 될 것이며 이렇게 되면 압록강 북쪽의 땅은 싸우지 않고서도 차지할 수 있다고 내다보고 어디까지나 소규모의 복수전만을 주장했다.[53]

쓰라린 패전의 경험이 있는 태종은 이를 받아들여 제1차로 1만 명 미

---

53)『통감』권198, 唐紀14 태종 下의 上, "貞觀 21年 2月, 上將復伐高麗 朝議以爲高
麗依山爲城 攻之不可猝拔 前大駕親征 國人不得耕種 所克之城 悉收其穀 繼以
旱災 民太半乏食 今若數遣偏師 更迭擾其疆場 使彼疲於奔命 釋來入堡 數年之
間 千里萬條 則人心自離 鴨綠之北 不可戰而取矣 上從之".

만의 소규모 수군을 동원하여 수륙 양면에서 침공케 했다. 중국측의 기록에 따르면 고구려군의 완강한 저항을 받으면서도 요동행군도총관 이세적은 성을 불태우고 돌아왔다. 그러나 등주에서 떠난 수군의 전과에 대해서는 전혀 언급이 없다.

제2차로 같은 해 7월 1차 보복전 때 가담한 좌무위대장군 우진달(牛進達) 등이 이끈 당나라군은 고구려군과 1백여 차례 싸워 조금 손실을 준 듯하다. 제3차 보복전을 앞두고 태종은 강남 12주의 기술자를 동원하여 선박 수백 척을 만들게 했다.

647년 정월 제3차 보복전도 등주에서 떠난 수군 3만여 명에 의해 치러졌는데 약간의 소란을 일으켰을 따름이다. 같은 해 4월 제4차 보복전은 두 나라 사이에 해전으로 그치는 정도였다. 다음 해 태종은 제5차 보복전을 앞두고 대책을 의론케 했다. 태종이 따르기로 정해 놓고 가진 의론은, 대규모 병력을 동원하기 위해서는 거기에 소요되는 막대한 양곡을 선박으로 운반해야 하는데 수나라 말기의 침공 때 사천성(泗川省)이 가담하지 않아 그 곳 주민들이 경제적으로 여유가 있으므로 사천성에서 선박을 만들자는 얘기가 오갔다.54)

제6차 보복전은 같은 해 9월에 치러졌는데 역시 수군이 동원되었으며 소란을 일으킨 곳은 압록강 하류의 박작성(泊灼城)55)이었다. 여기서도 고구려에 대해 소란만 피웠을 뿐 큰 타격을 주지는 못하였다.

결국 여섯 차례에 걸친 당나라의 보복전은 제한된 소규모 병력을 동원하여 고구려를 자주 괴롭혀 소란을 일으키는 정도로 그치고 말았다. 태종은 이 보복전이 고구려 사람들에게 어느 정도 심리적으로 불안감을 주었다고 판단해서인지 병기와 양곡을 발해 가운데의 오호도(烏胡島)로 운반, 저장케 하고 대규모 보복전을 일으키려 했다.

---

54) 『신당서』 권220, 열전145 동이 고려.
55) 박작성은 압록강 하류에서 거슬러 올라와 1백여 리 되는 지점, 즉 압록강으로 흘러드는 대포석하(大浦石河)의 입구인 고루자(鼓樓子) 부근인 듯하다(箭內互, 「滿洲における元の疆域」 『滿洲歷史地理』 권2, 307쪽).

그 구상이 실현되기 얼마 전 당나라에 다행인지 불행인지 알 수 없으나 태종이 사망했다. 그는 조서를 남겨 준비한 대규모 보복전을 중지하라고 지시하였다. 요동침공을 성공으로 마무리짓기 위해 사전에 전쟁 준비를 착실히 해 둔 태종이 죽음 직전에 중지케 한 것으로 미루어 여섯 차례의 소규모 수군 동원은 어디까지나 대규모 병력을 동원하여 개인 차원의 보복전을 마무리짓기 위한 심리전적 성격의 전초전이었음에 틀림없다.

태종이 전적으로 주도한 개인적 의미의 보복전을 모두 물리친 고구려는 고종의 재위 5년 동안 당나라의 침공이 없자 654년 백제 및 말갈과 함께 신라의 북쪽 33성을 점령했다. 다음 해 정월 신라로부터 구원 요청을 받은 고종의 주도하에 영주도독 정명진(程名振)이 이끈 당나라군은 고구려를 침공했다. 같은 해 5월 정명진이 이끈 당나라군은 요하를 건너와 소란을 피우고 돌아갔다(제1차).

다시 658년 6월 정명진이 이끈 당나라군이 침공해 왔으나 패하고 돌아갔다(제2차). 659년 11월에는 설인귀(薛仁貴)가 군대를 이끌고 쳐들어 왔으나 횡산(橫山)에서 온사문(溫沙門)이 이끈 고구려군에게 패해 돌아갔다(제3차). 660년 11월 수를 알 수 없는 당나라군이 설필하력(契苾何力) 등의 지휘하에 쳐들어 왔으나 전황이 나와 있지 않은 것으로 미루어 소란을 피우는 정도로 그친 듯하다(제4차).

661년 정월 하남·하북·회남(淮南)의 67주에서 모집한 4만4천여 명과 위구르(回紇) 등 유목민으로 구성된 당나라군이 평양을 침공해 왔으나 역시 전황은 나와 있지 않다(제5차). 같은 해 5월 고종은 임아상(任雅相) 등이 이끄는 침공군으로 하여금 수륙으로 침공케 했으며(제6차) 고종은 친히 대군을 이끌고 침공하려 했으나 측천무후(則天武后) 등의 만류로 자신은 침공에 나서지 않았다.

밝혀진 전황을 보면 8월 소정방(蘇定方)이 이끄는 당나라군은 패강을 건너와 평양성을 포위했다. 고구려에서는 연개소문의 맏아들 남생(男生)이 수만 명의 정예군으로 압록강을 수비하여 당나라군은 강을 건너오지

못했으나 설필하력만은 얼어붙은 강을 건너 진격함으로써 고구려군은 방
어에 실패했다. 그런데 무후(武后)의 반대가 있어서였는지 철수하라는 고
종의 명령에 따라 당나라군은 곧 철수하고 말았다.

662년 정월 방효태(龐孝泰)가 이끄는 당나라군은 연개소문과 청천강에
서 싸우다가 섬멸당해 방효태는 13명의 아들과 함께 전사했으며 평양성
을 포위한 소정방은 고종의 철수 명령이 내려진데다가 큰 눈을 만나 되
돌아갔다.56) 이렇듯 당나라군은 고종 재위시에 해마다 고구려를 침공하
여 한때 평양성을 포위한 적도 있었으나 대체적으로 이렇다 할 전과를
올리지 못하고 소모전으로 그치고 말았다.

태종이 요동침공에 실패한 후 고구려에 대해 벌인 여섯 차례에 걸친
개인적 보복전이나, 고종이 태종의 맺힌 한을 풀어 주기 위해 시도한 여
섯 차례의 침공은 모두 일종의 소모전 양상을 띠었다는 데서 성격을 같
이했다.

소모전이 태종대로 그치지 않고 고종대로까지 계속된 것으로 미루어
고구려에서 돌발적인 나쁜 사태가 발생하지 않는 한 당나라가 당장 고구
려에 대해 대규모 침공을 일으키기는 힘들었을 것이다. 고구려가 12차례
나 되는 당나라 침공을 물리친 배경으로는 고구려인들의 철저한 국가관
을 빼어놓고 생각할 수 없다 하겠으나 어려운 시기에 고구려를 이끌어
나간 연개소문의 탁월한 영도력 또한 과소평가해서는 안 될 것이다.

이처럼 고구려를 침략전쟁의 소용돌이에서 구해낸 연개소문이 666년
사망함에 따라 맏아들 남생이 막리지가 되어 국정을 이끌어 나가게 되었

---

56) 평양성을 포위한 소정방이 철수한 것은 고종의 철수 명령과 눈 때문이라고 전해
지고 있으나『일본서기』(권27, 天智天皇 즉위전기 ; 齊明天皇 7년 7월)를 보면 상
황이 다르다. 평양성이 포위당한 661년 12월에 고구려 사신이 일본에 입국하여 전
황을 설명했는데 당나라군이 평양성을 함락시키지 못한 것은 고종의 철수 명령
때문이 아니고 극심한 추위로 패수(대동강)가 얼어버려 당나라군은 끌고 온 각종
공성무기를 사용할 수 없게 된 반면, 고구려군은 용전분투하여 당나라군을 무력
하게 만들었기 때문에 철수 명령을 내렸다는 것이다. 이 전황 기록은 고구려 사신
이 직접 일본에 알린 것으로 미루어 사실로 믿어도 좋을 것이다.

다. 국정을 몸소 살피며 남다른 노력을 기울이던 남생은 두 아우에 의해 정권에서 밀려나 당나라 망명의 길을 택했다. 그리고 그 대신 동생인 남건(男建)이 막리지 자리를 차지하여 전국의 군사권을 쥐게 되었다.

연개소문 집안의 권력 다툼은 고구려 자체적으로 보면 그리 큰 변화라 할 수 없으나, 고구려 최고의 권력자였던 남생이 적국인 당나라로 정치적 망명을 한 것은 중대한 일이었다. 고종의 특명에 따라 고구려 침공과 여섯 차례의 보복전에 참가한 경험이 있는 설필하력의 영접을 받은 그는 특진요동도독겸평양도안무대사(特進遼東都督兼平壤道安撫大使)라는 벼슬에다 현도군공이라는 작위까지 받았다.

이를 기회로 고종은 본격적인 침공 준비에 들어가 지휘체제를 정비하고 하북 여러 주의 조세를 모두 요동지방으로 보내게 하는 등 군량비축에 총력을 기울였다(제7차 침공준비).

남생의 망명을 기회로 어느 때보다 전쟁 준비를 충실히 한 당나라의 다가올 침공은 일찍이 있었던 단순한 소모전과는 그 성격을 달리할 수밖에 없었다. 마침내 667년 제7차 침공이 개시되고 요동도행군 겸안무대사인 이세적은 신성 등 16성을 함락시켰다.

신성을 되찾기 위해 남건이 보낸 고구려군은 당나라군과 치열한 공방전을 벌였으나 끝내 남소성·목저성(木底城)·창암성(蒼岩城) 등 3성을 잃었다. 안시성 침공시에 평양성을 직접 침공하자는 이도종의 건의가 받아들여지지 않아 요동침공이 실패로 돌아간 것을 거울삼은 당나라는 이번에는 요동에서 승리를 거두고 있는 것과 때를 같이하여 설인귀가 남생과 함께 수군을 이끌고 평양성을 향해 쳐들어갔다.

전황과 전과는 알 수 없으나 요동지방에서 승기를 잡은 당나라군은 이세적으로부터 식량보급이 늦어진데다 남건이 통솔하는 고구려군의 강력한 방어에 부딪혀 끝내 압록강을 건너지 못했다.

제7차 침공의 특징은 당나라군이 평양성 침략을 목표로 정하고 수륙 양면으로 침공했다는 점이다. 그러나 당나라군의 이 양면침공에도 평양성은 건재했다. 당나라군이 압록강을 넘어오려고 했던 때에 안시성 또한 건재하여 고구려군이 장악하고 있었다.

이로 보아 압록강까지 이른 당나라군은 요동지방을 완전히 장악하지는 못했음을 알 수 있다. 그렇기 때문에 평양성이 무사할 수 있었을 것이다.

668년 정월이 되자 고종은 제8차 침공의 지휘체제를 마련했다. 여기에서 가장 두드러진 특징은 신라의 김인문(金仁問)을 요동도부대총관(遼東道副大摠管)의 부관으로 한 신라군이 참전한 사실이다. 실전에 경험이 많은 이세적이 이끄는 당나라군은 2월 부여성을 점령하여 초전에 승기를 잡음으로써 부여천을 끼고 있는 40여 성을 어렵지 않게 점령했다.

개전 초에 당나라군이 큰 승리를 거두게 되자 침공군에 합류한 시어사(侍御史) 가언충(賈言忠)은 전황을 보고하기 위해 귀국했다. 보고 내용을 간추리면 당나라군의 결정적 승리를 확신한다는 것이었다. 여러 차례 침공이 있었으나 이처럼 전황을 현지에서 직접 보고한 것은 처음 있는 일이다.

승리를 확신한 것은 무엇보다도 남생의 망명으로 당나라군이 고구려의 실정을 완전히 파악하고 있었기 때문이다. 당나라군이 파악한 고구려의 실정이란 전쟁을 치르고 있는 고구려의 민심 동향, 군사시설의 배치 상황 등 당나라군이 승리를 거두기 위해 알고자 했던 모든 것이었다.

보고에 따르면 당나라군은 고구려의 모든 실정을 알아내어 어느 때보다 결전의 태세를 가다듬고 있으며 침략을 막아야 할 고구려인은 굶주림에 허덕이며 서로 약탈하다 보니 국토는 크게 황폐화되고 민심은 크게 동요하고 있다는 것이다.

당나라군이 부여성 등 40여 성을 일시에 점령한 것도 남생이 당나라군을 안내해 줌으로써 신속하게 이루어진 듯하다. 부여성이 전략적으로 중요한 만큼 남건은 부여성을 회복하기 위해 5만 명의 구원병을 보냈는데 이는 적절한 조치였다.

그러나 고구려군은 끝내 부여성을 회복하지 못하고 당나라군은 대행성

(大行城)57)을 거쳐 압록강까지 이르렀다. 고구려군은 결사적으로 방어했으나 이세적이 이끄는 당나라군은 강에서 200리 남쪽에 있는 욕이성(辱夷城)58)을 함락했다. 설필하력에 이어 이세적이 뒤따라 평양성에 도착했고 이들은 한 달 이상 평양성을 포위 공격했다.

연남산과 수령 98명은 보장왕을 대신해 이세적에게 항복했다. 그러나 연남건은 결사적으로 항전했다. 결국 연남산을 대신한 승려 신성(信誠)은 내응하기로 이세적에게 약속한 지 5일 만에 성문을 열었다. 그리하여 보장왕과 연남건은 포로가 되고 말았다.

제5절 대기근과 고구려 멸망

수차례에 걸친 당나라군의 포위 공격에도 끄덕 않던 평양성이 제8차 침공에서 무너진 배경에는 연남생의 당나라 망명이 있었음에 분명하다.

태종은 안시성을 구원하고자 말갈군을 이끌고 있었던 고연수에게 영류왕을 시해한 연개소문의 죄를 묻기 위해 본의 아니게 싸우게 되었다고 밝힌 바 있다. 이것이 사실이라면 고종 치하의 당나라군은 고구려를 멸망시킬 것이 아니고 당나라에 굴종하기로 밝힌 연남생을 고구려의 통치자로 내세웠어야 할 것이다.

그러므로 태종이 연개소문의 시해사건을 명분으로 일으킨 침공은 고구려를 멸망시키는 데 그 목적이 있었던 것이 분명해졌다. 이런 면에서 고구려의 멸망은 태종의 개인적 차원의 보복심리가 낳은 결과라고 본다. 그

---

57) 대행성은 압록강 하류 북안의 구련성(九連城 : 의주의 건너편)이다(앞의 「高句麗
　　討滅の役に於ける唐軍の行動」, 167쪽).
58) 욕이성은 청천강 변의 안주(安州)로 비정된다(위의 논문, 173쪽).

러나 보복을 위해 당나라가 동원한 많은 인원과 물자에 비한다면 사실 얻은 것이 그리 많지 않았다. 신라의 경우에는 고구려의 멸망으로 땅과 인구를 얻어 크게 발전할 수 있는 기반을 마련했다고 하는데[59] 맞는 말인 듯하다.

그렇다고 해서 신라가 절대적으로 많은 땅을 차지했다는 것은 아니다. 경제적으로나 군사적으로 중요한 요동지방은 당나라에게 넘어갔고, 대략적으로 대동강 이남의 땅을 차지하는 데 그쳤다.

고구려 멸망이 나·당의 야합으로 빚어졌던 만큼 고구려의 모든 땅은 이 두 나라의 침공 공헌도에 따라 나누어져야 할 것이다. 그런데 당나라는 압록강 이북에 있는 고구려의 많은 성들 중 11개 성만을 점령하는 데 그쳤다.[60] 그러므로 압록강을 중심으로 동북의 고구려땅에는 당나라의

---

59) 『고구려간사』, 128쪽.

60) 『삼국사기』 권37, 지리4 고구려조를 보면, "압록수 이북에 항복하지 않은 성이 11개 있으며, 압록수 이북에 이미 항복한 성이 11개 있다"는 기사가 있다. 그런데 각 성의 이름과 그 옛 이름이 기록되어 있는 것으로 보면 당나라 사람의 기록이 아닌 것이 분명하다. 특히 아직 항복하지 않은 11개 성 중에 신성·요동성·안시성이 들어 있으며 이미 항복한 성 11개 중에 목저성·남소성 등이 있는 등 위치상으로 보아 의심되는 것이 많다. 그래서 쓰다 소키치(津田左右吉)는 당시 신라인이 전해들은 것을 기록한 것이 아닌가 의심한 바 있다. 한편 이케우치 히로시(池內宏)에 따르면, 이미 항복한 11개 성은 그 지역 안의 모든 성을 말하며 11개 성은 남생이 당나라에 항복할 때 들어 바친 가물(哥勿)·남소·창암[성] 등(『신당서』 권110, 천남생전)에 해당하며, 항복한 11개 성은 당나라군이 신성을 함락시키기 이전 고구려의 모든 성에 관한 기록이고 압록수 이북에 아직 항복하지 않은 11개 성과 모순되지 않는다고 했다(1914, 「安東郡護府考」 附錄第2 橫山銀山後黃及び三國史記地理志の記載について, 『滿鮮地理歷史硏究報告』 제1, 101쪽). 『삼국사기』(지리지 고구려)에는 이와 관련하여 압록수 이북에 도주한 성이 7개 있으며 또 압록수 이북에 공취한 성이 3개 있다는 기사도 있다. 이케우치 히로시는, 전자는 이세적이 이끈 당나라군이 요동으로 침공해 오자 고구려가 병력을 신성 방면으로 집중시켰으나 스스로 싸움을 포기한 요동지방의 성인 듯하며, 후자는 이세적이 신성을 포위하기에 앞서 공취한 성이 아닌가 분석했다. 아무튼 이세적의 보고서에 성 이름이 실린 것은 이세적의 군영에 있었던 연남생이 제공한 기본자료를 근거로 했다는 것이 이케우치의 주장이다(앞의 「高句麗討滅の役に於ける唐軍

통치력이 미치지 못한 것이 분명하다.

그리하여 발해국의 제2대 무왕이 말했듯이 고구려땅은 발해 혹은 말갈의 땅이 되었다.[61] 당나라가 고구려 멸망에 주도권을 행사했음에도 그 땅을 전부 차지하지 않은 것은 무슨 이유인가. 당나라는 보복으로서 고구려 정권을 멸망시키는 데 최대의 의의를 두었고 따라서 평양에서 멀리 떨어져 있는 땅에 대해서는 별 관심을 갖지 않았던 것이 큰 이유라고 할 수 있다. 다시 말해 당나라는 고구려의 모든 땅을 차지하려는 영토적 야심에서 멸망시켰다고는 보이지 않는 것이다.

게다가 농업을 국가산업의 기본으로 삼고 있던 당나라로서는 고구려의 동북지방은 농업에 그리 도움이 되지 않는 삼림지대라 일찌감치 이 지역에 관심을 두지 않은 것으로 보인다. 말갈군이 군사면에서 고구려에 대해 적지 않은 도움을 준 사실로 보면 고구려의 멸망시에 당나라는 이들에 대한 보복적 차원에서 말갈인의 생활터전까지 유린할 수도 있었을 것이다.

그러나 당나라가 이를 피했던 것은 고구려의 영토였던 말갈인의 생활터전에 조금도 관심을 두지 않았다는 것을 말해 주는 것이라 할 수 있다.[62] 농업 위주의 당나라가 삼림지대로 덮인 만주의 동북지방에 관심을 갖지 않았을 것이라는 것은 후대 거란(契丹)이 발해국을 멸망시킨 후 이 지역의 수렵성 때문에 스스로 영유권을 포기한 사실로도 알 수 있다.

발해국의 옛 수도에 세워진 동란국(東丹國)이 요양(遼陽)으로 옮겨진 것이 이를 말한다. 거란이 이 지역을 포기한 것은 두 가지 측면을 고려했기 때문이다. 유목 경제구조를 가지고 있는 거란의 입장에서 사냥만 할 수 있는 이 지역은 경제구조상 이용 가치가 없었다는 것도 이유였지만

の行動」, 155~156쪽). 위의 여러 성들은 압록수 서북에 있었으므로 고구려가 멸망한 후 당나라의 통치력은 압록수 동북으로 미치지 못한 것이 분명하다.

61) 『삼국사기』 권37, 지리지 고구려.

62) 『당서』 권199상, 열전149 北狄, "史臣曰…… 東征高麗 雖有成功 所損亦甚…… 夷狄之國 猶石田也 得之無益 失之何傷 必務求虛名……".

이것 말고도 발해 유민의 거센 저항을 우려했기 때문이다.

이 점에서 당나라도 사정은 마찬가지였을 것이다. 결국 당나라 사람의 발길이 닿지 않은 이 지역에 침공을 받지 않은 옛 고구려 세력이 남아 있었을 것임은 긴 설명이 필요치 않다. 이처럼 당나라가 포기함으로써 말갈인의 땅으로 계속 남아 있게 된 이 지역을 발해국은 쉽사리 영토로 만들 수 있었던 것이다. 발해국의 건국 배경을 볼 때는 무엇보다 발해국의 발상지라 할 이 지역을 당나라가 일찍 포기한 것을 염두에 두어야 할 것이다.

발해국에 대해서 좀더 살펴보자. 고구려의 멸망 후에도 고구려 발전에 많은 도움을 준 말갈은 당나라로부터 큰 해를 당함이 없이 옛 터전에서 그대로 삶을 유지하며 옛 고구려에 대해서도 좋은 감정을 그대로 간직하고 있었을 것이다. 거기에다 고구려의 잔존세력이 그대로 존재하고 있던 관계로 당나라 영주(營州) 지방으로 끌려간 대조영(大祚榮) 등 반당적인 세력이 자연스럽게 이 곳으로 찾아들었다. 그리고 동서로 갈라져 있던 고구려 유민세력이 합류하여 국가를 건설하니 바로 발해국이었다.

따라서 당나라 입장에서 보았을 때, 발해는 껄끄러운 존재로 느껴졌을 것임은 충분히 짐작 가능한 일이다. 발해국 건국 후, 당나라가 반발해적인 흑수말갈(黑水靺鞨)을 부추기면서 동시에 이들과 세력을 합쳐 발해 견제공작을 계속해 온 사실로 보면 과거 고구려에 대한 당나라의 보복적 심리가 다시 한번 나타났다고 할 수 있다.

그러나 발해국의 건국은, 단순히 당나라에 대한 보복심리에 의해서가 아니라 고구려를 다시 세울 만한 세력이 건재했기 때문에 가능했다는 사실을 염두에 두어야 한다. 대조영 집단이 말갈땅으로 들어옴으로써 건국 시기가 앞당겨진 것은 사실이나 역시 주도권은 과거부터 말갈땅에 살고 있었던 고구려 세력이 가졌을 것이다.

애기를 다시 고구려 멸망 당시로 돌려보자. 연남생 형제의 정권다툼이 당나라에 이익을 준 것은 앞서 보았듯이 분명한 사실이나 그 이익이란 것은 실제로 전략상의 기밀을 탐지해 낸 정도였다. 그리고 군사기밀을 탐지하여 얻은 성과는 부여천변의 40여 성으로부터 항복을 받아내는 데 결정적 계기가 된 부여성의 함락일 것이다. 그런데 고구려 총 176개 성의 약 1/4이 넘는 성들이 단 한 차례의 침공으로 한꺼번에 항복했다는 것은 군사기밀을 탐지해 낸 성과라 하더라도 아무래도 납득하기 어려운 점이 있다. 더욱이 중국에서조차 고구려 성들의 강고함은 익히 알려졌을 정도였음에랴. 따라서 그 안에는 반드시 다른 어떤 사연이 있을 법한데, 단편적인 몇 가지 기록에서 그 단서를 찾을 수 있다.

과거 안시성 등 요동지방을 침공했다가 패하고 돌아온 태종이 647년 고구려에 대한 보복전을 일으키려 할 때 나온 조정의 의론 중에 당시 고구려 사람들의 식량난이 매우 심각했었다는 내용이 언급되고 있다. 즉 고구려에 가뭄이 계속되어 당나라군이 점령한 성 내의 사람들 가운데 대부분이 먹을 것이 없어 큰 식량난을 겪고 있었다는 것이다.

이렇듯 고구려 사람들이 식량난으로 고생을 하고 있는 상황이므로 소규모의 병력을 동원하여 고구려를 자주 소란케 하고 그 사람들을 피로하게 만들면 연명하기에 바쁘게 되며 몇 년 사이에 요동땅 천 리가 황폐해져 민심이 저절로 떨어져 나가게 될 것이니 압록강 이북은 싸우지 않고도 차지할 수 있다는 것이 상세히 논의되었다.[63]

667년 9월 이세적이 고구려의 서쪽 요새지인 신성을 공격하기 전에 이를 차지하지 못하면 다른 성들을 차지하기가 쉽지 않을 것이라고 제장에게 말한 것으로 보면 이 성의 저항은 매우 강력했어야 할 것이다. 그런데도 신성 사람 사부구(師夫仇)가 성주를 얽어매 가지고 성문을 열고 나와 항복했다.

결국 당나라군은 신성을 점령함으로써 이세적의 말대로 16성을 어렵지

---

63) 『통감』 권198, 唐紀14 태종 下의 上. 『통감』 권201, 唐紀17 고종 上, "總章 元年 2月 壬午 侍御史洛陽賈言忠奉使旬遼東還 上問以軍事 言忠對日 高麗必平 上日 卿何以知之 對日……且高麗連年饑饉 妖異屢降 人心危駭 其亡可翹足待也".

않게 점령할 수 있었다. 668년 정월 당나라군이 부여성을 점령함으로써 주변의 40여 성이 항복했다는 것은 신성을 쉽게 점령하고 16개 성을 모두 점령했다는 것과 사정이 다를 바 없다고 할 것이다. 즉 더 이상 강력하게 항전할 수 없는 불가항력적인 조건이 있었다는 이야기이다.

그 조건이란 군사상의 열세가 아니라 요동 전 지역에 걸쳐 계속된 가뭄으로 식량이 다 떨어졌거나 부족했음을 말하는 것이리라. 당나라군이 한때 안시성의 철통 같은 방어를 의식하여 먼저 건안성을 치기로 결정한 것도 아마 이 곳에 식량이 적다는 것을 알고 있었기 때문일 것이다.

668년 침공에서 일거에 40여 개 성이 스스로 항복하는 등 전년에 비해 고구려군이 덧없이 항복하는 길을 선택한 것도 전년보다 식량난이 더욱 심각했음을 말해 주는 것이라고밖에 판단되지 않는다.

대체적으로 보면 고구려군은 667년과 668년의 당나라군 침공을 제외하고 보면 싸우다 죽을지언정 스스로 항복을 택한 일은 없다시피 했다. 그런데 668년 평양성의 함락을 목표로 압록강을 건너온 당나라군이 욕이성을 점령하자 그 주변의 여러 성에서 도망하거나 항복하는 고구려군이 속출했다. 이 역시 식량난이 심각하여 끝까지 저항할 수 없는 불리한 상황에서 빚어진 듯하다.

이러한 상황은 고구려의 남쪽지역도 마찬가지였다. 668년 6월 대곡성(大谷城 : 平山)·한성(漢城 : 廣州) 등 2군의 12개 성이 당나라군에 항복했으며 2년 전인 666년 12월에도 연정토(淵淨土)가 12개 성의 763호(3,543명)를 이끌고 신라에 항복했다. 물론 연정토의 경우는 가뭄으로 인한 식량난만이 아니라 연개소문 아들간의 정권다툼이 직접적인 동기가 되어 항복한 듯하여 좀더 복잡한 사정이 얽혀 있기는 하다.

이러한 고구려에 비한다면 당나라는 농사지을 사람이 전쟁터로 끌려나가 제때에 땅을 갈고 씨를 뿌리지 못해 농사를 지을 수 없는 그런 어려움은 있었으나 가뭄으로 인한 극심한 식량난은 겪지 않아 보다 유리한 조건에 놓여 있었다.[64] 이 조건이 전쟁의 승패를 결정적으로 가름한 것으로 생각된다.

이처럼 고구려의 식량난은 한두 해로 끝나는 성질의 것이 아니었으므로 고구려 멸망 후에도 이는 당장 해결하기 어려웠을 것이다. 멸망 이듬해, 즉 669년 여름(5월) 원산만 일대의 천정(泉井 : 덕원)·비열홀(比列忽 : 안변)·각차(各車 : 회양) 등 3군의 고구려 유민들이 식량 부족으로 굶주렸고 창고에서 방출된 식량을 배급받아 식량난을 덜 수 있었다. 이는 멸망 다음 해에도 옛 고구려땅에서 식량난이 계속되었음을 보여주는 유일한 자료로 가치가 매우 크다.

오늘날 원산만을 끼고 있는 옛 고구려의 3군에서 굶주린 주민이 많았던 것으로 보면 이런 현상은 평양성을 중심으로 한 지역에서도 나타났을 것이다. 그러나 평양 등 서해안 지역에서도 식량난이 있었음을 전해 주는 기록은 없다. 이 지역이 당나라의 관할하에 놓여 있어 신라가 끼어들 입장이 아닌 관계로 기근 현상에 관한 기록이 남겨지지 않게 된 것으로 보인다.

이처럼 여러 해에 걸쳐 고구려에서 기근 현상이 일어났다면 인접한 신라도 정도 차이야 있겠지만 사정은 마찬가지였을 것이다. 672년 곡식이 귀해 사람들이 굶주렸다는 기사가 그것으로 고구려가 멸망한 지 4년째에 해당하는 해이다.

이와 관련하여 백제땅으로 눈을 돌려보기로 하자. 의자왕 13년(653) 봄에 큰 가뭄이 들어 기근이 매우 심했다는 기록이 보이며 17년(657) 4월에도 역시 큰 가뭄이 들어 농사짓는 땅이 붉은 색으로 변했다는 기사도 보인다.

653년에서 657년이라 하면 당나라가 요동지방을 침공함으로써 고구려에 가뭄이 오래 계속되고 있음을 직접 확인하고서 소란을 피워 고구려의 인심을 갈라놓게 하려는 저의에서 소규모의 병력을 동원하여 요동지방을 자주 괴롭히고 있었던 그 때였다.

---

64)『통감』권198, 唐紀14 태종 下의 上.

요컨대 고구려는 멸망 몇 해 전부터 장기적인 가뭄에 따른 기근으로 국가적 위기상황에 빠져 있었고 당나라는 이를 놓치지 않았다. 지속적인 소모전으로써 고구려의 힘을 빼 놓았고, 결국에는 많은 성들이 끝까지 싸우기보다 일시에 당나라군에 항복하는 길을 택하였다. 고구려의 멸망으로 이어진 평양성 항복도 이렇게 해서 빚어졌다.

제6절 맥족의 생존권과 한족의 자존심 대결

고구려는 멸망을 전후하여 오래 계속된 심한 기근으로 전처럼 싸울 수 있는 조건이 아니었음을 살펴보았다. 이 때의 전의 상실을 제외한다면 고구려는 내내 수·당에 결사항전으로 나섰고, 그 배경에는 중국인이 이해할 수 없는 남다른 민족적 사연이 있었다.

오늘날 중국인은 고구려 대 수·당 간의 싸움을 고구려라는 소수민족의 할거정권과 중국이라는 통일정권 사이의 싸움, 즉 통제에 대한 반발로 빚어진 중원정권 통치 범위 안의 내부모순으로 이해하고 있다. 따라서 수·당의 고구려 침공은 침략이 아니며 고구려의 저항은 침략 반대가 아니라고 생각한다. 그러다 보니 고구려와 수·당의 관계는 자주국가 간의 관계가 아니라고 주장하고 있다[65]

이러한 주장은 오늘날 처음 나타난 것이 아니고 수·당나라 당시에도, 그 이후에도 계속하여 중국인 사이에 고정관념으로 자리잡고 있었던 것이라 사실 새로울 것은 없다 하겠다.

그런데 수·당의 침략 책임을 고구려에 떠넘겨 온 전통적인 태도에서 벗어나 그 책임이 전적으로 수와 당나라라는 중원정권에 있다고 밝힌 중

---

65) 『고구려간사』, 128쪽.

국인이 있어 주목을 끈다. 바로 당나라 사람으로 당시 사공(司空)이라는 벼슬을 갖고 있는 방현령(房玄齡)이었다.

태종이 요동침공의 실패로 후회를 하면서도 다시 침공군을 일으키려 하자 병으로 누워 있던 방현령은 노자의 말을 인용하며 이제 고구려 침공을 그만둘 것을 간절히 청했다. 이를 소개해 보기로 하겠다.

만족할 줄 알면 욕됨이 없고 그칠 줄 알면 위태롭지 않습니다. 폐하는 위대한 명성과 공덕이 이미 만족하다 할 만한데도 땅을 개척하고 강토를 넓히고자 하는데 이를 그만두는 것이 좋겠습니다. 또한 폐하는 언제나 죄인 한 명을 처형하는 데도 반드시 세 번 조사하라고 명령하시며 잡수시는 것을 줄이며 음악도 그만두게 하라고 하셨는데 이는 사람의 목숨을 중히 여기시는 까닭에서가 아닙니까.

그런데 지금 무고한 군사를 모아 칼날 아래 맡겨두려 하시는데 이는 곧 간과 머릿골을 땅에 물들이게 하시는 일이오니 어찌 민망한 일이 아니겠습니까. 고구려가 신하의 절개를 어겼다면 이를 벌주는 것이 옳고 백성이 소란을 피웠다면 멸하는 것이 옳고 다른 날 중국의 우환이 되면 제거하는 것이 좋겠습니다. 지금은 이 세 가지 조건이 없습니다.

그런데도 앉아서 중국을 번거롭게 하고 안으로 전대의 수치를 씻으려 하고 밖으로 신라의 원수를 갚아 준다 하시니 어찌 살핀 것이 적으며 손해를 보는 것이 크지 않겠습니까. 바라건대 폐하는 고구려가 스스로 새로워질 것을 허락하시고 바다 위의 배들을 불태워 버리시고 모아들인 군사를 파하시면 자연 화이(華夷)가 서로 기뻐하여 의지하고 멀리는 엄숙해지고 가까이는 편안해질 것입니다.66)

이 침공반대 건의문은 내용상 다섯 가지로 이루어져 있다.

① 침공 야망의 폭로 : 태종은 많은 땅을 다스리고 있으므로 더 이상 땅을 개척하고 영토를 넓힐 필요가 없다고 했다. 고구려를 침공하는 태종의 야망이 영토를 넓히는 데 있었음을 분명히 보여 준다.

---

66) 『당서』 권66, 열전16 방현령 ; 『신당서』 권96, 열전21 방현령.

② 침공 이유의 부재 : 고구려가 당나라에 대해 상식 이하의 행동을 하지 않아 당나라로서는 고구려를 침공할 이유가 없다는 것을 밝혀 주고 있다.

③ 침공 시기의 부적당 : 침공할 이유가 없으므로 지금이 침공 시기가 아님을 보여 주고 있다.

④ 침공 명분의 허구성 : 수나라의 패전 수치를 씻고 신라의 원수를 갚아 준다는 것은 얻는 것보다 잃는 것이 많다고 지적, 명분이 허구에 차 있음을 보여 주고 있다.

⑤ 평화 공존의 역설 : 전쟁준비를 백지화시키면 고구려와 중국 사람이 모두 평화를 누리게 되리라고 기대하여 평화 공존에 대해 강조했음을 보여 주고 있다.

고구려 침공을 반대한 신하들은 실전을 통해 고구려의 실체를 정확히 알고 있었고 따라서 주로 전략적인 면에서 침공이 실패할 것을 염려하여 이를 반대하였다. 이에 비해 방현령의 반대론은 전략적인 측면이 아니고 두 당사국의 호혜적 입장을 충분히 고려하는 등 여러 각도에서 헤아려 본 것을 중심으로 했던 것이다. 그런 면에서 남다르다 할 것이다.

이렇듯 태종의 고구려 침공이 침략행위임에 분명한데도 침략으로 간주하지 않고 나아가 이를 미화하기까지 한 것은 이미 『당서』·『신당서』와 『자치통감』 등의 역사서에서도 분명히 드러나며 오늘날에도 변함이 없다.

이러한 중국인의 자존적 태도, 바꾸어 말해 고구려를 비하시키려는 저의를 합리화시키기 위해 곧잘 이용하고 있는 것이 바로 고구려를 구성한 맥족이 당나라 시대 다민족 중 한 구성분자였다든가 고구려가 당나라의 책봉을 받고 조공을 했다는 주장이다.

그러나 이러한 주장은 고구려가 어디까지나 수·당나라에 대해 자주적인 태도를 견지하였음이 명확한 이상 어느 모로나 설득력을 가질 수 없음은 물론이다.

책봉 문제도 그렇다. 고구려 국왕이 중국으로부터 책봉을 받았다고 한다면 맥족은 중국 다민족 중 일원이 될 수밖에 없다. 그러나 정말 중요한 것은 과연 고구려 국왕이 받은 책봉이 본래의 의미대로 유지되었는가이다. 물론 답은 아니다.

고구려가 끊임없이 수·당으로부터 침공을 받은 것이나 결국 당나라의 침공을 받고 멸망되기에 이르렀다는 것은 그 이전에 책봉이 전혀 기능을 하지 못했음을 반증하는 단서이다. 사실상 책봉에 대해, 중국은 제후국 내지 속국으로 만드는 장치로 보았지만 고구려로서는 자국의 이익을 유지하고 평화 공존을 위한 하나의 수단으로 보았을 뿐이다.

조공의 경우도 마찬가지이다. 책봉에 대한 견해가 상이하다 보니 양국 사이에서는 항상적으로 마찰이 있을 수밖에 없었다. 그 마찰이 표면화되지 않을 때 고구려 사신이 수·당나라에 들어오는 것을 중국측에서는 조공이라고 표현하였다. 그러나 책봉만큼이나 이 또한 중국인의 자존적인 표현에 지나지 않는다.

예컨대 수나라가 중국의 남북조를 통일했다는 소식을 접한 고구려가 사신을 보내 조공을 한다 하면서도 은밀히 수나라의 침공을 경계하여 군사적 대응책을 다각도로 마련한 것이나, 더 나아가 표면상 조공을 빌미로 수나라에 들어간 사신이 첩자로 수나라의 동정을 정탐하는 것을 주임무로 한 것 등은 바로 책봉과 조공에 대한 양국인의 전혀 다른 태도를 생생히 보여 주는 좋은 예라 하겠다.

게다가 고구려는 수나 당보다 훨씬 이전에 건국된 나라로서 수·당의 외교적 승인 대상에도 전혀 해당되지 않았다. 고구려의 이러한 유구성에 압도되다 보니 중국의 역대 왕조가 여기에 대항하기 위해 착안한 것이 바로 중국인의 전통적인 사유관념 속에 자리잡고 있던 주나라 봉건제도의 주종관계였다. 사실 단명한 역대 중국 왕조들로서는 대제국인 고구려와 대결하기 위해 이 방법밖에 선택할 수 없었을 것이다.

여기서 고구려의 대제국으로서의 면모를 알아보자. 양의 동서를 떠나 고대시대는 전쟁 등 투쟁의 역사가 전개된 시대였다. 고구려도 예외는 아니었다. 고구려 관련 중국의 역사기록은 이를 잘 보여 주고 있는데 중국과 고구려는 각기 상대방과 영토확장 전쟁을 전개했기 때문이다. 중국 역사상 한(漢)·수(隋)·당(唐)을 제국으로 보고 있으나 이들 나라와 싸운 고구려를 제국으로 보려는 견해는 아직 나와 있지 않다. 과연 고구려는 제국으로서의 조건을 갖추지 못했는가.

역사상 제국이라 하면, 본국의 세력이 다른 나라 또는 다른 종족을 대규모로 겸병한 그런 나라를 말한다. 고구려의 경우, 그 국왕이 소왕을 거느렸으며[67] 동시에 국외로 영토를 크게 팽창시켰음은 중국의 역사책 속에서도 분명히 밝혀진 사실이다. 특히 고구려가 수나라 이전에 그 영토를 중국쪽으로 팽창시켰다는 것은 수양제가 공식적으로 인정한 바이다. 즉 대업 8년(612) 양제가 고구려의 요서출병과 관련하여 고구려를 침공하기로 결심하고 내린 조서에는 이러한 내용이 나온다. 한나라 이전 시대 고구려 사람들은 갈석산과 장성 남쪽 연안의 발해군에 진출했으며 요서와 요동지방을 잠식했다. 한나라와 위나라의 동진으로 고구려 사람들의 이곳 생활터전이 무너졌으나 북조시대의 혼란을 틈타 다시 살던 곳으로 들어와 612년까지 현지에서 황무지를 개간, 씨앗을 뿌리고 결실을 거두는

---

67) 그러나 중국처럼 '황제'라는 칭호를 쓰지는 않았다. 이를 근거로 사람들은 고구려를 제국으로 간주할 수 없다는 둥, 심지어는 중국의 속국 중 하나였다는 평가까지 내리고 있으나 지극히 짧고 편향된 견해에 불과하다. 중국에서 황제라는 용어를 처음 사용한 것은 진시황제이다. 그는 전국시대의 분열을 통일한 자신을 이전의 왕들과 차별화시키고자 하늘을 주재하는 상제(上帝)와 자신을 동일시하여 이 용어를 사용하였고, 이후의 통치자들도 그대로 따랐다. 이는 중국의 통치자들이 상제의 권위에 정면으로 도전하는 오만한 태도를 그대로 드러내 준 것이라 할 수 있다. 이에 비해 고구려는, 일찍이 거대한 영토를 개척한 광개토대왕의 업적을 기린 「광개토왕릉비문」에서조차 그 시조[주몽]를 천제(상제)의 아들로 표현하고 천제에게 드리는 제사를 주관한다는 의미의 동명[맹]왕이라 하였다. 이는 중국과는 달리 천제의 존엄성을 솔직하게 인정한 겸허한 태도에서 나온 것이다. 따라서 황제라는 칭호가 없는 것은 중국과의 관계 때문이 아니며, 나아가 '제국'임을 부정하는 근거가 될 수도 없다.

등 이역생활을 해 왔던 것이다.68) 고구려 사람들의 이역생활이 양제에 의
해 인정받은 점으로 보아 거짓이 아님이 분명하며 특히 양제가 고구려에
대한 첫 침공을 앞두고 발표한 조서에서 밝혀진 만큼 양제의 고구려 침
공은 수나라 내의 고구려 사람들을 내몰기 위한 일종의 인종 청소작전의
성격을 띠었다고 보아도 좋을 것이다. 고구려 사람들이 중국의 발해군까
지 들어가 생활한 만큼 고구려의 국외 영토는 서쪽으로 크게 확장된 것
으로 보이는데, 이 점에 관해『통전』고구려전은 주목할 기사를 보여 주
고 있다. 즉 한나라 때 사방 2천 리였던 고구려 영토는 위나라 때 남북의
영토가 줄어들어 천여 리에 지나지 않았다가 수나라 때 점차 커져 동서
의 길이가 6천 리에 이르렀다. 다시 말해 양제의 조서에 밝혀졌듯이 고구
려의 서쪽 영토는 장성 남쪽의 발해군이었으며 여기서 동쪽으로 잡아 본
영토의 길이가 6천 리에 이르렀다는 것이다. 고구려가 특히 서쪽으로 영
토를 크게 확장시킨 만큼 이 시기의 고구려는 분명 대제국이라고 보아야
온당하다. 이런 강한 세력을 가졌기 때문에 수나라 또는 당나라에 대해
칭신을 거부했고 설사 칭신을 했다 해도 형식에 그칠 수밖에 없었다고
본다.

　이렇듯 실상과는 다르게 왜곡되어 선택·이용된 봉건제도의 잔재인 책
봉·조공이라는 정치적 용어가 마치 사실인 양 둔갑했으나 이는 대외용
이었을 뿐이다. 즉 대내인식은 그렇지 않았던 것이다.

　고구려 시대에 해당하는 중국의 역사기록은 고구려가 중국의 속국이었
다며 그 구체적 예로 칭신과 조공을 들고 있다. 그러나 외교문서에서 칭
신을 했다 해도 본심이 아니라 외교적 가식이었다면 진정한 칭신으로 보
기 힘들다. 이것은 고구려 국왕이 고구려에 온 중국 사신에 대한 태도에
서도 분명해진다. 즉『위서』69)를 보면, 북위의 효문제 태화연간(477~
499)에 원외상시(員外常侍) 벼슬을 가지고 있는 방량(房亮)이 고구려에

---

68)『수서』권3, 帝紀3 양제下.
69)『魏書』권72, 열전60 房亮.

사신으로 왔는데 고구려의 장수왕은 병을 핑계대고 그에게 절을 하지 않았다. 그는 귀국하여 나라를 욕되게 했다는 죄명으로 좌천되었다.

또한 『당서』70)에 의하면, 고구려 영류왕은 평상에 앉은 채로 사신으로 온 이의염(李義琰)을 만났는데, 그는 자신이 천자의 사신으로서 고구려 국왕과 대등하다며 끝내 영류왕에게 절을 하지 않았다고 한다. 그 후 그의 동생 이의침(李義琛)도 고구려에 사신으로 왔는데, 영류왕이 역시 앉아서 그를 부르자 그는 영류왕 앞으로 엉금엉금 기어가 절을 하고 나서도 엎드려 있었다. 물론 고구려 국왕이 중국 사신에게 절을 하지 않았음을 확인할 수 있는 기사는 이 정도밖에 없다. 그렇다면 그 이외의 경우는 달랐을까. 당나라 고조는 여러 신하들에게 이렇게 말한 적이 있다. 고구려가 수나라에 칭신했으나 끝내 양제를 거부했으니 만큼 수나라에 칭신했다고 하겠느냐고 반문했다.71) 고구려가 수나라에 절대 칭신하지 않았음을 고조가 확인시켜 준 것이다.

이는 당나라에 대해서도 마찬가지였다. 태종이 신라의 선덕여왕을 위무하는 글 가운데 고구려가 험한 지형만 믿고 당나라에 대해 흉악한 행동을 자행했다72)고 한 기사는 이를 보여준다. 고구려가 태종대에도 중국에서 멀리 떨어져 있는데다 험한 지형만 믿고 당나라에 고의적으로 신하의 예를 다하지 않았던 것은 서역(중앙아시아)의 투르판[吐蕃]에서도 잘 알고 있었다.73)

이렇듯 고구려가 수·당에 대해 자주적 입장을 견지한 것은 단지 험한 지형만을 믿어서는 아닐 것이다. 무엇보다도 고구려의 문화 수준이 당나라에 견주어 동등했기 때문일 것이다. 실제로 고구려의 높은 학문적 수준에 대해서는 태종도 익히 알고 있었다. 고구려와 백제가 신라를 침공하여 신라가 위급한 상황에 처해 있다는 긴급보고를 받은 태종은 627년 삼국

---

70) 『당서』 권105, 열전30 李義琰.
71) 『당서』 권61, 열전11 溫大雅.
72) 『文館詞林』 권34.
73) 『신당서』 권216, 吐蕃.

문제에 간섭하기로 하고 나서 학문적 풍모가 넘치는 주자사(朱子奢)란 인물을 특별히 선발하여 사신으로 파견했다. 그때 태종은 백제와 고구려의 학문 수준이 높다는 점을 들어 당나라의 사신으로서 품위가 손상당하는 언행을 삼갈 것을 재삼 당부했다.74) 이로 보아 고구려 사람들은 학문 등 문화면에서 긍지와 자부심을 가지고 있었던 것이 분명하다.

　이것이 중국 역대왕조에 대해 고구려가 자주적인 태도를 견지하게 하는 중대한 배경이 되었음은 물론이다. 흥미로운 것은 오히려 고구려 건재시에 중국인이 고구려 영토에서 거주한 사실이 있음을 보여 주는 자료가 무수히 많다는 점이다. 이들 자료만 본다면 오히려 일부 중국인이 고구려 다민족 중의 일원이었다고까지 말할 수 있지는 않을까.

---

74) 『당서』 권198, 유학상 朱子奢.

제6장 고구려의 융성과 중국사회의 동요

중국은 서진 말, 동진 초에 북중국으로 물밀듯이 들어온 5호(五胡)라고 불리는 선비족(鮮卑族) 등의 유목계 이민족으로 말미암아 기존 질서가 뿌리째 흔들리게 되고, 이에 북중국인은 씨족적 집단을 이루어 강남지방으로 생활터전을 옮겨 가야 했다.

같은 무렵 북중국에서 여러 대에 걸쳐 살아온 중국인 중에는 장성의 동북 변경 밖으로 생활 근거지를 옮긴 사람들도 적지 않았다. 5호로 말미암아 북중국의 사회적 혼란이 극심해진 데 비해 장성 밖의 선비족 본거지가 북중국보다 한 걸음 앞서 사회적 혼란을 이겨내고 안정을 되찾았다면 북중국인으로서는 어떤 종족에게 다스림을 받든 그 땅으로 이주할 수밖에 없었을 것이다.

장성 밖의 선비족 통치자는 중국과의 끊임없는 접촉을 통해 중국인의 풍습을 동경하는 등 중국화에 대해 남다른 관심을 두고 있었다. 그러므로 이 장성 밖의 땅으로 북중국의 중국인도 이주할 수 있는 분위기가 무르익어 가고 있었다. 게다가 중국인은 이곳 선비족의 사회질서가 자리잡혔음을 확인함으로써 이주를 주저하지 않았다.

그러나 중국인이 처음부터 무조건 장성 밖으로 이주하려 한 것은 아니었다. 이들은 비교적 혼란이 심하지 않았던 곳으로 우선 이주한 듯하다. 장성 밖 선비족의 땅이 마지막 정착지라고 판단한 중국인은 이주 후 여러 대에 걸쳐 이 땅에서 살았다. 이들 중국인은 지도자의 인솔하에 생활의 근거지를 옮겼는데 여기서 집중적으로 살펴보려는 동족집단인 발해 고씨는 선비족땅에서만 살지 않고 동쪽으로 고구려땅까지 들어와 여러 대를 여기서 살기도 했다.

장성 밖의 선비족은 장성 안의 한족과 접촉한 동시에 동쪽으로 고구려와 경계를 이루었다. 그리하여 북중국의 한족 중에 안정을 구해 자진해서 선비족땅으로 생활 근거지를 옮긴 사람들도 많았으나 고구려인은 이와 상황이 전혀 달랐다. 고구려는 건국 이래 안정을 유지하여 그 스스로 선비족땅으로 이주한 예를 찾아볼 수 없다. 단지 모용씨의 선비족이 고구려의 성읍을 침탈하는 과정에서 붙잡혀 간 수많은 고구려인이 본의 아니게 선비족땅에서 낯선 객지생활을 강요받았다.

고구려 세력이 가장 강성했던 광개토왕의 통치시에도 모용연의 침탈로 고구려인의 객지생활은 계속되었다. 이들 고구려인의 귀환은 고구려측의 기록에서는 보이지 않으나 선비족땅에서의 객지생활이 원해서 이루어진 것이 아닌 만큼 자진해서 되돌아오기도 했을 것이다.

이와 관련하여 중국의 역사책은 모용연에서 고구려인의 지도자로 만족한 듯 보이는 인물과 모용연에서 다시 중국의 북조로 망명한 고구려계의 인물들을 단편적이나마 소개하고 있다.

이러한 중국측의 관련 기록을 통해 선비족땅으로 끌려간 고구려계 인물들이 장성 밖의 선비족땅과 북중국에서 객지생활을 어떻게 해 왔는지 아울러 살펴봄으로써 서진 말, 동진 초에 일어난 북중국의 사회적 혼란이 고구려인에게까지 미친 파급 현상을 밝힐 수 있을 것이다.

제1절 서진말 한족의 집단망명

서진의 회제(懷帝)와 민제(愍帝)가 잇따라 시해를 당하면서 서진은 멸망하고 동진이 세워졌다. 선비족인 모용회(慕容廆)는 동진의 원제(元帝)가 내려준 대선우(大單于)·창려공(昌黎公)이란 벼슬과 작위까지 거절하고 대신 직접 중국땅을 통치하는 데 큰 관심을 두고 있었다.

그리하여 모용회는 황폐된 장성 남쪽의 유주(幽州)와 기주(冀州)에서 정치를 바르게 하고 또한 중국의 망명자들을 널리 받아들여 이들의 객지생활은 모처럼 안정을 되찾기 시작했다.1)

모용회는 이들 중국인들을 효율적으로 다스리기 위해 군(郡)을 두었는데 새로 둔 군은 기양(冀陽)·성주(成周)·영구(營丘)·당국(唐國)이며 종전의 기주인은 기양군에, 예주인(豫州人)은 성주군에, 청주인(靑州人)은 영구군에, 병주인(幷州人)은 당국군에 각기 편입되었다.

뿐만 아니라 모용회는 유능한 중국인을 정치에 기용하여 하동(河東)의 배억(裵嶷), 대군(代郡)의 노창(魯昌), 북평(北平)의 양탐(陽耽)은 보필자로서 모용회가 시도하는 한족 통치면에서 나름대로 제몫을 했다. 한족 통치와 관련하여 모용회가 절대 신임했던 한관(漢官)은 북해(北海)의 봉선(逢羨), 광평(廣平)의 유수(游邃), 북평(北平)의 서방건(西方虔), 발해(渤海)의 봉추(封抽), 서하(西河)의 송석(宋奭), 하동(河東)의 배개(裵開) 등이다.

북중국의 안정을 꾀하려는 모용회가 대내외적으로 발표한 문서를 작성한 관료 역시 이들 중국인 관료였다. 발해의 봉혁(封弈), 평원(平原)의 송해(宋該), 안정(安定)의 황보급(皇甫岌), 난릉(蘭陵)의 무개(繆愷)는 문장과 역사에 능해 특히 전문적으로 대외문서 작성을 담당한 인물이다.2)

중원의 안정에 여념이 없던 모용회는 청렴한 중국인들을 정계로 불러내어 이들과 흉금을 터놓고 친교까지 맺을 정도였다. 회계(會稽)의 주좌차(朱左車), 태산(太山)의 호무익(胡毋翼), 노국(魯國)의 공찬(孔纂) 등이

---

1) 『진서』 권108, 모용회전.
2) 『진서』 권108, 모용회전.

이들이며 모용회는 한족 통치와 뗄 수 없는 유학(儒學)에 해박하고 정통하다는 평이 나 있는 유찬(劉讚)을 동상(東庠)의 좨주(祭酒)3)에 기용했다.

세자 황(皝)은 그의 제자가 되기 위해 예물까지 바치면서 그 밑에서 학업을 닦았다. 모용회는 여가가 생기면 몸소 유찬을 찾아가 청강하는 등 선비족 치고는 남다른 면모를 갖고 있다 보니 그를 칭송하는 말이 자자했으며 이로써 예의가 점차 선비족 사이에 자리를 잡게 되었다.4)

이렇듯 모용회가 북중국의 망명자들을 될 수 있는 한 안정시키고 있었던 때를 같이하여 중국인으로서 같은 임무를 이루려고 시도한 인물이 있었다. 그는 서진 말기 평주자사(平州刺史)로서 동이교위(東夷校尉)란 벼슬을 겸한 최비(崔毖)였다. 평주는 고구려와 경계를 이룬 서진의 동쪽에 자리잡고 있었다.

북중국이 모용씨 등 선비족의 통치하에 놓여 있었으나 평주는 한족의 통치하에 있다 보니 최비 자신은 선비족의 지배하에 있는 한족의 정신적 지주로 자부하고 있었다. 그리하여 최비는 한족의 망명자를 받아들여 이들을 안정시키는 데 힘을 다하였다. 그러나 그의 품안으로 찾아드는 망명자는 거의 없는 실정이었다.

최비는 그 까닭을 나름대로 분석한 끝에 모용회가 중간에서 이들을 방해하고 있기 때문이라고 단정지었다. 최비는 모용회와 대결하기로 결심하고 비밀리에 고구려를 비롯하여 같은 선비족의 우문(宇文)·단국(段國)과 동맹을 맺었다. 그의 계획은 모용회를 멸망시키고 그 땅을 세 동맹국에게 분할하겠다는 것이었다.

319년(고구려 미천왕 20) 세 나라는 정벌군을 일으켜 요서의 극성(棘城)을 침공했다. 그러나 모용회는 싸우지 않고 사신을 우문씨에 파견하여

---

3) 서진의 무제가 276년(함녕 2) 귀족자제를 교육하기 위해 국자학이란 교육기관을 설치했는데 후연의 경우 동상이 이에 해당된다. 좨주가 국자학의 장관이므로 동상의 장관도 좨주였다.
4) 『진서』 권108, 모용회전.

우문씨를 동맹관계에서 이탈시키려 했다. 심리전을 통해 세 나라의 동맹관계를 와해시킨 모용회는 결국 우문씨를 제압했다. 최비는 모용회를 누를 수 없다고 판단하고 사람을 보내 싸움에서 이긴 것을 거짓으로 축하했다. 때맞추어 세 나라의 사신도 모용회에게 와서 평화를 구하고 지난날의 동맹관계는 전적으로 최비 주도하에 이루어졌다고 해명하는 등 대세는 모용회에게 유리하게 돌아가고 있었다.5)

모용회가 최비의 조카를 통해 그의 항복을 촉구하는 등 고압적 태도로 나오자 최비는 홀로 고구려에 망명했다. 그런데 모용회에게 항복하거나 망명한 한족 가운데 주목할 인물이 있다. 바로 모용회를 정벌하려는 최비의 계획을 반대한 고섬(高瞻)이다. 발해군 출신으로 360년 상서랑(尙書郎) 벼슬을 하다가 영가(永嘉)의 난 때 고향으로 내려온 그는 발해 고씨 동족 사이에 어느 정도 영향력을 갖고 있어 발해군과 여기서 살고 있는 고씨 동족의 장래 문제에 대해 누구보다 관심이 많은 원로들과 논의했다.

북중국에서 기름진 땅으로 인정을 받고 있는 발해군은 장차 일어날 전란으로 반드시 큰 손실을 보게 되리라는 논의에 따라 그는 고씨 동족 수천 가(家)를 유주 방면으로 이주시켰다. 이 곳마저 이들 고씨 동족이 편히 살 장소가 아니라고 판단한 그는 다시 최비를 믿고 그를 따라 요동으로 들어갔다.

그런데 최비가 고구려에 망명해 버리자 고섬은 최비의 남은 무리들과 함께 모용회에게 항복했다. 모용회는 한족 통치면에서 그를 이용하기 위해 장군으로 삼았으나 끝내 사양했다. 그는 문장을 통해 모용회에게 협력을 하고 있는 송해(宋該)와의 불화로 불안해하던 중에 사망했다.

고섬은 모용회에게 협력하지 않았으나 발해군 고씨 동족의 생활 정착 문제 때문에 최비의 모용회 정벌을 반대했던 것 같다. 그의 이 같은 동족애로 보아 평범한 인물이 아니었음을 알 수 있듯이 모용회는 고섬을 중국의 대족(大族)이라고 호평하기도 했다.6)

---

5) 『진서』 권108, 모용회전.

고섭의 인솔하에 요동까지 이주한 고씨 동족집단 가운데 안정된 고구려땅으로 들어간 사람도 있었다. 북위 선무제(宣武帝)의 고모인 고평공주(高平公主)와 혼인하여 상서공(尙書公)이 되어 붕당까지 조직하고 동시에 여동생을 효문제(孝文帝)의 황후로 들여보낸 고조(高肇)의 5세조인 고고(高顧)는 영가의 난 때 혼란을 피해 고구려에 망명했다.7) 북위 헌문제(獻文帝)의 부마가 된 고잠(高潛)의 할아버지 고무(高撫) 역시 형 고고와 함께 영가의 난 때 고구려에 망명했다.8)

두 형제의 고구려 망명은 고섭의 인솔하에 요동지방으로 생활 터전을 옮긴 고씨 동족 중에 고구려땅으로 들어간 사람들이 적지 않았음을 말해 주는 동시에 한족의 대족인 발해 고씨가 영가의 난으로 빚어진 혼란으로 어떤 씨족집단보다 크게 동요했음을 아울러 보여 주는 것이라 하겠다.

고구려에 망명한 고고는 고구려에서 다시 생활 터전을 일으켜 5세손인 고조까지 고구려에서 살았는데 특히 고조의 네 아들과 세 딸은 모두 고구려에서 태어났다.9) 고무의 직계는 3대까지 고구려땅에서 살았는데, 고무의 직계는 헌문제 초에 북위로, 고고의 직계는 효문제 초에 북위로 각기 돌아왔다.

두 형제의 직계가 고구려에서 보낸 생활 모습은 알 수 없으나 고구려에서 살다가 북위로 돌아온 이후의 행적은 밝혀져 있다. 특히 북위로 돌아온 후 고고의 5세손인 고조의 남녀 형제는 사회적으로 출세했다. 이는 고조의 여동생이 효문제의 황후로 들어섰기 때문이다. 이를 기회로 고조의 맏형인 곤(琨)의 아들 맹(猛)은 장락공주(長樂公主)와 혼인하고 둘째 형 언(偃)의 딸은 선무제의 황후가 되었던 것이다.10)

북위의 황실과 맺은 3중의 혼인관계를 통해 외척이 되다 보니 고조의

---

6) 『진서』 권108, 모용회전.
7) 『북사』 권86, 高肇.
8) 『북사』 권50, 高恭之 ; 『위서』 권77, 高崇.
9) 『위서』 권12, 열전1 효문제 文昭황후 고씨.
10) 『북사』 권86, 고조.

집안 사람들은 학문에 힘을 쓰지 않아도 좋게 되었다. 가계상 큰 집보다 먼저 고구려에서 북위로 돌아온 고잠(고무의 손자)은 헌문제의 부마가 되었으나 그 후손은 학문에 힘을 기울여 청렴한 관리라는 칭송을 들었다.[11] 이렇듯 북위로 돌아온 후 두 고씨 형제 집안 사람들의 행적은 판이했다.

이처럼 고고와 고무 형제의 고구려 망명은 영가의 난을 맞이하여 북중국의 한족이 생활의 안정을 되찾기 위해 살던 고향땅을 떠나 안정된 고구려땅으로 생활 터전을 옮긴 것에 지나지 않는다.

같은 시기 발해 고씨 중에는 한족의 안정에 힘쓰고 있는 모용연으로 이주한 사람들도 많았다. 북제(北齊) 고조의 6세조인 고은(高隱)은 그 대표적 인물이라 할 수 있다. 고섭의 숙부인 고은은 서진의 현도태수를 역임한 바 있는데, 발해군의 고씨 동족 수천 가를 조카인 고섭과 함께 유주로 이주시킨 인물이다.[12]

모용회에게 협력하지 않았던 고섭과는 달리 고은은 모용회에게 협력하여 아들 고경(高慶), 손자 고태(高泰), 증손자 고호(高湖)가 모용씨 밑에서 벼슬하는 길을 터 주었다.[13] 아들은 모용수(慕容垂) 때 벼슬이 사관(司官)에 올랐고 손자의 벼슬은 이부상서였다. 증손자는 높은 벼슬까지 올랐다가 모용보(慕容寶)가 통치중인 후연(後燕)의 운명이 다했음을 눈치채고 3천 호를 거느리고 395년(광개토왕 5) 북위로 돌아왔다.[14]

고호의 네 아들 중 셋째아들 고밀(高謐)은 북제 고조의 할아버지이다.[15] 고호의 형 고도(高韜)는 일찍 사망하여 아들 고윤(高允)은 할아버지 고태를 의지하면서 살다가 할아버지마저 사망하자 북위의 발해군으로 돌아왔다.[16] 한편 고호의 동생 고항(高恒) 또한 북위 태조 때 군민을 거

---

11) 『북사』 권50, 고공지.
12) 『북사』 권6, 齊本紀 고조 ; 『진서』 권108, 고섭.
13) 『북사』 권6, 齊本紀 고조.
14) 『위서』 권32, 高湖.
15) 『북사』 권6, 齊本紀 고조.
16) 『위서』 권32, 고호.

느리고 돌아왔다.

이렇듯 후연의 땅으로 들어간 고은의 직계 4~5세손이 후연에서 생활터전을 개척했는데도 다시 고향땅으로 돌아온 것은 후연을 일시 피난처로 여겼기 때문이었을 것이다. 만약 후연을 생활 터전으로만 여겼다면 5세손 때 다시 고향땅으로 돌아오지 않았을 것이다. 고구려에 망명한 고고 형제의 직계 후손이 고구려에서의 안정된 생활을 청산하고 북위로 귀순한 것도 같은 의미로 보아야 할 것이다.

요동의 신창(新昌) 사람이라 하는 고책(高策)과 고육(高育) 부자는 풍발(馮拔)이 세운 북연(北燕)에서 벼슬하다가 고육은 500여 가를 이끌고 태무제 때 북위에 귀순해 왔다.17) 발해 고씨라고 하는 고호(高翯)가 효문제의 태화(太和 : 477~499, 장수왕 65~문자왕 8)중에 요동지방에서 북위로 귀순한 것18)도 같은 의미로 보아야 할 것 같다. 특히 고호의 선조는 중국 북변의 지방관으로 있다가 요동지방으로 망명했다. 고호가 고구려의 영토에 속해 있었던 요동에서 북위로 들어온 것으로 보면 고구려에서 살다가 돌아온 것이 분명하다.

제2절 한족의 귀환과 북조정권 장악

장성 밖의 선비땅에서 살던 발해 고씨가 비교적 일찍 북중국으로 되돌아온 것에 비해 고구려땅에서 살았던 발해 고씨는 이보다 훨씬 늦게 되돌아왔다. 이들 중 『위서』와 『북사』 열전에 실린 인물은 북위의 헌문제 초에 돌아온 고잠, 효문제 초에 돌아온 고호 등이다.

---

17) 『북사』 권40, 高道悅.
18) 『북사』 권72, 高潁.

고구려의 요동개간이 본격화되지 않은 시기에 고구려에 망명해 온 중국 사람은 모두 고구려의 이주정책에 따라 동쪽의 책성(柵城 : 지금의 혼춘[渾春])으로 옮겨졌다. 그러다가 영가의 난으로 고구려에 망명해 온 중국 사람은 고구려의 요동개간이 본격화됨에 따라 그대로 요동에 정착하였다.『북사』권50, 고공지(高恭之)전에서 할아버지 고잠의 출신을 요동인이라고 한 것은 이를 두고 말한 것이다.

고잠의 할아버지 고무는 형 고고와 함께 영가의 난 때 고구려에 망명하여 요동에 정착한 듯하다. 헌문제는 북위로 돌아온 고잠에게 개양남(開陽男)이란 작위를 주고 부마로 삼았는데 이러한 특별 예우는 고구려에서 처음 돌아온 것을 의식해서였을 것이다. 즉 헌문제가 고잠을 요동에서 거주케 한 것도 그가 요동에서 태어나고 거주하여 요동의 실정을 많이 알고 있었기 때문인 듯하며 파격적으로 부마로 삼은 것도[19] 그가 이용 가치가 있는 인물로 판단되어 정략적으로 이루어진 듯하다.

고잠은 헌문제 때 북위의 고구려 정책에 따라 거의 요동에서 생활한 듯하지만 장성의 남쪽에서 한관(漢官)으로 복무한 아들 고숭(高崇)은 효명제 때 낙양령(洛陽令)으로서 정치를 밝게 하여 주민의 존경을 받기도 했다. 경제적으로 풍족한 고잠의 손자인 고공지(高恭之)는 경사(經史) 등 학문 연구 및 명사와의 교류에 힘을 기울여 발해 고씨로서의 본래 모습을 되찾는 데 노력했다.[20]

고잠 · 고숭 부자보다 한 걸음 앞서 선비족땅에서 귀환하여 태무제에서 효문제까지 6대에 걸쳐 북위의 정치 발전에 헌신적으로 기여한 고윤(高允)[21]이 이들의 귀감이 되었을 것이다. 고공지가 북위의 국가적 이익이라는 측면에 서서 건의나 바른 말을 하고 유능한 인물들을 어사로 추천한 것 등은 고윤의 관료적 면모와 비슷하며, 고공지의 형 고겸지(高謙之)도

---

19)『위서』권77, 高崇.
20)『북사』권50, 고공지.
21)『북사』권31, 高允.

이와 다를 바 없었다. 경사·천문·산력(算曆)·도위서(圖緯書) 등을 두루 섭렵한 고겸지가 여론에 따라 국자박사에 오른 것[22]은 이를 말해 주고 있다.

고잠의 귀환에 이어 효문제 때 고호가 요동에서 북위로 돌아왔다. 고호의 선조가 중국 북변에서 요서로 이주한 것으로 보면 오래 전에 이주한 것이 분명하며 그가 살았던 요동은 고구려의 통치하에 있었으므로 사실상 그는 고구려땅에서 복귀한 셈이다.[23]

그와 혈연관계가 있으면서 보다 일찍 복귀한 인물로는 효문제 초의 고양(高颺)을 들 수 있다. 고잠의 할아버지 고무는 이 고양의 증조할아버지인 고고의 친동생이다.[24] 고양이 복귀할 때 동생 고승신(高乘信), 고향사람 한내(韓內)·기부(冀富) 등이 동행한 것으로[25] 보면 많은 사람들을 이끌고 고구려에 망명한 고고는 이들과 함께 요동에서 거주했던 것이 분명하다.

헌문제가 고잠을 부마로 삼았듯이 효문제는 고잠과 같은 집안 사람인 고양의 딸을 황후로 맞아들여 고양의 북위 귀부를 비중있게 처리했다. 이러한 남다른 예우 또한 그가 고구려에서 막 돌아온 것을 의식했기 때문일 것이다. 고조의 동생 고현(高顯)을 '고구려대중정(高句麗大中正)'에 역임케 한 것 또한 마찬가지 이유에서였을 것이다. 여기에서 특히 고구려대중정이 허직(虛職)이 아니라면 북위는 9품중정제의 정신에 따라 고구려의 중국 인재까지 선발하여 관료로 기용했을 것이라는 조심스런 견해도 가져봄직하다.

어쨌든 문소황후가 된 고양의 딸은 선무제를 낳아 고씨 가문과 북위 황실의 관계를 두터이 하였다.[26]

---

22) 『북사』 권50, 고공지.
23) 『북사』 권50, 고공지.
24) 『위서』 권77, 高崇.
25) 『북사』 권86, 高肇.
26) 『북사』 권86, 高肇.

선무제는 외가 사람들에 극진하여 외삼촌인 고조 형제들에게 벼슬과 작위를 주고 외할아버지와 외할머니에게도 작위를 추증할 정도였다. 거기에 주살된 함양왕(咸陽王) 희(禧)의 재물·노비·땅·집 등이 모두 고씨의 소유가 되는 등 고조는 순조롭게 승진하여 상서우복야란 벼슬에 올랐고, 발해군을 포함하여 기주(冀州)의 대중정(大中正)이 되어 중앙과 지방의 연락관이라고 할 지위까지 차지했다. 뿐만 아니라 선무제의 고모인 상평공주(尙平公主)와 혼인함으로써 상서령 벼슬에 오르게 되었다.27)

이렇듯 고구려의 요동땅에서 살다 중국으로 돌아온 고조가 기존 관료들을 제치고 외척이 됨으로써 벼슬이 순탄하여 부러울 것이 없었다 하겠으나 나름대로 번민이 없지도 않았다. 그것은 고조의 출신이 고구려땅에서 태어나 살다가 돌아왔다는 '출자이토(出自夷土)'라 하여 기존의 관료들이 그를 진심으로 존경하지 않았던 것이다.

그러나 그는 좌절하지 않고 맡은 직분에 열심히 정성을 쏟았고, 이에 따라 유능한 인물이라는 평을 얻게 되니 선무제는 그에게 6보(六輔)의 전횡과 함양왕의 주살로 빚어진 정치적 공백을 메우는 일을 맡겼다.

이처럼 정치를 주도해야 할 입장에 서게 된 고조는 고구려에서 돌아온 탓으로 주변에 친족 등 많은 관료를 두지 못한 허점을 보완하고자 붕당을 조직하기에 이르렀다. 붕당을 중심으로 정치를 이끌어 갈 심산이었던 것이다. 이 붕당에는 많은 사람들이 가담해 와 그의 세력은 막강해졌다.28)

붕당에 적극 호응한 사람들 중에는 고조처럼 모용연과 북연에서 이역생활을 청산하고 돌아온 사람들이 적지 않았던 것 같다. 태무제 때 북연에서 돌아온 고윤의 조카 고작(高綽)을 비롯하여 모용연에서 돌아온 고총(高聰 : 고윤의 族孫),29) 역시 태무제 때 북연에서 돌아온 고제의 아들

---

27)『북사』권86, 高肇.
28)『북사』권86, 高肇.
29)『위서』권68, 高聰 ;『북사』권31, 고윤.

고쌍(高雙)30) 등이 모두 그런 인물이다.

경사에 해박하고 도량이 깊으며 호족의 눈치를 살피지 않고 정치를 강직하게 했다는 평을 받은 고작이 붕당 결성 12년 후에 가담한 것으로 보면 그 세력은 누구도 무시할 수 없을 정도로 막강했다고 할 수 있다. 그런데 붕당에 가담한 인물 대부분이 발해 고씨인 점으로 보면 붕당은 고씨 동족을 중심으로 조직되었다 할 수 있고 따라서 이 붕당은 고씨 동족적 성격을 지녔다 해도 좋을 듯하다.

한편 이 붕당은 정치적 폐단을 가져오기도 하였다. 고쌍이 고조에게 뇌물을 바쳐 유주자사가 된 것도 그 한 단면이다. 고쌍은 이전에도 북해왕(北海王) 상(詳)에게 보물 등을 많이 상납하여 양주자사(涼州刺史)가 된 적이 있는데 이 북해왕은 고조에게 살해되었다.

막강한 권력자로 올라선 고조는 자신이 주도하는 정치에 제왕(諸王)이 방해가 된다 하여 선무제의 양해하에 제왕을 감금, 정치에서 손을 떼게 했다.31) 고조의 힘이 이 정도로 강화될 수 있었던 것은 물론 자신의 여동생이 효문제의 문소황후가 되어 선무제와 광평왕(廣平王) 회(懷), 장락공주를 낳은 것과 깊이 관련되어 있다.32)

그러나 이러한 권력도 무한히 계속될 수 없었다. 515년(고구려 문자왕 24) 선무제의 사망과 함께 정치를 맡게 된 고양왕(高陽王)은 그 동안 억압당해 온 제왕들과 힘을 합쳐 고조를 살해하고 그의 죄악상을 세상에 폭로했다. 고조를 제거한 제왕들은 고조의 붕당에 대해서는 특별한 보복 조치는 취하지 않고 그들의 관작만을 빼앗는 데 그쳤다.33)

피살된 고조는 효명제의 즉위와 함께 영태후(靈太后) 호씨(胡氏)가 직접 정치를 담당하면서 일부 복권되었고 말제(末帝)인 효무제에 의해 완전 복권되었다.

---

30) 『북사』 권40, 高道悅.
31) 『북사』 권40, 高道悅.
32) 『위서』 권13, 효문제 문소황후 고씨.
33) 『북사』 권86, 고조.

고조 외에도 북위 정권에서 두드러지게 활약한 인물로는 북위 태무제 때 북연에서 돌아온 고윤의 집안 사람과 효문제 때 고구려 요동에서 돌아온 고윤의 집안 사람을 들 수 있다.

고윤은 북위의 다섯 황제를 거치며 50여 년 동안 국가발전에 기여함으로써 그의 집안은 북위에서 갈라진 동위 시대에 산동지방 호족으로 뿌리를 내려 부곡 천여 명과 말 800필에다 무기를 갖추고 경내의 도적들을 평정할 정도로 강력한 경제력을 갖춘 존재가 되었다.

동위의 선비족은 노골적으로 한관(漢官)을 경시했으나 고윤의 집안 사람에게게만은 함부로 대하지 않았다. 선비화된 북제(北齊)의 고조인 고환(高歡)이 삼군에 명령할 때는 항상 선비말로 하면서도 고앙(高昻)[34]이 군열에 있을 때는 중국말로 할 정도로 고윤 집안 사람에 대해서는 경의를 표할 정도였다.[35]

고윤의 집안 사람인 고건(高乾)[36]은 고환에게 동위의 선양(禪讓)을 받으라고 권할 정도였고 고덕정(高德正)[37]은 북제의 문선제(文宣帝) 때 선비화 정책을 반대할 정도로 중국적 면모를 견지하면서도 황제와 두터운 친분관계를 계속 유지하였다.

그런데 산동의 호족으로서 동위와 북제에서 벼슬을 한 고윤의 집안 사람이었던 고신(高愼)이 동위에서 서위로 넘어가 항복을 한 것[38]은 아버지 고건이 고환에게 선양을 받으라고 권했다가 동위의 효정제(孝靜帝)에 의해 죽음을 당한 사건과 깊은 관련이 있는 듯하다.

고호(高翯)가 고구려에서 북위에 돌아옴으로써 손자 고빈(高賓)이 동위에서 간의대부(諫議大夫)까지 올랐다가 서위로 망명한 것도 모함을 피하기 위함이었다.[39] 이후 고빈은 북주(北周)와 수나라에서 계속 벼슬하

---

34) 고윤의 아버지 사촌동생인 고우(高祐)의 사촌동생인 고익(高翼)의 아들.
35) 『북사』 권31, 고윤.
36) 고윤의 아버지 사촌동생인 고우의 아들.
37) 고우의 증손자.
38) 『북사』 권31, 고윤.

여 그 자손들이 수나라 시대에 벼슬하는 길을 터 주었다.[40] 또 다른 아들 고경(高熲)은 수나라 문제와 양제 2대에 걸쳐 20년 동안 벼슬을 하면서 일대의 명신이 된 소위(蘇威)·양소(楊素)·하약필(賀若弼)·한금(韓擒) 등 유능한 인재들을 추천했다. 고경은 아버지 고호가 고구려에 살아 그 실정을 알았던 관계로 문제가 구상하던 고구려의 요동침공을 반대한 바 있다.[41]

이로 본다면 고경은 양제의 돌궐정책까지 달갑게 받아들일 까닭이 없었다고 하겠다. 그는 동돌궐의 계민 칸(啓民可汗)을 지나치게 후대하는 양제의 태도와 해이해진 조정의 기강을 들어 개탄했다. 이것이 화근이 되어 그는 조정을 비난했다는 죄목으로 처형당하고 여러 아들들은 변방으로 쫓겨났다.[42]

이상을 통해 보건대 선비와 고구려땅에서의 객지생활을 청산하고 중국으로 돌아온 발해 고씨 중 북위시대 이후 중국에서 벼슬을 한 사람은 고윤과 고호의 집안 사람 정도였다. 그리고 수나라에서 벼슬한 발해 고씨는 고경의 피살로 종지부를 찍게 된 듯하다. 양제가 고구려 침공에서 더 많은 것을 잃어버리는 결과를 낳은 것은 바로 침공을 앞두고 고구려 실정에 밝았던 발해 고씨를 숙청한 것도 하나의 요인이 되지 않았나 싶다.

제3절 북조에서 활약한 고구려인

---

39)『북사』권72, 高熲.
40)『주서』권37, 高賓.
41)『수서』권41, 高賓.
42)『수서』권41, 高賓.

서진 말기 한족이 장성 밖의 선비족땅으로 생활터전을 옮긴 것은 선비족의 땅이 혼란을 극복한 지 오래 되었기 때문이다. 선비족 모용씨가 처음 중국과 관련을 맺기 시작한 것은 위나라 초기이며 이때 창려(昌黎) 출신인 모용회의 증조할아버지 막호발(莫護跋)은 선비 부락민을 거느리고 요서로 이주하여 이 곳에 근거지를 잡게 되었다.

모용회의 할아버지인 목연(木延)이 위나라 장군 관구검의 고구려 침공에 가담하여 세운 공으로 아버지 섭(涉)은 선비선우(鮮卑單于)에 임명되었다. 아버지가 사망하자 뒤를 이어 선비부락을 다스리게 된 모용회는 이때부터 중국뿐 아니라 고구려에도 위협을 가하기 시작했다.

모용회는 아직 나라도 세우지 않은 319년(미천왕 20)에 고구려를 침공하여 천여 가(家)를 붙잡아 갔고, 이어 연왕(燕王)이라고 자칭한 아들 모용황은 342년(고국원왕 12) 미천왕의 시체를 포함하여 5만여 명의 고구려 사람들을 붙잡아 갔다.

모용회와 모용황 부자에 의해 붙들려 간 고구려 사람들의 행적은 알수 없으나 지도적 인물은 선비땅에서 벼슬의 기회를 얻었다. 그 대표적 인물로서 고흠(高欽)을 들 수 있다. 그의 아들 고종(高宗)도 모용연에서 벼슬하다가 북위로 전향하여 그 후손들이 북위에서 벼슬하는 길을 터 주었다. 특히 고종은 많은 고구려 사람들을 거느리고 전향하여 '제일영민추장(第一領民酋長)'이란 존칭에다 우진씨(羽眞氏)라는 선비족 성씨까지 부여받았다.43)

고종을 따라 북위로 들어온 사람은 모용회 부자에게 붙들려 간 고구려 사람으로 여겨진다. 이들 고구려 사람들은 고흠과 고종을 정신적 지도자로 여기고 있었던 관계로 고종을 따라 북위까지 들어왔다고 보아야 할 것이다. 북위는 고종을 고구려 사람들의 정신적 지도자로 인정하여 선비족의 습관대로 그를 추장이라고 불렀을 것이다. 그런데 '제일영민추장'이라는 존칭은 동위 시대 선비족 출신의 걸벌찬(乞伐纂)에게도 부여되었다

---

43) 『주서』 권29, 高琳.

는 기사가 보인다.44) 그렇다 해서 고종을 선비화된 고구려 사람의 추장이 라고 보아서는 안 될 것이다.

북위에서 고종이 사회적 지위를 보장받고 있는 것을 배경으로 손자 고명(高明)과 증손자 고천(高遷)도 역시 북위에서 출세했다. 북위 제12대 효무제의 서천시에 동행한 고림(高琳 : 고천의 아들)은 추격하는 북제 신무제(神武帝＝高祖)의 습격을 막아낸 공으로 처음 300호에 봉해졌다.

535년(서위 문제 대통 원년, 고구려 안원왕 5) 자작에서 후작이 된 고림은 400호를 더 받았고, 537년 북주의 태조(太祖＝文帝)를 따라 북제의 신무제를 격파하여 공작이 됨으로써 800호를 다시 받았다. 538년 다시 공울 세워 300호를 더 받은 고림은 북제의 전향 권유를 거부함으로써 시중(侍中)이 되었다.45)

북주의 효민제(孝閔帝)·명제(明帝)·무제(武帝) 3대에 걸친 토곡혼(吐谷渾)·저(氐)·진(陳)나라와의 싸움에서 공을 세우고 572년 76세로 사망한 고림은 양(襄)이란 시호를 받았고 그의 아들 고유(高儒)는 건위군공(犍爲郡公)이란 아버지의 작위를 계승했다.46)

고림은 497년(효문제 21, 고구려 문자왕 6)에 출생하여 북위에서 38년, 서위에서 22년, 북주에서 16년간 객지생활을 하며 북위의 효문제(471～499)·선무제(499～515)·효명제(515～528), 서위의 문제(文帝: 535～551)·폐제(廢帝 : 551～554)·공제(恭帝 : 554～556), 북주의 효민제(557)·명제(明帝 : 557～560)·무제(560～578) 등 북조 세 나라의 아홉 황제 밑에서 벼슬했다.

남조인 진나라를 압박하였던 고림은 10주(州)의 모든 군사권을 쥐고 있었으면서도 자신의 정권을 세우지 않았다. 이에 반해 고구려 사람으로서 정권을 세운 인물도 있었다. 모용희의 집권 때 쿠데타로 쓰러진 모용

---

44) 『수서』 권55, 乞伏慧.
45) 『주서』 권29, 高琳.
46) 『주서』 권29, 高琳.

연(慕容燕＝後燕)의 뒤를 이어 대연(大燕)을 세운 고운(高雲)이 그 사람
이다.

고운이 후연에서 객지생활을 하게 된 것은 고구려의 지왕족(支王族)인
할아버지 고화(高和)가 후연으로 들어가 살기 시작하면서부터였다. 고화
뿐 아니라 아버지 고발(高拔)도 그 행적은 알려져 있지 않으나, 모용회
때의 고흠과 고종 부자처럼 고구려 사람들의 정신적 지주 노릇을 한 것
으로 보인다. 이 고발의 세 아들 중 셋째였던 고운은 탁월한 무예솜씨를
발휘하여 태자인 모용보의 동궁을 받든 인연으로 모용보의 아들이 되어
모용씨성을 사성하고 석양공(夕陽公)에 봉해진 것47)으로 보건대, 고화
부자는 후연으로 들어온 많은 고구려 사람들의 지도급 인물이었음을 알
수 있다.

고화 집안 사람들이 객지생활을 하면서도 고씨를 성씨로 따른 것은 자
신들이 고구려 고양씨(高陽氏)의 후손임을 잊지 않았기 때문이었다. 고운
이 대연을 세운 그 해 광개토왕은 사신을 대연으로 보내 고씨 종족으로
서의 온정을 일부러 베풀어 주었다.48)

후연에서 객지생활을 하고 있던 고구려 사람의 정신적 지주에 그쳤던
그의 할아버지와 아버지에 비해 고운은 모용씨의 일원이 됨으로써 그 기
반을 튼튼히 했다고 할 수 있다. 이처럼 고운은 모용보와 밀접한 가족관
계까지 맺고 있다 보니 북연을 세운 풍발은 고운을 벗으로 받아들였다.

평소 깊은 도량에 중후하고 과묵한 성격을 지녔던 고운이 원래 고구려
고씨라는 명족 출신의 덕망 있는 인물임을 평소부터 잘 알고 있던 풍발
은 고운에게 음모까지 털어놓고 그의 적극적 협력을 간청하게 되었다.49)
모용희(慕容熙)의 감시를 피해 한때 여러 동생들과 함께 몸을 피한 적도
있던 위중군장군(衛中軍將軍) 풍발과 풍소불(馮素弗) 형제는 모용희 즉

---

47) 『진서』 권124, 慕容雲.
48) 『삼국사기』 권18, 고구려본기6.
49) 『삼국사기』 권18, 고구려본기6.

위 후 바로 모의를 구상하는 단계에서부터 고운의 협력을 구하였던 것이다.

모용보와 풍발의 고운에 대한 이러한 접근 내지 회유는 후연 내의 고구려인 통치문제 또는 고구려와의 관계 개선면에서 이용가치가 있는 인물이라고 판단했기 때문일 것이다.

풍발의 제의에 고운은 오랜 신병을 핑계대어 거절했으나 그의 협력을 절실히 필요로 했던 풍발은 쿠데타의 불가피성을 두 가지로 역설했다. 첫째 고씨라는 명가 출신의 인물이 남의 양자로 남아 있는 것은 수치이고, 둘째 과중한 부담으로 역경에 처해 있는 후연 사람 중에 9/10는 후연의 멸망만을 기다리고 있다는 것이 그것이다. 전자는 고운의 주관적 판단에 맡길 문제이지만 후자는 객관적으로 당시의 실정을 그대로 옮긴 것이었다.50)

고운은 거절의 핑계로 신병만이 아니라 세상을 구해 낼 능력이 없음을 들기도 했으나 결국 대세의 분위기와 풍발의 강요에 밀려 거사에 가담하기로 약속하였다. 이에 풍발은 22명의 동조세력을 내세워 용성(龍城)에서 모용희를 살해하고 고운을 새 황제로 옹립했다. 본의 아니게 황제가 된 고운은 풍발을 시중에 임명하고 무읍공(武邑公)에 봉했으나 실권은 풍발 형제가 쥐고 있었다.51)

황제의 자리에 앉자마자 본래의 고씨 성을 되찾은 고운은 국호를 대연(大燕)으로, 연호를 정시(正始)로 하고 모용희 때의 옛 관료는 작위를 그대로 갖도록 허용했다. 겉으로 보기에 고운은 황제로서의 모습을 갖춘 듯했으나 풍발의 위협을 감지하고 있었으므로 자신을 지키고자 총애하던 장사를 복심세력으로 삼는 등의 노력을 기울였다. 그러나 그는 결국 황제권의 수호를 위해 우대하고 믿었던 신변 호위 담당자에게 쓰러졌다.52)

---

50) 『진서』권125, 풍발.
51) 『북사』권93, 北燕 馮氏.
52) 『진서』권124, 모용운.

그 뒤에는 정치적 야심으로 가득찬 풍발이 있었다. 실제로 북연을 세운 풍발은 민심 수습이라는 고도의 정치적 차원에서 고운과 그 처자의 장례를 일부러 후하게 지내 주었으며 과시용으로 고운의 사당을 세우고 20가(家)로 하여금 제사를 지내도록 배려했다.53)

이처럼 고구려 출신으로서 모용연(慕容燕)·북위·북주·서위 등 네 나라에서 크게 출세한 고림의 집안 사람 또는 후연의 왕실과 밀접한 관계를 맺은 고운 등이 고구려 사람이 중심체가 된 나라를 스스로 세우지 못한 것은 어떻게 이해해야 할 것인가. 대연[북연]의 황제가 된 고운이 처음에 풍발의 쿠데타 제의를 거절한 것이나 황제에 오른 후에도 끝내 그 자리를 지키지 못한 것은 이 문제를 이해하는 데 어느 정도 도움이 되는 듯하다.

고림의 경우, 북위를 거쳐 서위와 북주에서 군사적 실권을 쥐고 있었고 자신을 추종하는 고구려 사람들을 많이 거느리고 있었다고는 하나 지리상 고구려와의 사이에 북제가 가로놓여 있었기 때문에 자신의 정권을 세운다는 것은 거의 불가능한 일이었다고 할 수 있다.

그런 면에서 볼 때 고운은 일정하게 유리한 입장에 있었다. 모용희의 집권시에 후연의 대세가 기울어져 있었을 뿐 아니라 고구려와도 경계를 이루고 있어 고구려의 영향력이 완전히 막혀 있지도 않았기 때문이다. 더군다나 후연에는 북주보다 고구려 사람들이 훨씬 많았기 때문에 고운은 고림보다 더 많은 추종세력을 거느리고 있었을 것이다.

그럼에도 불구하고 후연 왕실의 일원으로 남아 있으려 한 것이나 자신의 황제 자리를 끝내 지키지 못한 것 등은 후연 내의 고구려 사람들이 선비족보다 불리한 입장에 있었기 때문이 아닌가 여겨진다.

잠시나마 대연이 존립할 수 있었던 것도 선비족으로부터 지지를 받았기 때문이라 할 수 있다. 광개토왕이 고운의 즉위시에 사신을 보낸 것은 대연과의 화해관계를 넘어 동족관념을 가졌던 데서 이루어진 것이 분명

---

53) 『진서』 권125, 풍발.

하다. 실제로 고구려는 그 전부터 존재하던 국가였으므로 대연 쪽에서 사신을 보내는 것이 여러 모로 사리에 맞을 터인데 고구려가 고운에게 먼저 사신을 보낸 것은 고구려의 장기발전의 면에서 긍정적이라고 보았기 때문이다. 즉 대연을 고구려의 영향권 안으로 끌어들이려는 국가발전 계획의 발로라 하겠다. 그러나 고운이 명분상의 황제에 지나지 않았기 때문에 고운이나 광개토왕의 의도는 이루어지기 어려웠다.

고운이 쓰러짐으로써 많은 고구려 사람들은 정신적 지주를 잃고 이제 풍발의 지배하에 놓일 수밖에 없게 되었다.54) 이후 대연[북연]의 정권을 계승한 풍발의 동생 풍홍(馮弘)은 북위의 잦은 침공으로 더 이상 나라를 지탱하기 어렵게 되자 고구려에 의존하여 후일을 도모할 생각으로 정식으로 망명을 요구해 왔다. 435년(장수왕 23) 이 망명자 대열이 80리에 달했는데 이 행렬에 남아 있던 고구려 사람들도 끼어 있었을 것은 긴 설명이 필요치 않다.55)

제4절 고구려의 한족 이용

고구려가 중국의 전한으로부터 당나라에 이르는 7세기 동안 전 국력을 기울여 전쟁을 치른 배경은 관점에 따라 여러 각도로 살필 수 있을 것이다. 외형상 그 다툼은 정치성을 띤 것으로 보기 쉽다. 그러나 실제로는 고구려와 중국이 모두 농경문화권에 속해 있었던 만큼 각기 요동지방의 땅

---

54)『삼국사기』권18, 고구려본기 광개토왕 15년 12월조를 보면, 고구려의 목저성(木底城)을 침공하는 후연군의 대열이 3천여 리나 뻗은 것으로 미루어 선비군이 주력을 이룬 듯하며 고구려 사람은 소수민족으로 풍발의 지배하에 있었던 것이 분명하다.

55) 서병국, 1988,「북조시대 발해 고씨의 거취」『東國史學』22집.

을 자신의 농업생산지로 만드려는 데서 대립이 빚어졌다는 경제·생산적 측면에서 살피는 것이 더 합리적일 듯하다.

전한 시대 한사군의 설치 이래 후한 시대에도 요동은 중국의 지배하에 놓인 적이 있었다. 이때 나타난 고구려의 장성(長城) 이남 진출은 땅 자체를 차지하기 위해서라기보다는 약탈, 납치를 목적으로 한 것이었고, 당시 그 과정에서 많은 중국 사람들이 붙잡혀 왔다. 이들은 고구려의 국가시책에 따라 효율적으로 이용되었을 것인데 이하에서는 어떤 방면에 이용되었는지 살피고자 한다.

북조 시대에도 중국 사회의 혼란은 수습되지 않아 중국 사람들은 집단을 이루어 고구려에 몰려들었다. 고구려는 마다하지 않고 이들을 받아들였는데, 이는 고구려의 국가발전과 관련된 분야에 유용하게 쓰기 위해서였을 것이다. 특히 가장 유력시되는 분야는 고구려의 식량해결에 절대적으로 도움이 되는 요동개간이다.

북조는 내부의 계속된 혼란에다 고구려의 강성으로 인해 요동지방 진출을 거의 포기하다시피 하였으므로 요동지방은 계속 고구려의 지배하에 놓여 있었다. 그러다가 북조에 이어 남조를 통일하여 오랜 분열을 종식시킨 수나라는 잠시 숨을 돌리고 나서 적극적으로 요동지방 진출에 나섰다.

이렇게 해서 고구려와 수나라 사이에는 치열한 혈전이 전개되었고 그 이후 많은 중국 사람들이 거처를 고구려로 옮겼다. 이유야 어떻든간에 중국의 통일로 모처럼 안정을 되찾은 수나라 지배하의 중국 사람들이 다수 고구려땅으로 찾아들었다는 것은 그 평화와 안정이 일시적인 데 지나지 않았음을 행동으로 보여 준 것이다. 즉 중국땅에서 마음을 붙이고 살아갈 수 없기는 북조나 수나라 시대나 마찬가지였던 것이다.

수나라를 계승한 당나라는 단시일 내에 산적한 국내문제의 원만한 해결을 보지 못해 잠시 요동진출을 덮어두고, 대신 고구려땅에 남아 있는 옛 수나라 사람들의 본토 송환문제에 역점을 두었다. 당나라와 평화공존 관계를 깨뜨릴 생각이 없었던 고구려는 협조적 태도로 나왔고 이에 당나라는 얼마간 옛 수나라 사람들을 고구려에서 데려갈 수 있었다.

그 후 당나라는 간첩 임무를 부여받고 합법적으로 고구려에 들어가 정탐임무를 완수하고 돌아온 사신 진대덕(陳大德)의 보고를 통해, 고구려 여러 지역에 옛 수나라 사람들이 여전히 잔류하고 있다는 사실을 확인하고 고구려에 도사를 파견했다. 이는 고구려 내의 중국인 위무와 많은 관련이 있는 것으로 보이는데, 간접적으로 고구려가 자국 내에 거류하고 있는 중국 사람들을 전부 당나라에 보내지 않았음을 보여 준다. 고구려의 이러한 태도는 농업생산력 증가라는 정책적 차원에서 비롯되었다고 보아야 할 것이다.

1. 후한시대 한족의 고구려 이주

고구려 건국 당시 그 주변에는 이미 여러 작은 나라들이 자리잡고 있었다. 동명왕 2년에 망한 비류국의 송양왕(고구려말로는 소나임금)의 경우, 그 전년에 동명왕에게 비류국이 여러 대에 걸친 나라라고 밝힌 것[56]은 그 증거라 하겠다.

기원전 32년(동명왕 6) 고구려가 태백산 동남쪽에 자리잡고 있는 행인국을 정벌하여 얻은 땅을 성읍으로 편입시킨 것은 건국 직후 고구려가 주변의 이들 기존 국가와 충돌하면서 영토를 넓혀 나갔음을 뜻한다고 할 것이다. 유리왕이 송양왕의 딸을 왕비로 맞아들인 것[57]은 망한 비류국[송양국]을 회유하려는 정책적 차원에서 나온 것이다.

소수맥의 경우, 서기 8년 유리왕이 황룡국에 대해 저자세를 취했고[58] 이듬 해 위압적인 부여왕 대소(帶素)에게 저자세를 취했다는 기사와 함께 소수맥이 고구려의 지배하에 들어오기를 거부하였다[59]는 기사가 나오

---

56) 『삼국사기』 권13, 고구려본기 시조 동명성왕 원년조.
57) 『삼국사기』 권13, 유리왕 2년 7월조.
58) 『삼국사기』 권13, 유리왕 27년 정월조.

는 것으로 보아 이 때까지도 소수맥을 편입하기는 어려웠던 것으로 보인다.

그러다가 서기 14년 마침내 고구려는 소수맥의 나라를 멸망시키고 소수맥의 저항적 태도를 제압하는 데 성공을 거두었다. 그러나 중국의 왕망에 대해서조차 비협조적이었던 소수맥이 그리 쉽사리 고구려에 순종한 것으로 보이지는 않는다.

서기 47년(고구려 민중왕 4) 소수맥을 뜻하는 구려의 잠우락의 대가 대승(戴升) 등 1만여 호가 낙랑에 예속하기를 자청한 것이나[60] 서기 52년(모본왕 5) 구려가 후한의 장성 남쪽에 있는 우북평(右北平)·어양(漁陽)·상곡(上谷)·태원(太原) 등 4군을 침공한 것은 모두 소수맥의 이러한 반항적 행동을 말하는 것이다.

전자의 경우는 소수맥이 고구려의 지배를 받게 된 데 따른 불만을 표출한 것이며, 후자는 후한이 소수맥의 나라를 멸망시킨 고구려와 국교를 정상화한 데 대한 불만에서 나온 듯하다.

그런데 소수맥이 장성 남쪽의 땅을 침공해 들어간 침공로는 고구려 사신이 후한으로 들어가는 교통로로 활용되지 않았나 싶다. 그리고 후한의 침공을 대비하여 요서지방에 10개의 성을 쌓은 것[61]도 소수맥인을 통해 후한의 침공 가능성을 알아챘기 때문인 듯하다. 축성도 거의 소수맥인을 동원함으로써 이루어졌다고 할 것이다.

고구려는 그 동안 반항적 태도로 나왔던 소수맥을 통해 후한의 침략 가능성을 알게 됨에 따라 소수맥에 대해서도 부드러워지지 않았나 싶으며, 소수맥 또한 반항적 태도를 많이 누그러뜨린 것으로 보인다.

105년(태조왕 53) 고구려가 요동군의 11개 현 중 6개 현을 차지한 것 역시 소수맥의 협조가 있었기 때문에 이루어진 것 같다. 고구려에게 빼앗

---

59) 『삼국사기』 권13, 유리왕 28년 8월조.
60) 『삼국사기』 권14, 민중왕 4년 10월조.
61) 『삼국사기』 권15, 태조대왕 3년 2월조.

긴 6개 현을 찾기 위해 후한의 요동태수가 반격을 가했는데 맥인이 큰 손실을 입었다는 기사가 보이기 때문이다.[62] 이는 고구려가 6개 현을 점령하기 위해 벌인 싸움에 소수맥인이 가담했다는 것을 보여 준다.

태조왕 말년에 접어들면서 고구려의 요동침공은 더욱 본격화되고 여기에서의 소수맥의 활동은 특히 두드러졌다. 118년(태조왕 66) 고구려가 현도군을 습격하고 나서 화려성(華麗城)을 차지하는 싸움에 소수맥이 동원되었으며[63] 다음 해에는 현도태수와 요동태수가 반격전으로 나왔다. 이 때 후한군은 소수맥의 추장을 잡아 죽임과 동시에 이들의 재물을 빼앗아 갔다.[64] 이는 고구려의 요동군, 현도군 침공 때마다 소수맥이 고구려 전위대로 가담했다는 증거이다.

『삼국사기』에도 소수맥인이 고구려와 더불어 요동군, 현도군 침공에 나선 것은 태조왕 연간이라고 분명히 밝혀져 있다. 그렇다면 태조왕 이전에 있었던 소수맥의 행동은 어디까지나 고구려와 관계 없이 독단적으로 이루어졌음을 알 수 있다.

어쨌든 소수맥인이 요동군, 현도군 침공 때마다 큰 역할을 한 것으로 보아 소수맥이 살던 지역이 고구려가 요동군을 침공하는 전략적 거점이었던 것으로 여겨진다. 그렇다면 이 지역은 고구려의 국방정책상 중요한 지역이 될 수밖에 없다. 166년(신대왕 2) 국상으로 임명받아 패자라는 벼슬을 가지고 있는데다 고구려 군사권을 한 손에 쥐게 된 명림답부에게 소수맥의 통치권을 맡겼다는 기사[65]는 그 구체적 실례일 것이다.

소수맥인의 거주 지역을 발판으로 요동 진출을 시도한 고구려는 차대왕 때(146~164)는 진출을 하지 않는 대신 침공을 통해 붙잡아 온 중국인 포로를 후한으로 보내 주고 그 대가로 비단을 받아냈다.[66] 그렇다면 이

---

62) 『삼국사기』 권15, 태조대왕 53년 9월조.
63) 『삼국사기』 권15, 태조대왕 66년 6월조.
64) 『삼국사기』 권15, 태조대왕 69년 봄조.
65) 『삼국사기』 권16, 신대왕 2년 정월조.
66) 『후한서』 권85, 동이열전75 고구려.

때 고구려가 요동 지방을 침공한 것은 땅을 차지하기 위해서라기보다는 중국 사람들을 붙잡아 오는 데 있었던 것이 분명하다.

이후에도 고구려는 소수맥인의 거주 지역을 거점으로 삼아 요동을 침공했을 가망성이 많다.『후한서』의 구려전에는 고구려와 후한 사이에 충돌이 없었던 것으로 되어 있으나『삼국사기』신대왕조에는 172년(신대왕 8)에 큰 군사적 충돌이 있었던 것으로 전해지고 있다. 이 기록에 따르면, 싸움을 먼저 걸어온 측은 후한이며 명림답부는 좌원(坐原 : 지금의 봉천)까지 추격하여 큰 승리를 거두었고, 신대왕은 그에게 좌원과 질산(質山)을 식읍으로 주었다[67]고 한다.

여태껏 고구려의 요동 진출 때 소수맥인이 가담해 왔다는 것을 염두에 두면 이 싸움에도 가담하지 않았다고 보기 어렵다.

그런데『후한서』의 구려전의 신대왕대의 기사 중 눈에 띄는 기사가 있다. 즉 "차대왕의 아들 백고(伯固), 즉 신대왕이 왕에 오른 후 예맥이 고구려에 복종했다"는 것이다. 소수맥이 구려의 별종이라고 밝힌『후한서』의 구려전은 소수맥을 맥인 또는 예맥이라고 표현하였다.

『후한서』의 예전을 보면, 예맥은 강원도 지방에 자리잡고 있었던 것으로 되어 있다. 그러면『후한서』의 구려전에 나오는 예맥도 강원도 방면의 예맥을 말하는 것일까. 문자만으로 보면 그렇게 볼 수밖에 없으나『후한서』의 구려전에 실린 맥인·예맥 및『삼국사기』고구려본기에 실린 예맥·양맥의 위치와 그 활동상으로 본다면, 소수맥의 별칭이라고 보지 않을 수 없다.

소수맥인의 거주 지역이 고구려의 요동 진출에 군사적 거점이 되었음을 위에서 보았는데, 소수맥의 또다른 이름인 양맥 부락도 위나라의 고구려 침공시 역시 고구려의 강력한 군사 거점이었다. 246년(동천왕 20) 1만명을 이끌고 침공한 유주자사 관구검을 동천왕이 2만의 병력으로 격파시킨 곳이 바로 이 양맥 계곡이었다.[68] 격전지가 양맥의 계곡이었음은 역시

---

67)『삼국사기』권16, 신대왕 8년 11월조.

고구려의 주력군이 양맥[소수맥]으로 구성되었음을 말한다.

그 후 259년(중천왕 12) 다시 고구려를 침공한 위나라 장군 울지해(蔚遲楷)가 이끈 침공군을 중천왕이 격파하여 8천여 명을 죽인 격전지 역시 양맥 계곡이었다.[69] 이처럼 양맥인의 부락이 흩어져 있는 양맥 계곡은 고구려로 침공해 들어오는 중국의 동진을 방어하는 최후의 군사거점이었고, 따라서 고구려는 그 후에도 양맥 부락을 가볍게 보지 않았다. 280년 (서천왕 11) 왕이 숙신 부락을 격파하여 안국공(安國公)으로서 군사권을 쥐고 있는 달가(達賈)에게 양맥 통치권을 일임한 것[70]은 그 예일 것이다.

이처럼 2세기 초 고구려의 본격적인 요동 진출은 명확히 소수맥이 고구려에 대한 저항적인 태도를 바꾸고 협력자로서 활약한 것과 깊이 관련되어 있었다. 그런데 그 이전인 1세기 중엽, 즉 52년에 고구려가 장성 남쪽에 동서로 뻗어 있는 우북평·어양·상곡·태원 등 4군을 침공했다는 사건은 검토를 요하는 문제이다.

이와 관련하여 『삼국사기』 고구려본기는 4군 침공이 고구려의 주도하에 행해진 것으로 보고 있으나 『후한서』 구려전은 소수맥을 뜻하는 구려가 4군을 침공했다고 전하고 있다. 『삼국사기』의 기사는 소수맥이 고구려의 별종인데다가 고구려에 의해 멸망되어 흡수되었으므로 이렇게 본 것이리라. 그러므로 4군 침공이 고구려에 의해 행해졌다는 『삼국사기』의 내용도 꼭 틀린 말이라고 할 수 없다. 필자는 4군 침공이 소수맥 단독으로 행해졌다면 이는 후한이 고구려와 외교관계를 맺은 것에 대한 반발로 보아야 한다고 지적한 바 있다.

만약 『삼국사기』의 기록대로 당시 고구려가 주도하여 침공을 행했다고 가정해 보면 아마도 그 침공 목적은 다른 각도에서 살펴야 할 것이다. 즉 고구려는 침공을 통해 물자를 약탈하고 북중국 사람들을 많이 붙잡아 왔

---

68) 『삼국사기』 권17, 동천왕 20년 8월조.
69) 『삼국사기』 권17, 중천왕 12년 12월조.
70) 『삼국사기』 권17, 서천왕 11년 10월조.

을 것이 분명하다. 고구려의 침공 목적이 영토 확장이 아니라 주로 약탈·납치에 있었다는 것은 "전투를 익혀 침략, 약탈하기 좋아한다"는 『후한서』 고구려전의 기록 등으로 확인된다. 보다 구체적으로는 2세기 고구려의 요동 침공 기사를 다루고 있는 『후한서』 구려전에 잘 나와 있다.

당시 요동은 후한의 지배하에 있었다고는 하나 요동 전 지역을 차지한 것은 아니고 그 일부를 선비족이 점하고 있었다. 이에 고구려는 107년(태조왕 55) 이 요동의 선비족과 연합하여 요동군의 요대현(遼隊縣)을 약탈하였다.[71]

『후한서』 구려전에 따르면 선비족을 앞세운 고구려가 거의 해마다 이처럼 후한의 군현을 침공한 것은 영토를 넓히기보다 중국 사람들을 붙잡아 가기 위함이었다고 기록하고 있다. 따라서 고구려는 잡아 온 이들을 후한에 돌려보낼 때 일종의 몸값을 받았다. 후한에서 정한 몸값을 보면 성인은 40필, 어린애는 20필이었다. 이는 고구려의 침공 목적이 어디에서 있는지 분명히 보여주는 예가 아닐 수 없다.

그런데 주목되는 것은 몸값 계산 통보는 후한의 환제(桓帝)가 고구려의 차대왕에게 보낸 외교문서의 일부분이었다는 점이다. 선비족을 전위대로 내세우면서 요동의 중국 사람들을 붙잡아 간 것은 고구려의 현지 지방관에 의한 소행이 아니고 국왕을 중심으로 하는 중앙정부의 주도하에 비롯된 것임을 증명하기 때문이다. 붙잡혀 간 중국 사람들의 송환문제나 앞으로도 일어날 수 있는 중국인 납치의 예방은 고구려 중앙정부의 차원에서만 실효를 거둘 수 있으므로 후한은 이 문제를 공식적으로 들고 나온 것이라고 판단된다.

시기적으로는 약간 차이가 있으나 고구려가 중국 본토의 우북평 등 4군을 침공한 주목적도 요동 침공과 마찬가지로 중국인의 납치에 있었다고 미루어 알 수 있다. 결국 납치되어 온 중국 사람은 고구려에 부가가치를 더해주는 일종의 상품적 가치로서 취급받았다고 보아도 좋을 것이다.

---

71) 『후한서』 권85, 고구려전.

그런데 고구려에 납치된 후한 사람들은 후한 동북 변경의 군현 사람들이므로 이들을 통해 중국의 변경문화가 일정하게 고구려에 들어왔을 것은 분명하다. 그러나 납치한 중국인들은 몸값을 받는 데 목적이 있었으므로, 이들을 통해 고구려의 문화적 욕구가 충족되었다고까지는 보기 어려울 것이다.

납치된 중국 사람들이 송환된 지 50년이 지난 197년(산상왕 원년)에 발생한 후한 사회의 혼란을 피해, 정확한 숫자는 알 수 없으나 수많은 중국인들이 대거 고구려에 몰려들었다.[72] 이들은 스스로 살 길을 찾아왔으니만큼 고구려에서 이들을 후한으로 돌려보낼 이유도 없었으며 돌려보냈다는 기사도 없다. 이들은 농경사회에서 살았기 때문에 농사지을 수 있는 지역에 거처가 마련되었을 것이나 그 장소는 분명하지 않다. 이 집단이주는 그들의 의도와 상관 없이 고구려가 중국문화를 본격적으로 접하게 되는 첫 기회를 부여한 것이라는 점에서도 주목할 필요가 있다.

중국인 이주자들이 새 삶의 터전을 잡은 지역으로 처음 밝혀진 곳은 책성(柵城 : 혼춘)이다. 『삼국사기』에 보면, 217년(산상왕 21) 고구려 책성에 자리를 잡은 후한의 집단 망명자들은 평주(平州) 출신의 하요(夏瑤)를 영도자로 하여 총 1천여 가(家)에 달했다고 기록된 것으로 보아 이주자의 숫자는 4~5천 명 정도였을 것이다. 그런데 『후한서』 지리지를 보면 평주란 지명은 없고 병주(幷州)라는 지명이 보여 평주는 병주의 잘못인 듯하다. 병주의 관할하에는 아홉 개의 군이 있었는데 모두 장성 남쪽에 위치하고 있었다.

책성이 고구려의 동쪽에 있었다 함은 『삼국사기』 표(表) 권15에 밝혀져 있는데, 서기 98년 태조왕은 여러 신하와 더불어 이 곳에 순행하여 현지 관리들에게 물건을 하사하고 순행 사실을 바위에 새겼다. 순행기간이 아홉달(3~10월) 이상인데다가 102년 태조왕이 사신을 책성에 파견하여 현지 사정을 살피게 한 점[73] 등으로 미루어 책성은 고구려에 새로 편입

---

72) 『삼국사기』 권16, 고국천왕 19년조.

된 동쪽 변경임을 알 수 있다. 망명해 온 후한 사람들을 이 곳으로 이주시킨 것은 동쪽 변경지대의 인구를 늘리려는 정책에서 비롯된 것이 분명하다.

이처럼 후한 사람들이 고구려 동쪽 변경으로 이주함으로써 문화수준이 가장 뒤쳐졌던 이 곳에도 중국 본토의 문화가 직접 전해지는 기회가 마련되었을 것이다.

대체적으로 2세기 말, 즉 후한의 헌제 시대 이전에 고구려에 의해 붙잡혀 온 후한 사람들은 상품적 부가가치로서의 의미밖에 갖지 못했다. 그러나 살펴본 것처럼 후한 말기에 중국 사회의 혼란을 피해 살 길을 찾아 스스로 고구려로 찾아든 후한 사람들은 상품적 가치보다 중국 사회의 문화를 고구려 변경까지 직접 전해 주는 이른바 문화 전파자로서의 역할을 담당했다고 보아야 할 것이다.

2. 북조시대 이주 한족의 요동개간

후한 말기로 들면서 집단적으로 고구려로 망명, 이주하기 시작한 중국인들의 숫자는 분열과 혼란의 양상이 수그러들지 않은 삼국시대와 남북조 시대를 거치면서 오히려 더 늘어나는 추세를 보였다.

고구려에 의해 붙잡혀 오든 스스로 고구려에 망명·이주해 왔든 후한 사람들이 거쳐온 곳은 요동지방이었으나 여기에 최종 거주지를 둔 것은 아니었다. 후한의 멸망으로 중국이 요동에서 밀려나자 고구려는 385년(고국천왕 2) 요동·현도군을 차지했으나 같은 해 선비족의 후연(後燕)에게 빼앗겨 버렸다. 이후 다시 고구려의 요동 진출이 적극화되면서 중국 본토, 즉 유주(幽州)와 기주(冀州)에서 혼란을 피해 스스로 찾아오는 중국 사람들은 요동군에 정착, 안주했다. 이는 고구려의 중국 유민에 대한 정

---

73) 『삼국사기』 권15, 태조대왕 50년 8월조.

책이 달라졌기 때문으로, 즉 요동지방을 본격적으로 개간하고자 했던 것
이다.

북조 시대, 빈번하게 북위(北魏)의 침공 위협을 받아 매우 위급한 상황
에 놓이게 된 북연(北燕)의 왕 풍홍(馮弘)은 436년(장수왕 24) 많은 사람
들을 이끌고 고구려의 요동지방으로 망명해 왔다. 그 정확한 숫자는 알
수 없으나 『삼국사기』 고구려본기에 의하면 매우 많았던 것이 분명하다.

관련기록을 살펴보면 장수왕이 파견한 갈로(葛盧)와 맹광(孟光) 두 사
람은 북연의 사신과 함께 수도인 화룡(和龍)에 입성하여 성 안을 완전히
비우게 함으로써 성 안에는 아무 흔적도 없을 만큼 폐허화되었다고 한다.
고구려 군사 수만 명의 호위를 받은 연왕 등 망명자 대열이 80여 리에나
뻗쳤다는 점으로 미루어 얼마나 많은 중국 사람과 선비족이 고구려에 망
명해 왔는지 충분히 짐작할 수 있다.

장수왕은 연왕을 평곽(平廓)에 잠시 거처하게 했다가 다시 거처를 북
풍(北豊)으로 옮겨 주었으나 그 휘하 망명자들의 거처는 밝혀져 있지 않
다. 아마 고구려의 망명자 정책에 따라 요동에 그대로 거처하게 했을 것
으로 보인다.74)

이처럼 북조 시대에 고구려에 망명해 온 중국 사람의 숫자가 대폭적이
었음은 특히 『북사』 고구려전에 자세히 나타나 있다. 북위의 태무제는
435년(장수왕 23) 원외산기시랑(員外散騎侍郎) 이오(李敖)를 고구려에
파견하여 장수왕을 고구려왕에 봉했다 하는데 이오는 평양성에 머무는
동안에 고구려의 사방 경계와 인구, 집의 수에 관한 정보를 입수해 가지
고 돌아가 보고했다.

이 보고 가운데 흥미 있는 것은 435년, 즉 북연왕이 고구려에 망명하기
1년 전에 고구려의 인구와 집이 조위(曹魏) 때보다 무려 3배 정도 대폭적
으로 늘어난 사실을 지적한 것이다. 이오의 보고는 연왕이 망명하기 1년

---

74) 『삼국사기』 권18, 고구려본기 장수왕 24년 5월조, 26년 2월조 ; 『북사』 권93, 北燕
　　馮弘傳 ; 『南史』 권79, 고구려전.

전의 것이다. 그러므로 북연왕을 따라온 중국 사람과 선비족은 여기에 포함되지 않았던 것이 분명하고 이들까지 계산에 넣는다면 고구려의 인구는 이보다 훨씬 많았다고 보아야 할 것이다.

북위의 동·서 분열에 따라 북중국 사회의 혼란상이 그치지 않아 동위의 하북지방에는 굶주려 정처없이 떠돌아다니는 중국 사람들이 많이 생겨났다. 특히 동위 말기인 541년(고구려 안원왕 11)에는 고구려땅으로 이주하려다 붙잡힌 사람이 무려 300여만 명(60만 호)이나 되었다.[75] 붙잡히지 않고 무사히 고구려로 망명한 숫자가 이들보다 많았는지는 알 수 없으나 고구려에 들어온 이주자가 대단히 많았을 것임은 분명하다.

동위에 이어 북제(北齊)를 세운 문선제(文宣帝)는 541년 고구려땅으로 달아난 동위 사람들을 중국으로 데려오기 위하여 552년 최유(崔柳)라는 인물을 사신으로 고구려에 파견했다. 송환문제가 뜻대로 풀릴 가능성이 보이지 않자 최유는 고구려의 양원왕을 협박했다. 그 결과 고구려에서 내주어 데리고 간 사람이 2,500여 명(5천 호) 정도였다.

협박에 의한 송환이었던 점을 고려한다면, 이 2,500여 명은 일부에 지나지 않았을 것이며 이용 가치면에서 볼 때 그 이용 가치가 떨어지는 사람들이었을 것이다. 아무튼 고구려가 처음부터 동위 사람들의 송환을 달갑게 여기지 않았던 것은 이들 중국 사람들의 이용 가치가 컸기 때문이었을 것이다.

고구려땅에 들어온 중국 사람의 이용 가치를 찾을 때, 가장 먼저 들 수 있는 것이 조세 부담이라는 측면이다. 435년(장수왕 23) 조위 때보다 3배 정도 늘어났다는 고구려의 인구 중에는 고구려에 들어온 중국 사람까지 포함되어 있었고, 따라서 이들 중국 사람들에게도 조세가 부과되었을 것이다.『북사』고구려전에는 북조 시대에 해당하는 시기에 고구려 사람이 부담한 조세 부담율이 전해지고 있다.

이를 보면, 조세 부담자는 직업이 없는 사람인 유인(遊人)과 직업을 갖

---

75)『북사』권5, 魏本紀5 효정제 武定 2년 10월조.

고 있는 비유인(非遊人)으로 구분되는데 유인 중에는 중국에서 온 사람들도 들어 있었다고 본다. 그렇다면 중국 사람이 부담한 세율은 정상적인 직업을 갖고 있는 고구려 사람보다도 훨씬 낮은 3년 1세(一稅)의 원칙에 따라 열 사람이 3년에 한 번 세포(細布) 한 필을 부담했을 것이다. 그리고 이들 중국 사람이 부담한 조(租)는 3단계 중 가장 낮은 것으로서 가구당 1년에 5두(斗)였을 것이다.

이렇듯 중국 사람에게 부과된 조세 부담은 정상적인 고구려 사람보다 가벼웠으나 조세 부담자라는 점에서는 다를 바 없었으므로 고구려는 제 발로 찾아온 이들 동위 사람을 선뜻 되돌려 보내려 하지 않았던 것이다. 게다가 이주하고 나서 대략 3년 정도가 지나면 생계를 꾸려갈 직업을 갖고 정상적으로 조세를 납부하는 부담자가 되었을 것이다. 따라서 고구려는 중국인 망명자를 받아들임으로써 정상적으로 조세를 납부하는 부담자를 그만큼 더 확보하게 되었다고 할 것이다.

바로 이런 점 때문에 고구려는 북조시대 중국 사람의 망명, 이주를 허용하고 이들에게 생계를 마련해 주었을 것이다. 당시 고구려의 산업구조상 기본산업은 농업이었으므로, 중국에서 온 이주자들을 위해 마련해 준 생계대책이란 바로 이들을 농업에 투입하여 황무지를 개간시킴으로써 얻어진 소득이 중심을 이루었을 것으로 여겨진다.

그렇다면 고구려가 이들 새로운 이주자들에게 마련해 준 거처는 대략 새로이 편입된 지역이었을 것이고 따라서 많은 황무지를 갖고 있던 요동지방에 밀집했을 것이다.

『북사』고구려전은 이와 관련하여 도움이 될 만한 기사를 전하고 있다. 고구려가 요동성 등 10개 성을 확보한 이후 각 성마다 관청을 두고 주민들을 직접 통치했다는 것이 그것이다. 새로 편입된 요동성 등 여러 성을 채우기에는 고구려의 토착민만으로 크게 부족했을 것이기 때문이다. 『당서』와 『신당서』의 고구려전에는 고구려 멸망시 요동지방에 있었던 요동성 등 각 성의 인구통계가 나와 있다.

각 성의 주민수를 더 많이 기록한『신당서』고구려전에 따르면, 요동성의 주민은 20만 명(4만 호), 개모성의 주민은 10만 명(2만 호)이었다. 이 기록에 따르면 각 성의 주민은 평균 10만 명을 웃돈다. 여기에는 북중국에서 들어온 중국 사람들도 포함되었을 것이다. 왜냐하면 북조시대 북중국에서 들어온 중국 사람들이 요동지방 이외 고구려의 다른 지역으로 이주되었음을 전해 주는 기록이『삼국사기』고구려본기에 없기 때문이다.

이렇듯이 북조 시대 북중국에서 고구려에 들어온 중국 사람들은 요동지방에 정착하여 조세를 납부하는 일원이 되었다. 이는 특히 북조 시대에 해당하는 시기에 새로 편입된 요동의 황무지 개간이 이들 중국 사람의 손으로 본격화되었을 가능성이 많다는 것을 말한다고 할 수 있다.

3. 수나라의 고구려경제 위협

앞에서 보았듯이 북제의 문선제가 전 왕조인 동위 말년에 고구려에 집단적으로 이주해 온 북중국 사람들을 그토록 데려가려 한 이유는 여러 모로 생각해 볼 수 있으나 무엇보다 조세 납부자의 확보라는 측면이 강했을 것이다. 고구려가 선뜻 송환시키려 하지 않았던 것도 이들이 고구려의 농업 등 생산에 투입되어 산업 발전에 한몫을 했음을 인정했기 때문이다.

『신당서』고려전에서 보듯이 요동성의 인구가 20만 명 정도였다면 성밖에는 이만한 인구를 먹여 살릴 수 있는 농토가 있었을 것이다. 이토록 넓은 농토의 개간과 생산에 북중국에서 온 중국 사람들을 대거 동원하였을 것임은 당연하다.

이렇게 해서 개간된 요동지방은 고구려에게 얼마나 중요하였으리라는 것은 두말할 필요가 없다. 그러던 차에 분열된 남북조 시대를 접고 중국에 새로이 수나라가 등장하자 고구려로서는 큰 위협을 느끼지 않을 수 없었다. 이미 북제가 건국된 이후 31년이나 지나 세워진 수나라로서는 중국인의 귀환문제를 북제처럼 절실하게 느끼지 않았고 강력한 통일국가를 배경으로 영토를 팽창하는 일에 더 관심을 쏟았기 때문이다. 이는 고구려 경제에 중요한 일익을 담당하게 된 요동지방에 대한 중대한 위협이 아닐 수 없었다.

이러한 위협에 대비하여 고구려가 즉각 마련한 대책은 군대를 배치하고 양곡을 비축하는 '진병적곡(陣兵積穀)'과 해마다 조공하는 '세상조공(歲常朝貢)' 등이었다. 조공은 합법적인 방법으로 수나라의 동정을 직접 탐지, 입수하기 위한 것이었다.[76]

실제로 조공이라는 기회를 통하여 고구려 사신은 수나라가 새로 징집한 농민 중심의 침공군을 명분 없는 고구려 침공 싸움터에 내몰려 한다는 정보를 탐지하여 국왕에게 보고하였다. 이 정보대로 수나라가 침공할 시 고구려가 받을 손실 가운데 가장 큰 것은 바로 요동지방의 유린일 것이고, 이는 고구려 경제에 큰 타격을 줄 것임이 분명했다.

완벽한 통계는 아니나 당시 요동은 성이 10개나 되었고 한 성의 평균 인구는 10만 명이나 되었다고 한다. 그렇다면 이 지역의 전체 인구는 100만 명이 넘는다는 계산이 나온다. 고구려의 멸망 당시 전체 집수가 69만 7천 호로서 인구는 약 350만 명이었던 점을 고려한다면 총수의 약 3분의 1정도가 요동지방에 밀집했었다고 하겠다.

따라서 고구려로서는 자국의 경제와 생산발전을 좌우할 만큼 중요했던 이 요동지역을 어떻게든 지켜내야 했을 것이다. 이러한 절박성이 실리도 분명하지 않은 싸움에 급하게 모은 농민군을 동원한 수나라의 침공을 물리치게 한 데 큰 역할을 하였을 것이다.

이에 대해서는 『삼국사기』 권21, 보장왕 4년조에 잘 나와 있다. 즉 싸움터에 끌려 나온 수나라군은 무엇 때문에 싸우는지 그 목적이 분명하지 않았으나 고구려군, 특히 요동지방 출신의 고구려군은 그 자신의 가정과 땅을 끝까지 지켜내겠다는 신념을 갖고 용전 분투했다는 것이다. 후에 당

---

76) 『수서』 권81, 고려전.

나라 태종은 수나라가 쓰라린 참패를 맛본 것은 싸움을 일으킬 당시 하늘이 수나라를 도와주지 않았기 때문이다(時非天贊)고 했지만 진짜 이유는 여기에 있었다.

그런데 수나라의 참패와 관련하여 지나치지 말아야 할 것은 수나라군으로 고구려에 사로잡힌 자 외에 도주, 망명한 자도 적지 않았다는 점이다. 이러한 이탈자의 출현은 그 이전 시대의 예로 보아 있을 법한 일이다.

그런데 수나라가 고구려에 참패한 이유 중 하나는 전쟁을 지원해야 할 후방에서 지원을 제때에 하지 않았던 데도 있었다. 수나라 양제의 요동 침공시에 군량의 수송 임무를 맡은 예부상서 양현감(楊玄感)이 양제가 일으킨 이 싸움에 백성들이 크게 불안해하고 있음을 알아차리고 평소 가까운 인물들과 모의하여 반란을 일으켰기 때문이다.

『수서』열전에 따르면 이 반란에 가담한 인물은 유원진(劉元進), 이밀(李密), 조원숙(趙元淑), 이자웅(李子雄) 등[77]으로 반란이 비교적 광범위하게 호응을 받았음을 알 수 있다. 이는 양제가 전적으로 주도하여 일으킨 요동 침공이 수나라 사람들의 절대적 지지를 받지 못했음을 말한다. 그 이유는 무엇보다 수나라 사람들의 실리에 아무 도움이 안 되는 싸움이었기 때문일 것이다.

양제는 이 반란 소식에 급거 귀국을 서둘렀다. 반란에 가담한 중요 인물 중 하나였던 병부시랑 곡사정(斛斯政)은 이 소식을 듣고 곧바로 고구려에 망명해 오기도 했다. 어쨌든 귀환한 양제가 가담 인물들을 처형함으로써 일단 반란은 진압되었으나 이로부터 수나라 사회는 계속 혼미를 거듭하게 되어 많은 사람들이 평화로운 돌궐땅으로 망명, 이주하는 사태까지 빚어졌다.

이들 수나라 망명자들을 받아들여 세력이 막강해진 돌궐은 수나라를 업신여기며 양제의 소황후(蕭皇后)까지 맞아들였다.[78] 뿐만 아니라 중국

---

77) 『수서』권70, 各傳 참조.
78) 『수서』권36, 后妃 蕭皇后傳.

의 황제가 되려는 야심을 품은 사람들은 돌궐의 힘에 의존하여 야망을 이루고자 돌궐에 대해 칭신했다. 그리하여 이들이 보내는 사신들이 돌궐에 자주 드나드니 서로 길에서 마주칠 정도였다[79]고 한다.

돌궐에 망명한 수나라 사람들이 그토록 많았던 것[80]은 수나라 말기 중국사회가 극도로 혼란했기 때문이고, 고구려에 대한 망명은 그 선구를 이룬 셈이었다. 따라서 수나라 망명자들을 받아들임으로써 막강한 세력을 갖게 되고 나아가 수나라를 업신여기게 된 돌궐의 예는 바로 고구려가 수나라에 대해 시종 강경하고 자주적인 태도를 견지한 이유를 설명해 준다고도 할 것이다.

4. 당나라시대 고구려의 한족 이용

수나라는 고구려에 거주하고 있는 자국인의 송환문제를 꺼내보지도 못한 채 역사무대에서 사라지고 말았다. 그리하여 이 문제는 어차피 수나라를 계승한 당나라가 맡아 처리하지 않을 수 없게 되었다. 특히 수나라의 참패로 여지없이 구겨진 명예와 자존심을 회복하기 위해 중국으로서는 이 문제의 해결을 서둘렀다.

당나라 고조는 이 송환문제를 잠시도 늦출 수 없다는 절박감에 쫓겨 622년(영류왕 5) 파견한 사신을 통해 이 문제를 공식적으로 제의해 왔다. 수나라는 망했으나 고구려땅에 남아 있는 옛 수나라 사람들을 자국인이라고 표현한 고조는 이들을 데려오기 위한 전제조건으로 중국땅에 억류되어 있는 고구려 사람들을 먼저 석방했다는 사실을 알려 왔다.[81]

이 당시 석방된 고구려 사람들이 얼마나 되었는지 알 수 없으나 고구려가 이에 상응하여 송환한 숫자가 1만 명 정도였다고 하므로 그 전후였

---

79) 『수서』 권84, 돌궐전.
80) 『수서』 권84, 돌궐전.
81) 『당서』 권199上, 고려전.

을 것이다. 그런데 송환된 중국인들 속에는 포로만이 아니라 망명자도 포
함되어 있었던 것으로 추측된다. 중국 사람의 자존적 사관에 따라 만들어
진『신당서』고려전에 송환된 사람들이 망명자라고 기록되어 있어 포로
라고만 보기 어렵기 때문이다.

어쨌든 일종의 이 포로 교환으로 고구려와 당나라 사이에는 처음으로
국교가 열리게 되었다. 이에 두 나라 사이에 문화교류도 이루어져 627년
(영류왕 10) 당나라의 도사가 고구려에 들어왔으며 노자 강론이 열린 장
소에는 영류왕을 비롯한 청중들이 수천 명씩 참관하는 등 대성황을 이루
었다.82)

이처럼 당 고조가 고구려 사람들을 돌려보낸 데 이어 도사를 고구려에
파견한 사실들을 보건대, 당장 고구려와 정면 대결을 하려는 생각은 없었
던 것임이 분명하다. 고구려도 자국 내의 옛 수나라 망명자들을 일부나마
돌려보낸 것은 당나라와 평화관계를 맺으려는 염원에서 비롯된 것이었
다.

그런데 당나라의 이러한 유화적 태도는 태종의 즉위와 함께 돌변하였
다. 628년(영류왕 11) 당나라는, 고구려가 중국인들의 침략행동에 대한 강
한 적개심을 상징적으로 표현하고자 옛 수나라군의 유골을 한데 모아 만
든 거대한 무덤인 경관(京觀)을 훼손시킴으로써 고구려를 크게 자극하였
다. 그리하여 고구려는 당나라에 대한 경계의 표시로 천리장성을 쌓기 시
작했다.83)

당 태종은 고구려의 경계가 강화되었음을 확인하고 진대덕(陳大德)이
라는 사신을 파견하여 고구려의 전쟁준비 상황을 정탐케 하였다. 그런데
여기에서 주목되는 것은 진대덕이 찾아간 곳마다 길에서 옛 수나라 사람
들을 직접 만나보고 중국 내에 거주하고 있는 친척들의 생사를 알려 주
었다는 사실이다.84) 이는 앞서 622년 고구려가 당나라에 되돌려 보낸 1만

---

82)『당서』권199상, 고려전 ;『신당서』권220, 고려전.
83)『당서』권199상, 고려전.

명은 고구려에 거주하고 있는 수나라 사람들 중의 일부분이었음을 확인 시켜 주는 것이다.

태종은 옛 수나라 사람들이 고구려에 많이 남아 있다는 보고를 받았지 만 고구려 침공만을 염두에 두고 있던 터라 그들의 송환을 위한 구체적 인 노력을 기울일 생각을 갖고 있지는 않았다. 한편으로는 642년 통치에 이용[85]함과 동시에 당나라에 대한 온건정책의 표시로서 도교의 전파를 건의한 연개소문의 뜻을 받아들여 숙달(叔達) 등 8명의 도사를 통해『노 자도덕경 老子道德經』을 고구려에 전해 왔다.

이는 표면상 고구려에 대한 일종의 유화적 조치로 보이지만 고구려에 잔류하고 있는 옛 수나라 사람들의 위로 내지 격려를 위해서였거나 불순 한 목적을 이루기 위함이었을 것이다.[86] 우선 도교의 전파를 통한 연개소 문의 통치권 강화는 당나라로서는 절대로 희망사항이 될 수 없었다.

그런데 고구려는 무엇 때문에 옛 수나라 사람들을 전부 당나라에 되돌 려 보내지 않았을까. 말할 것도 없이 앞서 본 것처럼 고구려의 농업 등 생산과 경제면에서 수행한 이들의 역할 때문이었다.

고구려 사람들에게는 수나라와 마찬가지로 당나라도 위협적인 세력으 로 비춰졌으므로 당나라의 침공을 대비하여 군사력 증강과 군량 비축에

---

84)『당서』권199상, 고려전.

85)『삼국사기』권20, 영류왕 24년조, "求道敎 以訓國人".

86)『삼국유사』(권3, 寶藏奉老 普德移庵)는 연개소문의 요구로 들어온 당나라 도사 들의 불순한 행동을 보여 주고 있다. 즉 도사들은 고구려의 이름난 산천을 돌아다 니며 그 지세를 누르고 진정시켰다. 옛 평양성의 지세는 신월성(新月城 : 半月城) 이라 하여 도사들은 주문을 외워 남하(南河)의 용에게 명령하여 만월성(滿月城) 을 더 늘려 쌓아 용언성(龍堰城)이라 이름하고 참기(讖記)를 지어 용언도(龍堰 堵) 또는 천년보장도(千年寶藏堵)라 했다. 혹은 영석(靈石 : 속언에 都帝嵓이라 하고 또는 朝天石이라고도 하니 대개 옛날에 聖帝가 이 돌을 타고 上帝에게 올라 가 뵈었으므로 이렇게 불렀다)을 파서 깨뜨리기도 했다. 이로 보아 당나라의 도사 들은 종교적 포교보다는 당나라의 정치적 목적을 성취하는 데 전위대로서 역할을 담당했음을 알 수 있다. 따라서 도사들은 간첩으로서의 임무도 수행했을 것으로 생각된다.

박차를 가해야 했다. 따라서 그 생산에 필요한 많은 노동력을 확보해 두는 것은 무엇보다도 절박한 문제였다.

고구려와 당나라의 평화의 상징이라는 의미에서 포로교환도 중요했지만 바로 이런 점 때문에 수나라 사람들을 전부 보내지 않았던 것이다.

고구려의 별종으로 알려진 소수맥[양맥]을 비롯하여 고구려가 전성기를 구가할 수 있었던 것은 요동지방을 확보하여 이를 생산과 경제면에서 이용함으로써 경제적 부(富)를 이루었기 때문이다. 이는 요동의 황무지를 개간하고 농업 생산력을 고양시킴으로써 가능하였고, 그 노동력으로는 고구려에 망명, 이주해 온 중국 사람들이 많이 투입되었다.

이러한 요동 개발은 중국 사람들의 망명, 이주가 오랜 기간 대량으로 계속되었음을 전제로 하는 것이고, 이는 개간과 생산에 동원된 사람들이 고구려의 통치하에 비교적 안정된 생활을 누리고 있다는 사실이 계속 널리 중국에 알려졌기 때문인 것으로 본다. 그리고 고구려로서는 일단 이주, 정착한 중국인들을 다시 중국으로 되돌려 보내려 하지 않았다. 중국 사람들을 보내주게 되면 고구려의 기밀이 누설될 위험이 있었을 뿐 아니라 요동지방의 농업 생산력이 그만큼 감소될 것이 분명했기 때문이다. 북조 시대 이래 당나라 때까지의 중국인의 고구려 유입과 송환 문제 등은 이러한 기본적인 관점하에서 살펴보아야 할 것이다.

제7장 연개소문의 신국가경영 정책

역사가 말해주듯 개인간이건 국가간이건 이익을 다투는 분쟁을 후세에 기록으로 남기는 경우 문자를 독점하고 있는 쪽이 항상 유리하다. 나라의 운명을 건 고구려와 당나라의 한판 싸움과 관련된 기록이 모두 중국인에게 독점되다시피 하였고, 중국인은 이 기록을 근거로 고구려 멸망을 즈음한 시기에 나타난 고구려 내의 상황이 마치 자멸을 초래한 것처럼 한 목소리를 내고 있다. 그러다 보니 지울 수 없는 침략자로 역사에 낙인 찍혀야 할 당나라의 지역 패권주의는 감춰지고 당시 동아시아의 국제질서를 바로 세웠다고 하는 등 역사 전개의 중심체로 미화되고 있는 실정이다.

중국인이 남긴 관련 기록만 보면, 멸망 직전의 고구려는 그렇게 판단해도 무리가 없는 것처럼 보인다. 예컨대 당시 고구려 통치자들은 교만과 사치 그리고 문란한 생활에 젖어 있었다는 것이다.

그러다 보니 통치자들은 성과 촌의 주민들을 고압적으로 억압하여 주민들은 무거운 부역과 잡세, 적을 막기 위한 장성 수축 등 각종 노역에 시달렸고 거기에 거듭된 천재와 흉년으로 살던 터전을 버리고 떠돌아다니거나 굶주리다가 죽어갔다. 더욱이 통치계급 사이에서는 돌이킬 수 없는 내분이 일어나 사분오열되어 있던 중에 마침내 당나라의 침공으로 패망하고 역사의 무대에서 사라져 버렸다.[1] 이것이 그들의 주장이다.

이것을 사실로 받아들여야 할 것인가. 패배한 고구려 사람들은 직접 기록을 남기지 않았으며 이후 역사에서도 진정 고구려를 계승한 나라가 없어 싸움에서 승리한 당나라의 모습만이 기록되어 있을 뿐이다. 우리의 『삼국사기』까지 고구려의 실상을 제대로 밝히려 하지 않고 중국인의 기록을 맹종하여 그대로 옮겨놓은 것이 그 예이다. 그러므로 당나라의 입장만 두둔하거나 미화시키는 중국인의 기록은 다시 되짚어볼 필요가 있으며 사실인 것처럼 기록한 내용들을 한 번쯤 고구려의 입장에서 검토해 보아야 할 것이다.

제1절 연개소문의 난국타개 전략

정관 19년(645) 당나라군의 요동침공이 성공이었는지 아니면 실패였는지를 둘러싸고 『환단고기』와 『당서』·『신당서』의 주장이 엇갈려 있음은 이미 본 대로이다. 요동침공의 성패 여부는 당시 고구려의 비상사태를 이끌어 나가고 있었던 연개소문의 국가운영에 관한 문제이기도 하다.

사실 중국측 역사책에 기록된 승리[2]를 그대로 받아들이기에는 석연치 않은 점이 대단히 많다.[3] 그렇다면 요동침공은 소기의 성과를 거두지 못

---

1) 『고구려간사』, 200쪽.
2) 정관 20년 3월 태종이 탄 수레가 요동으로부터 도착하자 포로와 자른 귀를 바치고 태종의 수레를 마련하는 등 개선의 예를 갖추었다. 오랑캐 군장과 장안의 남녀가 늘어서서 구경하느라고 좁은 길을 메웠는데 모두 만세를 외쳤다(『책부원구』 권117, 帝王部 親征2).
3) 태종은 고구려 침공을 앞두고 낙양성문에서 연회를 벌이고 군영의 춤을 참관했는데 이는 고구려를 침공하기 위한 무력 과시였다. 이때 연주된 음악은 일융대정악(一戎大定樂)으로 140명의 무용수가 다섯 가지 무늬의 갑옷을 입고서 창을 쥐고 춤을 추자 가수들이 화답했는데 부른 노래는 팔굉동궤악(八紘同軌樂)이라 했다. 무용수와 가수가 한데 어울려 춤추고 노래 부른 것은 고구려가 평정되어 천하가

한 채 막을 내렸을 가능성이 많고, 그 상황은 연개소문의 방어전략과 관련지어 알아보는 것이 합리적일 듯하다.

우유부단한 고조와 달리 태종이 요동을 침공하기로 나섰던 것은 그 특유의 국가경영에서 비롯되었음을 관련 역사책에서 살필 수 있다. 태종이 요동침공군을 처음 일으킬 당시는 수나라가 고구려를 침공했다가 벌여놓기만 하고 수습하지 못한 문제들이 산적해 있었고 혹 수습 내지 해결된 것도 북방 유목민 문제의 경우에는 산뜻하게 마무리된 것이 없는 상황이었다.

구체적으로 말하면, 북쪽의 설연타(薛延陀) · 위구르(回紇) · 철륵(鐵勒) 등 투르크 계통의 북방유목민족이 정관 원년(627)부터 당나라에 반기를 들기 시작했다. 태종은 중국인의 전통적인 이이제이(以夷制夷) 정책대로 서돌궐 출신의 아사나사이(阿史那社爾 : 處羅可汗의 둘째아들)를 내세워 이들을 쳤으나 실패하였다.[4] 그리하여 다음 해에는 유명한 이정(李靖)이 직접 설연타의 침공을 대비하고 나서지 않으면 안 될 정도였다.

이정의 본격적인 대비책에 밀려 그 후 10년 이상 당나라를 침공하지 못했던 설연타는 당나라군이 본격적으로 요동침공에 나선 때를 놓치지 않고 위구르와 말갈족 등 여러 부족을 동원하여 정관 15년(640) 백도천(白道川)에 주둔, 위협을 가해 왔다. 사태가 긴박해지자 병부상서 이적(李勣)이 직접 나서서 낙진수(諾眞水)에서 이들을 막아냈다. 그 후 몇 해 동안 소강상태를 유지하다가 태종이 다시 요동을 침공하여 치열한 공방

크게 안정되었다는 것을 상징적으로 나타낸 것이었다. 또한 당나라가 요동을 장악하게 되자 행군총관 이적은 이래빈(夷來賓)이란 곡을 지어 바쳤다고 한다(『당서』권21, 예악지). 그런데 정작 태종이 요동싸움에서 승리하여 장안으로 개선했을 때의 개선 의례는 전해지지 않고 있다(『당서』권23, 儀衛). 중국의 역사책에서는 개선 축하행사가 치러졌다고 하지만 그 의례가 전혀 전해지지 않는 것으로 미루어 오히려 패전하여 축하행사가 없었던 것이 아닌가 한다. 결국 당시 손상된 태종의 체면을 살리기 위해 거행된 적도 없는 축하행사를 거행한 것처럼 날조했다는 느낌을 지울 수 없다.

4) 『당서』권110, 諸夷蕃將 阿史那社爾.

전을 벌인 정관 19년(645), 설연타의 대추장 이남(夷男 : Yinchubilga Kagan, 眞珠毗伽可汗)이 당나라에 조공을 바쳤다.

태종은 사신편에 이남에게 이렇게 전하였다. "고려[고구려]를 치고 있는데 그대는 변경 침략에 능하니 빨리 오라." 이남은 다시 파견한 사신편에 원군을 파견하여 고구려 침공을 돕겠다고 자청했다. 그러나 어쩐 일인지 태종은 이를 받아들이지 않았다.

그런데 중국의 역사책에, 소위 안시성을 구하기 위해 출동한 고구려의 고연수와 고혜진이 이끈 증원군이 당나라군에게 패했다고 기록된 이른바 주필산(駐蹕山) 사건이 있었던 그 해 겨울, 막리지 연개소문은 싸울 때마다 항상 전위대로 나섰던 말갈을 통해 비밀리에 설연타와의 군사관계 강화를 조심스럽게 타진했다.

연개소문의 이러한 태도는 두 가지 면에서 검토해 볼 수 있다. 정관 원년에서 22년에 이르는 20여 년 간 설연타와 당나라는 한 마디로 적대관계에 놓여 있었다. 따라서 당나라와 적대적이었던 고구려로서는 설연타와 군사동맹관계를 맺어 싸움을 유리하게 끝내 보려고 했을 것이다.

거기에다 주필산 사건 직전에 설연타의 대추장이 당나라 태종에게 원군을 파견하여 당나라의 고구려 침공을 돕겠다고 자청하는 일이 벌어졌다. 이는 비상사태를 이끌어 나가고 있던 연개소문에게는 정치·군사적 부담이 되기에 충분하였다. 따라서 국가적 부담을 덜고자 설연타와 당나라의 군사동맹을 사전에 봉쇄하고 설연타와의 관계를 정상화하고자 했던 것으로 풀이된다.

아무튼 연개소문은 이 중대한 외교적 구상을 관철시키고자 이남에게 모종의 경제적 원조를 제공하겠다고 자청한 바 있어 주목된다. 『당서』·『신당서』 등 중국의 역사책은 연개소문의 원조 자청을 속임수로 혹평하고 있다.5) 그런데 연개소문의 제의를 받은 설연타는 어떻게 반응하였을까.

---

5) 『당서』 권199下, 北狄 鐵勒.

설연타의 대추장 이남은 연개소문의 이 갑작스런 제의에 아무 반응도 나타내지 않고 있다가 9월에 갑작스레 병으로 사망하고 말았다. 연개소문이 설연타와 당나라의 해묵은 적대관계를 염두에 두고 한 제의를 이남이 받아들이지 않았다는 것[6]은 그 이면에 뭔가가 있었음을 짐작케 한다.

만약 연개소문의 제의를 받은 인물이 이남이 아니라 그의 아들이었다면 양국의 군사동맹은 쉽사리 성립되었을 수도 있다. 그의 아들은 통치상 당나라에 대해 적대적인 태도로 일관했기 때문이다. 이남은 죽기 전에 당나라의 승인하에 적자(嫡子)인 발작(拔灼)에게 설연타의 서부지방 통치를 맡기고, 서장자(庶長子)인 예망(曳莽)에게는 동부지방의 통치를 맡겼다. 그런데 이남의 장례식 직후 주도권 다툼이 일어나 발작이 예망을 죽이고 자립하여 아버지를 계승하였다. 그 발작이 바로 힐리구리설사다미 칸(頡利俱利薛沙多彌可汗)이다.[7]

다미 칸은 즉위 3개월 만에 당나라 태종이 요동을 치는 때를 틈타 당나라의 하남(河南 : 황하 이남) 지방을 침공하였다. 다미 칸은 서돌궐 추장 집실사력(執失思力)과 전인회(田仁會)에 의해 하주(夏州 : 호북성)에서 격퇴당했으나 다시 하주를 침공해 왔다. 그러나 집실사력과 아사나사이 등 돌궐군을 주력으로 한 방어망을 뚫지 못하고 물러갔다.

정관 20년 정월에 이어 6월에 당나라의 이적은 이특물실 칸(伊特勿失可汗)의 설연타군을 그 본거지인 Otukanysh(鬱督軍山) 북쪽에서 대파하고 정관 22년 9월에는 당나라의 아사나사이가 설연타의 남은 세력인 처월(處月)과 처밀(處密)을 격파하니 이에 설연타는 붕괴하였다.[8]

이상에서 보았듯이 이남이 말년에 당나라에 대해 소극적이었던 데 반해 그의 아들 다미 칸은 재위 기간 동안 당나라 영토를 잇따라 침공하는

---

6)『당서』권199下, 北狄 鐵勒.
7)『통감』권197, 唐紀13 太宗 中의 下.
8)『당서』권3, 본기3 太宗 하 ;『당서』권199下, 北狄 鐵勒 ;『신당서』권2, 본기2 태종 ;『신당서』권110, 열전35 諸夷蕃將 執失思力 阿史那社爾 ;『신당서』권197, 열전122 循吏 田仁會 ;『통감』권197, 唐紀13 太宗 中의 下.

등 통치면에서 대조적이었다. 그러한 다미 칸이 연개소문의 제안을 받았다면 받아들였을 것이 거의 분명하다.

어쨌든 기록대로 연개소문의 제의가 받아들여지지 않았다면 고구려는 홀로 당나라 침공군과 싸워 나갈 수밖에 없었을 것이다. 설연타 역시 단독으로 당나라를 상대해야 했을 것이다. 이것이 사실이라면 이남의 소신 없는 국가경영은 고구려와 설연타 모두에게 돌이킬 수 없는 최후의 순간을 보게 했다고 할 것이다.

그런데 한 가지 지적하고 넘어가야 할 것은 연개소문이 말갈을 통해 설연타에게 외교 군사강화를 제시한 시기가 관련 역사책에 다르게 나타나 있다는 점이다. 관련 역사책은 그 시기를 주필산 전쟁 이후라고만 했을 뿐 꼬집어 밝히고 있지 않다. 먼저『당서』에서는 정관 19년 겨울이라 했고,『자치통감』은 정관 19년 8월조에서 언급하고 있다.9) 그런데 주필산 교전 시기는『당서』·『신당서』·『책부원구』·『자치통감』이 모두 정관 19년 6월로 잡고 있어 거의 확실하다 하겠다. 그러므로『삼국사기』의 5월은 맞지 않다고 본다.

정관 19년 겨울설은 연개소문의 제의를 받은 이남이 이미 병사(9월 임신)한 후인 만큼 분명 사실과는 다르다. 그러면 정관 19년 8월설이 유력해질 것 같으나 이 또한 문제가 있다.

8월에는 설연타가 당나라를 침공한 적이 없고 오직 당나라의 고구려 침공에 원군을 파견하겠다고 자청한 것밖에 없다. 일단 설연타의 태도가 굳혀진 마당에 연개소문이 설연타와의 외교강화 문제를 들고 나왔겠는지 의문시된다. 보기에 따라 설연타가 당나라에 기울어진 만큼 연개소문은 이를 와해시킬 목적에서 제기했다고 볼 수도 있겠으나 연개소문의 판단은 이와 달랐다. 연개소문의 외교적 제안은 설연타의 내부사정에 대한 정

---

9)『통감』(권197, 唐紀13 太宗 中의 下)은 정관 19년 8월 갑진조에서 연개소문의 외교적 노력이 있었던 시기를 다루고 있으며『당서』(권199下, 北狄 鐵勒)는 정관 19년 겨울로 잡고 있으나『당서』(권217, 열전142 回鶻)는 아예 그 시기를 밝히지 않고 있다.

확한 파악을 전제로 한 것이었음을 판단에 넣어야 할 것이다.

이 때의 정보입수처는 바로 말갈이었고 그들이 제공한 정보에 따라 설연타에 외교강화를 제기한 것은 설연타의 당나라 침공이 본격화된 시기였을 것이다. 그 시기는 대략 정관 15년 11~12월쯤이 아니었는가 판단된다. 11월에 설연타는 말갈을 비롯하여 위구르 등 여러 부족을 동원, 침공하여 당나라의 백도천에 병력을 주둔시킨 바 있었다.

당나라에서는 최고군사권자인 이적이 침공을 막았으며 12월에도 이적이 설연타의 침공을 저지시킨 바 있다. 그런데 앞의 11월 침공사건에서 특별히 주목할 것은 말갈이 침공에 가담한 점이다.

연개소문은 말갈을 통해 설연타의 사정을 파악하고 있었으니 만큼 11~12월의 침공사건도 사전에 알고 있었다고 보아야 할 것이다. 그러므로 연개소문은 이 침공사건 직전에 설연타와 군사관계를 강화하기 위해 말갈을 내세웠을 것이다.

설연타는 정관 15년 12월의 침략 이후 거의 4년 동안 잠잠하다가 다시 정관 19년 12월에 당나라 침공을 재개하였다. 연개소문이 이 기간 동안에는 설연타와 군사관계를 맺으려 했을 것으로는 보이지 않는다. 이러한 논리에 따라 연개소문이 정관 19년 6월 이후 9월 이전에 설연타와 군사관계를 맺어보려 했다는 기사는 사실로 받아들이기 힘들다.

중국의 역사책은 연개소문의 외교적 노력이 실패했다고 전하고 있으나 이것 역시 받아들이기 어렵다. 말갈이 고구려와 설연타를 연결시켰다는 중국측의 기사로 보아 당나라 침공에 가담한 정관 15년 11~12월에 연개소문은 말갈을 통해 설연타와의 군사강화를 타진한 결과 성사되었다고 보아야 할 것 같다. 그리고 이때 고구려는 설연타의 군사적 도움을 받는 쪽이라기보다는 설연타에게 군사적 지원을 제공하는 쪽이었을 것으로 판단된다.

그렇다면 당나라는 고구려와 설연타의 군사적 유대관계를 어떻게 알았는가. 말갈이 설연타의 당나라 침공에 가담한 일이 있고 또한 연개소문의

지시를 설연타에 전하는 역할을 담당했던 사실로 미루어 당나라군에 붙
잡힌 말갈군을 통해 알게 된 것으로 풀이된다.

정관 19년 12월에 설연타의 다미 칸이 당나라의 하남을 침공한 것도
태종이 고구려의 요동을 침공하느라고 귀환하지 않고 있다는 정보를 말
갈을 통해 입수했기 때문인 것으로 보인다. 지금의 말로 표현하면 일종의
첩보전이 벌어지고 있었던 것이다.

당나라가 고구려와의 전쟁에서 첩보망을 최대한 이용했듯이 고구려 또
한 마찬가지였다. 『통감』(권197, 唐紀13 태종 中의 下) 19년 8월 갑진조
를 보면 연개소문이 당나라에 대해 펼친 첩보전의 한 예가 구체적으로
나와 있다.

즉 연개소문이 직접 파견한 첩자 고죽리(高竹離)가 당나라 척후병에게
붙잡혀 태종에게 끌려왔는데, 심문 과정중에 그는 적군의 눈을 피하기 위
해 은밀한 길만 골라 적진까지 오느라고 며칠 동안 음식을 먹지 못했다
고 말하였다. 며칠을 걷느라고 신발이 다 헤져 맨발 상태로 붙잡힌 고죽
리는 태종이 내준 짚신을 받아 신고 연개소문에게 돌아갔다고 한다.

고죽리가 연개소문에 의해 파견된 점으로 미루어 그는 고도의 첩보훈
련을 받은 믿을 만한 인물이었을 것이고 연개소문은 고죽리 외에도 더
많은 첩자를 당나라군의 진영으로 밀파했을 것이다. 그러나 고구려의 다
른 첩자가 생포되었다는 기사가 『통감』에 더는 보이지 않는 것으로 보면
연개소문에 의해 밀파된 첩자들은 일단 임무를 수행한 것으로 추측된다.

고구려 첩자들이 대당 전쟁에서 큰 활약을 했음은 당나라군 진영에서
도 인정할 정도였다. 예컨대 이런 일이 있었다. 고구려 전쟁에서 크게 활
약한 이적이 667년 별장 곽대봉(郭待封)에게 먼저 군대와 선박을 평양으
로 보내고 이어 군량도 보내라는 임무를 주었다. 그러나 곽대봉은 날짜를
어겨 이를 사실대로 보고하려고 했으나 정해진 날짜에 도착하지 못한 것
이 이미 고구려의 첩보망에 포착되었을 것이라 판단한 원만경(이적의 문
서를 취급하는 서기)은 대신 이합시(離合詩)를 지어 이적에게 보냈다고

한다. 이는『신당서』(권201, 문예上 元萬頃)에 실려 있는 기사인데, 고구려의 첩보망이 상당한 정도였음을 분명히 드러내 주고 있다.

제2절 연개소문 재평가

중국인의 관련기록들은 고구려의 멸망을 앞두고 나타난 온갖 말기적 병폐 요소를 직·간접으로 일으킨 장본인으로 한결같이 연개소문을 지적하였다. 중국인의 묘사를 그대로 옮긴『삼국사기』의 열전(권19)에서 묘사된 그의 인간성을 보면 다음과 같다.

동부 출신의 대인(大人)으로서 대대로라는 벼슬을 가지고 있는 아버지 연태조(淵太祚)가 죽은 후 연개소문은 그 자리를 물려받게 되었으나 잔인한 그의 성격을 잘 알고 있는 나라 사람들은 처음에 이를 반대했다. 결국 반대자들의 양해하에 대대로 벼슬을 차지하긴 했으나 대신들은 여전히 꺼려하여 영류왕과 모의하여 그를 제거하려 했다. 그러나 거사를 앞두고 기밀이 누설되어 연개소문은 이들을 먼저 제거코자 군대사열식 거행을 빙자하여 대신들의 참관을 청했다.

연개소문의 지휘를 받는 부병(部兵)들은 계획대로 현장에 나온 180여 명의 고급관리들을 모조리 죽인 후 즉시 궁중에 있던 영류왕을 시해하고 그 시신을 여러 토막으로 잘라 구렁창에 내버렸다. 그리고 나서 영류왕의 동생 보장을 새 왕으로 세웠다.

이 쿠데타를 통해 연개소문은 스스로 막리지 자리에 오르니 이는 당나라의 병부상서와 중서령 벼슬을 겸임한 것과 같았다. 전국의 모든 권력을 한손에 쥐고 국정을 마음대로 처리하게 된 연개소문은 몸에 다섯 자루의 칼을 차고 다녔고[10] 누구도 그를 감히 쳐다보지 못했다. 말을 타거나 내릴 때는 땅에 엎드린 무장들의 등 위를 밟고 오르내렸다. 또한 외출할 때면 반드시 의장대를 내보내고 길을 인도하는 사람은 고함을 크게 질러 지나가는 사람들이 모두 자리를 피했다. 그러다 보니 온 나라 사람들의 괴로움이 매우 심했다.

이 기사 내용만 보면 연개소문은 그야말로 전형적인 극악무도한 독재자임에 분명하다. 그러나 당나라 태종이 고구려 침공의 명분을 얻기 위해 수많은 여론조작을 시도했음을 염두에 둔다면 연개소문에 대한 이 기사 또한 그대로 받아들일 수 없음은 물론이다. 따라서 그 이면에 깔린 의미와 고구려와 당나라의 전쟁 기사 속에서 언급된 연개소문에 대한 이야기들을 추려내는 방식으로 그의 전모를 살펴보는 것이 합당할 것이다.

당나라 태종은 애초 연개소문의 국권 전횡을 들어 고구려 침공을 추진하였다. 장손무기(長孫無忌)의 신중론을 받아들여 일시 침공을 연기했던 태종은 돌연 침공 개시로 마음을 바꾸었다. 수나라가 고구려를 침공하는 틈을 타 신라가 점령한 500리의 옛 땅을 되찾고자 고구려가 신라를 압박하고 신라 사신이 당나라에 들어가는 길을 가로막고 있다는 말을 전해 들었기 때문이다.

태종은 일단 외교적 몸짓으로서 사신 상리현장(相里玄奬)을 고구려에 보내 그 중지를 청했으나 연개소문은 완강히 거부했다. 이 보고를 받고 고구려 침공을 결심한 태종은 다시 장엄(莊儼)을 고구려에 보내 최후통첩을 했으나 연개소문은 전혀 동요하지 않았을 뿐 아니라 사신을 가두기까지 하였다.[11]

---

10) 연개소문이 몸에 다섯 자루의 칼을 차고 다녔다는 기사만 보면 그가 모든 사람들에게 위압감과 공포감을 준 인물이라는 평을 면하기 어려울 것이다. 그러나 『한원 翰苑』(권30, 蕃夷部 고려)을 보면, 고구려의 일반 남자들이라면 누구나 몸에 칼 다섯 자루와 숫돌까지 차고 다닌다는 기사가 나온다. 그렇다면 연개소문이 다섯 자루의 칼을 찼다고 해서 위압감과 공포감을 주었다고 보아서는 안 된다. 다만 그는 고구려의 보통 남자들이 하는 대로 했을 따름이다.

11) 당시 자청하여 사신으로 온 장엄은 연개소문에 의해 토굴에 감금되었다가 고구려의 멸망으로 6년 만에 귀환했다(『당서』 권185上, 열전135上 莊儼 ;『신당서』 권

잃어버린 옛 땅을 다시 찾는 것은 고구려로서는 기본 생존권과 관련된 것이었다. 따라서 연개소문이 당 태종의 위협적인 압력을 완강히 거부한 것은 최고 권력자로서 당연한 것으로, 고구려의 강한 민족정신을 계승한 철저한 민족주의자의 면모를 엿보게 해 주는 대목이 아닐까.

그런데 연개소문은 원래부터 당나라와 마찰을 일으킨 것은 아니었다. 이는 그가 도교의 도입을 영류왕에게 건의하여 왕의 이름으로 도사 파견을 당나라에 요청한 것으로도 알 수 있다.

당시 도교는 그 창시자인 노자가 당나라 왕실의 조상이라 하여 극진한 보호를 받고 있었다. 당나라는 즉시 도사를 고구려에 파견하였고 도덕경(道德經) 강론은 영류왕 이하 대신들의 참석하에 매일 성황을 이루어 마침내 불교 사찰이 도사들이 머무는 도관(道館)으로 바뀔 정도였다.

고구려에 처음 도교 수용의 길을 연 연개소문이 도교에 남다른 관심을 쏟은 것은 중국에서 유·불·도가 나란히 발전하고 있음을 보고 고구려에서도 도교의 발전을 똑같이 이뤄 보려는 일념에서 비롯된 것이었다.12)

연개소문이 당 왕실의 보호를 받고 있던 도교의 도입을 역설한 것은 당나라와 외교적 마찰을 일으키려는 생각이 없었음을 보여 주는 것이며, 나아가 고구려 문화를 당나라와 같은 수준으로 끌어올리려 한 것이었다고 이해해야 할 것이다. 이런 면에서 연개소문은 민족주의를 추구하면서도 문화의 세계사적 흐름을 정확하게 감지한 문화의 선각자라는 측면에서 재조명할 필요가 있을 것이다. 지금까지 연개소문은 중국의 역사책에

100, 열전25 莊儼 ; 『신당서』권204, 열전129 方技 袁天綱). 연개소문의 장엄 감금은 당 태종에 대한 강한 적개심을 나타낸 엄숙한 행동이 아닐 수 없다.

12) 연개소문이 역설한 도교의 필요성이 무엇이고 도교가 들어와 기존 종교의 사회적 위치가 어떻게 변했는가에 대해서는 『삼국유사』(권3, 寶藏奉老 普德移庵)의 다음 기사가 참조된다. "[개]금이 아뢰기를, '솥에는 세 발이 있고 나라에는 세 종교가 있는데 신이 보니 우리 나라에는 오직 유교와 불교만 있고 도교가 없어 나라가 위태합니다'라고 했다. 왕은 그렇다고 여겨 당나라에 도교를 구하자 태종은 도사 서달(叙達) 등 여덟 사람을 보냈다. 왕은 기뻐하여 불교 사찰을 도관(道館)으로 삼고 도사를 높여 유사(儒士) 위에 올려 놓았다."

기록된 대로 고구려의 독재자·무인 정도로 알려진 것이 사실이다. 그러다 보니 그가 도교의 도입을 역설한 사실은 별로 알려진 바 없다. 그러나 위에서 살펴보았듯이 도교 도입 노력은 그가 단순한 무인이 아니었음을 보여주는 예로서 주목할 필요가 있다.[13]

어쨌든 도교의 도입과 갑작스런 성행은 기존의 고구려 사람들의 정신과 사상면에서 큰 비중을 차지하고 있던 불교의 세력을 약화시켰을 것임에 틀림없다. 650년(보장왕 9) 이처럼 고구려 사람들이 도교에 큰 관심을 쏟아 고구려에서 불교의 세력이 전만 같지 못하게 되자 위기의식을 느낀 승려들이 한 두 명이 아니었다.

그 중 반룡사(盤龍寺)의 보덕화상(普德和尙)은 백제의 완산(完山 : 전주) 고대산(孤大山)으로 거처를 옮겼다. 고구려 지도층이 앞장서서 받아들인 도교가 앞으로 고구려의 국운을 위태롭게 하리라 생각하여 보장왕에게 도교의 억제를 여러 번 간했으나 거부당했기 때문이다. 다음 기록은 그와 관련된 기사이다.

고구려 말, 즉 당나라 고조의 무덕연간(618~626)과 태종의 정관연간(627~649)에 고구려 사람들이 오두미도(五斗米道 : 병을 치료해 준 대가로 쌀 5되를 받음)를 다투어 받들고 있다는 소식을 당나라 고조가 듣고 도사를 시켜 천존상을 보내고 『도덕경』을 강론케 하자 624년 영류왕과 고구려 사람들이 이를 청강했으며, 다음 해 영류왕이 사신을 당나라에 보내 불교와 도교 배우기를 구하자 고조가 허락했다. 642년 보장왕이 즉위하면서 유·불·도교를 함께 일으키려 하자 연개소문은 도교의 도입과 관련하여 자신의 견해를 보장왕에게 밝혔다. 즉 유교와 불교는 다 번성하나 도교는 번성하지 못하니 특별히 당나라에 사신을 보내 도교를 구하자고 했다. 이때 보덕화상은 반룡사에 있었는데 도교가 불교와 대치하여 국운을 위태롭게 할 것이라고 여겨 여러 번 왕에게 간했으나 듣지 아니하므로 신통력에 의해 방장(승려의 방)을 남쪽 전주의 고대산으로 날려 여기에다 거처를 잡았으

---

13) 『만주국사통론』, 134쪽.

며 얼마 있지 않아 고구려는 망했다.[14)]

이는 그만큼 불교 세력이 도교에 의해 크게 잠식되었음을 보여 주는 것이다.

일종의 종교적 망명을 한 보덕화상의 이후 활동은 불교 세력의 만회에 초점이 맞춰져 사상면에서 도교와 종교적 논쟁을 전개해 나갔다. 보덕은 세력을 키워 나가는 도교의 기본사상인 불로장생설(不老長生說)을 누르기 위해 모든 중생은 불성(佛性)을 가지고 있는 만큼 누구든지 수양만 올바르게 하면 열반의 세계에 들어가 영원히 살 수 있다는 것을 기본사상으로 하는 열반종(涅槃宗)을 열었다.[15)] 이는 크게 유행하여 후일 신라 5교의 하나가 되었다.

이처럼 도교의 도입과 그 성행에 큰 역할을 한 연개소문을 최대의 악인으로 인식시키는 결정적인 계기가 된 것은 바로 시해사건과 집권 그 자체이다. 그런데 과연 중국의 기록처럼 그는 단순히 권력욕에만 사로잡혀 국왕을 시해하고 독재자로 군림하게 된 것일까. 이는 고구려인의 입장에서 다시 검토되어야 할 문제이다.

먼저 이와 관련하여 주의깊게 살펴야 할 것은 여러 대신들과 영류왕이 연개소문을 제거하려 한 이유가 무엇이고 연개소문은 무엇 때문에 국왕과 180여 명의 대신들을 모두 숙청하지 않으면 안 되었는가 하는 점이다.

아다시피 예로부터 정치는 한 사람의 힘만으로 이루어질 수는 없다. 그렇다면 당연히 당시 고구려에는 연개소문파와 영류왕파의 두 집단이 있

---

14)『삼국유사』권3, 寶臧奉老 普德移庵.

15)『삼국유사』권3, 위와 같은 조에, "1092년 승통 대각국사 의천이 고대산 경복사에 있는 방장에 와서 보덕화상의 진영(초상화)에 예를 올리고 시를 지어 이르기를, 열반종의 전수는 우리 스승으로부터라 운운하고 '……방[방장]을 날린 후 동명의 옛 나라가 위태로운 것이 지극히 애석하구나'라고 하고, 시의 끝 부분에 고[구]려 보장왕이 도교에 빠져 불법을 믿지 아니하므로 우리 스승이 방을 날리어 남쪽 이 산에 왔는데……"라고 기록하였다.

었을 것임을 먼저 인정해야 한다. 그리고 이 두 집단은 당시 고구려의 운명과 밀접한 관련을 가진 문제들을 둘러싸고 서로 견해를 달리했을 수 있다.

그런데 수나라와 국가적 운명이 걸린 전쟁을 끝내자마자 등장한 당나라가 강대국이다 보니 고구려의 당면과제는 바로 대당(對唐) 정책일 수밖에 없었다. 이러한 상황에 직면하면 대개 그렇듯이 강경론과 온건론이 나타나고, 타협이 원만히 이루어지지 않는다면 대립은 심각해질 수 있다. 그러면 어느 쪽이 강경파이고 어느 쪽이 온건파에 속하였을까.

당 고조 때만 해도 고구려와 당나라는 착실히 평화공존을 위한 친선관계를 다져 나갔다. 그런데 태종 시대에 들면서 당나라의 고구려에 대한 온건론이 갑자기 강경론으로 변하고, 고구려가 수나라의 침공을 물리친 것을 기념하기 위해 만든 전승기념물 경관(京觀)을 파괴하였다. 고구려도 이에 대응하여 기존의 온건노선을 바꿔 천리장성을 쌓기 시작했다.

부여에서 발해로 이어진 이 장성은 당나라의 침공을 막기 위한 상징물이었고 그런 점에서 보면 공사를 시작한 영류왕과 그 지지자들은 강경파라 할 수 있다(이 장성은 축조 도중에 연개소문에게 공사책임이 넘어갔고 그의 집권 아래서 완성되었다).

영류왕을 중심으로 하는 이 강경파가 연개소문의 제거를 시도하였다가 오히려 연개소문 등에 의해 제거된 것으로 보면 연개소문은 일단 온건파로 보아야 할 것이다. 특히 공사가 한창 진행되고 있던 중에 국왕을 시해한 것은 고구려를 전쟁이라는 위기상황으로 몰아 가고 있던 강경파의 대당 정책에 강한 불만을 가졌기 때문이 아닐까 추측된다.

당시 제거된 강경파의 숫자는 180여 명이 넘었을 것으로 추측되며16)

---

16) 『당서』 고려전을 보면 연개소문에 의해 제거된 강경파 인물이 100여 명으로 나와 있으나 일본측 기록에 의하면 이보다 훨씬 많다. 즉 『일본서기』[권24, 皇極天皇 元年(642)]에 실린 고구려 사신의 말 중에 "大臣伊梨柯須彌殺大王 幷殺伊梨渠世斯等百八十餘人 仍以弟王兒爲王 以己同姓都須流金流爲大臣"이라는 내용이 나온다. 이는 연개소문이 영류왕을 시해하고 보장왕을 세웠음을 전한 것인데, 이때

온건파에 속한 수도 그에 못지 않았을 것이다.

연개소문은 기록에 나타나지 않은 다수의 온건파를 중심으로 정부를 구성하여 실질적으로 고구려를 이끌어 나가는 제1인자가 되었으나 국정을 책임진 정부를 이끈 인물은 따로 있었다. 이에 관해서는 『일본서기』에 나오는 "연개소문이 이리거세사(伊梨渠世斯) 등을 죽이고 이리도수류금류(伊梨都須流金流)를 대신으로 삼았다"[17]는 기사가 참조된다. 같은 책

제거된 인물이 180여 명으로 밝혀져 있다. 이들을 제거한 대신 이리가수미(伊梨柯須彌)는 연개소문의 이역(異譯)이다. 『당서』 고려전에는 연개소문의 성씨가 전(錢) 씨로 되어 있다. 전(錢)은 천(泉)과 음이 통한다. 그런데 『삼국사기』 신라본기 문무왕 6년조의 "高句麗貴臣淵淨土"란 기사로 보나 『신당서』 고려전의 "蓋蘇文弟淨土"란 기사로 보나 연(淵)은 성씨임이 분명하다. 일찍이 안정복(安鼎福)은 저서 『동사강목 東史綱目』(부록 卷上, 考異)에서 연(淵)과 천(泉) 두 글자의 관계를 다음과 같이 밝혔다. "新羅記[『삼국사기』 신라본기]云 高句麗貴臣淵淨土來降通攷[『문헌통고』]云 淵淨土 蘇文之弟 然則其姓淵明矣 唐避高祖諱 以淵爲泉 如以陶淵明爲泉明可知矣." 여기에서 연정토는 소문의 동생이므로 연(淵)은 성씨임이 분명하다. 그런데 '연(淵)'은 당 고조의 휘였으므로 천(泉)으로 바꾸어 쓰게 되었고 그 대표적인 예로 도연명(陶淵明)을 도천명(陶泉明)으로 바꾼 것을 들었다. 이는 인정할 만한 설이다. 개소문의 본래 성이 연(淵)이라고 한다면 '가수미'는 개소문의 이역이며 '이리(伊梨)'의 글자 음은 연(淵)에 가깝다고 할 것이다. 그러므로 '이리가수미'의 원래 음은 Ir ka-sum일 것 같다(앞의 「高句麗討滅の役に於ける唐軍の行動」 註2). 그런데 '이리'가 고구려말로 천(泉)을 뜻한다고 보는 설도 있다(『만주국사통론』, 114쪽). 한편 연개소문의 개소문을 개금(盖金)으로 적은 기록도 있다. 『일본서기』[권17, 天智天皇 3년(663) 10월조]를 보면, "是月[10월] 高麗大臣盖金 終於其國 遺言於兒等曰 汝等兄弟 和如魚水 勿爭爵位 若不如是 必爲隣唉"라는 기사가 있다. 이는 연개소문이 죽기 직전에 아들 3형제에게 남긴, 물고기와 물의 관계처럼 화합하라는 유언내용인데 개금은 천남생(泉男生)의 묘지에서도 보인다. 즉 "父盖金 任太太對盧"라 했듯이 개금은 천개소문(泉蓋蘇文, 伊梨柯須彌, Ir ka-sum)의 개소문(ka-sum)을 말하며, 금(金, koum)은 소문(蘇文, sum)과 음이 통한다. k가 s와 음이 통하는 좋은 예는 『삼국사기』(권38, 직관지)에서 보인다. 신라 17관등 중 제1관등인 이벌찬(伊伐湌, I-peul-khan)의 이칭인 이벌간(伊罰干)이 우벌찬(于伐湌)과 같으며, 각간(角干)은 각찬(角粲)과 같다(위의 논문 註7 참조).
17) 『일본서기』 권24, 皇極天皇 원년(642)조.

에 연개소문이 이리가수미(伊梨柯須彌)로 기록되어 있는 점으로 미루어 대신에 임명된 이리도수류금류는 연개소문의 동족임이 분명하나, 이리도수류금류는 한 사람이 아니라 두 사람의 이름으로 보아야 할 것 같다. 즉 '이리도수류'와 '이리도금류'인 것이다. 연개소문을 뜻하는 이리가수미의 '수(須)'자가 후자에도 들어 있고 '유(流)'자가 한 사람의 이름에 두 번씩 들어갈 수 없다고 보기 때문이다. 아무튼 연개소문은 새로 구성한 정부의 중책을 동족 인물에게 맡긴 것이 명백하다. 그러나 그에게 처형당한 180여 명 중 이리거세사라는 동족의 이름이 있는 것으로 보아 꼭 동족만을 중심으로 국정을 운영한 것으로 볼 수는 없다.

어쨌든 연개소문의 이러한 정권 장악으로 강경파는 중앙에서 일단 모두 제거되었다 하겠으나 지방에는 여전히 온존해 있어 온건파 중심의 중앙정부에 강하게 저항하고 있었다.

특히 가장 완강한 저항자는 주로 수나라와의 혈전시 많은 실전경험을 쌓았던 안시성 등 서부의 성주들이었다. 이들 강경파 인물들이 건재하는 한 정권 유지가 어렵다는 것을 잘 알고 있던 연개소문파는 이들의 저항을 분쇄하는 작전을 펼쳐 이들 성주들을 굴복시키는 데 성공했다(끝끝내 굴복하지 않은 인물은 바로 안시성 성주였다). 이로써 연개소문은 일단 지방의 반대파를 완전히 장악하고 비로소 고구려의 전 지역에 통치권을 미칠 수 있게 되었다. 그리고 완전히 온건파로 구성된 고구려 정권은 당나라에 대해 부드러운 태도를 나타내 보이게 되었다.

당나라는 고구려 내의 이러한 강·온파의 대립 사정에 대해서는 자국과 관련된 문제였기 때문에 잘 알고 있었겠지만, 고구려 침공의 명분만을 찾고 있던 태종으로서는 별문제였다. 따라서 그는 연개소문의 시해사건에만 비상한 관심을 두었다.

강경파를 제거하고 사전에 당나라의 침입을 봉쇄하려 했던 연개소문으로서는 이러한 태종의 행동에 크게 실망하지 않을 수 없었을 것이다. 당나라에 대한 유화적인 태도를 보여주고자 도교의 도입을 그처럼 역설했던 연개소문이 도교 강론까지 폐지했다는 일설도 있는데, 당나라에 대한 배신감에서 나온 듯하다.

결국 연개소문은 강경노선으로 전환하였고, 강력한 강경분자로 이름을 떨친 안시성주 양만춘(楊萬春)과의 불편했던 관계도 개선되었다. 당나라 침공군의 필사적인 포위공격 가운데서 안시성이 끝내 살아남을 수 있었던 것도 연개소문의 적극적인 군사지원을 받았기 때문이라고 할 수 있다.

일설에 의하면 당 태종의 침략군을 완전히 제압한 연개소문은 태종을 앞세운 가운데 양만춘과 함께 당나라 수도인 장안에 입성하여 항복 조건으로 상당한 영토를 할양받았다고 한다. 이는 연개소문이 강경노선으로 급선회하면서 대당나라 정책에서 양만춘과 완전히 일치하여 화합을 보았기 때문에 가능했을 것이다.

그런데 연개소문과 양만춘의 관계가 호전되었다 해서 요동지방의 전열이 전처럼 가다듬어진 듯하지는 않다. 우선 연개소문에 저항했던 성주들의 굴복으로 연개소문파들이 성주 자리를 차지했을 것은 분명하다. 연개소문의 가계가 고구려 동부출신임을 염두에 둔다면 아마도 새 성주들은 동부출신쪽이 많았을 것이다. 이들은 풍부한 전쟁경험을 가진 서부 출신의 구 성주들과 파를 달리하여 대립·반목했을 것이고, 이는 고구려 동서간의 일대분열상을 연출했을 가능성이 높다. 당나라 침공을 앞두고 일어난 이러한 교체와 분열은 필연적으로 고구려의 전력약화를 가져왔음이 분명하다.

대고구려전에서 참패한 태종의 한을 갚고자 벌인 고종의 보복전에서 요동지방의 큰 성 몇 개가 무너지자 연쇄적으로 주변 성들이 싸움다운 싸움도 하지 않고 항복한 것은 이것과도 무관하지 않을 것이다.

결론적으로 강경노선으로 선회하긴 했지만 연개소문이 처음에 온건노선을 추구했었던 것은 동부 출신으로서 수·당나라의 패권주의에 밝지 못한 데서 그 단서를 찾아야 할 것 같다. 원래 중국과 거의 해마다 전쟁을 치르면서 누구보다 중국 실정에 밝았고 당나라와는 최후까지 결전하는 것 외에는 달리 방법이 없다는 확신을 가지고 있었던 서부 사람들에 비해, 아무래도 거리상으로 보아 중국 실정에 어두울 수밖에 없었던 동부 사람들은 온건노선으로 당나라 침공을 방지할 수 있을 것으로 생각하였다.

예컨대 시해사건 1년 전에 고구려의 지리 등 기밀 전반에 걸쳐 고도의 정보수집을 주된 임무로 부여받고 고구려에 합법적으로 들어온 당나라의 사신 진대덕(陳大德)으로부터 서역의 호조국(高昌國)이 당나라에게 멸망 당하였다는 말을 전해 들은 연태조(연개소문의 아버지)가 진대덕이 머물던 객관(客館)으로 세 차례나 찾아와 예를 베푼 것도 이와 관련이 있었다.

이는 연태조가 당나라에 대해 겁을 먹었기 때문인 듯하다. 연태조의 이러한 점과 반드시 일치하는 것은 아니지만, 당나라에 정치적 망명을 한 연남생(연개소문의 맏아들)은 온순·후덕하며 예의바른 인물로 묘사되고 있는데[18] 이는 할아버지의 온건한 성품을 닮은 듯하다. 중국측 기록에서 한결같이 악인으로 묘사된 연개소문도 온순한 성품이 아니었나 추측해 볼 수 있다. 실제로 『환단고기』에 인용된 『조대기 朝代記』에서는 연개소문을 다음과 같이 말하고 있다.

얼굴과 모습이 웅장하여 의기가 호탕하고 항상 사병과 함께 거적을 깔고 자며 몸을 아끼지 않고 맡은 일에 성의를 다하는 인품을 지녔다. 상은 반드시 나누어 주고 정성과 믿음으로 두루 보살피며 마음을 주는 아량이 있었다. 사람들은 모두 감복하여 다른 생각을 품는 사람이 하나도 없었다. 법을 쓰는 것이 엄격하고 밝아 귀천을 가리지 않고 한결같이 대하며 범법자가 있으면 가차없이 다스리며 큰 어려움을 당해도 조금도 놀라지 않았다. 당나라 사신과 대화할 때도 뜻을 굽히지 않으며 항상 자기 민족을 음해하는 사람을 소인이라 하고 당나라 사람을 능히 대적하여 당나라 사신도 그를 영웅시했다. 기쁜 일이 있으면 천한 사람을 가까이 하며 노하면 권세 있고

---

18) 『삼국사기』 연개소문전.

귀한 사람도 모두 벌벌 떨었다. 실로 한 세상의 쾌걸이었다.

이는 연개소문은 선인으로서 고구려의 모든 사람들로부터 존경을 한몸에 받고 있었음을 보여 주는데, 당나라 입장에서는 이러한 연개소문을 다루기가 결코 쉽지 않았을 것이다. 당나라가 필사적으로 그를 악인으로 묘사한 것도 이 때문일 것이다. 『삼국유사』에는 당나라가 연개소문에 대해 품고 있던 증오심이 얼마나 컸는가를 보여주는 예[19]를 소개하고 있는데 다음과 같다.

①『당서』에 의하면, 수나라 양제가 고구려의 요동을 정벌할 때 양명(羊皿)이란 비장(裨將)이 싸움이 불리해져 죽음을 눈 앞에 두게 되었는데 그때 맹세하며 말하기를, 내 혼은 반드시 고구려의 총애받는 신하로 되어 그 나라를 멸망시키겠다고 했다. 개씨(蓋氏 : 개소문)가 권력을 마음대로 휘두르자 개(蓋)로써 씨를 삼으니 양명(羊皿 : 두 자를 합친 것이 蓋)의 응함이라 했다. ② 고[구]려 고기를 보면, 수나라 양제가 대업 8년(612) 30만을 거느리고 바다를 건너 쳐들어 와 614년 영양왕이 국서를 보내 항복을 청했다. 그때 몰래 품 안에 조그만 활을 감춘 사람이 사신을 따라 양제가 탄 배에 올라타 양제가 이 국서를 읽는 사이 활을 잡아당겨 가슴을 맞추었다. 양제가 회군하려 할 때 좌우에 이르기를, 내가 천하의 주인이되어 친히 소국을 정벌하다가 이(利)를 보지 못했으니 만대의 웃음거리라 했다. 이때 우상 양명이 아뢰기를, 신은 죽어 고[구]려의 대신이 되어반드시 그 나라를 멸망시켜 제왕의 원수를 갚겠다고 했다. 과연 그가 죽은 뒤에 고[구]려에 태어났는데 매우 총명했다. 그가 15세 나던 해 무양왕(미상)이 그의 어짐을 듣고 불러들여 신하로 삼았는데 자칭 성을 개(蓋), 이름을 금(金)이라 했다. 지위가 소문(蘇文)까지 이르렀는데 곧 시중 자리이다.

이 이야기에 따른다면 연개소문은 그 전생이 수나라의 양명이란 사람

---

19)『삼국유사』권3, 寶藏奉老 普德移庵.

으로서 ①에 의하면 612년 수 양제의 요동 침공 당시 비장이었고, ②에 의하면 614년 고구려가 항복을 청할 때 우상이었다고 하지만 같은 인물로 보인다. 사망 시기와 고구려에 대신으로 태어나 고구려를 망하게 만들겠다는 유언이 일치하기 때문이다. 그렇다면 고구려를 망하게 만든 인물은 연개소문이고 그의 전생이 양명이므로 결국 고구려의 멸망은 양명이 전생에 고구려에 대해 품은 증오심과 적개심의 결과라는 말이 된다.

일연이 이러한 내용을 실은 것은, 연개소문의 윤회전생을 소개하려는 데 목적이 있었다기보다 당나라가 연개소문에 대해 품은 증오심이 얼마나 강했는지를 일깨우려는 일념에서였을 것이다.

어쨌든 집권 이후 강경노선을 견지하며 당나라의 침공으로부터 고구려를 구해 낸 연개소문의 사망(666)은 고구려로서는 커다란 타격이었다. 이제 고구려의 운명은 비상시국에 권력을 이어받은 연개소문의 세 아들에게 맡겨지게 되었다.

제3절 삼형제의 내분문제

연개소문과 관련된 기록에 의하면 그는 맏아들 남생(男生), 둘째아들 남건(男建), 막내아들 남산(男産) 삼형제를 두었다. 그는 사망하기 직전 아들들에게 굳은 우애를 크게 강조했고, 그 내용은 『환단고기』에 자세히 실려 있다. 즉 "너희들 형제는 서로 사랑하기를 물과 물고기처럼 하거라. 화살이 합치면 강하고 이를 나누면 부러진다. 이제 죽으려는 사람의 말을 반드시 잊지 말고 이웃나라 사람의 웃음거리가 되지 않도록 하라."

중국의 역사서나 우리의 『삼국사기』에도 전혀 등장하지 않는 이 내용은 『일본서기』에도 "너희들 형제는 물고기와 물처럼 화합하고 작위 싸움을 하지 말라. 만약 이대로 안하면 반드시 이웃나라 사람들의 웃음거리가 되느니라"[20]라고 소개되어 있어 주목을 끈다.

그런데 중국측 기록에서는 연개소문이 사망한 후 애초부터 정권욕에 눈이 멀었던 이들 삼형제가 서로 헐뜯고 화목하지 않았다고 주장하고 있다. 과연 권력욕 때문만이었을까. 이들 삼형제 간의 불화에 개입된 또다른 요소나 계기 같은 것은 없었을까. 실제로 기록을 잘 살펴보면 그들 간의 우애를 이간질한 불순세력이 있었음을 짐작케 하는 대목이 엿보인다.

즉 먼저 두 아우에게, 그리고 나중에 맏아들을 찾아가 혹자(或者)가 이간질했다는 기록이 그것이다.[21] 맏아들 남생은 아홉 살 때 선인(先人)이 된 후 중리소형(中裏小兄 : 당나라의 謁者)을 거쳐 중리대형(中裏大兄) 벼슬에 올랐다가 중리위대형(中裏位大兄)이란 자리에 있을 때 아버지의 죽음으로 막리지에 오르고 군사대권을 맡게 되면서 대막리지까지 되었다.

남생이 연개소문의 사망 후 정국을 수습코자 평양성을 떠나 실정을 살피고 있는 시기를 틈타 불순세력은 두 아우를 찾아가 맏형이 두 아우를 제거하려 한다는 말로 사이를 갈라놓았다. 아우들은 처음에 이 말을 믿지 않았다.

이 불순세력은 민정을 살피고 있던 남생에게도 직접 찾아가 똑같은 방식으로 이간질을 하였다. 이에 남생은 사람을 평양성으로 들여보내 동정을 살피게 하였고, 불순세력이 전해 준 말 그대로임을 알게 되었다. 결국 평양성으로 돌아갈 수 없게 된 남생은 국내성으로 달아나 잠시 안정을 취하다가 따르는 무리들을 거느린 채 거란군·말갈군과 함께 당나라로 들어가기로 작정하고 그 전에 먼저 아들 헌성(獻誠)을 당나라에 들여보냈다. 그런데 평양성에 있던 아들 헌충(獻忠)이 두 아우에게 살해되는 사건이 발생하자 남생은 바로 당나라에 들어가기로 결심했던 것이다.

---

20)『일본서기』 권27, 天智天皇 卽位前紀.
21)『삼국사기』 권49, 열전9 [연]개소문.

이런 기회가 오기를 기다리고나 있었다는 듯이 당나라는 즉각 구원의 손길을 내밀어 그를 맞아들였다. 이를 기회로 가물성(哥勿城)·남소성(南蘇城)·창암성(蒼岩城) 등 고구려 서부의 성이 남생을 따라 당나라에 투항하였다.[22] 연정토가 남쪽의 신라로 망명한 것도 남생의 이 망명과 무관하지 않은 듯하다.[23]

애기를 다시 처음으로 돌려보자. 대막리지가 되어 3군대장군을 겸해 전국을 순시하는 길에 오른 남생은 두 아우에게 나랏일을 맡겼다. 애초부터 두 아우를 제거할 생각이었다면 이러한 모험을 감행했을 리가 없다. 남생이 평양에 없는 사이 두 아우도 불순세력의 귀띔을 전해 듣고 처음에는 이를 믿지 않았다. 이것으로 보면 남생 등 삼형제가 애초부터 불화했다는 주장은 믿기 어려워진다.

그런데 불순세력의 거짓말에 결국 삼형제가 말려들었다는 것은 집요한 공작 때문이었을 것이다. 그렇다면 불순세력은 항상 이들 형제 주변에서 맴돌던 측근 인물이거나 집단일 것이다. 구체적으로 그들은 어떤 세력이었을까.

관련기록이 없다 보니 이들을 가려내기란 쉽지 않으나, 연씨 삼형제를 이간시키는 일이 고구려의 운명과 밀접하게 연관되어 있을 것임을 모르지는 않았을 것이다. 거기에 연개소문이 사망하자마자 기다렸다는 듯이 움직인 것을 보면 연개소문과도 관련이 있을 수 있다. 그런데 연씨 형제

---

22) 남생은 당나라에 정치적 망명을 할 때 국내성 등 6성의 10여만 호를 이끈 외에 많은 서적도 함께 가지고 갔다(「천남생 묘지」).

23) 666년(문무왕 6) 12월에 신라에 망명한 연개소문의 동생 연정토는 남생이 당나라에 망명을 요청한 666년 6월 이전에 이미 당나라에 망명 요청을 한 적이 있다(『신당서』 권220, 고려전). 당시 연정토가 당나라에 망명하지 못한 이유는 알 수 없으나 고구려가 망하기 몇 달 전에 당나라에 들어간 기회를 이용하여 당나라에 눌러앉음으로써 다시 신라에 돌아오지 않았다(『삼국사기』 권6, 신라본기 문무왕 8년조). 연정토가 애초에 당나라 망명을 자청한 점이나 그 시기가 남생과 같을 뿐 아니라 결국 당나라에 눌러앉은 것 등으로 보아 연정토의 망명은 남생의 망명과 무관하지 않은 듯하다.

가 이간질에 쉽게 넘어간 것으로 보면 당나라 같은 외부세력이라고 보기는 어렵고 아마 연개소문의 대당정책에 불만을 가졌던 내부 불순세력[24] 이었을 가능성이 높다.

그렇다면 연개소문에게 불만을 품을 만한 집단으로는 먼저 그의 주장에 따라 수용된 도교 때문에 세력이 약화된 불교를 떠올릴 수 있다. 실제로 세력이 위축된 불교계에서는 강한 불만을 드러내었다. 당시 고구려의 불교계를 이끌던 보덕화상(普德和尙)이 백제땅으로 망명하고 도교와 사상적 논쟁을 벌이기도 한 것이 그 단적인 예이다.

그러나 그것은 일면만을 본 것이다. 예컨대 평양성이 한 달 이상 당나라군의 포위공격을 받게 되었을 때 보장왕은 연남산과 수령 98명으로 하여금 백기를 들고 이세적에게 항복케 하였다. 그러나 연남건은 계속 항전하다가 군사권을 승려 신성(信誠)에게 넘겨준 일이 있다.

신성은 측근과 함께 몰래 사람을 이세적에게 보내 내통하기로 약속한 지 5일 만에 성문을 열어 주었다.[25] 이로써 고구려는 최후를 맞이하게 되었다. 이처럼 고구려 최대의 비운을 불러들인 승려에게 연남건이 군사권

---

24) 이 불순세력에 대해 『삼국사기』는 '혹자(或者)'라고만 하여 추상적으로 처리했으나, 『일본서기』(권27, 天智天皇 즉위前紀)에는 다음과 같은 구체적인 기록이 나와 있어 주목을 끈다. "六年冬十月 高麗大兄男生 出城巡國 於是城內二弟 聞側助士大夫之惡言 柜而勿入 由是男生奔入大唐 謀滅其國." 이에 따르면 삼형제를 "측근에서 보좌하는 사대부(士大夫)"가 불순세력이었다. 그런데 당시 고구려에는 사대부란 명칭이 있었다는 기록이 없으니 만큼 이것이 무엇을 뜻하는지 가리기 매우 힘들다. 사대부는 봉건제후의 가신(家臣)이다. 만약 고구려에 사대부가 있었다면 봉건제가 존재해야 한다. 북한에서는 고구려 말기를 제외한 시대에 봉건제가 존재했었다고 보고 있다. 그러면 말기는 중앙집권시대이므로 봉건제가 있었다고 하기 어렵다. 그러므로 중앙집권시대의 사대부라고 해석할 수도 없다. 여기서는 일단 삼형제 주변에서 맴돌며 정치적 조언을 할 수 있는 측근세력 정도로 이해하고자 한다.

25) 「천남생 묘지」를 보면, 승려 신성이 직접 내통한 것이 아니라 남생이 은밀히 신성 등과 내통한 것으로 되어 있다. 남생은 당나라에 망명했으나 고구려땅이 당나라군에 의해 크게 유린당할 것을 막기 위해 신성과 내통하였고, 신성은 절차상 이세적에게 사람을 보내 항복 결심을 통고했던 것이다.

을 맡겼다는 것은 어느 모로 보나 집권층과 불교계의 관계가 호전되었음을 보여주는 것이다. 실제로 불교계의 불만은 태종의 고구려에 대한 침략 야욕을 뒤늦게 확인한 연개소문이 도교의 강론을 폐지하고서부터 크게 누그러졌다.

그렇다면 여기에서 오히려 다른 문제가 생긴다. 해묵은 불만을 털어버렸을 승려가 왜 성문을 열어 주었는가 하는 문제이다. 당시 불교계가 다시 세력을 회복하고 국가를 위기에서 구해내야 할 사명을 저버리지 않았을 것[26]임을 염두에 둔다면 더욱 의문이 생긴다.

이는 신성 개인으로서라기보다는 불교계 전체의 문제로 살펴보는 것이 타당할 것이다. 우선 이미 패배가 결정된 상태에서 끝까지 항전한다면 평양성의 주민을 포함한 전체 고구려인이 받을 피해가 엄청날 것은 물론이고, 불교계로서도 패배 후 당연히 예상되는 도교 세력의 강화로 치명적 손실을 피할 수 없게 될 것이다. 그럴 바에야 성문을 열어 항복함으로써 예상되는 고구려인의 피해를 최소화시키고 동시에 불교계의 자구책을 마련하려 했던 것은 아닐까.

실제로 결사 항전하다가 어쩔 수 없이 군사권을 승려에게 넘겨준 연남건이 포로의 몸이 되어 중국 내지인 검주(黔州)로 유배당했던 데 비해, 신성은 '은청광록대부(銀靑光祿大夫)'라는 당나라의 작위까지 받았다. 이것만 갖고 단언하기는 어렵겠으나 신성의 행동이 고구려 불교계의 손실을 최소화시키는 데는 일정하게 공헌을 한 것은 분명한 듯하다.

불교계의 상황이 이러했다면 연개소문에게 불만을 품을 만한 가장 유력한 세력은 바로 연개소문의 강경노선 선회와 함께 폐지된 도교측이 될 것이다. 이들은 연개소문의 사망과 함께 실권을 쥐게 된 연씨 삼형제를 이간질시킴으로써 고구려를 멸망으로 몰고가려 했을 것이다.

---

26) 당 태종의 침공으로 고구려가 위기에 처하자 승군이 무기를 들고 침략군과 싸운 사실을 보여 주는 기사가 『고려사』(권113, 열전26 최영)에 실려 있다. 이 기사에 따르면 고구려가 승군 3만을 동원하여 당나라 침략군을 격파시켰다는 것인데 이 사실을 밝힌 인물이 최영 장군이므로 사실임에 틀림없다.

제4절 고구려의 멸망 이후

나라가 망해도 백성들은 어디서든지 살아가기 마련이다. 이것이 역사의 법칙이다. 고구려가 만주땅 대부분을 통치함으로써 이 곳을 생활터전으로 삼았던 소수민족들은 고구려를 그들의 나라로 인정하여 발전을 뜻하는 고구려의 영토확장 대열에 적극 가담해 왔다. 고구려의 멸망은 고구려 민족[맥족]에게만이 아니라 그 통치하에 있던 소수민족들에게도 타격을 주었다. 특히 고구려의 발전과정에서 크게 활약한 말갈족은 더욱 그러하였을 것이다. 그러나 그것도 잠시, 이들은 다시 본연의 상태로 돌아갈 수 있었다. 말갈족의 주된 거주지역에는 당나라의 통치력이 미치지 않았기 때문이다.

그러나 고구려 민족은 나라가 망한데다가 당나라의 정치적 억압과 간섭으로 많은 사람들이 중국의 내지로 끌려가 핍박 속에서 낯선 객지생활을 해야 하는 등 그 민족적 비극은 형용하기 어려울 정도였다. 따라서 고구려 유민 중 일부는 당나라의 이러한 억압정치를 피해 당나라의 통치가 미치지 않는 지역, 예컨대 신라·돌궐·말갈 등지로 흩어졌다.

고구려의 멸망을 앞두고 미리 살 터전을 찾아나선 예로는 연개소문의 동생 연정토가 12성[27]을 들어 신라로 망명한 것을 들 수 있다. 당시 그를 따라온 사람은 3,543명(763戶)이었다.[28] 이는 발해국 멸망 몇 해 전에 발해국 사람들이 다수 고려에 망명한 것과 성격상 유사하다.[29]

고구려가 멸망한 이후 처음 신라로 망명한 인물은 669년 보장왕의 서

---

27) 12성의 소재지는 신라와 접경한 철령(鐵嶺 : 함경남도)의 남쪽지방이다[『眞興王의 戊子巡境碑と新羅の東北境』(朝鮮總督府古蹟調査特別報告 第6冊), 41~42쪽].
28) 『삼국사기』 권6, 신라본기6 문무왕 6년조.
29) 서병국, 1990, 『발해 발해인』, 일념사.

자인 안승(安勝)[30]인데 그는 이때 4천여 호의 주민을 데리고 왔다.[31] 연
정토와 고안승을 따라온 사람들을 합쳐 계산하면 23,500여 명이 넘는다.
이는 신라에서 공식적으로 확인한 것이고 확인되지 않은 유민은 이보다
더 많았을 것이다. 신라로 들어온 이들 유민은 신라와의 지리적 관계상
고구려 남부지방의 주민이 대부분이었을 것이다.

중국의 경우에는 고구려와 적대관계였던 탓으로 자발적으로 들어간 유
민은 극소수였고, 대부분이 끌려간 것이었다. 그 숫자는 기록에 남아 있
어 비교적 정확한데, 669년 4월 당 고종은 38,300호(약 191,500명)를 강회
(江淮 : 양자강과 회수)의 남쪽지방과 산남(山南 : 태행산 남쪽), 장안 서
쪽에 있는 여러 주의 황무지에 강제 이주시켰다.

677년 고종은 보장왕을 요동도독에 임명하고 조선군왕에 봉해 요동으
로 돌아가 남은 유민을 보살피게 했는데 이보다 먼저 중국의 내지에 끌
려가 있던 유민들을 모두 요동으로 돌려보냈다. 그런데 보장왕은 요동에

---

30) 안승의 신분을 둘러싸고는 여러 가지 설이 있으므로 정리할 필요가 있다. ① 고구
려 대신 연정토의 아들이라는 설(『삼국사기』 권6, 신라본기 문무왕 10년 6월조)
② 보장왕의 외손자라는 설(『신당서』 권220, 고려전 ;『자치통감』 권201, 唐紀17
함형 원년 4월조 ;『통전』 권186) ③ 보장왕의 서자라는 설(『삼국사기』 권22, 고구
려본기 보장왕下 총장 2년 2월조). ② · ③설에 의하면 안승은 고구려 왕족임에 틀
림없다. 그런데 연정토는 연개소문의 동생이므로 안승이 그의 아들이라는 것은
잘못이다. 안승은 670년(문무왕 10) 8월 고구려왕에 봉해졌는데 그 책명문에는
"高句麗嗣子安勝公 先王[寶臧王]正嗣 唯公而已 主於祭祀 非公而誰"라고 되어
있었다. 안승이 보장왕을 계승한 유일한 인물이므로 선왕의 제사를 주관해야 한
다는 것이다. 원래 서자나 외손자에게는 사자(嗣子)나 정사(正嗣)란 표현이 적절
하지 않지만 문무왕은 그를 고구려왕에 봉했기 때문에 이러한 표현을 쓴 듯하다.
전체적으로 보아 안승은 보장왕의 나이 어린 서자가 아니었을까 추측된다.
31)『삼국사기』 권22, 고구려본기10 보장왕下 唐 總章 2년조. 699년 반당투쟁의 횃불
을 든 검모잠(劒牟岑)에 의해 왕에 추대된 고안승은 당나라군과 싸우다가 검모잠
을 죽이고 신라로 들어왔는데 그를 따라 온 사람은 2만 명 정도였다. 그 후에도
고안승 휘하의 유민군은 안시성 · 평양성 등지에서 4년간 항전을 했는데 여의치
않게 되자 평양성의 유민군은 신라로 들어왔다. 그 수를 알 수는 없으나 적지 않
았을 것이다.

서 말갈과 함께 반란을 일으키려다 사전에 발각되는 바람에 공주(邛州)로 추방되고 보장왕을 따르던 유민들은 중국의 하남(河南 : 황하 남쪽)과 농우(隴右 : 감숙성 동쪽)로 다시 강제 이주되었다. 당시 요동지방의 유민들이 보장왕과 함께 반란을 일으키려다 실패하여 중국 내지로 다시 강제 이주당한 것이므로 그 숫자는 제1차 이주 때보다 훨씬 많았을 것이다.

　단 노약자와 가난한 사람들은 당나라 발전에 이용가치가 없다고 보아 요동지방에 그대로 살게 했다.[32] 따라서 당나라가 필요하다고 판단하면 언제든 상황이 달라질 수 있었다. 관련기록을 보면 옛 땅에 남은 유민들은 끝내 불안함을 견디다 못해 돌궐과 말갈땅으로 흩어졌다[33]고 한 것도 이 때문이며, 이에 따라 요동의 고구려 유민은 점점 수가 줄어들었다.[34]

　『통전』(권186)은 무리들[고구려 유민]이 신라와 말갈로 흩어져 들어가고 옛 땅은 모두 말갈로 편입되었다는 기록을 남기고 있다.[35] 그런데 같은 상황인데도 『당회요 唐會要』(권95, 고구려)는 그 옛 땅이 모두 신라로 편입되었다 하고, 같은 『당회요』(권73) 안동도독부조에서는 제번(諸蕃 : 고구려의 통치를 받았던 북방계 소수민족)에 편입되었다고 말하고 있다. 여기에서 신라에 편입되었다는 것은 고구려 남부지방의 땅을 말하며 제번에 편입되었다는 것은 압록강 이북지방을 말하는 것으로 구분을 지어 이해해야 한다.

　신라로 들어온 고구려 유민은 부분적으로 통계가 나와 있는데, 고안승이 신라로 들어온 이후 계속 반당투쟁을 벌였던 유민들이 그 수는 알 수 없으나 신라로 들어왔고 또한 고구려의 남부지방이 신라로 편입되었다는 여러 기록들을 종합해 보건대, 상당수의 고구려 유민들이 신라땅으로 들어왔음을 짐작할 수 있다.

---

32) 『신당서』 권220, 고려전.
33) 『발해 발해인』 ; 『신당서』 권220, 고려전.
34) 『당서』 권199상, 고려전 ; 『책부원구』 권1000, 外臣部 亡滅 ; 『자치통감』 권202, 唐紀18 고종 의봉 2년조.
35) 『통전』 권186, 邊防2 東夷下 고구려.

『통전』에서 고구려의 옛 땅이 모두 말갈로 편입되었다고 한 것은 당나라가 압록강 이북의 고구려땅을 다스리지 못했다는 관련기록이 있는 것으로 보아 확실하다. 그렇다 해서 고구려 유민들이 말갈족에게 동화되었다고 보아서는 안 된다. 오히려 일찍이 말갈족을 통치했던 고구려 민족이 말갈땅에 들어옴으로써 말갈족의 생활과 문화수준은 그만큼 향상되었을 것이라고 보는 편이 합리적일 것이다.

말갈족은 7부족으로 나뉘어 있었는데 그 안에는 고구려에 복속된 부족도 있었다. 예컨대 백산(白山) 말갈은 본래 완전히 고구려에 예속되어 있다가 고구려가 멸망하자 많은 수가 고구려 유민들과 운명을 같이하여 당나라로 끌려갔다. 고구려에 협력을 아끼지 않았던 박돌(泊咄)·안거골실(安居骨室) 같은 말갈도 역시 고구려의 멸망과 함께 흩어져 그 세력이 미약해졌다.[36]

전체적으로 보아 전 말갈 부족 중 약 반정도가 고구려의 멸망과 함께 그 세력이 크게 약화된 것으로 보인다. 그럼에도 불구하고 고구려의 옛 땅이 당나라가 아닌 말갈에 편입되었다는 것을 보면, 당나라의 통치력이 미치지 않는 지역이 매우 넓었음을 알 수 있다. 바로 이 지역에서 고구려 유민들에 의해 발해국이 건국되었다.

그런데 이 넓은 지역은 당나라의 통치가 미치지 않았던 만큼 고구려에 예속되었던 북방계 소수민족들은 이 곳에서 본래의 생활습관을 지키며 살았을 것이 분명하다. 말갈족이 대표적 예라 할 수 있으며 거란족도 마찬가지였다.『통전』에는 돌궐의 압력을 받은 거란족 1만여 호가 고구려땅으로 들어와 그 통치를 받았다는 기사가 보이는데, 고구려가 멸망하면서 이들 거란족은 본래의 생활로 돌아가게 되었을 것이다.

당나라의 강제이주 정책이나 자발적인 망명·이주로 흩어진 이들 외에도 여전히 원래의 생활터전에서 삶을 이어나간 고구려 유민들이 있었다. 후에 당나라를 폐하고 주(周)나라를 세운 측천무후는 집권 2년인 686년

---

36)『당회요』권96, 말갈.

에 보장왕의 손자 보원(寶元)을 조선군왕에 봉하고 698년에 다시 충성국왕(忠誠國王)에 봉하여 요동에 그대로 살고 있는 유민들을 다스리게 했다. 그러나 어쩐 일인지 보원은 이 요동땅으로 오지 않았다. 아마도 이들 유민을 대할 면목이 없었기 때문인 듯하다. 다음 해 안동도독에 임명된 보장왕의 아들 덕무(德武)가 요동의 유민들을 다스렸는데 이 때부터 스스로 돌궐과 말갈 등지로 흩어진 유민이 많아져 유민의 수는 점차 줄어들었다.[37]

이처럼 요동의 고구려 유민이 줄어들게 되자 주나라의 조종을 받던 보장왕계는 통치자로서 단절된 듯하다.[38] 그러다가 후에 점차 면모를 갖춘 나라로 발전하여 당나라 헌종 원화(元和) 13년(818) 당나라에 사신을 보내 악공(樂工)을 바치기도 했다.[39] 이렇게 보면 요동에는 고구려 유민이 계속 살고 있었으며 적어도 134년(684~818) 동안 여기에 나라가 존속했음을 알 수 있다.

고구려 유민은 당나라 말기에 일어난 큰 혼란을 틈타 다시 자립하여 나라를 세웠다. 새로 세워진 이 나라는 고덕무계의 나라와 모종의 관련이 있는 듯하다. 『구오대사 舊五代史』는 새 나라의 건국과 관련하여 군장[왕]의 성은 고씨라 했고(前王姓高氏),[40] 『신오대사 新五代史』도 그 왕의 성이 고씨라 했으며(其王姓高氏),[41] 『송사』 고려전의 기록(其主高氏)이나 『책부원구』 외신부(外臣部)의 기록(其王姓高)도 모두 마찬가지 내용을 담고 있다. 특히 『신오대사』의 경우에는 중국과의 관계까지 구체적으로 설명하고 있다. 즉 후당(後唐)의 장종(莊宗) 동광(同光) 원년(923), 국호와 왕의 성명이 '역사에서 상실된' 이 나라가 정사인 광평시랑(廣平侍郎) 한신일(韓申一)과 부사인 춘부소경(春部少卿) 박암(朴巖)을 후당

---

37) 『당서』 권199상, 동이 고려.
38) 『당서』 권199상, 고려전.
39) 『삼국사기』 권22, 고구려본기10 보장왕下 ; 『신당서』 권220, 고려전.
40) 『구오대사』 권138, 외국열전2 고려.
41) 『신오대사』 권74, 四夷附錄3 고려.

에 파견했다는 것이다.

사신을 파견한 이 나라는 사실 고려이며 왕은 태조 왕건이었다.[42] 그럼에도 불구하고 『신오대사』뿐 아니라 『고려사』(권1, 세가 태조)에조차 이들이 고려 태조에 의해 파견되었다는 기록이 나와 있지 않다. 어찌 된 일일까.

왕건이 고씨의 왕위를 계승했다고 한 『송사』 고려전의 기록이나, 왕건이 고려[고구려]의 대족(大族)이었다는 『신오대사』 고려전의 기사는 이 문제를 푸는 실마리가 될 듯하다.

대족이란 큰 성씨족으로 왕족과 귀족이 모두 여기에 해당된다. 왕건이 고구려의 대족 출신이라고 밝힌 『신오대사』 고려전은 발해국을 세운 대조영을 '귀족' 출신으로 나타내고 있다. 만약 왕건이 대조영과 같은 출신이었다면 마찬가지로 귀족이라고 소개했을 것이다. 따라서 대족 출신이라는 것은 왕건이 바로 고구려의 왕족 출신이라는 것을 말해 주는 것이다. 그러므로 왕건은 동방의 대족, 즉 고구려의 왕족 출신으로서 멸망한 고구려 고씨의 왕위를 계승했다고 풀이할 수 있다. 그래서 『구오대사』가 이 나라 왕의 성씨를 전 왕성인 고씨라 하고 『송사』 역시 고씨라 했던 것이다. 그런데도 『신오대사』 고려전은 아예 그 국왕의 성명을 역사에서 잃어버렸다고 했다.

우리나라의 『고려사』[43] 기록에도 『신오대사』와 같은 맥락의 내용이 언

---

42) 박암은 923년(고려 태조 6) 6월 계사일에 오월국문사(吳越國文士)로서 고려에 내투했다(『고려사』 권1, 세가 태조). 그러므로 박암을 후당에 부사로 파견한 시기는 같은 해 6월 이후가 분명하나 『고려사』에는 박암 등이 후당에 파견된 기사가 없다. 내투한 박암을 후당에 사신으로 파견한 것은 그가 내투인이므로 중국의 실정에 밝은데다가 언어와 문장 면에서 우수한 능력을 갖고 있었기 때문으로 풀이된다. 『신오대사』 고려전은 박암 등이 후당에 파견된 것이 923년(장종 同光 원년)이었다고 하면서도 파견한 국왕의 성명은 역사에서 상실되었다고 했는데, 이는 가당치 않다. 동광 원년은 고려 태조 6년이므로 박암 등을 파견한 국왕은 분명 고려 태조이다.

43) 『고려사』 권2, 세가 태조 16년 3월 신사조

급되고 있다. 즉 후당 명종이 왕건을 책봉한 세 조서 안에서 "……아아 권지고려국왕사 건(建)은 주몽이 건국한 전통을 계승하여 그 곳의 임금이 되었으며……", "당신은 동방의 대족이요 해외의 강국으로서……"라고 하여 주몽과 왕건이 혈족관계에 있음을 짐작케 해 주고 있다. 단 후당이 933년 책봉조서에서 '왕건'이라고 한 것은 932년 왕건이 후당에 사신을 파견하여 고건을 왕건으로 바꾸었음을 알려 주었기 때문일 것이다.

또한 같은『고려사』[44]에 고려 말기의 사람들이 왕건과 동명왕의 관계를 어떻게 보았는지를 짐작케 해 주는 기사가 나와 있다. 즉 "태조는…… 가끔 서도에 거동하여 친히 북방변경을 순찰했으나 그의 뜻은 역시 고구려 동명왕의 옛 강토를 우리 나라의 귀중한 유산으로 확신하고 반드시 이를 석권하여 가지려고 했던 것이었다……"(계묘 26년 5월 병오, 이제현 편)는 충선왕의 말이 그것이다. 이는 단순히 고려 태조가 고구려의 옛 땅을 차지하려 했다는 것을 말하는 것이 아니고 왕건이 동명왕의 혈족이므로 조상의 옛 땅을 차지하려 했다는 내용으로 보아야 할 것이다.

이 모든 점으로 보건대 923년 박암 등을 사신으로 파견한 왕은 분명 고려 태조이고 당시에는 '고건'이라는 성명을 사용했을 것이다. 우리가 익히 알고 있는 '왕건'이라는 성명이 등장한 것은『신오대사』및『송사』고려 전을 보건대, 후당의 명종 장흥 3년(932)부터이며 이 때 왕건은 권지국사 (權知國事)로서 후당에 사신을 파견하였고 후당은 그를 고려국왕에 책봉한 것으로 되어 있다.

그러면 왕건은 무엇 때문에 고씨에서 왕씨로 성씨를 바꾸었을까. 주몽은 구려족의 민족국가인 고구려를 세운 직후 고씨를 자신의 성씨로 정했다. 이로써 주몽의 성씨는 국호의 첫자와 일치되었다. 중원국가의 승인이라는 절차를 밟음이 없이 세워진 고구려인지라 건국자 성씨와 국호의 첫자가 일치된 것이나, 고려 건국의 경우는 사정이 같지 않았다. 즉 고려는 후당의 외교적 승인이 예정된 만큼 건국자의 성씨가 국호의 첫자와 일치

---

44)『고려사』권2, 세가 태조 2.

하는 것을 의도적으로 피했다. 전통적으로 중국에서는 그러한 예가 없었기 때문이다. 따라서 고씨가 다른 성씨로 바뀌어질 수밖에 없었다.

그러한 상황에서 고건이 왕씨 성으로 바꾼 것은 자신이 고구려의 왕족 출신임을 알고 있었기 때문인 것으로 판단된다.[45]

왕건은 신라 땅으로 들어온 고구려 유민의 후손 가운데 한 사람으로 자신이 고구려의 왕족 출신이라는 사실을 조상의 말을 통해 잊지 않고 있었기 때문에 918년 나라를 세우고 조상들의 나라였던 고려를 그 이름으로 삼았던 것이다.

중국에서 당나라의 멸망으로 세워진 후양에 이어 후당이 건국되자 왕

---

45) 고려 태조의 본래 성이 무엇이었는가는 고려시대부터 논의된 문제였다. 『고려사』 맨 앞을 장식하는 고려 왕실의 세계에는 김관의(金寬毅)가 지은 『편년통록 編年通錄』에 실린 내용이 소개되고 있으며 이에 대한 이제현의 논박문이 비중 있게 다루어져 있다. 김관의는 태조보다 260여 년 후인 의종 시대에 낮은 벼슬을 한 사람인데 당시의 실록을 버리고 후대의 황당무계한 잡된 서적에 실린 설을 담아 『편년통록』을 썼다. 그런데도 이 책은 오래 되다 보니 민지(閔漬)가 『편년강목 編年綱目』을 편찬할 때도 김관의의 설을 따랐다. 이제현은 『왕대종족기 王代宗族記』와 『성원록 聖源錄』을 인용하여 김관의의 잘못된 설을 논박했다. 예컨대 『편년통록』에 의하면 "도선 조사가 세조(왕건의 아버지)가 지은 송악 남쪽 집을 보고 나서 기장을 심을 밭에 삼베를 심었다고 말했다. 당시 기장과 왕은 말이 비슷하니 태조는 성을 왕씨로 삼았다"고 한다. 이제현은 이에 대해 "아버지가 살아 있는데 자식이 그 성을 고친다니 천하에 어떤 이런 이치가 있겠는가, 그런 일을 우리 태조가 했다고 하겠는가, 참 슬픈 일이다"라며 논박을 가했다. 이제현은 고려 태조가 아버지인 세조를 좇아 의심과 시기가 많은 궁예를 섬겼던 바, 아무 이유도 없이 왕씨로 성을 삼아 스스로 화를 불러들이는 어리석은 일을 하지는 않았을 것이라는 이유를 들어 왕씨로 바꾸지 않았다고 보았다. 더군다나 『왕대종족기』에도 국조의 성은 왕씨라고 기록되어 있는 점 등을 들어 태조 때 와서 비로소 왕씨로 성을 삼은 것이 아니라고 주장하였다(『고려사』 고려왕실세계). 『고려사』 편찬자들은 이 이제현의 견해를 따르고 있다. 이제현이 자신의 견해를 주장하는 데 참고한 『왕대종족기』나 『성원록』은 지금 전해지지 않으나 고려 왕실의 세계에 대해 고려 중엽 이전에 쓰여진 기록인 듯하며 태조 당시의 것이 아니므로 완전히 믿을 만한 것이라고는 할 수 없다. 그렇게 보면 933년 후당의 명종이 고려 태조를 책봉한 조서가 더 신빙성이 높은 사서일 수 있다.

건은 923년 첫 사신을 후당에 파견하였다. 그런데『구오대사』·『신오대사』및『송사』고려전이 모두 나라의 이름과 왕의 이름을 굳이 밝히지 않은 것은 왜일까. 그 이유를 분명히 하기는 쉽지 않으나 이는 당시 중국의 사정과 깊이 관련되어 있을 것이다.

통일제국인 당나라가 멸망하고 5대10국이라는 혼란기를 맞이한 중국은 거란족 등 북방민족이 세력면에서 한족보다 월등히 강해짐으로써 한족은 중국땅을 거란족의 통치에 맡기지 않을 수 없게 되었다. 뿐만 아니라 한족 중에는 거란의 세력을 등에 업고 중원의 황제가 되려는 자도 한두 명이 아니었다. 이렇듯 여지없이 구겨진 한족의 체면을 보상받고자 하는 마음이 어느 때보다도 강한 한족 중심의 역사의식으로 나타나, 거란족 등 북방민족의 역사를 한족 역사의 한 부분으로 흡수하기에 이르렀다.[46]

이러한 맥락에서 한반도에 자주국의 면모를 갖춘 고구려 유민의 나라인 고려가 건국되었음을 알면서도, 고려의 건국이 한족의 민족적 자존심을 건드린 것으로 생각하고 나라 이름과 왕의 이름까지 일부러 역사 기록에서 제외시켰다.

한족의 고구려에 대한 반감이 어느 정도였는가는 고구려 존속 당시만이 아니라 고구려 멸망 후에도 계속된 강렬한 배타의식에서 드러난다. 예컨대『삼국사기』(권49, 개소문전)에는 "論曰 宋神宗與王介甫論事曰……男生獻誠 雖有聞於唐室 而以本國言之 未免爲叛人者矣"라는 기사가 나온다. 이는 송나라 신종이 왕개보(王介甫)라는 신하와 함께 당나라 태종이 고구려에 이기지 못한 까닭을 둘러싸고 주고받은 대화 가운데 나오는 것이다. 이때 신종은 당나라에서 연남생과 연헌성 부자의 이름을 들었으나 본국[송나라]에서 이 부자의 이름을 말하는 사람은 반역자로 낙인 찍힐 것이라 하여 고구려에 대해 강한 거부반응을 나타냈다. 고구려에 대한 이러한 신경질적인 거부반응으로『신오대사』의 편찬자는 5대 시대 고구려 유민이 요동지방에 세운 자주국가의 이름은 물론 고려와 그 태조의

---

46)『발해 발해인』;『거란 거란인』.

이름까지 기록에서 제외시켰던 것이다.

한족의 이러한 태도와 좋은 대조를 보여 주는 것이 바로『요사』이다. 발해국 멸망 후 요동지방에서 살았던 고구려계(발해계) 유민 중 거란족의 요(遼)나라에 협력한 인물들의 전모가 자세히 실려 있기 때문이다.

그 대표적 인물이 고모한(高模翰)이다. 발해국의 멸망으로 태조 시대 고려에 망명하여 잠시 관료로 있다가 다시 요나라에 망명한 그는 거란의 후진(後晉) 정벌 때 전공을 가장 많이 세운 인물로 전해지고 있다.47)

동명성왕의 후예로 여겨지는 고모한 말고도 같은 후예로 밝혀진 인물로는 여진족의 금(金)나라 시대에 관료로 활약한 장호(張浩)를 들 수 있다. 고향이 요양(遼陽)인 장호는 그의 증조부가 요나라에 벼슬하면서 고씨 성을 버리고 장씨 성을 갖게 되었다. 그는 금나라 태조 아골타(阿骨打)에게 국가정책을 건의한 것을 계기로 아골타의 대외문서를 작성하는 중요한 임무를 맡았는데, 아골타는 그를 동명성왕의 후손으로 인정하고 있다. 태조의 사망 후 희종(熙宗)·해릉왕(海陵王)·세종(世宗) 시대까지 관료 생활을 계속하여 촉왕(蜀王)·노국공(魯國公)에 봉해진 바 있다.48)

이렇듯 고구려 멸망 이후에도 동명성왕의 후손들은 자신의 출신을 무척 자랑스럽게 여기고 있었으며, 요·금나라 사람들도 이들을 무시할 수 없었다. 따라서 한족 중심의 중화사관을 바탕으로 하여 고구려 유민의 활동에 대해 구체적으로 언급하고 있지 않은『구오대사』·『신오대사』와는 달리, 거란족과 여진족의 역사책인『요사』와『금사』는 동명성왕의 후손을 비롯하여 수많은 고구려계[발해계] 사람들의 활동을 풍부하게 싣고 있다. 이처럼 북방민족의 역사책에 민족적 서러움이 어떤 민족보다 많았던 고구려계 유민의 활동 모습이 실렸다는 것은 중화사관에 맞서 북방민족 중심의 사관이 확고히 자리를 잡아 고구려계 유민들을 북방민족에 포함시켰기 때문이라고 풀이할 수 있다.

---

47)『발해 발해인』;『요사』권76, 열전 고모한.
48)『발해 발해인』;『금사』권83, 열전 장호.

아무튼 장호 등 고구려 유민이 고구려 멸망 후 금나라의 세종 시대(668 ~1189)까지 500여 년 동안 북방정권하에서 그 발전에 크게 기여하며 살아 간 사실로 보아, 그들은 다음에 오는 원·명·청나라 시대에도 요동에서 생활인으로 굳건히 살아나갔을 것이다.

지금도 요동지방에는 '고려'라는 이름을 갖고 있는 땅이 있음을 찾아볼 수 있다. 대안현(台安縣)의 대고려방향(大高麗房向)·대고려방촌(大高麗房村)·북고려방(北高麗房)·소고려방(小高麗房) 등이 그것이다. 또한 여러 촌락에서 살고 있는 주민 가운데도 고씨 성을 가진 사람들이 비교적 많다. 최근 대안현 대고려방에 살고 있는 고씨 집안에서 청나라 강희 연간(1662~1722)에 엮어진 고씨 족보가 나왔다는 보고가 있다. 족보 서문은 다음과 같다.

> 옛 족보를 살펴보면 우리 집안의 가계는 조선[고구려] 국왕 고련(高璉 : 장수왕)의 후손이다.……명나라 초에 고령고공(高靈古公)이 요양요녕위 지휘사(遼陽遼寧衛指揮使)의 직을 세습하도록 봉해져 여러 세대에 걸쳐 세습했다. 또한 집안은 회원장군(懷遠將軍)을 세습하도록 봉해졌으나 명나라에서 청나라로 바뀐 후 관직을 모두 잃었다. 이후 후손들은 각처에 은둔하다 보니 두드러진 관작을 갖지 못했다. 우리 할아버지 회양도부사(淮陽道副使) 고성미공(高成美公)이 강희 병인년(1686)에 이르러 비로소 족보를 그려 정연하게 기록했다.……49)

이를 보면 명나라의 회양도부사 고성미가 족보를 만들 때 참고한 것은 옛 족보이며 이에 따르면 이들 고씨 가족은 고구려 제20대 장수왕의 후손으로 되어 있다.

고구려가 요동 전 지역을 차지한 후 양평성은 요동성으로 고쳐졌으며 이 요동성은 수·당나라와의 전쟁 때 중요한 군사 거점이었다. 장수왕의 후손이 어떤 경로를 통해 요동지방까지 들어갔는지 분명하지 않다. 이와

---

49) 흑룡강성 위생관리간부학원 高之謙 소장, 『大高麗房譜序』.

관련하여 장수왕이 요동성을 지키고자 그 자손을 이 곳에 보냈을 것이라고 보려는 견해50)도 있으나 설득력이 매우 미약하다.

앞에서 본 고모한과 장호가 동명성왕의 후손이고 장수왕 역시 동명성왕의 후손이므로 고모한과 장호는 고성미와 족적인 관계가 있지 않을까도 생각된다. 고구려가 망한 지 천 년 이상의 시간이 흘렀는데도 족보가 만들어진 것은 족보의 가족 구성원이 동명성왕의 후손이라는 명예와 긍지를 잠시도 잊지 않은 데서 비롯된 것이 분명하다.

장수왕의 후손들이 명·청나라 시대 위지휘사·회원장군·회양도부사 등의 벼슬을 한 것은 앞서 고모한과 장호가 요·금나라 시대에 벼슬을 한 것과 성격면에서 다를 바 없다.

그런데 말갈땅으로 들어가 고구려의 계승국가인 발해를 세웠던 고구려 유민 외에도 한족과 섞여 살면서 민족적 비극을 맛보다 동돌궐땅으로 들어간 유민 또한 많았다.

『당서』고려전에 따르면 고구려 유민의 동돌궐 망명·이주는 699년부터 시작된 것으로 되어 있다. 그러나 실제로는 이보다 앞선 677년부터였던 것으로 보인다. 699년이라 하면, 당나라에 의해 조선군왕에 봉해진 보장왕이 말갈족과 힘을 합해 당나라에 반란을 일으키려 한 데 대해 당나라가 보장왕의 손자인 보원을 조선군왕에 봉한 해로부터 13년째가 되는 해이다. 이 해 당나라는 또다시 보장왕의 아들 덕무를 안동도독에 봉해 고구려 유민을 다스리게 했다.

이렇듯 당나라가 보장왕·보원·덕무를 내세워 고구려 유민을 다스리게 한 것은 자체의 힘만으로 이들을 다스릴 수 없었기 때문이다. 고구려 유민의 대당 투쟁은 실패로 끝났으나 이를 계기로 677년 당나라는 안동도호부를 평양에서 만주의 신성(新城)으로 옮겼다. 이로 말미암아 당나라의 동북지방 경략이 허술해지자 이 틈을 타고 유민들이 동돌궐과 말갈 등지로 집단적으로 망명·이주하였다.51)

---

50) 『고구려간사』, 208쪽.

이때 동돌궐로 망명한 고구려 유민들의 지도자는 보장왕의 아들로서 동돌궐 황제 묵철 칸(默啜可汗)의 부마가 된 고임무(高任武 : 高文簡)와 고공의(高拱毅) 등이었다. 당나라에 대해 30년 동안 침묵만 지키던 동돌궐이 679년 갑자기 당나라 침공을 재개한 것은 이들 유민들의 망명으로 동돌궐의 군사력이 막강해졌기 때문일 것이다.[52]

고문간과 고공의 두 사람을 유민들의 인솔자로 본 것은 두 『당서』의 돌궐전에 그 이름이 보이기 때문이다. 특히 『당서』 돌궐전의 기록을 보면 유민들의 망명시에 고문간 등 지도층이 많은 유민들을 이끌고 망명했음을 알 수 있다.[53]

『신당서』 돌궐전에 따르면 고공의는 고구려의 대추(大酋)로 되어 있다. 이는 그가 동돌궐에 망명하기 전에 고구려의 중요한 자리에 있었음을 보여 준다. 즉 '대추'란 당나라의 도독에 맞먹는 욕살 내지 자사에 해당하는 처려근지쯤 된다.[54] 그가 처려근지였으리라는 것은 다시 동돌궐에서 당나라에 망명한 뒤에 곧바로 자사에 임명된 사실로 알 수 있다.[55] 고공의는 고구려에서 받은 벼슬에 맞먹는 벼슬을 당나라에서 받은 셈이다.

한편 고구려에서 막리지였던 고문간이 동돌궐에 망명한 후 묵철 칸의 부마가 된 사실도 주목해야 할 것이다. 보장왕의 통치 시기에 막리지 벼슬을 한 인물은 연개소문·연남생·연남건의 연씨 집안 사람과 바로 보장왕의 둘째아들인 이 고임무뿐이다. 그리고 고구려 멸망 후 당나라에서 벼슬을 받은 보장왕의 직계는 아들 덕무와 손자 보원뿐이고, 막리지였던 고임무가 『당서』 고려전에서 보이지 않는 것은 고구려 멸망 때 생포되지 않았음을 보여 준다. 이 막리지 고임무가 바로 고문간(원래 이름이 交簡인데 와전되어 문간이 되었다는 설[56]도 있다)으로서 동인이명(同人異名)

---

51) 『신당서』 권220, 열전 고려.
52) 『발해 발해인』, 39쪽과 42쪽의 주 22) 참조.
53) 서병국, 1982, 「고구려 유민의 동돌궐 망명」 『관동사학』 창간호 참조.
54) 『신당서』 권220, 고려전.
55) 『신당서』 권215, 돌궐전.

이 아닌가 추측된다.[57]

그런데 그가 동돌궐에서 다시 당나라에 망명한 것은 고구려가 멸망한 지 45년 만의 일로, 당나라 망명 당시 나이가 많았으며 그의 장인 묵철 칸은 그보다 더 늙었다고 한다.[58] 이렇게 보면 고문간은 동돌궐에서 40년 이상을 살았을 것이다.

당나라 망명 후 고문간은 당나라에 의해 요서군왕(遼西郡王)에 봉해졌는데[59] 함께 망명한 고공의가 평성군공(平城郡公)에 봉해진 것[60]에 비하면 한 단계 높은 예우를 받은 것이다. 고문간을 군왕에 봉한 것은 특례인데 원래 그가 고구려의 왕자 출신임을 확인시켜 주는 것이 아닌가 한다. 이러한 여러 사정을 감안하면 고임무가 동돌궐에 망명한 뒤에 문간으로 이름을 고친 것이 분명하다.

그런데 고문간과 고공의 두 사람이 동돌궐의 전성기에 원래 적지였던 당나라로 다시 망명한 것은 왜일까. 이는 무엇보다도 동돌궐 부락들의 항거를 불러 일으킬 만큼 묵철 칸의 정치적 횡포가 극심하였고 이 때문에 두 사람의 독자적 행동이 어려워졌기 때문일 것이다. 당시 당나라는 정관(貞觀)의 치(治)와 함께 최전성기로 묘사되는 개원(開元)의 치(治)를 맞이하고 있었는데, 특히 동돌궐 제압은 중요한 계기가 되었다. 고문간과 고공의 등 고구려 유민의 당나라 망명은 그 분수령이 되었다고 할 수 있다. 그러나 동돌궐땅으로 들어간 유민 중 일부는 그대로 그 곳에 남아 살아 나갔을 것이다.

한편 압록강 남쪽에서 살았던 고구려 유민은 신라땅으로 들어와 신라의 구성원이 되어 고려와 조선시대를 거쳐 오늘날 한민족의 일원으로서 살아가고 있다.

---

56) 田村實造·內田吟風 등 譯註, 1973, 『騎馬民族史 - 正史北狄傳譯註』 2, 平凡社.
57) 앞의 「고구려 유민의 동돌궐 망명」 참조.
58) 『신당서』 권215, 돌궐전.
59) 『당서』 권194, 돌궐전.
60) 『신당서』 권215, 돌궐전.

서병국(徐炳國)
  연세대학교 및 동대학원 사학과 졸업
  대진대학교 사학과 교수
  북방사학 전공
  저서 : 『선조시대 여진교섭사연구』·『발해 발해인』·
     『거란 거란인』 등

고구려제국사

—

서병국 지음

초판 1쇄 인쇄 · 1997년 4월 10일
초판 1쇄 발행 · 1997년 4월 15일

발행처 · 도서출판 혜안
발행인 · 오일주
등록번호 · 제22 - 471호
등록일자 · 1993년 7월 30일
121 - 210 서울 마포구 서교동 326 - 26
전화 · 3141 - 3711, 3712
팩시밀리 · 3141 - 3710

값 10,000원

ISBN 89 - 85905 - 38 - 4 03910